汉译世界学术名著丛书

新实在论

哲学研究合作论文集

〔美〕霍尔特 等著

伍仁益 译

郑之骧 校

2017年·北京

Edwin B. Holt
Walter T. Marvin
William Pepperrell Montague
Ralph Barton Perry
Walter B. Pitkin
and
Edward Gleason Spaulding

THE NEW REALISM

Coöperative Studies in Philosophy

本书根据麦克米伦出版公司 1912 年英文版译出

汉译世界学术名著丛书
（120年纪念版·珍藏本）
出 版 说 明

2017年2月11日，商务印书馆迎来120岁的生日。120年前，商务印书馆前贤怀揣文化救国的理想，抱持“昌明教育，开启民智”的使命，立足本土，放眼寰宇，以出版为津梁，沟通中西，为中国、为世界提供最富智慧的思想文化成果。无论世事白云苍狗，潮流左右激荡，甚至战火硝烟弥漫，始终践行学术报国之志，无改初心。

迻译世界各国学术名著，即其一端。早在20世纪初年便出版《原富》《天演论》等影响至今的代表性著作，1950年代后更致力于外国哲学和社会科学经典的译介，及至1980年代，辑为“汉译世界学术名著丛书”，汇涓为流，蔚为大观。丛书自1981年开始出版，历时三十余年，迄今已推出七百种，是我国现代出版史上规模最大、最为重要的学术翻译工程。

丛书所选之书，立场观点不囿于一派，学科领域不限于一门，皆为文明开启以来，各时代、各国家、各民族的思想与文化精粹，代表着人类已经到达过的精神境界。丛书系统译介世界学术经典，引领时代思想，为本土原创学术的发展提供丰富的文化滋养，为推动中国现代学术和现代化进程做出了突出的贡献。

为纪念商务印书馆成立120周年，我们整体推出“汉译世界学术名著丛书”120年纪念版的珍藏本，寄望既利于文化积累，又便于研读查考，同时向长期支持丛书出版的译者、编者和读者致以敬意。

两甲子后的今天，商务印书馆又站在了一个新的历史时间节点上。我们不仅要铭记先辈的身影和足迹，更须让我们的步伐充满新的时代精神。这是商务人代代相传的事业，更是与国家和民族的命运始终紧密相连的事业。我们责无旁贷，必须做好我们这代人的传承与创造，让我们的努力和成果不仅凝聚成民族文化的记忆，还能成为后来人可以接续的事业。唯此，才能不负前贤，无愧来者。

商务印书馆编辑部

2017年10月

目　录

序　　言

我们在 1910 年 7 月 21 日发表了一篇简短的论文，题目是“六位实在论者的方案与初步纲领”[①]，在这篇论文中，我们指出了哲学研究应当采取的方向。我们在论文中断言，相互合作的探讨必将有利于哲学的进展，而这一纲领的提出就是证实这个信念的初步尝试。这本书以较大的规模继承了这个纲领所开辟的工作；我们希望其他的研究论文集将继此而来。

本书的绪论表述了我们的共同见解。其他论文局部地说也是如此。由于共同论点掩盖了它们之间的分歧，所以把它们发表出来而不苛求其完全一致，似乎比较恰当。这些论文是经过长期讨论而写出的。附录中载有少数争辩的问题，是由持有不同意见的成员简略地加以讨论的。

1911 年 12 月 31 日

① 《哲学、心理学及其他》杂志，第 7 期，第 393 页。此文已收在本书附录中。

绪　　论[①] 1

新实在论在目前可以说是一种介乎倾向和学派之间的哲学。过去，当它还只是为它的敌人所承认的时候，它还只是一种倾向。但是从争论中已经发展出了一种学派的意识，一个实在论者承认另一个实在论者的时候，如果说现在还没有确实到来，也是即将到来了。这种正在开始的学派情绪，以及一种争取更好地互相理解和更有效地合作的愿望，促成了目前的这次尝试。

新实在论将在一个时期内保持论辩的口气，这也许是不可避免的事。一种新的哲学运动总是以反抗传统的形式出现，并把它的建设性成就的希望建立在改正传统思想成规上的。新实在论现在还处在这种批判动机占主导地位的阶段中，这种批判动机也就是新实在论的活力和协调一致的主要源泉。但是，在一种哲学能够成熟并在人类思想中起重要作用之前，它必须成为一种完备的哲学，或者至少要显示出有希望成为一种完备的哲学。如果它要担起这项任务，它就必须起全面的作用。因此，本书作者们抱着一

---

① 下面的绪论表达本书各位作者的共同见解；但为方便起见，绪论中引用了下列已经发表的论文中的一些部分。蒙塔古："新实在论与旧实在论"，载《哲学、心理学及其他》杂志，1912 年，第 9 期，第 39 页。佩里："实在论，作为一个改革的论点和方案"，载《哲学、心理学及其他》杂志，1910 年，第 7 期，第 337，365 页。

种希望，希望他们不但能够充实、澄清和增强实在主义的批判，而且也能够阐明这种批判是专门的哲学问题的解决以及各专门学科的方法程序的基础。

2 一、新实在论的历史意义

新实在论不是一件偶然的事情，不是一种“神奇的表现”，也不是一种孤立的、古怪的突然的思辨产物。不管我们对它的正确性或持久性抱什么样的看法，我们至少要在近代主要思潮中给它一个地位。它是一个带有根本性的典型的学说——可以由思想队伍的广大活动加以说明，并且特别表现在这些思想队伍的目前的联合上。

新实在论的历史意义在它和“素朴实在论”、“二元论”和“主观论”的关系中显现得最为清楚。新实在论主要是研究认识过程和被认识的事物间的关系的学说；就这点来说，它是经历了上述三个阶段的一种思想运动的最后阶段。换句话说，新实在论的目的就是要去处理那曾经引起了“素朴实在论”、“二元论”和“主观论”的同一问题；并且要从这些学说所犯的错误和所曾经作出的发现中吸取经验教训。

(1)素朴实在论是这些理论中最原始的一个理论。它认为客体是直接呈现在意识之前的，而且也恰恰是它们所呈现的那样。并没有任何东西插入于认识者和对他而言的外在世界之间。客体在意识中并不是由观念来表象的；它们是本身直接呈现在那里的。这个理论在外表和实在之间不加区别；事物恰恰**就是**它们所**表现**

的那样。意识被认为是就好像通过感觉器官而照出来的一道光线，照亮着认识者身外的世界。这种质朴的看法完全忽略了个人在观察上容易发生的错误以及在感觉作用后面的复杂的机构。在一个根本没有错误这回事的世界中，这种认识关系论才能不受诘难；但当谬误和幻觉被发现以后，困惑就接踵而来了。梦境也许是最早的谬误现象，把原始的心灵从独断实在论里唤醒过来。一个 3
在床上熟睡着的人怎么能够同时又走到遥远的地方并和一些死者谈话呢？梦里的事件怎能和清醒经验中的事件一致呢？最初处理这类谬误的方法是把实在世界分成两个领域，同样是客观的并且同样是外在的，但其中之一是可见的、可感触的和有规律的，另外一个则多少是不可见的、神秘的和无常的。死后或有时在睡觉中，心灵能够进入这第二个领域。儿童的客观化了的梦乡和野蛮人的鬼蜮就是自然实在论对付谬误问题的初步努力的结果。但是，我们很容易看出，把存在着的客体世界这样双重化，仅仅能够解释为数极少的梦中经验，至于对清醒经验中的谬误，这显然是不适用的。举例来说，每当梦境涉及的事件正是清醒生活中已经经验过的事件时，那就不可能也归之于一个幽冥世界。虚妄事件是和其他人的经验相矛盾的，甚至是和各人自己比较正常的经验相矛盾的，因此，虚妄事件必须全部被摈斥于外在世界之外。那么，它们应该被放置在什么地方？当然只有把它们放置在经验它们的人的心内，还有比这样做来得更自然的吗？因为虚妄的客体只有对他才产生作用。我们的梦和我们的幻想的以及一般幻觉的对象都被认为只是存在“在心中”。它们正像情感和欲望一样只是由一个独一的心所直接经验到的。心灵本来已被认为是生命的神秘原则，

还赋有超越一般物理事物的特殊性质，心灵的内容就因此益臻丰富，又被当作是一大批非存在的客体的容纳所。对谬误现象作更进一步的思考，就会发现一切知识中的相对性的因素，最后并且了解到任何外界发生的事件只有在它不再存在之后才能为人所知觉
4 到。我们知觉其为现存的事件，总是已经过去了的，因为要知觉任何事物，这个事物必须要输送某种能量到我们的感觉器官上来，而等到这种能量到达我们的器官的时候，产生这种能量的那个存在阶段就已经过去了。除了关于被知觉的客体的这个普遍和必然的时间差错之外，还要加上一个几乎是同样普遍的空间差错。因为一切相对于观察者而运动的客体都不是在它们被感知时的地方被感知的，最多只是在它们发出刺激时的地方被感知的。而且，除了感知的这些空间差错和时间差错之外，我们知道，我们所感知的事物不但依赖于这个事物本身的性质，而且依赖于事物的能量到达我们的机体途中所通过的媒介物的性质；也还依赖于我们的感觉器官和脑器官所处的状态。最后，我们有一切理由相信，每当我们的脑受到的刺激和正常状态下某一客体传来的刺激相同时，我们就会感觉到那个客体，即使它在任何意义下都不是当时现实存在的。这许多不可否认的事实证明了：谬误并不是无关紧要的和例外的现象，而是一种正常的、必然的和普遍的缺陷，它是每一个感觉经验所免不了的。

(2)正是这种种考虑，它们使哲学家放弃了素朴实在论而赞成二元论，也就是说赞成上面说到的第二种理论。笛卡尔和洛克的哲学就是这种理论的范例，根据这第二种理论，心决不能感知外在于它的任何事物。它只能感知它自己的观念或状态。但是由于诉

诸这些观念出现所在的心看来不可能解释这些观念出现时所处的那种秩序，因此这派哲学家认为可以允许，而且甚至必须断定有一个外在的事物世界，这些外在的事物多少类似于它们在我们心中所引起的反应或观念。我们所感觉的，在这派理论中被认为仅仅是真实存在的事物的图像。意识不再被认为相似于一道光线，直接照亮有机体体外的世界，而是被认为相似于一个画家的画布或是一个照相底片，而那本身不可被知觉的东西则反映在这个画布或底片上。这第二种理论或者说图像论的巨大优点，在于它充分解释了谬误和幻觉；它的缺点是在于，除此以外它似乎什么都没有 5
解释。唯一的外在世界是一个我们永远不能经验的世界，我们能够经验到的唯一的世界是观念的内在世界。当我们想要诉诸推论，作为这个不可经验的外界的保证，企图借以说明我们的理论的不谬时，我们就遇到了一个困难，这就是：我们所推论出来的那世界只能是由经验材料构成的，也就是说只能是由心理图像的种种重新的组合构成的。一个被推论出来的对象总是一个可以感知的对象，总是一个在某一意义上可以被经验的对象；而我们上面看到，根据这个学说的观点，唯一能为我们所经验的是我们的心理状态。并且，我们的一切兴趣所集中的世界是那个为我们所经验的事物的世界。即使——**假定有这么一种不可能的办法**——我们能够证实我们所能经验到的世界以外的一个世界是存在的，这也只是一个无益的成就，因为这样一个世界将不包含任何为我们所见和所感觉的事物。对于我们来说，这样一个所谓的实在世界比起鬼蜮或梦乡（我们知道，这是原始实在论者企图当作生活中某些虚妄事件的容纳所的）还要更加陌生、更加古怪。

(3)在这样一个时际，很自然地会想试验一下索性把这个心外的事物世界抛开，让我们自己满足于一个世界，在这个世界里只存在心灵和它的种种状态。这是第三种理论，也就是主观论。根据这个理论，没有主体就不可能有客体，没有对于存在的意识就没有存在。存在就是被感知。能够不依赖认识者而独立存在的事物世界(这个信念是自然实在论者和二元实在论者所共有的信念)在这里被摈斥了。这第三种理论和第一种理论的相同之处，是在于它在认识论方面也是一元论的，也就是说，主张知觉作用的呈现说，而不是知觉作用的表象说；因为，按照第一种理论，凡被感知的必然是存在的，而按照目前这种理论，凡存在的必然是被感知的。素朴实在论把“被感知的”归结为存在这一大类之下的一个属类。主观论把“存在的”归结为被感知的事物这一大类下的一个属类。但
6 第三种理论虽然和第一种理论具有这些关系，它也和第二种理论具有相同之点，这就是它把一切被感知的客体都看作心理状态——看作是认识观念的心所本来具有的观念，并且是不能和心分割开来的，就像任何偶然的属性不能和具有这个属性的实体分割开来一样。

主观论有许多的形式，或者说有许多的程度。它的最初和最保守的形式是在贝克莱的哲学中。笛卡尔和洛克，以及二元认识论的其他支持者，在客体的第二性质问题上已经超越了图像论的要求。他们不满足于这样一种学说，即认为这些第二性质作为存在在对象中的东西，只能是推论出来的；他们甚至于否认第二性质具有像他们给予第一性质的那种可以由推论得出来的地位。我们感知到的第二性质甚至并不是在外界存在的事物的摹本。它们是

由第一性质的组合在心中所引起的模糊反应;它们类似于虚假的东西,因为它们**仅仅是**主观的。在紧接在贝克莱以前的二元实在论的体系里所以会有这个主观论的因素,其主要原因是因为这些二元实在论者相信:对于知觉者的相对性就蕴涵着主观性。由于第二性质表现出这种相对性,它们便被判定为是主观的。因此,贝克莱要指出第一性质具有同样或甚至更大的相对性,这实在是世界上最容易不过的事了。一个客体的被感知的形状、大小和坚实性,正像它的颜色和温度一样,也是同样地依赖于知觉者和这一客体的关系的。如果说任何和知觉者具有相对关系的客体只能作为一个观念而存在这种说法是一条公理的话,那么为物理世界所仅存的那些第一性质也可以归结为不过是一些观念而已。但就在这里,贝克莱把它的推理突然停住了,他拒绝承认(1)观念**之间的关系**或者说在观念出现于我们之前时它们所处的那种秩序,以及(2)为我们所认识的**其他的心**对认识者而言,正像物理世界的第一性质和第二性质一样,也同样具有相对关系。只有在你对其他的心有经验时,你才能认识其他的心,而要推定它们的独立存在,正像要推定物理对象的独立存在一样,就必须要通过恰恰同样那么多或同样那么少的把你自己的观念客观化和实体化的过程。贝克莱 7
避开了他自己的逻辑的这个明白的结果,他用了"思念"(notion)一词来表述我们对于这样一些东西的认识,这些东西的存在并不依赖于它们为我们所认知这样一个事实。如果你对某一事物具有一个**观念**——例如对于你的邻人的躯体——那么那一事物只是作为一个心理状态而存在。但是如果你对某一事物具有一个**思念**——例如对于你的邻人的心——那么那一事物就能够不依赖于

你对它的认识而独立存在。要是考虑到贝克莱用了怎样有力的辩才极力攻击哲学家们以词语代替思想的那种倾向，那么他自己竟会提供一个恰恰是那种谬误的显著的例子，实在是很可悲的事。在后来的时期中，克利福德和皮尔逊曾经毫不迟疑地利用了一种与此完全相类的语言上的手法，借以逃避为一个一贯的主观论所不能逃避的唯我论的结论。区别只是作为“心构体”而存在于认识者意识中的那些物理的对象，以及作为“推知体”而可以不以任何方式依赖于认识者而被认识的其他的心，这种区别，无论在它的意义上或在它的无用程度上，基本上和贝克莱之区别观念和思念是完全一样的。因为，实在论和主观论之间的争执点并非来自一个“心理中心的困难”——即脱离任何意识来思议客体的困难——而是起于那个更趋于极端的“自我中心的困难”，[①]也就是如何思议那被认识的事物是离开我对它们的认识而独立存在的困难。“自我中心困难”的严酷性完全不以对象本身的性质为转移，不管那对象是一个物理的东西，例如我的邻人的躯体，或是一个心理的东西，例如我的邻人的心。

休谟见到了这个困难的某些部分，并设法加以处理，这见之于他证明贝克莱的心灵实体本身仅仅是一些观念；但是休谟的立论本身就要受到两种批判：首先，在避免一种完全的相对主义或唯我主义上，他的立论不比贝克莱更成功——因为要解释某“一束知
8 觉”怎么能够认识同样地真实的另“一束知觉”，这和解释一个“心

① 参看下文，第 11—12 页。（注释中的页码为原书页码，参见中文本边码。下同。——编者）

灵”怎样能够认识其他“心灵”一样，同样是很困难的。其次，休谟的学说还遭到了它所特有的另外一个困难，在破坏了把心看作一个“实体”的概念以后，他的学说就使与此相关联的另一个概念——把被感知的客体看作是心理的“状态”的概念——变为没有意义了。如果没有实体，那就不可能有任何状态或偶有性，那么把被认识的事物看作依赖于认识者或看作是和认识者不可分割的，就不再有任何意义了。

(4)我们接着就要研究一下为康德所发展的那种主观论，这里我们可以注意到三点：康德的主观论 1. 向着二元论后退了一步。这是在于他搬弄二元论的物自体概念，即使他并不真正持有这种概念，物自体是超出于被经验的客体领域之外的实在，是作为这些客体的原因或理由的。2. 在贝克莱和休谟的主观论基础上向前走了一步，这是在于康德非但把自然界的事实而且把它的规律都归入于主观的地位，至少就它们依赖于空间和时间的形式以及种种的范畴而言是如此的。3. 在康德的体系中出现了一个完全新颖的特点，注定要在后来的哲学体系中起显著作用。这就是对于认识者的二元看法，认识者自身是一个双重的存在，超验的和经验的。这个超验的或实体的自我把规律赋予自然界，并且把被经验的事物当作是它的种种状态。另一方面，经验的或现象的自我只是许多事物之中的一个事物，在它对于它本身是其中一部分的世界的关系上说，并不享有任何特殊的卓越性。

康德以后的哲学以下列方式处理刚才提到的三点：1. 康德学说的那个后退的特点——对物自体的信念——被摈弃了。2. 前进的一步——康德对于作为认识者的自我所赋予的那种立法权——

9 被接受了，并且进而把意识看作不但是先验的关系形式的根源，而且是一切关系的根源。3. 双重自我学说被扩展到了把康德所主张的多个超验的自我并入于一个绝对的自我，其结果是我们各个不同的经验的自我以及他们所经验的客体都被认为是一个独一的、完备的、无所不包的、永恒的自我的表现或片断。但是我们不难看出，这种有限的自我和绝对的自我的新二元论也陷入同样的困难，正像我们在笛卡尔派的意识状态和物理对象的二元论中所看到的困难一样。因为，片段所具的经验或者包含着或者不包含绝对体的经验。如果是前者的话，那么绝对体当然就成为可知的了，但却必须牺牲它的绝对性；而转化为仅仅是那所谓的片段的一个“状态”。绝对体的存在，于是，就将依赖于它之被它自己的片段所认识这样一个事实，而每一个片段的自我就必须要认为它自己的经验就构成整个的宇宙——这就是唯我论了。而如果我们选择上述那个二难论的另外一端，坚持绝对体的独立的真实存在，那么就要作另外一个牺牲，使绝对体成为不可知的，把它纳入于二元实在论者的不可经验的外在世界的地位。这个两难论的困境本身正是把认识作为一种内在关系并因而也就构成它自己的对象这样一种看法的必然后果。的确，近年来大部分的哲学讨论都是有关于绝对论者在受到贝克莱和休谟的传统下的经验论者的攻击时怎样努力为自己的学说辩护的问题，他们既要避免认识论上的二元论的旋涡，同时又要避免唯我论的礁石。但是，正像我们所看到的，属于早期纯粹英国学派的那种更偏重于经验论的主观论者，也应该受到他们给予绝对论者那样的批判；因为，贝克莱派要证实他对其他心灵存在的信念，或是休谟派的现象论者要证实他对自己的经验之“束”或“流”之外的其他经验之“束”或“流”的存在的信念，其困难程度不下于绝对论者要证实超出于有限片段的经验之外的那些有关绝对经验的特点。

（5）现在，新实在论者就踏进这样一个纷扰的场面，要来向绝对论者和现象论者公正地提出他自己关于认识者和被认识者之间 10
的关系的新理论。

从这个新理论的立场来看，一切主观论者都有一个共同的弊病。对于一个实在论者来说，在像费希特和贝克莱、布拉德雷先生和皮尔逊教授这样一些作家之间的本体论上的分歧，远不及把所有这些人结合在一起的认识论上的错误来得更重要和更显著。摆脱主观论，代之而建立一个既可以补救弊病又可以产生积极效果的理论，这是任何一个实在论的倡导者所面临的中心的首要问题。这个问题站在一切其他哲学争论的前列，例如一元论和多元论之争，永恒论和时相论之争，唯物主义和心灵主义之争，甚或实用主义和理智主义之争。这并不意味着新实在论不应该导致这些问题的解决，而只是因为首先必须排斥了主观论，才能有清楚地讨论这些问题的基础。

新实在论者的关于关系的理论在实质上是很古旧的理论。要理解它的意义，必须要回到康德以前，贝克莱以前，甚至洛克和笛卡尔以前去——远远地回到那种原始的常识去，这种常识相信一个独立于对它的认识而存在的世界，同时相信这个独立的世界能够直接呈现在意识中，而不仅仅是被“观念”所表象或摹写而已。简言之，所谓新实在论，概括地说来，就是回到那种素朴的或自然的实在论，也就是我们的三种典型的知识关系论里的第一种；而作

为这样的回复,新实在论应该和笛卡尔派的二元的或推论的实在论明确区别开来。但是,当初所以放弃素朴实在论而赞成二元论或图像论,其原因在于,在我们的直接经验中呈现的世界和那些对象——它们的真实存在是我们所深信不疑的——的真实的或经过校正的体系之间,有一种看来似乎不可弥补的不一致。所以新实在论者的首先而且最迫切的问题就是修订常识的实在论,使它能和相对性的事实相符合。

11 基于这个理由,本书[①]特别注意地讨论了像幻觉和谬误这样一类特殊的现象,这些现象一般认为损害了自然实在论的信誉,并且能引起一系列不达到主观论不止的思想。必须仔细探讨知觉作用的机制,以及矛盾和谬误的逻辑。并且必须为实在论的中心论题即独立性的论题得出一个定义,这个定义既不可下得太宽泛以至违反事实,也不可下得太含糊和徒具形式,以至于忽略了事实。[②]

二、实在论的论辩

主观论由于在"唯心主义"的名称下更新和加强,是今天最有势力的哲学,它是像实在论这样一种革新的哲学所必须克服的主要的抗拒力量。所以实在论的论辩主要是一个反对主观论的论辩;但实在论所发现的主观论哲学所犯的错误,并不一定只限于这些哲学。这些错误是可以加以普遍概括的;而就它们能被普遍概

---

① 参看本书(绪论后)第 4、5、6 篇论文。

② 参看本书(绪论后)第 2 篇论文。

括这一点来说，对它们的发现就具有更大的重要性。下列是一些传统的错误，这些错误是新实在论到目前为止所能概括出来的。

(1)**以自我中心的困境为根据的论证的谬误**——“自我中心的困境”在于不可能找到任何不被认知的东西。[①] 这是一种处境上的困难，而并不是一种发现，因为它所指的是一个方法程序上的困难，而不是指的事物的某一特性。我们不可能抽除了认识者而不同时打断了观察；因此就有这种特殊的困难，即发现事物在不被认知时具有——如果它确实具有的话——什么特性。这一情况如果被表述为一个关于事物的命题，其结果就或者成为一个无意义的重复推论，即一切被认知的东西都是被认知的，或者得出一个谬误的推论，即一切东西都是被认知的。前一个命题，由于它的重复 12
性，根本不成为一个命题；如果应用这样的命题，结果只会使它和第二个命题混淆起来，而这第二个命题却包含着一个逻辑上的**预期理由**(*petitio principii*)**的错误**。至于后一个命题的推论的谬误则在于它只应用了类同法，而没有差异法的支持。我们不可能根据一个人所见到的每一事物都是被认知的这一事实，就论证出认知是存在的一个普遍条件这个结论，仅仅因为我们不可能找到不被认知的“非事物”。应用类同法而没有反面的例子就是一种谬论。在这里应该再补充一下，类同法对于严谨的思维最多只是一个初步的帮助，绝不足以说明认识是存在的一个条件这句话的意义。但是，这个方法被误用以后，却是对于唯心主义哲学的根本原则——以意识来为存在下定义——所曾提出的最主要的、也许还

① 在这里，“被认知”意指“被作为一个思维的对象而给予”。

是唯一的证明。要得到哲学上的谬论的纯粹例子是很困难的，恰恰就因为它们缺乏合乎逻辑的形式。而且，这个特殊的谬论历来已经成了一个通用的套语，甚至被看成了一个自明的真理。在唯心主义者的许多论著中，应用这个谬论的步骤都被省略了，或是含糊过去了。在他们的其他论著中，它是非常稀薄地散布在那里，弥漫而隐蔽地存在着，它虽然对唯心主义的根本原则提供了它所能给予的一切支持，但它在任何地方都没有被明白地表述出来。但下面所引的一段话可以作为一个典型的说明。雷诺维叶说："事物存在着，而且一切事物都具有一个共同的特性，那就是被表象的特性，表现的特性，因为如果没有事物的表象作用，我怎能讲到它们呢？"[①]很清楚，这个命题除了说，如果一个人要"讲到事物"，事物就必须"被表象"这样一句话以外，没有证明什么别的。至于一切事物都有被"讲到"这样一个特性——这正是用新形式来重述的那个根本论题——却是原封不动没有任何证明的。

(2)**基于虚假单纯性的谬误**——哲学和常识都有一种倾向，就
13 是把某些事实上只是因为习惯或俗见而成为定型的东西假定为是单纯的。这一错误，和我们上面探讨过的那个错误合在一起，就似乎给了主观论以某种表面上的可取性。因为一个人决不会以这样若有其事的态度说，世界是他的观念，或断言说"我思"这一前提必须伴随着每一个判断，除非他假定，这个第一人称的代名词所指的东西是一个无需进一步分析阐明的东西。自我意识，如果它被理解为一个复杂的、还大有讨论余地的概念，它就不可能会在唯心主

① 雷诺维叶文，《心灵》杂志，1877年，第2期，第378页。

义哲学中扮演一个似乎是直接的、首先的确定概念的角色。但是，一旦我们把它根据于思想和语言习惯的实用上的单纯性除掉，它实在就是这样一个复杂的、大有讨论余地的概念。同样，那所谓意识只能由内省去认识的流行的教条，也是根据于它**是**由内省而认识的以及从内省方面去看它是一个单纯的所予这样的假定之上的。传统的心灵主义的概念，如意志、活动性、直接性、生命等等，和唯物主义把物体看作是一个不可简化的实体一样，都是根据于同一的根本性的误解。因此，在这里，真正受到威胁的已经是分析的方法本身。在正确谨严的方法中，只能**在**分析**之后**，才能说某个概念是单纯的。以上列举的那些概念在分析上并不是单纯的，这一点可以从这样一个事实中得到证明，即当我们把它们当作单纯概念来处理时，我们还必须给它们一种复杂的存在，才能说明我们关于它们的所知。通常我们总是说，这是那单纯的、更根本的真实的一种“表现”或“转化”；但这是颠倒了思想——作为一种审慎的、系统的求知努力——的固有秩序。这就等于断言，我们越是作更大的努力去求知，我们的知识的对象就越不真实；这个命题要是陈述出来，总是要被反驳的，因为它表示了陈述这个命题的思想者的终极批判分析。下面是应用于活动性这个概念上的“假单纯性”错误的一个典型的例子。

沃德教授说，“每个人都知道如何区别感觉和动作，懒散的浮
想和集中的思维，无力的、无目标的随波逐流和确定不移的坚持目 14
的，成为每一种情欲的奴隶和作为自己的主宰……不论是想要对感受性或是对活动性作一个解释，都必然地永远是一个无益的，不，甚至是愚蠢的企图；因为在经验中还有比这些更根本的东西

吗？既然它们是如此根本的，是一切经验的元始要素，还要设法证明它们是实在的，这是荒唐的事，因为在实在的首先和最主要的意义下，实在和它们是一体的。”[①]可是，活动性和被动性**是可以**用许多种方法来加以分析的，逻辑学的、物理学的和心理学的方法；[②]只有在故意躲避这类分析的时候，它们的性质才能被认是一种单纯的材料。只有在它们**还没有被分析**的时候，它们才是单纯的东西。

(3)**排他特殊性的谬误**——通常有一个假定，认为任何体系中的一个特殊的项是**专**属于这个体系的。经验可以证明这是一个谬误的假定。构成直线 *abc* 的那些点是一个类，这个类中的 *b* 点也可以属于构成相交直线 *xby* 的那些点所构成的类。属于**共和党**这一个类的约翰·杜这个人，也可以属于**企业领袖**这一个交叉的类。除非这种项的多重归类是可能的，否则谈论就会全部破产。谈论中的一切项都是普遍的，因为它们都属于几个不同的上下文关系。正是这个事实解释了语言的起源和它的有用性。没有了这种项的普遍性，世界就不会有结构，甚至不会有运动或相似性；因为，如果同一事物不可能在不同的时候处在不同的地点，那就不可能有运动，如果同一事物不可能出现于不同性质的类别中，就不可能有类似。因此，哲学在实际上对于这个原则的背弃曾导致了一个根本的、永恒的困难，这原是不足怪的事。柏拉图共相论的不可
15 成立，这是柏拉图本人也显然注意到的，以及近代殊相论的不可成

① J. 沃德：《自然主义与不可知论》，第 2 卷，第 52—53 页。

② 例如，参看威廉·詹姆斯：“活动性的经验”，见詹姆斯：《彻底经验论论文集》，第 6 篇。

立，从几乎每一个近代哲学家为了把自己从中解救出来而作的那种殊死努力中可以看出来——这两者的原因都可以追溯到这个错误上去。

殊相论中最为大家所熟悉的一种就是自然主义。这可以追溯到对于时空秩序或对于那种构成自然过程的物体变化的历史序列的天真的偏见。自然主义断言这是唯一的体系，而且这个体系中的项——许多不同的物体事件——是专属于这个体系的。这个理论的不可成立是显而易见的，因为物体事件若要具有它们所必需的结构和联系，存在就必须还包含其他的项，例如地点、时间、数目，等等，这些都不是物体事件。但在历史上，自然主义之被否定，主要是由于它没有能够提供一个观念体系，没有这样一个观念体系，物体的体系本身也就不可能被认识；这物体体系的项的排他特殊性，曾在哲学讨论中占了十分显要的地位。

在笛卡尔派的二元论中，自然界中的项和知识中的项都被认为是排他的，但为了要使知识具有意义，因此就假定了两者之间具有某种表象的关系。斯宾诺莎和莱布尼茨设法通过一个第三类的中立的项把两者联系起来。在英国哲学家中间，由于无法指出心如何能够认识自然——如果每一个心是一个封闭的圆圈，把它的内容完全包在自体之内——他们终于不认为自然是一个独立的体系。因此，这个钟摆就从自然主义摆到主观论方面去了；而在这个辩证发展的整个过程中，这个排他特殊性的错误原则却一直被假定着。

（4）根据最初的断定下定义的谬误——这一种错误是前一种错误的自然结果。一个讨论的主题最初是从它的一个方面被观察

的，或者最初是被当作某种特定的复合体或关系集合体中的一个项的。然后，由于排他特殊性的错误，就假定了这个讨论的主题不
16 可能有任何其他的方面，或是属于任何其他的关系集合体。因此，这个最初的特性断定就成为定义性的和终极的。

主观论又提供了这个错误的最显著的例子。任何一个讨论的主题都可以作为这样一个主题来解释；就是，作为一个谈论到的或是“说及到”的事物，作为一个经验或知识的对象。近代思想界中流行的心理的、内省的或反省的方法，导致了首先按照事物在意识关系中的地位来解释事物的习惯。同样，哲学家中间的自我意识的习惯，强调了事物对自我的关系；而近代哲学中认识论之占据显要地位，就使人按照事物在认识过程中的地位来断定事物的最初的特性，正像宗教争论占据显要地位时曾使早期基督教的苦行者们首先根据事物在灵魂超度的事业中所起的作用来给事物命名一样。

因此，唯心主义，完全不意识到它在一开始时便已经预断了主要的问题，“企图根据意识生活的类比来解释宇宙，并且把经验看作似乎是我们的伟大的实在”。[①] 或者，像另外一个作家所说的，“我们必须从全部原样的经验出发”。[②] 但所有这些最初的断定必须被认为是偶然的。必须适当地给其他补充的断定留有余地；而任何一个讨论的主题所受的断定的优先问题，必须要脱离习惯或偏见所定下的次序而完全独立地加以讨论。简言之，决不能允许

① J. 林赛：《欧洲哲学研究》，第207页。

② J. B. 柏利：《唯心主义的经验结构》，第105页。

目前那种一开始就给事物一个心理学或认识论的解释的流行倾向，影响和支配我们对于这个解释是否是定义性的和重要的解释这一问题的看法。

(5)**思辨的教条**——所谓“思辨的教条”是指为了种种哲学上的目的而作的一种假定，认为有一个完全齐备的、完全普遍的原则，一个单一的根本的命题，能够充分恰当地规定或解释一切事 17
物。这个假定通常是采取两种形式中的一种。很多人假定，这样一个原则也就是哲学的主题或特殊内容。所以柏拉图曾说：“而当我讲到可以理解的对象中的另一部类时，你应该了解我讲的是那另一类的知识，这类知识是由理智本身通过辩证的力量来达到的。理智在应用假设的时候，不把它们看做第一原则，而仅仅看作是假设——也就是说，仅仅看作是为了进入那个超越于假设之上的领域而应用的一些步骤和出发点，使理智得以凌驾这些假设之上而到达全体的第一原则；然后紧紧抓住这个原则，并再抓住依赖于这个原则的原则，这样理智不借任何感觉对象之助又逐步降下来，既开始于也终结于理念之中。”[①]凯尔德也做了同样的假定，说：“哲学的任务在于寻找统一原则——各别科学种种特殊真理的基础。”[②]但这样一个假定是独断的，因为它忽略了是否真有这样一个原则这个先决问题。就哲学的总任务而言，这必须作为一个未定的问题来对待。的确，哲学的目标确是要尽量广泛地去概括，尽量充分地去容纳；但是一个松弛地聚合的世界，其中充斥着不相混

① 柏拉图：《理想国》(乔威特英译本)，第 511 页，B。

② E. 凯尔德：《孔德的社会哲学和宗教》，第 13 章。

杂的种类，这是一个哲学的假设。如果发现一个非常和谐的体系，可以容纳经验的一切富藏，那将是一个最辉煌的哲学成就；但如果根本没有这样的体系，哲学就必须满足于较小的成就——满足于事实上刚巧有的任何体系。其次，另外有一些人假定这样一个原则或体系的概念是每一个思考者所共有，只有相当于这个概念的对象的存在才是可疑的。这个假定形成了关于上帝的本体论的证明，这个证明只有当人们不怀疑这个概念的确定性和意义的时候
18 才具有使人信服的力量；因为这个假定蒙蔽了一个问题——有没有相当于**真实存在**这个名词的概念。据一般的逻辑理由来给一个最大限量的存在或真理下定义，这个可能性至少是一个非常值得怀疑的问题；可以确定的是：这个问题对任何从这样一个最大限量的概念所作出的推论而言，必须恰当地占着先决的地位。

思辨的教条一向最能助长充斥于哲学中的词语滥用。这一点留待以后讨论。就是由于这个教条，各种词都被赋予了某种夸张的意义和模棱两可的意义，这都是企图引申词义来迁就思辨要求的后果。思辨的教条产生的另一个弊害是把实证知识和哲学家为之建立圣坛的这个“不知的上帝”做了不公允的比较，因此而产生了对实证知识的不公平，又引起混乱的贬抑。

(6)**词语联想的错误**——有一些词，意义并不清楚明白，但由于它们的联想作用，它们有一种修辞的效果，适合于煞有介事的讨论，这种讨论本身不具有任何认识上的价值，并且阻碍了真正知识的获得。这就是培根所说的论坛上的著名偶像。在哲学上依赖对词的联想作用而不依赖它们特有的外延或内涵作用，这不但是由于人们对词语主义的普遍的和难于革除的倾向，而且也由于一些

根本说不清楚的学说之泛滥。我们已经审究了导使哲学家们接受这类学说的两种错误。虚假单纯性的谬误包含着一些无法在分析上表达的主题的对应；这些主题是无法加以判定并给予一个明确的名词的。正像我们在前面所见到的，思辨的教条促使我们用词表示一种终极的意义，或者一种无限的或竭尽无余的含义，而实际上并没有具备这样性质的特定对象或确切的概念提供审察。这就是贝克莱所称的“在表达上增长而在概念上减削的方法”。通常，这样被应用的词也有一个精确的意义，其结果就产生了一种双重 19
的弊害。在一方面，像“力”、“物质”、“意识”、“意志”这类名词的确切意义被弄得模糊了，被损害了；而在另一方面，它们的思辨意义僭窃了一个不相配称的内容。哲学家们要满足他们对一个崇拜或信仰对象的宗教要求的意愿，无疑地这是思辨的教条的根本动机之一，更又导致了另外一类的词语联想，通过了这种联想，一个专门的哲学概念有了一个有气势和启迪力量的名词。所以哲学家们一般地都喜欢用“永恒的”一词，而不用“非暂时的”一词，喜欢用“无限”，而不用“没有终项的系列”，或是“每一部分可以和全体列入一对一的相应关系中的一类”。又如“意义”、“崇高”、“最高的”“统一”等名词也具有类似的价值。或者以一个大写的字母来装潢任何一个词，也可以达到同一的目的，这类例子见之于小写的真理(truth)和大写的真理(Truth)或是小写的绝对体(absolute)和大写的绝对体(Absolute)之间的情感上的区别。

最后还有一种词语的滥用，这甚至比意义模棱两可更为恶劣；因为我们可以单是把一些词组合起来就创造出完全荒诞无稽的概念来。在这种例子中，如果这些词碰巧具有任何意义的话，那些组

合起来的概念却决不是联合一致的。它们或者是正面相互冲突的，或者是干脆毫不相干的。至少，它们在一致性上没有经过验证，而它们是否能够构成一个正确的体系或复合概念乃是完全可疑的。举例来说，这种情况就符合于欧铿的“总合的主动，这种主动通过它自己的运动发展成为一个独立的真实，而且同时包摄了主体和客体、主观性和客观性的对立。”[①]这样的程序是**以一个更模糊的事物来解释一个模糊的事物**的谬论的主要源泉，并且为错误提供了几乎无穷的机会。

(7)**越轨重要性的谬误**——这是历来蒙混人类的最隐蔽的错误之一，而且是唯心主义者把它推广的。它推论说，由于一个命题
20 是自明的或不可诘难的，因此这个命题是重要的。这个谬论背后有一种健康的动物本能。人们老早就学到了，一般说来，确定的事物较之不确定的事物对行为总是一个更可靠的根据。对销路有把握的商人总比他的糊涂无知的竞争者发财发得快。对自己的选民有把握的政客，行动起来直截而又果断。整个实际生活中都是如此。但是，一个实行家从不去反省他自己的心理过程，因此他不会注意到他对事物所感到的确定性并不是事物的一种属性，而只是他对它们的看法中的某种精确性。这类关系尽管明确而清楚，却不足以证明它们因而也具有极大的重要性。甲可能确实是丙，但它之是丙也许是一件微不足道的事。举例来说，一个人也许可以绝对地确定他喜欢黄瓜；但这却不能证明黄瓜是饮食营养学的真正的根据，也不能证明他的喜欢它们显示出了他的本性，或者显示

① 欧铿：《精神的生命》（波格逊英译本），第 329 页。

出了黄瓜的本性。

可是，唯心主义者丝毫不理会这样明显的例子，却仍推论说一切哲学和一切科学必须建立于这样一个事实之上，就是：任何人，除非有一个直接的经验，否则就不能对任何事物作出任何不可诘难的断言。

人们也许可以问唯心主义者，他对他是在知觉，是否比他对呈现在前的对象的知觉更为确定；举例来说，是否除了说“我确定我正在经验”以外，他就不能同样有把握地说：“那边确定是有一棵某种的树。”但挑起这个辩论就要超出他已经犯的谬论。不过，因为他相信，由于甲不可否认地是乙，因此乙就是甲的一个重要特性，无论如何，他在逻辑上是犯了错误。在公理和重要性之间，并没有确定的联系。认为两者之间具有确定的联系，乃是恶劣的理智主义。这种谬论只有应用严格的逻辑才能加以纠正，而要这么做是非常容易的。如果有一个人确定一个远处的物体是一棵树，而他的同伴却同样地确定那个同一的物体是一辆汽车，那么确定性在
判断这个物体究竟是什么的问题中显然是一个无足重轻的因素， 21
这岂不是非常明显的吗？

三、实在论的改革方案

哲学曾经一再抛掉它的不良习惯，并唤起自己，保持批判的警惕性。而且，我们有很好的理由可以说，从来没有像现在这样有这么大的一个改革机会。逻辑学和数学是程序的传统规范，它们本身正在受到的一个彻底的修订已经对准确思维的一般原则提供了

新的线索；而且以后还会提供更多的线索，因为科学已经从此一下子反过来意识到它自己的方法了。批判和实证知识间争吵误会的时代正在让位给一个联合一致和互相补充的努力的时代。不可忘记，哲学特别依赖于逻辑。自然科学在它经验和实验阶段中可以很安全地由本能来指导，因为它是在常识所确定的事物对象范围内活动的。但哲学的对象恰恰就是分析的果实。它的任务是要纠正常识的范畴，而要希望得到一个有益而正确的结果，就必须根据一个专门家的批判性的判断。所以，目前的形势为哲学提供了一个时机，可以采用一个更为严格的程序，采取一个更有系统的形式。适应着这个时机，这才值得在这里重申一下那些忠告——那些伟大的哲学改革家传给我们的共同遗产。这些准则没有一条是自创的，但它们却都是贴切而符合时宜的。

(1)**用词谨严**——这是一条道德准则，不仅是一条逻辑准则。目前哲学在用词上需要更大的谨严性和精密性。在哲学中，对于用词的重视是一个敏感的科学良心最确实的验证；因为词是哲学
22 程序的工具，正像外科医生的刺血针和化学家的天平一样，应该细心对待。对于词的一种自满和自大的忽视，既是愚蠢的又是令人不快的。要能够像切斯特顿著的《球与十字架》中的麦克伊安那样地感觉才是一个比较健康的理智的征象。“我们为什么不为一个词争吵呢？如果词不值得争吵，那么词还有什么用处呢？如果两者之间没有任何区别的话，我们为什么选用某一个词而不选用另一个词？要是你称呼一个女人为黑猩猩而不叫她为天使，岂不就会为了一个词而引起一场争吵吗？如果你不愿为了词而争辩，那么你要争辩什么呢？难道你是用耳朵向我表达意思的吗？在过

去,教会和异教经常为了词而斗争,因为它们是唯一值得斗争的东西。”①

(2)**定义**——霍布斯说:“人类心灵的光亮就是明晰的词,但必须通过确切的定义首先剪削并清除去一切含糊之点。”词根本是符号。它们的有用程度是和它们的自行消隐的程度成正比的。一个精巧的词会使听者或读者了解他的对象,然后就退隐了;只有笨拙的词才会引起对它自身的注意。所以,根据这点,要避免关于词语的争执的话,唯一办法就是用词要分别对待,要仔细考虑到它们的客观含义,或者要仔细注意他们作为导引概念的工具的有用性。再者,一个词基本上是一个社交工具,无论是作为记录或交际之用,所以就要求它和一个事物或概念的关系是大家约定俗成的。这是把不同的心集拢来讨论一个共同主题的唯一方法。托兰德说:“虽然可以把许多音节空前完善地联结在一起,如果它们没有固定于它们的概念,那就只是一些讲得不着边际的词,而不可能成为一种合理应用的根据。”②

哲学是特别依赖于词的对应的清楚定义的,因为,正像我们在前面所见到的,哲学的对象不是常识的对象。它不能依靠词的通
常所指示的意义。这个事实是造成混乱的一个永久的和丰富的根 23
源,要想避免这种混乱,除了建立一套专门术语外别无他法。培根对于这件事情的评论值得在这里全部引出。他说:“词通常都是根据一般人的能力,按照一般人理解力最易判明的界线构成和应用

① 切斯特顿:《球与十字架》,第96页。

② 托兰德:《基督教并不神秘》,第2版,第30页。

的。因而，每当具有更大的锐敏性的理解力或更为勤奋的观察要想变更那些界线，来适应自然界真正的划分，词就起着阻碍的作用，抗拒这种改变。因此就产生了这样的一个事实，学者们的高尚和正式的讨论往往会陷入词和名称的纠纷，所以比较聪明的办法应该是从词和名称来开始（按照数学家们的惯例和智慧），并通过定义把它们纳入轨范。”①

因此，定义首先就是词的明确的和习惯的对应。但还有问题，因为我们得用单词去对应复合对象。要使这样一种对应成为明确，必须要有一个复合语介立于单词和复合对象之间。因此，如果一个圆的定义是“和一个定点等距的一组点”，这就是说一个圆是一个复合对象，它的成分被这个特定短语中的词所确定。这个单词实际上就是这个短语的简略。词的明确性归根到底依赖于它们对单纯对象的习惯的对应。但随着分析的发展和对各种事物的从未揣测到或从未探索过的复杂性所作的证明，某个单词最初是指分析前的单纯状态中的对象，现在开始代表若干不同的词而指分析后的单纯状态中的对象的诸成分。所以，定义意味着两件事：首先，以一个单词来代替一组词的一种习惯；其次，以词和事物对应的一种习惯。②

24 (3)**分析**——恰当地说，“分析”这个名词不是指某一门知识所特有的方法，而是指一般精确的知识的共同方法，指程序中的一种方法，用了它可以发现未确定的事物是许多单纯体的一个复合体。

① 培根：《新工具》（艾利斯和斯佩丁本），第4篇，第61页。

② 事物的定义，而不是词，显然是和一般的知识相等同的。

这种程序可以使人在粗率的区别中发现细微的同一，或是在粗率的同一中发现细微的区别。在这个意义上，分析就是对讨论的主题做仔细的、有系统的和彻底的审究。因此，说这种程序毁坏了它的对象，是不应该的。的确，它确实要求心的质朴和天真让位于精辩；或者是无知应该让位于某种程度明白地陈述出来的知识。但即使发现那些心理的或道德的价值是失去了，这个发现的本身也就是分析的成果。而且要为这些价值在它们所隶属的心理学或道德学体系内留一地位，也并没有任何困难。其次，也不应该说任何事物必然是不能分析的，例如"真正的"变化或"真正的"的主动。分析的方法除了探究出会被发现出来的变化和主动的性质之外，对于变化和主动并没有任何其他要求。分析会证示，变化和主动是不可分析的，或者是还可以进一步简化的。如果它们被发现是不可分析的，这只能是因为它们不表现出任何结构的复杂性，任何必具因素的多样性。如果它们被发现是可以简化的，那么它们必然是和它们的成分的总和相同。如果它们和这样的一个总和不同，那么它们必然在某点上有不同才显得如此，于是这一点就必须立即加上去，使总和变成完备。特别重要的是不能忘掉那种组合的关系。一个玩具不等于破碎后碎片的凑集，而是等于那个被毁坏了的特定配置中的诸碎片。同样地，动力学并不把运动归结为不同位置的占有，而是把它归结为在一个时序中的不同位置的占有。在几何学或静力学和动力学之间是有一个十分清楚的区别的。还有一件重要的事情就是不要把分析、综合和经常伴随着它
25
们的物理作用相混。要取得知识并非必须把一个玩偶重新装置在一起，但却必须认识到玩偶不再是玩偶，除非是把碎片装置在

一起。

通常反对分析的偏见，一部分由于这样的错误假定，认为分析是企图要把部分的**集合**来代替部分的**配置**。但这种偏见同时也由于事物和词之间多少是习惯性的混淆。在这点上，采用分析方法的人也绝不是一直没有过失的。任何一个词一旦流行，它就有权作为一个独立事物出现，于是讨论就经常是争执词义。因此向来就有人认为分析家要把实在界词语化，对实在的各部分赋予词的人为的和固定的性质，对实在的过程赋予语法的形式配置，这个看法不能说是不自然的。但是，正像我们已经见到的，词语主义是无法通过一种存心的用词粗忽而加以避免的。要使词成为既是有用又是从属的，那就必须把它们保持在适用的轨范中，正像保持路标合用一样，路标上的文字清晰可读，所指要正确无误。

(4)**对逻辑形式的重视**——逻辑学目前处于一种特别活跃的状态中，既能够刺激哲学又能丰富哲学。近代逻辑学准备对哲学作出的主要贡献是关于精确的知识的形式。这个问题决没有完全解决，而这项有待完成的重要工作，只有哲学家才能去做。数理逻辑学家们已经在这片土地上做了开垦和施肥的工作。关系论、“逻辑常项”或不可下定义项的理论、无限和连续的理论以及类和体系的理论，这些都涉及哲学中每一个根本性的问题。任何哲学家要是忽略了这些理论以及类似的理论，不免要成为一个业余的涉猎者。数理逻辑学家们可能完全错了，或者他们也许没有能够找到
26 事物的根源；但是，在此情形下，如果科学的哲学不应全盘放弃给他们的话，他们必将因他们的错误而受到攻击，从而，在他们自己的根据上被纠正。目前的情况确实是不能容忍的；因为哲学所处

理的题材和近代逻辑学相同，但是近代逻辑学以专家的辛勤缜密和严正的态度来处理这些题材，哲学却通俗地和混乱地来加以处理。

近代逻辑学可以对哲学有所贡献的，还有另外一个方面。在重建数学基础的过程中，出现了正确思维的若干普遍准则；这些准则直接适用于哲学程序。[①] 我们指的是“一致性”准则和“单纯性”准则。这些准则之所以是新的，就在于它们现在已经有很好的定义，可以作为检验任何理论的工具。当某个理论的一些根本命题在现实中能够得出项来，或是当我们能够找到被这个理论下定义的一个类时，这个理论就是一致的；当某个理论的一些根本命题中没有一个命题可以从其余命题中推演出来，这时候，这个理论算是满足了单纯性或节约性的标准。因此，哲学应该一方面对最终极的概念，例如关系、类、体系、秩序、不可下定义项等等的探究工作中和逻辑学联合起来，同时也应该把用于科学形式的最精确的检验应用到它自己的建设性程序上去。新实在论的主要目的之一就是要确定并推广逻辑学以及一般严正科学所用的方法。为了这个原故，本书中论文之一[②]是专门辩护那种方法的真实性，并给予它以本体论上的全面有效性的。

(5)问题的划分——哲学虽然是特别有责任去利用其他研究部门所得的结果，来矫正每一个专业研究部门所得的结果，但就人类的能力而言，要是忽略了一段时间处理一个问题的必需性，乃是

① 参看施密特：“认识及其原则的批判”，载《哲学、心理学及其他》杂志，1909年，第6期，第281页。

② 参看本书绪论后第3篇论文。

愚蠢的行为。要同时提出并解答一切的问题的企图,不但是徒劳无益的,而且它不是妨害了概念的明确性,就是妨害了推理的信服
27 力。严正的知识在应用上必须有确切的限制。哲学中有一种倾向就是在无限的意义上应用名词,并作出无限的断语,这就是哲学在目前还不具有理论的共同体制的主要原因。也为了这个同一的原因,哲学在今天还没有任何共同的计划,以进行待做的工作。在过去十年中,英国和美国的哲学家们耗费了极大的精力在所谓"真理问题"上面。大家假定参加讨论的不同的人所指的都是同一事物;但值得怀疑的是:这一点究竟是否会被人们所猜测到,要是他们不是相互间特地提到参加讨论者的名字和著作。这些争吵也许很少由于对任何问题的真相有分歧的见解,而多半由于要别人听自己的话的一种愤嫉的固执。如果我们清醒而耐心,努力把目前哲学见解的分歧纳入一些可以辩论的命题,那么最先产生的结果就是争论的问题的划分。我们就一定会见到,今天真理问题之所以是一个问题,只有当它是宗派纷争的一个象征时才是如此;把它讨论一下,它就马上会显出许多问题,这些问题各不相关。要是有人来把这些问题清点一下,马上会发现共有七个之多:1. 非存在问题:否定命题、非时间命题以及虚构命题应该怎样处理呢? 2. 一与多问题:许多元素怎样能够属于一个体系呢? 3. 逻辑形式问题:终极的范畴是哪些? 4. 方法论问题:一个人要求得知识,最好应该怎样进行呢? 5. 普遍性问题:在某一时刻被认识的事物怎样才能够超越那一个时刻呢? 6. 知识的各种价值问题:正确信仰的标准是哪些? 7. 信念及其对象的关系问题:在哪一点上,信念直接地或间接地改变它的对象呢?

如果哲学界要取得同意，或甚至是合理的分歧，那么哲学的争论必须要明确起来。如果要有任何稳定的进展，那么一些专门问题必须次第加以探讨，而且要一段时间探究一个问题。这种专门问题 28
有很大一批，一般同意把它们归入哲学范围。除了上面所已列举者以外，还有不少问题，如意识、因果、物质、特殊性和一般性、个性、目的论，这一切都是问题，它们的解决对专门科学以及宗教信仰都具有极大的重要性。这些问题是由传统哲学加以探讨的；但它们却没有被充分地划分开来，也没有以充分深刻的钻研来加以探讨。它们在大部分哲学论著中所处的地位是作为一个总的体系中的许多用语，而不是作为它们的真相而独立地加以探讨的问题。

(6)**明确表示的同意**——最近对一个“哲学纲领”的需要和利害问题的讨论，发展出了一种见解的分歧，那就是同意是应该明确表示的还是隐晦的。[①] 某种形式的同意被认为是一种需求，但有些人相信一个共同的传统或历史背景是我们所需要的全部东西。可是，在理论的或科学的程序中不可能**有**任何的同意，除非这种同意是被明确地陈述出来，这岂不是十分明显的吗？哲学的经典著作并不提供任何同意的基础，因为它们是有待于解释的。由于对一种原著的意义必须先取得同意，困难仅仅因此而复杂化了。根据历史上的意义来应用名词和命题，恰恰是采取了常识所采取的途径。这就意味着把人类的种种不定价值导入于我们假定为严正的讨论中间去，这种不定价值硬结了我们的传统。在严正的讨论

① 参看施密特、克赖顿、莱顿等人的论著，载《哲学、心理学及其他》杂志，1909年，第6期，第141、240、519、673等页。

中，每一个名词的意义必须加以检验；没有经过建筑者的检视和认可，没有一个石块可以让它进入建筑物中去。不然的话，个别的哲学家就仅仅是**世界精神**手掌中的一个工具。他必然会被一种宿命论的信念所支配，以为他只消重复他在学校里或在市场上学到的套语，真理就会自己照管自己的。但是哲学最宝贵和珍重的荣誉
29 就是每一代人的批判的独立性。自从欧洲思想发端以来，每一个哲学改革家都是受着对传统的不信任的推动，而且都宣告了一种永久警惕性的需要，生怕把见解的威望误认作证据的力量。

如果同意要建立在传统的基础上的话，那么传统带着它所有的暧昧不明的东西、它的不相干的联系的混合物以及它的不合法的权威，就被作为哲学争辩的仲裁者了。任何理论上的分歧从未真正以这种方式来判断，这可以由哲学界目前情况给予充分的证明。我们同情，但我们并不同意；我们有区别，但我们并不分歧。在理论程序中，有两三个人能够同意，较之大家都互相同情，更为重要。托兰德说："要是军号发出一种不确定的声音，你叫谁准备进入战斗呢？"同意和分歧同样地要求以重新下了定义的名词来明确地陈述理论。我们不可设想那些坚持明确表示同意的必需的人心中怀有任何普遍的一致。要是我们能够找到一个独一的哲学家和他自己同意一致——如果这种同意是明确表示的话，那么我们的原则就可得到满足了。因为这样一来，其他人就有可能和他分歧了，而且是明确表示分歧。于是我们面前就有一批谨慎陈述出来的命题，它们都可以在证据面前加以检验和辩论，这种命题就将成为哲学家们的共同财产，而且也是用了它们可以建立一个哲学知识的非个人体系的材料。

所以,哲学家的首要任务并不是要同意,而是要把他们隐晦的同意或分歧明朗化。而且,我们不容易看出,哲学家们怎样能够逃避这种责任而不全部放弃哲学以理论训练自任的要求。如果我们不能以确切的名词,不能用我们希望它们永远存在的名词来表达我们的意义,如果我们像古代诡辩家那样,必须作冗长的讲演,运用修辞的技巧;那么最好还是让我们来培植文学吧。在目前,我们是低劣的科学家,又是更低劣的诗人。但哲学并不一定是不可言 30
传的。[①] 某些哲学在满足严正讨论的要求时所遇的困难,不是必不可免的,而是由于这些哲学中有一种习惯,一方面把理论和理论史相混,另一方面把理论和通常的信念相混。哲学并不必须放弃它对历史或普通的信仰的兴趣,但却有必要把这些兴趣分离开来,不让它们妨害它对问题的直接研究。

(7)**哲学研究和哲学史研究的分离**——要解决一个问题,必须留心审察问题所指示的东西。但一个历史注释的问题和一个原始的哲学问题,必然指示各不相同的东西,把注意导向不同的方面去。因此,**休谟的因果关系概念**的问题把注意导向一部原著的文字,而**因果关系**问题却把注意导向自然界所显示的各种类型的关系或依存。在这里把这个老生常谈陈述一下是很值得的,因为今天有一种程序上的习惯把它模糊起来了。今天人们通常认为,一个人把自己限于经典著作的注释,乃是哲学中严谨治学的标志。提出哲学史的重要性问题是不必要的。哲学史在人类文化中以及

① 参看 H. M. 谢佛尔:“不可言传的哲学”,载《哲学、心理学及其他》杂志,1909 年,第 6 期,第 123 页。

对每个哲学家的训练中占着一个不可少的地位,这是不容怀疑的;但若认为它比对专门问题的一种直接的和独立的分析具有更高的尊严,那似乎只是一种迷信而已。哲学史所具有的尊严,来自各个哲学家的创建,它把他们的成就记录了下来。要是哲学只在于哲学史的研究,它就不会有历史了。无疑地,独创的副产品是蒙混和狂妄的骄矜;但这些对人类所作的贡献,比起作为博学的副产品的自满的迂腐来,并无愧色。

但不管历史形式的处理问题的方法是否对哲学讨论赋予尊
31 严,它却确是增加了复杂和困难。费里尔虽然衷心是一个笃实的黑格尔派哲学家,却对他的读者吐露过他无法保证他的结论和黑格尔的结论一致。“要说这个命题在多大程度上和他的见解相符合或不相符合,这是办不到的;因为不论黑格尔哲学中有多少真理,单靠无数遍的阅读绝不可能把他的意思从这里面拧出来,正像面包里含的威士忌酒……无法用绞挤面包的办法挤到大酒杯中去一样。他需要被**蒸馏**,正像所有哲学家们在不同程度上都需要如此的那样——但黑格尔却达到了无与伦比的一种程度。一个人替自己找出真理时所需的心智上的努力,远远小于理解**他**对真理的说明时所需的努力。”[①]费里尔并没有夸大历史注释的困难;因为,的确,不但是伟大的哲学都需要被蒸馏,而且也需要把它们自己的传统意义的名词转译成另外一种意义的名词。而且在任何这种解释工作中总必然有一种宽广的边缘错误。事实既然如此,那么把这个问题的种种困难再加到每一个专门的哲学问题的种种困难上

① 费里尔:《形而上学原理》,第 96—97 页。

去，不但是没有理由的，而且是自杀性的。

四、实在论作为一种建设性的哲学

由于一切自觉的、有组织的批判主义几乎普遍地都是如此，实在论本身也必然要接受若干肯定的信念。批判行为本身就不得不确定一个总的哲学的轮廓，不管它是怎样宽泛和带有试验性质。因此，实在论据以摈斥主观论的根据，在某种程度上就决定了将要代主观论而建立起来的上层体系；同时，事实上，摈斥主观论也就排斥了主要的形而上学选择之一，并对余留下来的一些选择加强了重视。

(1)一个实在论哲学最显著的特点也许是把形而上学从认识 32
论中解放出来。[①] 这就是说事物的性质不能主要地从知识的性质中去寻找。但并不能由此推断：一个实在论者不会终于作出结论说道德的或精神的原则支配着存在的世界，问题只是这个结论不是可以根据知识对它的对象的优先性论证而得到的。道德论和心灵主义必须在许多不同的假设中碰运气；而它们的真假问题应该根据这类原则在世界上其他原则间所占的地位而决定。不管世界被判断为什么，它总是这样被判断的，因此世界是认识的一个对象——这是普遍的事实，但是这个事实应该被抛开不管；这样，一个人的责任就只是下个决定，决定他能否在经验的根据上公正地作出判断，说世界只部分是精神的或道德的，或者全部是如此。我

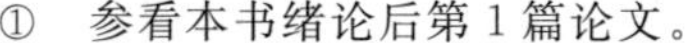

① 参看本书绪论后第 1 篇论文。

们马上就可以看到，最近被人利用来鼓吹精神的或伦理的形而上学所凭借的主要根据是被消除了。但是同时，作为在许多事实中的一些事实的生命、意识和道德的形而上学意义却立刻增加起来了；于是这些事实就可以被用来陈述种种假设，这些假设至少是实用的而且是可以证实的。

(2)同时，实在论既然摈斥反理智主义，并拥护分析方法，也就必然要摈斥一切神秘哲学。凡依赖直观而认识复杂性的一切哲学都属此类；凡是认为把多归诸一就是一种神秘，并认为这种神秘只能以一种不可言说的直感去领悟的一切哲学，都属此类。除了分析步骤最后归结到的单纯体以外，新实在论者不承认任何终极的直观体，或非关系性的实体，或不可下定义的实体。知识的终极项是经过了最大限度的分析后再不能加以分析的项；而不是那些只因为没有加以分析而才具有单纯性的项。这样一种程序的过程是致命的，对于神秘的共相论是如此，这种哲学把事物的总和融入于一个心往神移的因素，而且对于比较有限的神秘主义也是如此，这
33 类哲学把复合体如实体、意志、主动、生命、能或力等等，虽然它们的性质具有明显的复杂性，却都认为是融一的和无法界说的。由于这种原故，新实在论摈斥一切根本分裂形而上学和专门科学的哲学，这是因为专门科学必须分析、说明和系统化，而形而上学却可以享有它自己的一种特殊的敏悟，可以照彻事物的真正奥窍，而科学的事实和规律也就被当作僵死的抽象体，或仅仅是一些人为的事实。

(3)由于若干原因，至少在目前知识所处的状态中，新实在论在形而上学方面倾向于多元论，而不是一元论。大多数的形而上

学一元论向来都是建立于两个根据中的一个或另外一个。第一个根据就是关系的内在性；这就是假定项的性质包含了它们的关系。根据这个前提很容易论证说，既然一切事物都是相互关联的，那么每一事物的性质就包含了一切事物的性质。实在论摈斥一切关系都是内在的这个前提，因为实在论者相信这是违反存在事实以及逻辑事实的。一元论的第二个根据就是认识的普遍性。对于这一点的摈斥，正像我们在前面所见到的，恰恰就是实在论的出发点。没有这两个根据中的这一个或另外一个，就不可能辩证地或**先验地**建立起一元论来。这个问题也就变成了一个经验的问题，我们不能要求发现可以解释一切事物的一条规律或一套准则，我们必须至少保持怀疑的态度。目前所有的证据显示出，一切事物虽然也许是相互关联的，但这些关系中有许多都不是本质的或决定性的，它们并不能被用来解释它们的项的性质或存在。

(4)同时，实在论首要的论辩争点，即它对主观论的摈斥，是有其建设性的意义的。如果认识不是存在的普通条件，那么认识所占的地位应该在存在之中，和空间、数或物理性质处于同等地位。换句话说，认识有它的发生和它的环境。当认识作用发生时，必有一个认识者和事物在相互作用着。而且，由于认识者不可能合法 34
地免受分析，并被当作是基于一种独一的神秘的天启，他所占的地位就必须在和他所认识的事物一起的一个集合体中。认识者和被认识的事物间的区别，正像物体间或意识状态间或团体间或颜色间或任何事物群之间的区别，在于它们必须被放入同一个研究的领域中，必须在它们相互作用中受观察。

在这一切中间的一个先行的假定是：要有知识就必须有某种

东西在那里被认识，并有某种东西在那里去认识；“那里”一词的意义是指两种东西建立关系的领域。它们的相互关系不是一个基本的和普遍的一属二分，而只是相互关系的一种特定类型，较之世界上所显示的许多其他相互关系并不具有任何更大的*表面所见的*尊严。它不可以在光秃秃的形式的项下来加以研究，而应该具体地、在它原来所处的场合下来加以观察。实在论者相信，他就这样发现了目前所研究的这种相互关系并不构成被认识的事物的性质。首先，被认识是*发生*到一个先在的事物上面去的一个事件。那个先在的事物的种种性质在它*被*认识时决定了发生的事件。其次，当认识发生时，这些性质至少大部分不被干扰。如果被干扰了或是被改变了，那么改变的本身必须根据原来的性质来加以解释，这些性质应作为改变的条件。所以，即使必须要得出结论说幻觉和错觉是由于起反应作用的有机体对刺激所作的改变，这个结论本身就蕴涵了产生刺激的物体的先在的和独立的性质。

(5)关于被认识的事物和对事物的认识两者的独立性这个学说，直接和密切地联系着另外一个专门学说——知识发生时呈现在心中或心之前的是知识的内容，它们在数量上是和被认识的事物相等同的。这里并不否认通过媒介而得的知识，但把它从属于
35 直接或呈现的知识。知识的媒介并不是在性质上或实质上和其他一切实有体(entities)* 殊异的，事实上并没有这种特别一类的实

* entity 一词，在新实在论中的用法与通常的用法不同。它所指的东西范围很广，包括物体、事件、数学和逻辑中的项目如方向、距离、力、逻辑项等等，并且强调其离开意识而自具的“实有性”。它包括一切存在体和潜在体。为别于传统哲学所谓的“实体”，本书中把它译为“实有体”。但在某些场合，如作者转述别派哲学时，或上下文需要时，则仍按通常习惯把它译为“实体”或“东西”。——译者

有体。归根到底，一切事物的被认识，都是通过它们本身被放置于那种被称为是受到直接感觉或感知的关系中间。换句话说，事物在受到意识的作用时本身就变成了意识的内容；因此，同一个事物既出现于所谓外在世界中，又出现于内省所显示的集合体中。

(6)最后，由于新实在论者把分析和概念作为到达实在界的手段，而不把它们看作对实在界的改变或歪曲，也由于他断定在认识实在的过程中实在界有其独立性，所以新实在论者同时也是一个柏拉图派的实在论者。他对思想的对象以及感觉的对象，对逻辑实有体以及物理实有体，对潜在体以及存在体，都充分给予本体论上的地位。

(7)简要地说，对实在论者而言，认识是在一个独立的环境中起它的作用的。当这个环境被认识时，它就被放置于和某种作用或过程，也就是和认识者的直接关系中。可是，认识者和环境是同类的，同属于一个宇宙体系，正像一团有吸引力的物质或一个物理机体一样，认识者本身也可以像他所认识的事物一样被认识。世界是一个可以言说表明的结构，这个结构可由分析加以揭示，其中包含着种种的单纯体，也包含着种种复合体，如物体、人和团体。世界的单纯成分既包括可感觉的性质，也包括逻辑常项。两者都是事实的构成素，两者都具有它们自己的一种固有的和不可移易的性质。要离开这个结论，而在任何放弃严谨思想这种办法中找到一个安全的避难所，那是不可能的。因此，要求制止分析，或是依靠认识活动的独一而卓越的地位而对世界所作的一切思辨的说明，不管我们如何渴望需求它们来作为信仰的根据，我们都必须加以摈斥。它们必须被抛弃掉，而让位于一些假设，这种假设可以根

据已知世界的明显的结构而建立起来，并可以由这个世界的现实
36 的相互关系、历史和趋向来加以证实。

这些结论总合起来决不可能说成是否定性的。的确，它们既不构成一个完备的哲学，同时，即就它们达到的地步而言，也并不构成一个绝对系统性的哲学。但一种哲学能从一个原则推演出绝对系统，那已经是新实在论者绝不准备采纳的一种哲学学说。而且，至少对新实在论者而言，新实在论者的哲学现在尚未完备，这是一个健康的推动力，而不是一个不快的理由。还有无数专门的哲学问题，实在论还没有肯定的答案，例如心和身、目的论、善和自由等等问题；同时，新实在论现在还没有总的人生哲学，对于宗教的争论也没有独特的论断。可是，实在论的宇宙的基础已经打下，脚架已经搭起，而且有些人甚至已能以之安身立命并且怡然自得。

五、实在论和专门科学

(1)和这个运动一致的人们具有一个诚挚的希望，希望这个运动能够提供一个基础，使它和专门科学的交流能够比近来所取得的更为有益。有许多共同的问题，由于方法上根本不同，名词又不相一致，一向被蒙盖起来了。如果哲学还仅仅是它自己的一种独特的和至高的悟解的运用，它就或者仍然和专门科学毫不相干，或者由于它以优越地位自居，成为愤懑的源泉和猜疑的对象。这种情形，在某种程度上，至少在后期的哲学时代中一向如此。唯心主义者们仁慈地把科学吸收到一个普遍意识中去；非理性主义者们乞灵于天启来作为他们悟解的根据，这就把科学辛勤获得的一切

真理推翻并视为毫无价值。在两者中任何一种情况下，科学都没 37
有得到哲学的帮助，而只是在被准许去进行寻找真理的工作之后，被优渥地列入于标签着“现象”或“单纯描述”的大本营内去，在那里它可以享受一位尊长的庇护。

实在论并不提出任何一个包罗万象的概念，把科学作为一个从属的整体包括在内；它并不自命有任何特殊的天启，也不要求豁免观察和分析的辛苦。这样失去了高位和权威后，实在论者希望能够通过和共同工作的伙伴们在一项共同工作中更亲善、更有益的联系而得到补偿。因为，归根到底，学科训练的划分，其重要程度远不及问题的同一性，以及应该鼓舞一切严谨地追求知识者的目标的统一性。意识、生命、无限和连续是真正的和同一的研究主题，不管它们是为心理学家、生物学家、逻辑学家、数学家或是哲学家所涉及。我们可以合理地希望，专门科学家与哲学家之间的训练和夙才方面的区别，应该可以产生出智慧的总和，而不是误会与混乱。

(2)因此，举例来说，心理学就是以意识的具体过程作为它的题材的，所以它就和哲学对意识所得出的一般性的真理是血肉相关的。但是，“一切事物都是心理的”这一主观论的所谓发现，根本违逆了心理学研究的现象，以致这门科学陷入一种特殊困惑状态。在心理学的主要研究对象——知觉作用和认识作用的具体过程中，刺激尽管在某种最后细微分析中还是“心理的”，但和与之有关的感觉和观念之为心理的相比，其意义不尽相同。恰恰因为心理学家必须接受直接的证据来断定各别的心的存在，他就不能参加把心作为一个普遍宾词这样一个共谋。

结果唯心主义对实际的心理学家毫无意义，心理学家在实验
38 室里仍然是笛卡尔派的二元论者。很显然地，今天以及过去三世纪以来研究心灵的结果，都是根据两种实体——物和心——来叙述和表列的。感觉和观念据称是每一个知觉者所特有的和私有的，它们都被认为是不可见的“分子”，它们一对一地和“脑细胞”或其他脑组织发生联系，而对于脑的实际作用却都是多余的，虽然有人曾作疯狂的努力要给予它们某种调节的功能；它们对于据说是它们所反映的外界对象只有一些空幻的和不可言传的关系。必须以两种实体来解释实验心理学所得的结果，或者说，来“观察”一切心理过程，这种假定的需要使这门科学彻底地成为荒唐之论。这个途径所导致的牵强的和不可支持的情况是不可胜数的，但有一个情况却特别荒诞而不能忍受，甚至单是这个情况就要求把心理学中流行的一些“假定”来一个彻底的修订。这是两个人在进行一个心理实验时的一个具体情况。一个是实验者，另一个是观察者或“主持者”，中间放着给予刺激和记录结果的工具。根据假设，实验者对这些工具，尤其是他所采用的刺激，具有直接而亲切的知识。根据假设，观察者虽然同样具有认识上的禀赋，却对这些工具和刺激没有一种直接或亲切的感知，这个观察者的知识只限于“表象”刺激的不可见的“分子”的领域内，而这些“分子”原来却又享有与观察者脑壳中某些组织一对一相应关系的不可思议的地位。这个情况就是这样地被说明的，可是等一会儿两个实验者交换了一下地位以后，于是就像通过了一个魔术过程似的，刚才这位观察者就对刺激工具获得了一种直接的感知，他的眼睛上的垢膜掉下来了，装到另外那个人的眼睛上去了，后面这个人的知觉领域缩小

了，仅仅是脑层中一些不可见的“分子”时发时歇的流动了。

这就是伴随着两个人所参加的每一个心理实验的情况。这种 39
情况是荒唐的，要想改善它，只有另外建立一个理论，这个理论对作为一切人类经验的共同项的“外界对象”，要给予一个满意的认识论上的地位。二元论和唯心主义都不提供这样一个地位。这种情况就促使心理学家寄希望于实在论；可是这种情况还仅仅是随着一种二元论心理学而来的若干不堪容忍的结果之一。一般地我们可以说，任何论据既在哲学中使二元论成为难以辩护的，也在心理学中使二元论成为实际上不可容忍的。心理学还没有找到正确的基本范畴，而它也不会找到，只要二元论继续支配着它。与此同时，它的具体发现累积在一大堆一大堆的不相调称的材料里面，研究工作者们正在开始觉察到一种穷境，因此就有些前后不一致地转到了一个“应用”科学的各种不同类型方面去。

(3)生物学中也有一个同样的情况，因为在这里，实在论的哲学基础格外清楚地预先假定着。的确，实在论的观点及其一切根本命题可以作为一道谕令提交给生物学家；因为他所分派到的问题是生命起源、物种起源、生长、变异和适应的方式等等。而这些问题每一个都提供出一种情况，在这里面总是存在着一个并不依存于一个特定的生物的环境，这个生物受着那个环境的影响，而反过来也操纵着自己和环境的若干部分。这样一个世界是实在的；它不是人类想象的任何产物，它的结构不是由纯粹思想所构成，而是由其他材料构成的。它中间充满了许多的心，这些心是它以某种方式所创造的，也是它仅仅通过一个不可见的损害就能毁灭掉的。

世界是如此，世界中的有机体也是如此。它们不是它们所具有的心的产物。虽然这些心甚至没有觉察到支持它们的那些器官的形状和运转，可是后者却日夜作用着，不理会那种对它们的无知。它们是不依赖于心而独立的，正像心在睡眠时，在房屋的四周呼呼地刮着的风一样。

40 的确，有许多生物学家都偏向于唯心主义的学说，这种学说如被接受了，就会导致种种荒诞之说。但他们只是半心半意地应用了一些唯心主义的学说，就已经搞乱了许多问题，特别是活力论对机械论的问题。他们有些人把事物是“心构体”这个学说已经推得很远，甚至把有意识的智慧贯穿到整个有机过程中去。但他们不能怀疑的是：必须有一个有机体，才能产生“心理状态”。例如，保利（指任何一个好奇的人。——译者）不能理解一个有机体怎么能够“生出”眼睛来，除非这个生长的原因本身也具有眼睛。他实际上是在论断说，我们一点办法都没有，除非是预先详详细细地认识了这个事实的真相；可是要认识这个事实的真相，有机体后面这个认识者又必须具有知觉的机构。就是为了要避免这类的迷惑，实在论才希望能和谨慎小心的生物学家们携手起来。

（4）如果实在论能够给心理学和生物学以帮助和澄清，那么这对逻辑学和数理科学而言也恰是如此。在目前，逻辑学和数理科学主要为心理学的一团糟所殃及。以逻辑学为例，这种混乱局面有两种形式。一方面，逻辑学作为研究名词、命题、命题函项等等实有体的科学，它和思想技巧、思想过程的研究混起来了。另一方面，逻辑学作为研究蕴涵和必然性的科学，它和知识的历史起源的研究混起来了。实在论把作为对客观事实的研究的逻辑学，从一

切对心的状态或作用的叙述中解脱出来。

实在论者具有经验上的根据来主张:被认识的对象不依赖于也不同于认识过程。认识作用是可以除去的。认识就是发现。因此,实在论是一个直率的经验论者。他完全准备着去找出并承认任何事物可能是一个事实,任何一类实有体可能存在或潜在。唯一的限制是**后验的**。对实在论者来说,认识过程的研究只是研究的许多范围之一。逻辑学、算学和一般的数学都是可以离开关于 41
认识的研究而完全独立进行研究的科学。它们所处理的实有体不是物理的,也不是心理的。这些是潜在体,这就在于虽然有这个事实,它们还是一些实有体。所以,这些科学所探究的既非物理实有体,又非心理实有体,它们研究的是它们自己的一个独立的和客观的领域。

(5)哲学有必要提出认识论的一些问题来,如果只是为了要给予它们一个从属地位的话。忽略知识这个事实的本身是不行的。认识者迟早必须估量到他自身,并意识到那种对一个主观背景的内向关系,这个主观背景,在知识最初客观的或外向的注意中,很自然被忽略过去。实在论并不是天真地或盲目地忽略掉这个问题。如果实在论得出结论说——事实上它是如此——认识者自身在极大多数的情况下可以不必被理会,而事物对象可以根据它自身来加以解释,这个结论的得出,只是在经过对于这件事作适当的考虑之后。这种不理会知识的主观条件的权利是批判性思考的一个成就。

而且,这是一个极为重要的成就;因为它一下子就奠定了一切专门知识门类的十足权利。的确,哲学在今天必须放弃它那假定的特权，这就是：根本地改变没有考虑知识而获得的一切结果。哲学再不可以把这种结果斥为必然地和普遍地谬误的，或者是以一个更高的奥秘的真理来代替它们，这个真理只向经过秘传的人们泄露。对认识论上种种的考虑置之不理，这是专业研究部门的特点，现在被证明为正当的了。

但哲学虽然在特权方面受了损失，却在改善和其他部门知识的关系方面有了收获。它现在可以原封不动应用专门科学所得的成果了。对物理科学是如此，对精神科学也是如此；对专门的科学家是如此，对一切观察者和探究者也是如此，只要他们对这个共同世界中的事物状态有任何东西可以报道。换句话说，主观论和神
42 秘主义一旦被击破了以后，哲学的工作就和一切自愿把他们工作范围缩得较窄的人们的工作连接起来了。哲学家和专业研究者之间的程序方面的某种区别，总会存在的。人们期望哲学家概括得广泛，批判得严密，以及解决与概括和批判范围有特殊联系的问题。但是，即使如此，哲学的任务并非**根本地**不同于专门知识的任务。它和它们处在同一平面上，或者在同一领域内。这是程度上的区别，而不是种类上的区别；这个区别，正像实验物理学和理论物理学之间、动物学和生物学之间，或是法学和政治学之间的区别。

所以，实在论提出，要哲学永远地放弃那种传统独占真理的自命的权利，这种自命的权利是在它初期年轻骄妄时提出的。虽然哲学迄今为止一向固执地坚持着知识二元论，巴门尼德根据这种二元论把“感人的真理之不可动摇的奥秘”给了哲学，而留给那些在经验的事实领域内特权较少的工作者们的，只是一些“凡人的见

解，这里面根本没有任何真正的信仰”；但是写作本书的一些人却深信，一切凡人见解的道路，只要这种见解是诚实的并由证据所证实的，恰恰是真理的道路。

45 # 把形而上学从认识论中解放出来

沃尔特·T.马文

一、独断主义和批判主义之间的争论

1.许多哲学家有这种看法,认为研究认识的性质、认识的可能性和认识的限度的科学是一切其他科学的基础以及一切其他科学进行程序的基础,又特别认为这门科学或者本身就是形而上学[①],或者它是形而上学的基础。本文的宗旨在于提出一些论证来反驳这一看法。在进行讨论之前,我们要先搞清楚所谓“一门科学是另一门科学的**基础**”这句话到底是什么意思。人们对于“一门科学是另一门科学的基础”这句话的意义做过一番研究,似乎有三种答案。

首先,如果一门科学在逻辑上先于另一门科学,则这一门就是那另一门科学的基础;而所谓逻辑先在性指的是一个命题和它的必要条件之间所存在的那种关系。所以,如果 A 蕴涵 B,而 B 不

---

① 照我的用法,形而上学这名词包括两门学问:一门是关于科学各种逻辑基础的研究,一门是关于实在的理论。在本文中,我所谓关于实在的理论是指任何一批关于存在的基本命题和高度概括。

蕴涵 A，则 B 为 A 的必要条件；因为 A 的真取决于 B 的真。就是说，倘若 B 被证明为假的，则 A 必是假的；但是，虽然 A 是假的，B 还可以被证明是真的；因为我们仅仅说 A 的真是 B 的真的充足条件，而没有说 A 的真是 B 的真的唯一条件或必要条件。比方说，且让我们假定这两点是真的：(1)一个人身体的细胞组织如果吸收了某种分量的砷（砒霜），则这个人必定死亡；(2)没有任何已知的 46
或未知的原因起着预防中毒的作用。那么显而易见，果真这个人吸收了某种分量的砷，则这个人定然死了。反过来说，仅仅是他死了这件事，并不证明他死的实际原因不是其他任何可能的原因。简言之，“这个人死了”在逻辑上先于这个命题：他身体的细胞组织已经吸收了足够数量的砷。让我们再举例来具体说明一门科学怎样在逻辑上先于另一门。数学大部分在逻辑上先于力学和物理学，因为后两门科学里的许多东西可以被证明为假而不至于表示我们的纯粹数学理论有着什么错误。但如果我们发现算学、微积分和初等几何学是假的，则我们的力学和物理学的理论，既然它们是建立在前面这些科学的基础上的，又既然它们的大部分是从前面这些科学里明确地推论出来的，它们的理论就显然不能成立。当然还可能有种种其他尚为我们所未知的方法可使力学和物理学得到证明；但根据我们现有的知识来讲，除非数学的大部分真，否则力学和物理学一定假。如果我们承认上面的说法就是解释“基础性的”这个词的意思，那我们就得到了问题的头一种答案：哲学家说，认识论是基础性的，他的意思就是说：认识论在逻辑上先于一切其他科学。

2. 人们所提出的第二种答案在表面上看来似乎不同，但仔细

研究就发现里面包含同样的看法。“认识论是基础性的”这句话的意思不仅仅是指认识论者通过他的这门科学就可确定可能的知识的限度，而且特别是指他不必研究各专门科学，或科学史和科学发明史，或者不必在任何方式下走到他自己这门科学的范围以外去寻求任何知识，就可完成他的任务。换言之，人们认为有这样一门关于认识的可能性的科学：它的内容不是从人类有文化以后千百年来的科学经验里归纳出来的，也不是从人们现今所知道的科学
47 里归纳出来的；但是它是对于认识的性质和认识的限度之直接的、独立的、最后的研究。确实有人这样主张过：除非我们已经这样证明了某门专门科学的可能性，否则某门科学就仅仅是一堆武断的意见而已；因此，只有在通过认识论把所希望发明和解释的东西证明为一种可能认识的对象之前并不进行研究的人，才是一位合乎批判主义精神的科学家。

当然，作者在这里特别想到康德和他的《纯粹理性批判》。正是康德而不是别人，提出了其他人所未曾提出过的这种意见：独断主义和批判主义是永远无法调和的；只有一门科学——关于认识的可能性的科学能断定人类心灵所能解决的问题是什么和不是什么。康德认为他以前的形而上学家们对于这些事情不是不知道便是没有理会，从而绝望地陷入错误的泥坑，而这恰恰是由于这些形而上学家在他们对于纯粹理性写出一篇批判文章或做了一番研究之前，就着手去解决他们的种种问题的缘故。

而且，请仔细注意；这样对纯粹理性加以批判并不是把科学里种种成功和失败的历史写出来，也不是从人类历史上有了什么东西已被证明为可解决和不可解决的这方面去做个总结，而是对于

抽象认识的性质以及对于人类理智的活动，直接加以研究。同时，这种批判的种种结论据说不经过其他科学的帮助就能从这番研究中得出来。为了这个缘故，人们认为批判的结果是不依靠各专门科学的，而是可以支配这些科学的。但是如果这种批判是从这些科学得到它的种种材料的，或者它本身是从人类经验里归纳出来的，则它无疑地就是一种循环论证。

3.第三种答案告诉我们：如果哲学家说认识论是基础性的，则他是在肯定这门科学能使我们断定各专门科学及其各种方法的有效性，并至少在某些方面，甚至能使我们纠正它们的种种结果。比方说，如果有一门科学对于我们知道是不可能解决的某一问题向我们提出了解答，或者对于那超过人类认识可能范围的东西有所 48
肯定，那么，我们立即可以推知该科学的这一部分必定是无效的。但是人们认为“基础性的”这词的第三种意义决不只包含这点。人们告诉我们，认识论可向我们提供关于实在界的知识，这种知识在两方面是大有价值的。第一方面，它比各专门科学的种种结果真得更确定；第二方面，通过它可对这些结果加以反驳、纠正和限制。比方说，如果对于认识性质的研究证明了宇宙必定是一个有机整体，则由此可以推论：若有一些科学证明了情况相反，则这些科学至多是相对地真的或部分地真的。又比方说，如果对于认识的研究证明了只有心理内容才可被知，证明了一个对象若要被人们所知就必须是心灵经验的一部分，那么，我们不需要有科学的进一步的证据就可直接推论；从其为可知的这一层来讲，实在界必定是某种心灵的经验。如果在此之外，认识论又证明了凡在本质上为不可知的东西就不会是实在的东西，则我们可得出这个结论：就其为

实在而言，实在是一个或多个心灵的经验，并且只是这样而不是旁的样子。因而一般人的意见以及科学的推论倘若对这说法提出了相反的见解，认为事物虽然不能为心灵所经验到或不属于任何人的经验却仍然存在着，那么，这种见解就会受到我们这门基础科学的纠正。

再比方说，倘若果真如一些认识论家所讲的，心灵在认知时把一种形式赋予被认知的各对象，因而凡是被认知的东西就必然具有这种形式或结构；那么，这些认识论家的这门科学就能勾勒出无穷尽未来时间都适用的这个世界（作为科学研究的可能对象来讲）的主要轮廓。万一有物理学家或其他科学家对于我们哲学家所提出的这个轮廓表示异议，则我们就有责任来查明这位科学家对于认识论是否有过什么研究或发明。如果我们知道他不是一位认识论家而仅仅是一位物理学家、数学家或化学家，那我们的哲学家就
49 会告诉他，说他不够资格来谈论究极的实在；因为他那门科学固然可以供给有用的知识，但对于究极的实在是什么和不是什么就无法供给任何独立的、基本的见解。比方说，有的认识论家曾经认为：作为认识的一个对象而论，这个世界一定是一个三维空间的系统，是一个时间系统，是一个因果系统，是一个感觉印象的系统，是一群心灵，是一个有机的整体，是一个无限的、完全的、个人式的心灵，是上帝用以向我们传达消息的神造语言，是心灵所开辟的战场以便意志好在那里为种种道德理想而奋斗，是非人格化的、盲目的、不安定的意志所作的种种挣扎的凄惨而绝望的结果，是绝对精神的演化。从消极方面讲，某些哲学家在研究了认识的性质之后，认为物质并不真正存在，认为颜色、声音、冷热等都不存在于心灵

之外，认为各种科学规律不是真正属于自然界的东西，认为真正的世界是无法可知的。

4. 让我们把“认识论是基础性的”这句话的三种意义简略地总结在下面三个命题里：第一，认识论在逻辑上先于一切其他科学；第二，我们通过对于认知过程的直接研究就可断定可能的认识的限度；第三，研究认识论的人可以离开一切其他科学而提出关于实在的理论。我决不认为这三个命题不能并且不该得到进一步的分析，并归并为一个，即归并为第一个命题；但我确实相信为了目前的论证起见，最好让它们保持现有的形式。

5. 这些看法认为认识论是基础性的；与之相反，本文将直接或间接地证明下列各命题是真的：（一）从逻辑上来讲，认识论并不是基础性的；相反，认识论在逻辑地位上后于许多专门科学，如物理学、生物学之类；（二）认识论，除非通过经验或归纳，无法使我们指出什么认识是可能的或认识是怎样可能的，或者指出人类认识的 50
限度在哪里；（三）关于存在界的性质或对于科学的种种基本假设和概括，认识论没有任何启示；我们对于一件自然事件或自然物体的知识，有时可使我们对于其他事物有所推论；只有按照这种意义来讲并在这个限度之内，认识论才可有一些启示；（四）认识论没有向我们提供关于实在的理论；相反，它假定了一种关于实在的理论；（五）认识论既不能解决各种形而上学问题，也不是这些问题的主要泉源。正面地我们可以把这几条表达如下。我将努力证明三点：（甲）首先，认识论是专门科学之一，它把认识当作一种自然事件来研究，其方式和方法几乎基本上跟生物学研究生命或物理学研究光的方式方法一样。（乙）其次，既是这样的一门科学，认识论

就采取了各种逻辑公式以及若干专门科学(如物理学和生物学)的结果。(丙)最后,逻辑、形而上学和一些关于存在的科学是在逻辑上先于认识论的。

6. 简言之,我将得出这个一般性的结论:形而上学在逻辑上先于认识论,形而上学在它的各项问题以及这些问题的解答上并不特别要归功于认识论。如果这一结论是真的,则应该把形而上学完全从认识论里解放出来;因为认识论从洛克时代到我们这时代一直统治形而上学,是一种完全无根据的擅自专权。这样说来,我在某方面要劝大家回到17世纪的旧时代去,回到笛卡尔、斯宾诺莎、莱布尼茨的时代,回到康德所指责为独断主义的那种方法上去。固然,为了行文简洁起见,让我们在本文里一贯地采用康德的术语来表示两种相反的倾向。按照词的狭义和专门意义来讲,一
51 种倾向是独断式的,主张独断主义;[①]代表相反倾向的那种主张是

① 读者要明确地知道,独断主义这个词在本文里一贯地是按照上述狭义的和准确的意义来应用的。这名称来自康德的《纯粹理性批判》一书;在那本书里,不管它是否还有其他意义,它所指的是一种和康德所谓批判主义相矛盾的主张。不幸这个词在康德以及研究康德者的心中,还有种种旁的联想;因为它有时特别指笛卡尔派和莱布尼茨派哲学家那种*理性主义*的本体论,而新实在论是跟这种哲学根本不相同的。例如,许多新实在论者强烈地倾向于一种极端的经验论,又倾向于不把实体—属性这对概念当作形而上学里的基本概念。又如,新实在论是认识论上的一元论,而笛卡尔派是认识论上的二元论者,对于知觉采取表象说而不采取呈现说。再如最后,正由于它有了二百年对付批判主义的经验,近代的独断主义也必须和几百年前的独断主义有些区别;也就是说,它是一种自觉的、有意的独断主义;而早期的是素朴的独断主义,因而很容易误入唯心论的歧途或误入所谓对唯心论的批评之歧途。虽然有这些不幸的联想,我却相信独断主义和批判主义这两个名称不仅恰当而且是有启发性的,因为我认为新实在论这一运动所反对的是洛克、康德及其门徒寻求基础科学的整个企图,而不仅是他们的唯心论。这就是说,新实在论不仅在认识论上提出了一种不同的学说,而且——这点对于形而上学还更重要——对于认识论在诸科学中占有什么地位这个问

批判主义，为这种主张进行辩护的人叫做批判主义者。

二、认识论在逻辑上不是基础性的

1. 批判主义者的第一个和最显著的原则可以这样来陈述：既然一切科学都是认识的范例，因此，那种把认识当作认识本身来研究的科学就是基础性的，并且在事实上和根据它的权利来说，是一种对于一切科学的批判。独断主义者发现，或至少怀疑，在这个原则后面有两个错误：一方面这个原则假定了一种错误的关于逻辑 52
的性质的学说，另一方面它没有区别“认识”一词的两种用法，即用以指认识活动的用法和用以指被认知的真理或命题的用法。

2. 在许多哲学家看来，逻辑好像仍然是关于认识过程的科学；或讲得准确些，逻辑研究思维规律，研究心灵根据自身性质所颁布又为我们在正确思维时所遵守的规律。而其实，逻辑根本不是这样一回事。逻辑公式并不是什么思维规律，就像光波学说，孟德尔遗传律，或者同样地，糕饼的配方，甚至计算机等等都不是思维规律一样。逻辑并不为我们提供任何特殊的有关心灵或思维过程的知识，逻辑学家对于这些问题的见解尽可以十分错误而不至于使

题提出了一种不同的看法。实在论和唯心论在名称上既然不能把这种区别明白表示出来，所以我宁愿使用独断主义和批判主义这两个名称；如果按照康德所给予这些名称的专门意义来讲，它们确实把这种区别表示了出来。我的确愿意再进一步；因为现代的许多实在论者是批判主义者，并且不管这是多么奇怪，至少这是可以思议的：即有些独断主义者可以是唯心论者。我的观点可以简略归结为下面的两句话。独断主义是和批判主义相矛盾的主张，它从消极方面或通过排他法来界说新实在论。主要是在这方面，并且也许唯独在这方面，新实在论才是一种向17世纪的哲学的回复。

他在自己的专业的范围内误入歧途。

3. 那么，逻辑到底是什么呢？照我的看法，逻辑不仅指近代研究所得到的种种结果（对于它们，读者也许给予，也许不给予很高的评价），而且也指那些见于亚里士多德的著作中以及见于过去许多世纪的教科书里的古老学说。逻辑学家和其他科学家们一样，供给我们有关某些项和它们之间的种种关系的知识。在这些项之中有些是类；在这些关系之中有些是从类及其成员之间或从一个类和另一些类之间所得出的关系。此外，逻辑所研究的项有些是命题，而人们发现命题之间发生着所谓蕴涵的关系。所以逻辑学家要求知道一个命题通过蕴涵而能和另一命题联系起来的种种方式。最后，逻辑研究许多根本不同类型的关系。照逻辑学家的说法，有些关系是传递的，有些是非传递的，有些是对称的，有些是非对称的，以及如此等等。

4. 在所有这些地方，逻辑学就像数学和化学一样，所研究的是一些非心理的东西。在这个世界里，确实有着种种类，并且这些类
53 是相联系的。确实又有真理和错误这一类的东西，并且，作为这样的东西，它们是互相关联的。此外，它们之间这样的关联，跟有无人类存在或有无人类思想发生是毫不相干的。例如，“2 + 2 = 14”在 1500 万年以前就是错的；这个加法是错的这一事实使那时候的世界呈现一种样子，大不同于世界在其他条件下所会呈现的样子。所以一个命题蕴涵着另一个命题这个事实，真正说来，决不仅仅是这个人或那个人的一种愉快的、好玩的思想，而是一件实实在在的严肃事情。这个事实似乎可以决定在我们这个世界里什么事情会发生，决定一个人会死或会活，会出世或不出世，会过得快乐或者

穷苦不堪。这个事实似乎甚至可以决定太阳系将平静无事地在空间旋转着并演化出可住生物的行星来，或者宣告破碎，结果变成混乱一团。也许在某种意义上，所有这些东西都是心理的；即在某种意义上，天文学、物理学、化学、生物学、地质学以及无论其他什么科学，都是一种对人类的认识和对认识的过程的研究。不错；如果所说的真是这样，那么逻辑无疑也是如此；但是，如果在其他方面它们不是这样的一种研究，则逻辑也不是这样的一种研究。物理宇宙的性质取决于逻辑之真不真，就正像它取决于这门或那门自然科学之真不真一样。所以逻辑学家有权利说，“当我研究各种类及其种种关系，或各种命题及其种种关系时，我是真正地在研究这个世界的一些方面，就像物理学家在研究光、热、重力和电的性质时一样”。

5. 你问我，“但是，逻辑学难道不是关于正确推论的科学或技术吗？而推论难道不是一种心理过程吗？”我说不然，逻辑不是这样的。当然有这样一种研究或技术，并且有充分根据给这种技术命名为逻辑学。但这门叫做逻辑学的技术，若从各纯粹科学的观点加以批判地研究，就可看出它是由许多科学混合起来，用以解决一个类型的实际问题的。简言之，它应用从许多科学泉源取来的知识。它取材于纯粹逻辑、心理学、数学；的确，我举不出一门它不 54
从之取材的纯粹科学来。

6. 人们也许会这样抗议：“我们在所有的推论里都使用逻辑，所以逻辑是关于推论的科学。”这样的论证是有毛病的，不仅这样，它的结论还是假的。为了免得费词起见，我们必须对“使用”这一词在这个论证里的意义下个定义，并且我们一开始就不要以**使用**

的**百分比**来断定这门或那门科学，或这门或那门科学的某一部分是不是一种对于认知过程的研究。我们在推论里对于逻辑的**使用**，难道跟对于数学、物理学、化学或天文学的使用有什么不同的地方吗？如果没有什么不同，又如果唯一的差别在于我们每次进行推论时使用了逻辑的**一些部分**，那么我们为什么要根据百分之百而不根据百分之四十五来划分界限呢？（其实我们很多时候对于逻辑各部分的使用都不到百分之百，所以我们应该求出平均数来。）显而易见，认为逻辑学是关于推论的科学的人并没有想到使用的百分比。他却认为我们的推论之**使用**逻辑，跟我们的思想之使用数学或化学是不相同的。那么，归根到底，问题在于**使用**这一词的意义。

我们在进行推论时怎样使用逻辑学呢？我的回答是：跟我们使用物理学的方式一样。这怎么说呢？我们使用物理学的各种定律和各种命题作为**前提**或作为**公式**，并以**常数代替公式内的变数**。让我举例来说明。我要知道一种以某种角度和速度离开地面的射弹可以射多远。物理学就供给种种公式；如果我用它们作为前提，同时又用各给定条件作为前提，则我可推论出我所要知道的命题。又如数学告诉我们说：$(a+b)^2=a^2+2ab+b^2$。我要知道 27 的平方。那么我（**在我的推论里**）怎样使用这种知识呢？我们比方说以 20 代入 a，以 7 代入 b；就是说，我们以常数代替这个方程式内的变数。这样，$(20+7)^2=400+280+49=729$。所以，我们**在推论里使用**物理学或任何精确科学或自然科学就是把这些科学的各种
55 命题作为前提。现在要问：当我们**在推论里使用**逻辑时，难道情况不是同样的吗？是同样的。我们已经说过，逻辑的种种结果和真

理是关于类和命题的种种断语。此外，逻辑的这些结果往往是一些公式，即一些其项为变项的命题。概约地说，如果任何一个类 a 包括在另一个类 b 之内，又如果 b 这个类自身包括在第三个类 c 之内，则第一个类 a 包括在第三个类 c 之内。或者表达得更精确些，$[(a<b)(b<c)]$ 蕴涵 $(a<c)$，在式内 a、b、c 可代表任何一类。这是从关于类的逻辑里取来的一个逻辑公式。我们在推论里怎样使用它呢？我们假定这个公式可以成立，并以常项代替式内的变项。比方说，如果这个公式可以成立，又如果人类包括在寿命有限者这一类之内，并且苏格拉底是人类的一个成员，那么，苏格拉底就是寿命有限者这个类中的一个成员。每个研究逻辑的人都会同意，认为逻辑所讨论的不是苏格拉底或人类，而是较为一般性的东西。人们说，逻辑讨论种种变项；请注意这句话是什么意思。逻辑供给我们种种公式。如果是这样的，又如果我们在推论时经常运用逻辑，则我们会发现这种情况：不管我们举出什么样的推论例子来代替上面那个陈腐的例子，必定有某一公式为例子所预先假定。预先假定了一个公式，这在意义上就等于说假定了一个公式作为前提，以常项代替式内的变项，从而使用了这个公式。简言之，要使用逻辑，这在意义上就等于说要以常项代替一个公式内的变项，然后对于这样得出来的命题之一，即对于在公式内位于所谓结论部分的那个命题下断语。但是我们知道，这恰恰是我们在推论里使用物理公式时所做的事。

7. 逻辑公式这样广泛地被使用，物理学自身预先假定了逻辑的一些部分，仅仅这个事实并不改变这种使用的主要性质。万一逻辑变成假的，这也许是比光的波动说万一变为假的更为严重的

一件事；但是又有什么真命题我们不能够对它说出类似的话呢？所以实际上的重要性并不决定一门科学是否确实是关于禽兽、石
56 头、星球或海流的研究；因为这取决于那些构成这门科学的命题有着什么项。所以在逻辑这个例子里，逻辑是否是关于认识过程的研究，这也取决于它的命题里有些什么项。而这些项是非心灵性的，就像石头和海流是非心灵性的一样。[①] 所以我们一定要得出这个一般性的结论：逻辑不是关于认识过程的研究。逻辑的种种原理和公式不是什么思维规律。逻辑的种种项和关系与思想的种种项和关系的差别，就像物理学里种种项和关系与后者的差别同样清楚。

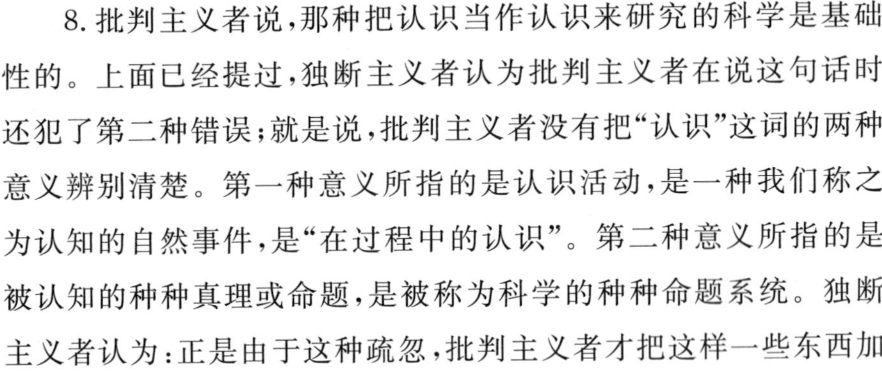

8. 批判主义者说，那种把认识当作认识来研究的科学是基础性的。上面已经提过，独断主义者认为批判主义者在说这句话时还犯了第二种错误；就是说，批判主义者没有把“认识”这词的两种意义辨别清楚。第一种意义所指的是认识活动，是一种我们称之为认知的自然事件，是“在过程中的认识”。第二种意义所指的是被认知的种种真理或命题，是被称为科学的种种命题系统。独断主义者认为：正是由于这种疏忽，批判主义者才把这样一些东西加

① 当然任何这样的讨论也可以仅仅是语词上的争辩，但是我否认我们可以把上面所说的说成是语词上的争辩。逻辑是一门古老科学，不必多花无谓的口舌就可断定它的性质。可是就几乎每种科学在人类历史上的发展来讲，研究者往往没有把他那门科学的性质搞清楚。所以今天我们远比亚里士多德当时更能为逻辑下个定义。这恰恰跟我们比欧几里得更能为几何学下个定义一样。如果有人对这一点提出反驳，说“任何为一门科学下定义的企图纯粹是语词上的或无聊的事情”，那我只能回答，恰恰相反。能为一门科学下个严格而正确的定义，这就是在人类历史的大道上走过了一块最重要、最有意义的里程碑。

到科学,例如数学上去,这些东西只是对于那**数学工作者**——当他学习、思考或在数学研究中有所发明、发现时——说来才是真实的。

可能有千百件事对于这一或那一数学家在他进行他的科学研究时是真的,但是它们对数学本身并不是真的。数学家也许在他研究几何学时依靠他的视觉形象。他也许通过偶然的机会,或是通过巧妙的、焕发的直觉而得到重大的发现。他也许在抽烟时比不抽烟时工作效率高些。他也许在早晨和晚上比在下午更富于创造力,思想也更为敏锐些。简言之,健康情况、疲倦程度、新鲜空 57
气、消化良好、一年的某个季节、一天的某段时光、天生的各种心理特征和身体特征、以前的训练、称赞和荣誉、榜样和竞争、理想和好奇心以及其他种种情况,都可以决定他会学习什么,他会发现什么以及他的数学证明是否严格。但是所有这些跟数学有着什么关系呢?难道这些是数学的一部分吗?难道任何清醒的人会把有关他的健康情况、时间的早晚、气候的变化、他的种种抱负、他心中的想象等等情况的记载列入严格的数学证明里去吗?可是为什么不列进去呢?显然因为这样的记录并不是数学。诚然不错,他可以在一本几何书里记下某一命题是何时发现的,是何时初次被证明的,以及是谁发现的。但是他如果这样做了,他供给读者的数学知识丝毫没有增加;如果他没有这样做,对于几何学的准确性或对于几何证明的严格性也没有损失。

9. 换言之,只有命题才能构成科学,而命题不是在时间里的事件。命题不是头一个知道命题为真的研究者所创造的。命题是真正被发现的,而不是被创造的,如同美洲大陆为15、16世纪探险家所真正发现而不是创造的一样。这样说来,作为一个由真命题所

组成的系统而言,数学曾经有一部分被人们发现了。但是有或没有这番发现,这事实并没有给数学或从数学增减什么,也不使它的任一命题变成真或变成假,也并不以任何方式改变它。2+2=4,欧几里得空间内的一个平面三角形的三内角之和等于两个直角,这些命题在地球仍处于溶化状态时就如今天一样是真的。数学或其他任何科学之所以是它现在这样,仅仅是由于两个理由。首先,因为某些命题是真的而另一些命题是假的;其次,因为一个命题蕴涵某些命题而不蕴涵另一些命题。所以如果有人问物理学家,为什么挂在吊桥两个桥塔之间的粗索在桥的其他部分尚未修好之前
58 呈现垂曲线形,而在吊桥全部完工之后则呈现抛物线形,那么,物理学家在回答时不会谈什么认识过程,却会证明这些命题所以真是由于别的命题(指初等数学里和力学里的一些命题)真,又是由于这些命题蕴涵着那在问题内被提到的情况(即被叙述的命题)。[①]

相信唯名论的读者也许会轻视这些话并起来表示抗议:说"你把纯粹抽象的东西跟实在的东西混淆起来了。你在接受人们所说的语词而又把它们当作无时间性的、超自然的实有体看待,认为它

① 所有这些话并不是说"科学"这名词不像"认识"一词那样意义含糊。相反,"科学"这名词指两种不同的东西:一方面,它指人类成就的一部分,这是有发展和历史的东西,是有兴起或衰亡的东西,是依靠人类才能存在的东西;另一方面,它指一批命题,它们不存在于时间之内,虽是为人们所发现的,却决不是通过这番发现而被创造或被改变的,它们是潜在的,即使没有人类存在,仍然是真或假的。这个词已经这样用惯了,要想避免这种习惯既是徒然,也不必要。所以在本文里,我将按照这两种意义来用"科学"这个词,比如说科学的历史和发展,又说科学里的种种命题。所指的到底是哪一种意义,根据上下文当可完全明白。

们处于柏拉图式的纯思想境界里。如果离开了人类的思想，则数学或任何其他科学就不会存在，犹如月球上的人类不存在一样”。对于这种抗议，我的答复是：在我上面所说的话里，我既无意于驳斥也无意于支持唯名论；我但愿唯名论者了解我的意思，而我恐怕他到此时为止还没有做到这点。上述那段话如果他们真说了，那他们确实还没有了解我的意思。当然，作为一个由种种真命题所组成的无时间性的系统来讲，数学并不像洛矶山或大西洋一样地存在着。但在另一方面，当有人发现数学真理时，他是真正有所发现，就像有人真正地发现了、而不是创造了南海的遥远岛屿一样。因此，我们说数学离开人类思想可以存在，这句话不管它的全部意义怎样，它至少包含或蕴涵两个命题：第一，数学并不依靠我们的 59
心灵而**得到它的真理性**，就像并且也正像北极的存在不依靠人们的心灵一样；第二，人类的数学知识的历史起源决不是数学性的；并且数学也并不在逻辑上预先假定任何命题，即有关人、人的认识过程，或一般地讲，有关任何构成认识论的命题。如果数学是真的，则它所以真的理由，跟实在界任何其他命题所以真的理由是一样的；而这样说似乎等于说了这样一个自明的真理：因为实在就是实在，因此数学是真的。① 又如果数学在今天是真的，则数学一向

① 这就是说，一个命题为什么是真的，这问题可有两种意思。在第一种意义上，这问题可有答案，而在第二种意义上则没有。一个命题是真的，因为另一命题是真的并蕴涵着它。但是为什么另一命题是真的呢？为什么任何为真的东西毕竟是真的呢？这样发问就像问“红色为什么是红的？”一样荒谬。这种问法要求我们对于终极的东西还要加以分析。这种问法的荒谬性证明真理是终极的东西，并且证明真理，作为终极的东西来讲，只是人们所可发现的，而不是人们通过任何把真理解释清楚的办法所可确定的。

都是真的，并且将永远是真的；这是因为真理决不取决于认识者在什么时候对它做了肯定。因此，数学或任何其他科学并不是像一般物体那样地存在着；而是它在那里，它有，它潜在着；并且作为这样一种东西，它是一个无时间性的命题系统。①

60 10. 因此，如果逻辑并不是关于认识过程的科学，如果大多数科学并不预先假定任何有关认识过程的知识，那么，对于其他科学来说，认识的科学处于什么地位呢？这问题将在下文得到更详细的答案；就眼前讲，只要这样说就够了：认识的过程、发现的活动、人们的推论以及推论的各种条件，这些都是**自然的事件**。它们发生于一定的时间；在一切主要方面它们都和其他种种可被我们研究的自然事件相同。因而关于认识的科学，既不是“自成一类”的

① 我希望相信实用主义的读者也不会误解上面几句话。当然，认识是一种自然事件；并且作为自然事件，它的性质是要通过那对于事实的老实而无成见的研究，而不是通过任何辩证的方式来确定的。或者用我所偏好的说法来讲，逻辑对于认识过程的性质并没有什么启示，除非我们可以说，逻辑对于石头的性质、海流的性质或者任何存在的或发生的东西之性质真正地有所启示，我们才能在同样的意义上说，逻辑对于认识过程也有所启示。因此就实用主义者反对那种本质上是辩证法的认识论方式而说，在这点上我是十分同情他的。但是由于他对于任何听起来好像是辩证法的东西都会起疑心，他无疑地会认为上述的说法至多是经过粉饰的错误。如果这样的话，那我相信他或者没有懂得我的意思，或者完全误解了逻辑的性质。如果他正确地容许数学家进行数学研究而不受到打扰，那他为什么要来干涉形式逻辑学家呢？前面所说的整个问题严格地、唯一地是个逻辑分析的问题。形式逻辑替逻辑先在性下了个定义，在接受这个定义的基础上我提出：认识论并不在逻辑上先于逻辑学或先于物理学。这里并不涉及事实问题。如果涉及事实问题，上述的论证当然是一种预期理由的谬证。如果，如我所认为的那样，只是一个逻辑分析的问题，那么，或者根本不存在逻辑分析这种正当的方法，或者就应该允许我进行我的工作而不受到干扰；只要我并没有把非逻辑分析所能得到的知识偷运进来，只要我永远限制在那些这样普通、这样理所当然的知识上，这些知识没有必要重新调查事实就可以证明它们是真的：只要这样，我就不该受到干扰。

东西，又不相对于其他各种科学而言处于一个特殊的地位；它仅仅是各专门科学之一而已。它的种种含义可以有也可以并没有深远的意义；这一点要凭研究事实来确定它，而决不是凭人们对这门科学的任何“先验的”考虑所可确定的。

三、认识论，特别是认识的可能性的问题相对于其他科学的逻辑地位

1. 对于上文所有那些话，有些批判主义者会立即不同意并强调指出：“如同任何其他科学一样，逻辑需要假定认识是可能的，尤其需要假定对逻辑性的东西的认识是可能的。所以必得有一门旨在证明认识可能的科学，它先于其他一切科学，甚至先于逻辑。或是，如果逻辑确实是基础性的并从而必须把它作为上述公理的一个例外，那么，就只有逻辑先于这门有关认识可能性的科学，而此外的一切其他科学都后于、并有赖于这门科学。”

让我们先研究这种极端的说法：“以认识可能性为研究对象的 61
科学是最究极的科学，即使逻辑也预先假定这门最究极的科学的种种结论。”批判主义者在这里怎样来避免恶性循环论证呢？他的任务是要证明认识的可能并指出有些什么条件使认识成为可能；但在这样做时他也要利用种种前提，而在这些前提之中应该有一个前提说明他的研究，作为认识的一个例子，是可能的。既然容许批判主义者在从事他的研究时提出这种假定，那么为什么就不许逻辑学家在他的研究里同样这样做，并同样容许任何其他科学家也这样做呢？换言之，如果说康德在他的《纯粹理性批判》一书里

的工作是要证明数学的可能，那么试问又由谁来证明《纯粹理性批判》自身是可能的呢？不仅如此，如果真有这样一门最究极的科学，它在进行证明的过程中也将会预先假定一部分逻辑；因而批判主义者就处于这样的尴尬地位：假定了逻辑的可能性以便来证明逻辑的可能性。

2. 因此，这种极端的说法犯有恶性循环论证的毛病并且是不能成立的；但是那另一种说法是不是能成立呢？就是说，如果逻辑学家和批判主义者可以正当地假定他们有可能发现并证明他们那门科学的种种命题，那么他们有什么理由可以来禁止数学家、物理学家、生物学家、历史学家或任何其他人在其他的科学部门或一般的通俗研究工作中也采取同样的假定呢？逻辑学家和批判主义者这样做，难道是因为他们证明了：阅读和了解康德的《批判》一书要比学习钻木取火和引弓射箭更容易？果真如此，则我们野蛮的祖先一定具有超凡的理智能力。他们这样做，难道是因为他们证明了：数学家和天文学家一定要等待到我主降生以后第 18 世纪才能

62 使他们的学说得到充分根据？果真如此，历史却证明了相反的情况。他们这样做，难道是因为他们证明了：逻辑和批判主义所根据的种种前提是自明的，并且它们的内容是不可能错误的吗？甚至康德都承认数学和力学的这种不可能错误性；不仅这样，他并且还把他的种种见解**明确地建立**在这种**被假定的**不可能错误性之上。他们这样做，难道是因为他们证明了：关于认识的可能性的科学只预先假定逻辑研究的结果，而不预先假定任何其他科学的结果吗？也就是说，难道因为他们证明了：虽然在谈论逻辑时，像我们所已指出的，他们犯了循环论证的毛病，但是在谈论一些其他科学时，

并没有犯同样的毛病？因为很可能他们是预先假定某些科学的可能性，而来证明这些科学的可能性。我认为他们恰恰就是这样做的，并将在下文提出各种理由说明我为什么这样想。最后，如果这些包含在问题中的可能的反对意见没有一个可以成立；那么他们有没有证明下列这一点呢，即：我们有一切理由可以说我们能够直接、精确地考察认识的事实，而无需有一门关于何以我们有可能认识我们如何认识和我们怎样能够认识的科学，而另一方面却必须有这样一门科学来说明如何我们能够认识树木、飞鸟、岩石、大地、星星等等？有些批判主义者无疑地想证明这一点；但我在下文将证明：他们的说法同样也假定了我们有清楚观察到这些书斋之外的东西的可能，并从而明白表现出他们也假定了这类认识的可能性而又来证明其可能性。

3. 再从正面来说，我深信不疑或者认识的可能性不是任何科学的前提，或者这种可能性是一切科学的前提而不是任何科学的结论；而在这两种相反的说法之中，我相信唯有前面一种是真的。我的论证如下："可能性"这个词有前面指出的那种意义上的含糊，就是说：或者它指人发现科学事实和证明科学命题的可能性，或者它指逻辑上的可能性。前者似乎是批判主义者心目中所指的意义，可是这种意义完全在各科学的范围之外，如我们所已知道的，它跟各科学的内容和有效性都没有关系。数学当然没有前提，而"数学是可能的知识"。另一方面，如果所指的是逻辑上的可能性，则这只涉及这个问题：某种科学所由以得出结论的种种前提是不
是真的。换言之，一门科学所假定的并不是这门科学被认识的可 63
能性，而是这门科学的种种前提的真理性。并且还可说得更恰当

些：在相信某一或另一学说为真时，例如相信以太波动产生光的说法时，你我所假定的并不是我们具有认识这些东西的可能性，而仍是我们这种特殊的证明所根据的种种前提具有真理性。因此“认识这样的一些命题是不可能的”这一句话，它的意思只能是说“我们不能认识这类命题是真的”。但是如果我们不能认识它们是真的，则这必定是因为我们不能认识它们所由以被推论出的那些前提是真的。简言之，在相信各科学时，我们就假定了各科学的前提是真的，并且这是我们唯一的假定。

4. 但是你也许反驳说：“难道我们不需要确定这些前提是不是真的吗?”对的，完全需要。但是假定或甚至认识到我们有这样做的可能性，这并不能帮助我们确实得到这些知识；因为我们也许能够得到，也许不能得到；如果能够就得到了，如果不能就得不到。你也许这样答辩：“是的，可是还有一个问题完全没有得到答案。在接受这些前提时，难道我们不能说出哪些仅仅是被假定是真的，而哪些确实是真的吗？如果能说出来，则我们必定知道我们什么时候仅仅假定，什么时候真正认识。但是除非有了某种最究极的科学，它给予我们种种不可能错误的标准，使我们辨别无知和知识，永远划分可能认识的范围跟不可能认识的范围，否则我们怎能知道这种差别呢？当然，你可以采取一种看法，认为我们总在假定而从来没有真正地认识；[①]但是如果你采取了这种看法，那你为什么相信一些东西而不相信另一些东西呢？你为什么不相信所有的

① 我承认有些独断主义者似乎是采取这种看法；如果他们真是采取这种看法，那么我相信批判主义者的论证是可以驳倒他们的。

东西呢？难道你的选择是完全偶然的事吗？如果不是偶然的，那么至少在指导你去怎样提出假设的时候必须有某种不可能错误的标准；甚至实用主义者似乎也都承认这一点。”

是的，有些独断主义者承认这个论证的力量，可是他们得出完 64
全不同的结论。且让我们承认：对于任何人的认识作彻底的逻辑分析，可以看出他的认识的种种前提可以分成两类。第一类前提仅仅是被假设的，因而是试探性的；第二类的不是试探性的，而是地地道道的事实。换个说法来讲，且让我们承认：有些前提是被假定为真的，而有些是被认识为（或被知觉为）真的。[①] 由此可以推论出什么来呢？难道由此可以推出：我们不能知道一个命题真，除非我们先假定这种认识的可能性，或者换言之，除非我们假定我们知道：我们知道它是真的？果真这样，则我们不得不逐步后退，永久无法停止；这倒远不如老实承认我们什么都不认识，而我们所肯定的一切都只是假定而已。[②] 但是这是我们所推论不出来的。如果我们真正见到或认识某些命题是真的，那么这种认识就是最后的认识，而在逻辑上并没有任何进一步的假定、前提或解释做这种知识的基础。如果到这地步你还坚持要问，我们怎样能够看出真理来，那我就不得不回答你：你的问题是荒谬的，犹如问为什么硬的东西硬、青的东西青一样地荒谬。我见到如此，这就完了。并且，这必定是批判主义者自己的真正看法；因为或者他的认识论，

① 参看 G. F. 斯托特："直接性、间接性和一致性"，《心灵》杂志，1908 年，新编号，第 17，20 期。

② 就我所能理解的来讲，那些主张真理有机论或真理一元论的人就有这种看法。参看罗素：《哲学论文集》中"真理一元论"一文。又参看上引斯托特一文。

作为一种最究极的科学来讲，仅仅是假设，或者它至少部分地是建立在被见到的真理之上的。如果是后一种情况，他就或者不得不承认这还需要作进一步的探究，或者，就不得不跟着我来一起肯定它就是最究极的东西，并且任何探究都不能进到在逻辑上比它还更深一层的境界。

甚至有许多实在论者都会认为我肯定这种极端独断主义是做得太过分了。他们也许会这样强调指出："除非认识是可能的，你就什么都不能认识，就是说，认识预先假定了认识的可能性。并且，如果作为一位实在论者来讲，你认为我们把物理世界真正作为一个外于心灵的世界来知觉，那么在这种情况下，你就预先假定了
65 某种关于知觉的学说，这个学说——如果它是真的——就使这样一种活动成为可能。简言之，除非实在论可以成立，我们就不能知觉一个外于心灵的世界；或者说，我们对于一个外于心灵的世界之知觉，预先假定了实在论。"从我看来，这类意见里面含有错误的推论，它反对我的"极端"独断主义，却自身不能成立。作为一个**事件**来讲，认识确实有着它的种种必要条件。所以我若肯定**认识正在进行着**，则在这时候**我确实预先假定了认识的一切必要条件**；这恰恰像我在肯定水沸腾着的时候，我隐含地肯定了水沸的一切必要条件一样。不错，但是这一切却跟我们的争论点不相干。争论点是：当我肯定水在沸腾着的时候，是否由于这个事实我就在肯定**我正在知道**水在沸腾呢？不是的，因为"水在沸腾"和"我看见水在沸腾"是两个不同的命题，它们具有不同的预先假定。据物理科学所告诉我们的来讲，前一命题没有任何有关认识过程的或有关认识可能性的预先假定；而后一命题却有这样的预先假定。现在我坚

决地说：如果上面这句话不是真的，则关于认识可能性的科学就将是一种不可避免的恶性循环论证。它跟任何其他科学一样，也有它的种种预先假定；并且，据我想，它也有一些用来考核它的各种不同理论的决定性的检验。所以认识论家并不比化学家优越，因为他跟化学家一样也必须提出假定和观察事实，以便发现和证明他那关于认识可能性的理论。如果在这样做时他假定了认识的可能性（就像他说化学家这样假定了一样），那么，他就是假定了认识的可能性以便来证明认识的可能。简单地说，在逻辑上我们必将有个起点；而科学研究者并没有把有关认识过程的各种命题作为起点，这一点，我认为是可以通过平常调查事实的办法来确定的。我确实相信我们以种种公设和**预先假定**为起点，但是我要补充一句：我们同时也以种种**被知觉的**真理为起点。我们知道，一个被知觉的真理决不预先假定任何什么理论。这样的真理在逻辑上是最究极的东西，并且对于我们的种种学说以及这些学说的种种**预先假定**来讲，跟这样的真理符合与否就是对它们的决定性检验。即使是关于认识可能性的学说也预先假定种种对它的决定性检验。
倘若这些决定性检验自身要预先假定这学说，则它们就不成为决 66
定性检验了。诚然不错，这种论证对于一种哲学家（相信真理一元论或真理有机论的人）是毫无力量的。这种哲学家其实否认有什么逻辑先在性这一类的关系；而且我不得不老实承认，对于那拒绝形式逻辑并一贯地坚持这种拒绝的人，我没有法子来驳倒他的学说。幸而一元论者从来不是前后一贯的，这是**因为他进行辩论**；同时，我相信，我们能把他的一元论归结成像罗素在上文所说的那篇论文里所指出的那样的荒谬说法。

相信实在论的读者到这里又会抗议说，“不管独断主义者在逻辑上以什么为起点，他迟早会接触到认识论里的各种问题；而他必须对于这些问题提出这样的解答，以便这个解答跟他对于种种具有逻辑先在性的问题的解答彼此一致。所以在他对于种种具有逻辑先在性的问题的解答里，他已经至少把他未来的认识论的一部分隐含地表示出来了。果真这样的话，则他其实还是以一种认识学说为起点。”不错，但是只有在我们能说化学家以一种生物学的学说为起点这个意义上，我们才能那样说。化学家无疑把某些可以想到的生物学假设，即那些预先设定今天的化学不能成立的生物学假设，排除在他的化学范围以外。因此逻辑、数学、物理学、生物学无疑也排除了某些认识论的学说。[①] 但是请注意，其所以如此，不是由于这些科学预先假定了任何关于认识的学说，而是由于我们的认识的学说预先假定了这些科学。制造出一种关于认识的学说来，这种学说预先设定各精确科学都是错的，那是十足无聊的事，除非我们准备在理智上回到野蛮状态去。简言之，在逻辑上我们不得不以某处为起点，但这“某处”并不是有关认识论的某处；而且在这样以某处为起点的时候，我们确实把所有那些和构成我们的各种理论的最后的决定性检验相矛盾的一切有关认识的学说，全部排除出去了。我个人坚信，知觉就是这种终极的决定性的检
67 验；而作为如此，知觉就并不预先假定它自己的可能性。知觉就是
在那里；而一个怀疑它的人先就假定了它才去怀疑它。

5. 如果这一切都没有错，那又怎么样呢？倘若我们的信仰是

① 我个人以为这些科学排除了唯心主义。

全部建立在假设上的，那么我们整个问题就成为：认识论的种种假设难道比其他种种科学的假设具有更大程度的基础性吗？换言之，认识论在各科学中占有怎样的逻辑地位呢？另一方面，倘若被知觉的真理是有的，那么，或者认识论必须证明它垄断了所有这些被知觉的真理，并且证明就它的种种假设来说，它在逻辑上是独立于各科学的；或者，它就必须承认其他各科学并不需要它效劳。但是这也仅仅是说，认识论需要证明它在逻辑上先于其他各科学。就是说，我们关于认识可能性这一科学的整个问题变成了这样一个问题：认识论在各科学中有着什么逻辑地位，特别是认识论里研究认识的各种条件的那部分有着什么逻辑地位呢？上面我已经指出，认识论预先假定逻辑；因此我的问题可以重述为下面这样两个问题：1. 相对于逻辑以外的各门科学来说，认识论处于什么逻辑地位？2. 特别是，认识论里研究认识可能性的那一部分处于什么逻辑地位？

6. 对于第一个问题的答案是这样的：认识论不仅后于逻辑，而且还后于某些专门科学，如数学与生物学之类。作为一种自然事件来看，认识过程受着许多因素的限制，一方面有心灵的物理情况和社会环境，一方面有身体的种种需要、身体的结构和健康情况。从来没有任何有关认识的解释是完全不顾及我们对于这些因素的知识的。

与此相反，没有人会认为认识论可以单单从形式逻辑的原理和公式里推论出来的。研究者显然还需要有更多的材料。但是怎么样的材料？是不是，除此以外，把那些作为命题系统的、在其中 68
对种种学说作了证明的各门科学本身提供给认识论者，这就足够了呢？如果是这样的话，那么研究者的任务就变成去明确地指出什么是科学的逻辑基础。这就是说，他要把各科学里预先假定的种种最究极的前提严格地陈述出来，在可下定义的范围内把各基础性概念的定义下清楚，并指出他发现了哪些是他所不能下定义的。诚然不错，许多认识论者，例如康德，曾经企图对于一部分严格属于上述范围内的问题加以解决；但是难道这就是认识论吗？它不是的，因为我们已知道它会把关于认识过程的研究，关于认识所涉及的各因素的研究，关于认识增长的研究以及其他许多通常包括在认识论里的问题的研究，都排除到它的范围之外去。①

如果研究者仅仅通过内省而得到他的一切其他知识，如果他变成了对于认识过程的内省心理学专家，那他就有了足够的材料吗？作为这样的一个研究者，他会注意正在发生的认识过程，他会照他直接观察到的样子给我们正确描述这些事实，因为他不会从生理学、物理学或任何其他科学得到这些知识。在这种情况下，他对于这些事实不能提供任何解释，也不能提供任何启示可以说明这些事实在人生里起什么作用，说明有些什么因素从外面影响认识过程，说明人类的认识可能朝向什么目标，说明可能的知识范围

① 当然，读者有权去规定他自己怎样用词。但是按照形而上学和认识论这两个名词在本文里的用法，关于科学的纯粹逻辑基础的问题是完全在形而上学的范围之内，而完全在认识论的范围之外。确实有一种危险，那就是无聊地去讨论这些名词的恰当用法；因为在近年出版的认识论书籍和过去二百五十年的伟大古典著作里，有一部分内容（照我对于这些名词的定义来讲）是既属于形而上学的范围又属于认识论的范围的。但是这种困难却是我们能够并且也应该避免的，因为名词用法的问题和本文的宗旨完全不相干；而各种特殊问题，以及这些问题的答案间的逻辑关系，则是最重要的问题。所以可以得出这样的结论：按照认识论这个词在本文里的用法，在认识论这门科学里做研究的人必须具有其他的或补充的材料。

有些什么限制。的确，有些哲学家会强调指出，除了他自己本人的 69
认识过程以外，他无法告诉我们任何旁人的认识过程；而另外一些哲学家会认为他所以还能谈论自己的认识过程，是由于他利用了在他以外的关于他的生活和环境的知识。显而易见，对于我们兴趣所在的这门科学不应该把它这样局限起来；因为我们已经看出，这样就得排除关于认识过程的各个主要问题——它的性质、条件、发展、目的、限制等等。

那么，如果我们要求认识论家具有所有这些知识，应该让他从哪里去得到这些知识呢？显然，凡是近代科学所能提供的，他几乎应该全部知道。他应该知道生物学、特别是生理学所能告诉他的一切有关人体、人体的功能、人体的起源这一方面和人类的知识这另一方面的关系。他必须知道人类的物理环境、社会环境和人类的知识之间，以及我们的本能冲动、需求、目的和我们的知识之间的作用关系。他必须知道我们的认识和我们的各门科学从原始时期到现在的历史，以便懂得科学进化的过程和决定这过程的种种因素。同样，他必须知道认识怎样在个人身上发展和决定这种发展的因素。简言之，在生物学和生理学的成就之外，心理学、社会心理学、物理学、政治社会史和科学史等所能供给他的一切帮助，都是他所需要的。

因此，对于我们的问题，即认识论在各门科学里占有怎样的逻辑地位的问题，应该作这样的答案：认识论在逻辑上不是基础性的；相反，它在逻辑上预先假定了许多专门科学的结果。如果这些结果不能成立，那么认识论，就我们所知，也就不能成立；如果没有这些结果作为材料，那么大部分（如果不是全部）那些专属于认识

论范围内的问题就是认识论者所无法解决的。

70 7. 关于我们的第二个问题，即当我们试图在认识论的范围之内确定什么认识是可能的以及认识如何可能时所面对的那个问题，大部分的情形也是如此。在这个问题上，除了通过经验以外，人们从未获得任何可靠的认识。因为对于以往时代的学者们所宣布为不可知的东西，或他们一想起就把它宣布为不可知的东西，我们都能一件接一件地有所发现。对于人们所得到的知识，有这样的情况，就像对于人们所能做的事情，也有同样的情况那样；虽然某些事情是较早时代的人们所认为不可能做到的，人们却已证明自己做得到了。距离很远的东西，非常微小的东西，在数百年前被人们认为无法看见的，我们都能看得见了。我们已能研究星体的化学成分和温度，我们已能算出行星的重量，我们对于其各边向无限延伸的曲线图形已能完全精确地计算出它们的面积来。简言之，如果我们能把伽利略从 17 世纪请到 20 世纪来，则我们的无线电、我们的电话、我们的 X 光照片、我们的电车，他会觉得在在都是奇迹；同样，人类从他那时代以来已证明为可知的知识，在他看来也会觉得是无数奇迹。

也许有人会出来反对，说这些陈腐的例子以及诉诸这些例子的整个论证都跟我们的争论点不相干。"在某种大的范围内什么可能以及什么不可能弄清楚，这当然只能通过归纳法来探知；伽利略很可能看得十分清楚，而拒绝回答有关这类事宜的问题。但是伽利略能够，跟我们一样地能够，直接研究认识的性质和条件，并发现认识所无法超过的最后限度。这样，伽利略不能预告物理学和天文学的未来发展，也决不能说出在这个广泛的范围内（这个范

围作为科学的部门之一他知道是可能的)日后有些什么具体的细节会被证明是可能的;但是他很可以指出有另外那么一些问题,它们本质上和人们所曾解决过的任何问题都不相同,并且指出人类完全缺乏可以解决这些问题的心智。例如以康德的一个学说为 71
例。人只有一种感性的直觉。人缺乏一种理性的直觉;既然有些问题只有这种较高级的官能才能解决,人就应该知足而让问题永远得不到解决。因此人不能经验上帝,正由于上帝不是感性的。又如,人无法把世界的起源追溯出来,或对于世界作为一个整体来讲而有所认知;因为根据心灵的性质,这些不是可能的经验。这两个类型的问题根本不同,而解决它们的方法也根本不同。”因此批判主义者同意独断主义者,认为在一种情况下,只有对于科学家所面临的问题的历史和现状作归纳法的研究,才能使我们有可能预言什么将是,而什么将不是可能的认识;而另一方面,他认为在另一种情况下,对于认识的性质的直接的研究就能证明有些问题是可能解决的,有些问题是不可能解决的。因此我们必须转向这后一种情况,对它进行研究,以明确断定认识论的这一部门究竟是什么。

能把可能认识的范围和限度指出来的这种对于认识的研究到底是什么呢?如果这个问题里所说的对于认识的研究,就是指研究认识过程和限制这过程的种种因素,那么显而易见,这使我们又回到专门科学中的一门去了,回到以认识在个体和整个人类中的起源、发展与作用为对象的那种研究去了。这种研究并不是一门基础性的或特殊的科学。让我们引用康德的学说,但不是为了来证明这一点,而只是为了来说明我的意思。首先,他的《批判》那本

书假定我们具有某些类型的知识，那本书企图指出心灵必须具有某些功能，以便使这种知识成为可能。当然，康德所实际应用的论证把这一问题和某些别的问题混淆起来了，但在大体上，他的推论清楚地说明他假定了一种特定的心理学说，并且说明他的问题只是引入了一些可以由我们通过归纳或经验加以研究的东西。简言之，他的论证是心理学式的。其次，康德那本《批判》承认了某种关
72 于存在的学说，某种关于认识过程的学说，并从这些学说推论出：我们不可能知道一个超感性的世界或从感性世界的整体上去知道感性世界。简言之，他所得的结果预先假定了两种东西，即关于存在的学说和关于认识的心理学说；这两种东西使他的主张远非在逻辑上是最究极的。诚然不错，康德那本《批判》所涉及的东西远比这些来得多；但是我们一旦考虑这些另外的问题，那我们就过渡到另外一种研究上去了，一种以认识及其可能性为对象的、完全不同的研究；因为这种研究的对象不是认识过程自身，而是被认识的东西，这种东西的根据，以及这种东西所假定的种种公设和公理。因此，回到我们的问题上去：有关认识可能性的科学，即批判主义者向我们保证它是最究极的、“自成一类”的那种科学，如果我们把它的实际范例研究一下，则我们只看到两种东西：一种是心理学以及科学范围内跟它相近的部门，一种是关于我们的认识的各种逻辑基础的研究。或者我们看见批判主义者在从逻辑上分析各科学，以确定有什么材料或事实，有什么假定或原理，有什么逻辑公式，可使各科学成为可能的；或者我们重新回到历史性的与经验性的研究上去，研究认识在个体积整个人类中的起源和发展。如果还有另外的问题或另外的方法，我们在检查批判主义者的著作时

没有能够把它们发现出来；而独断主义者恐怕自己有了疏忽，只好在失望的心情中请求人们把它们指点出来。

我很清楚，批判主义者对于所有以上这些说法会做出这样的答辩："你不懂得批判主义。这种主义跟其他各种关于认识的理论都不相同之处正在于它把心理学和认识论分开了。心灵以及心灵所研究的认识，不是个人的，而是超个人的。当然，心理学是专门科学之一。这一点，我们不但承认，而且这样主张；因为心理学自身预先假定了认识论。"的确，你有着什么用意，这是完全明白的；并且如果认识论只是你所希望它是的那样，则它确实是心理学的基础而它自身决不是心理学式的，这也是完全明白的。但是这不 73
是一个关于定义或善良用意的问题。问题在于：你向人类提供了什么样的认识论呢？我知道你想做什么，但是你到底做到了没有呢？请把那不预先假定心理学的认识论拿出来看看。请把那具有基础性的认识论拿出来看看。我的论点是：**这件事是从来没有人做到过的，并且是无法做到的**；所以对于独断主义者只有一种反驳方法，即**拿出这样的一种认识论来：它既是真正基础性的，同时又不是一种恶性循环论证**。今天的独断主义者大多数是从康德哲学里培养出来的。什么是批判主义的性质，什么是它的基本特征，什么是它跟心理学的区别，这些他们都听到人家解释过。不仅这样，他们还曾相信过人家教给他的东西。但过了一些时日之后，当他们以比较带有批判的眼光来检查人们向他们所实际地提供的这种认识论时，于是发现它并不是基础性的，而充满着各式各样的科学成见，于是发现它显然是它那个时代的产物，是它那位作者的创造，简言之，于是发现它是一种恶性循环论证。对于具有这种经验

的哲学研究者来说，光是反复地说认识论是如此这般，那是不够的。只有一件事可做，就是把那和批判主义者的定义相符合的认识论拿出来看看。

8. 独断主义者深信，上述的总结已经把批判主义者关于认识可能性问题的各个方面都提出来了；如果他的信念是不错的话，则在他看来，我们下面的话足以驳倒批判主义。就什么是可能观察和什么是不可能观察的材料与事实这一点而说，历史证明人类的预言是完全可能错误的，尤其在人们得到了新方法和新仪器的帮助之后。至于我们在感性上和理智上的种种限制，只有心理学家所进行的详细的事实调查和归纳研究，才能供给我们准确的知识；而在各专门科学之中，心理学是比其他几种较为晚起的一种。至于科学的种种公设和原理，历史证明了它们往往先后不相同，而经验证明了不仅在化学和物理学里，甚至在数学里，人们总是靠着尝试和错误这样的方法来发现和选择这些基本命题的。此外，在这些科学里，预言也确然是可能错误的，并且我们不会得到任何证
74 据，足以表示我们有任何“先验的”发现方法，可以确定什么原理是有了它就够了的，更不用说，足以说明哪些原理，甚至是不是有一种原理会成为必要的原理。从康德时起直到现在的理论数学的历史应该可以使任何哲学家放弃这个信仰：即认识论能把那些对于未来的科学家在进行证明时所必需的原理确切不移地启示出来。就是逻辑学家也得从过去经验取得这种教训：许多被人们公认的逻辑原理在未来可能会需要彻底的修改，或至少可以进一步加以分析，或可以得到更好的陈述方式。所以关于认识可能性的科学并不是“自成一类的”东西，而是如同大多数的科学一样，是经验性

的和归纳性的。这门科学所供给的知识并不是对于科学专家的绝对命令，硬要这些科学家把这种知识作为指南。这是因为，正是这些科学专家而不是旁人，他们在过去曾经对于种种较陈旧的、传统的原理，成功地反抗过，而在现今又发现了种种可以取而代之的新原理。因此，据我看来，我们的总的结论应该是这样：**认识论不是诸科学的必然的基础，它并不能通过任何对于认识过程的直接或“先验”的研究，来确定科学的可能范围或其限度。**

四、认识论并不提供，而是预先假定一种关于实在的理论

1. 下一步，我们就要探究认识论是否能向我们提供种种关于存在的一般性真理，能够把实在的轮廓显示出来或构成一种关于实在的理论。超验主义肯定各种基本公设或种种科学原理是思维规律，又肯定这些思维规律是研究认识问题的学者所能发现的；超验主义根据这些肯定而认为它能把存在界的一般特征“先验地”证明出来。例如根据众所周知的康德学说，我们所经验的世界部分 75
地决定于经验者的心灵；因为是心灵的性质把形式赋予了一切被经验的东西。以这种方式康德把我们所经验到的世界解释为一个在时间和空间里的世界，一个受因果律支配的世界。或照今天的说法，如果我们的心灵具有不同的性质的话，则我们所将知觉和所认识的世界很可能和眼前这个世界大不相同；比方说，可能是个没有空间的世界；要是一个有空间的，则可能是四维空间；或者，如果它有空间并且是一个三维空间的世界，则它仍然可能是那么一个

世界，在那个世界里平行线会相交，或三角形三内角之和大于或小于两直角。简言之，在我们这个世界里，平面三角形三内角之和所以等于两个直角，这要归功于我们的心灵的性质。所以，如果说近代的数学家能替我们在众所周知的欧几里得几何学之外，还推演出各种不同的几何学来，那么，超验主义者就能够根据我们的经验的性质而向我们证明，在所有这些新几何学之中哪一种适用于我们的这个世界。其他各种可以完全合乎逻辑，也就是说，如果它们的前提是真的，则它们是真的；但是认识论家指出它们的前提不是真的。不仅如此，认识论家为了要做到这层，并不需要到自然界去探究，也用不着去进行实验、测量、观察，直到他发现有些事实只跟一种几何学相符，而和其他各种几何学都不相符合；而是他可以应用上面说的那种容易得多的方法。[1]

在康德的以及近似的学说之外，我还想把新黑格尔主义的认识论也包括在超验主义一词之下。例如，有些黑格尔主义者告诉我们：实在就是经验；实在至少在某种程度上是人的经验，因为，虽然我们的经验尚未达到完成的阶段和完全的程度，并且虽然为了这个缘故，我们必须在人的心灵之外去寻找关于实在的那种完全经验，但是人的经验仍把完全经验的主要性质启示出来了。我们的经验在发展着，而它发展的过程把它所朝向的目标启示出来了。
76 那个目标是绝对精神或普遍精神的经验，而这种经验就是绝对的实在。简言之，认识论者所要做的事是根据我们的认识去推出完

[1] 要知道康德主义的超验主义的最近例子，可参看布鲁诺·鲍赫：《关于精确科学的哲学之研究》，第108—141页。

全知识的一般性质，又根据这一般性质去推出绝对实在的一般性质。

这样说来，根据我们认识的性质就可以证明没有任何自相矛盾的经验是真实的，从此又可万无一失地推论出实在是自相一致的。这个例子也许不会像其他例子一样使外行人大吃一惊；因为事实上没有任何神志清醒的人会相信两个互相矛盾的命题能够同时都真。可是为了本文的宗旨，这个例子在表面上的自明性使它变为一个非常好的例子；因为如果独断主义者对了，则甚至超验主义方面的这个论证都是谬误的。有些黑格尔派学者还有另一个他们喜爱的主张：实在是一个有机整体，并且这是可以从知识的性质推论出来的。他们这样申辩：当我们的知识在一部分有了增长时，所有其他部分都会发生变化；因为甚至 2+2=4 这一命题对于现在的你我跟对于童年时代的我们，并不是同样的真理。既然我们对于数学内其他东西有了较深刻的见解，我们对于童年时所获得的这一知识也就有了较深刻的见解；因而同样的 2+2=4 这句话，出自成年人口里跟出自儿童口里，严格讲来就不相同了；这是因为成年人说这句话已变为较深奥的知识了。所以，如果说知识是作为一个整体而从来不是仅仅通过把新知识加到旧知识上去的这种方式而增长的；如果说知识的各不同部分是那样有机地联系在一起，任何一部分有变化，就使其他各部分也发生变化；并且如果说，与时俱增和日益完善的知识会把这些方面显示得更加显著；如果这样，那么一种全真的、完善的知识必定是一个完全的有机整体。所以每个所谓的部分是什么样子，就全靠整体是什么样子，而整体是什么样子，也就全靠各部分是什么样子。那么，如果这样的知识

就是真理，换言之，如果什么东西要是真的，它就非是这样的一种知识不可；那么为这种知识所完善地描述的那个世界也必须是一个有机整体。因为宇宙内的各分子是现有的样子，所以宇宙必须是现有的样子；因为各分子所从属的整体是现有的样子，所以各分子必须是现有的样子；宇宙不能仅仅是许多独立部分的堆积。所
77 以，如果你问批判主义者他怎样知道这个，他不会回答你说他是在实验室里、在天文台上或通过野外的实地研究而得到这番知识的；相反地，他会说这番知识是从认识的性质里推论出来的。

2. 这个论证多么有说服力啊！可是难道它不是完全错误的吗？如果它是错误的，那么，在人类理性所犯种种自欺的事例中，它难道不也是最大的一个吗？独断主义者有什么相反的主张呢？有一件事情正是他作为一个独断主义者所不会去做的，这就是去否认超验主义的任何一个有关存在的命题。这世界可能是个因果系统，或者也可能是个有机整体。独断主义者所反对的是**批判主义者声称他用以达到这种知识的方法**。他不承认关于认识的性质的研究能够显示任何有关实在的理论。所以他相信：如果批判主义者关于实在的理论是对的，则这种理论必定是在逻辑上被偷偷放到认识论里来而又事后被说成是认识论自身产生的那种东西。

具体地讲，独断主义所提出的各种反对理由，由于所要对付的超验主义的类型不同而彼此有些差别。例如康德以及追随康德或休谟或贝克莱的学者，他们的超验主义往往比今天的黑格尔派的超验主义提出概括性较小的关于存在的命题。对于这些概括性较小的关于存在的命题，我们比较容易去反驳它，或把它们在各专门科学中的逻辑根源追溯出来；至于像肯定世界是一个有机整体这

样一类命题，对它们的批判却一方面既比较难于表述，另一方面也比较难于为人掌握。

让我们先来考虑对第一类型超验主义的各种反对理由。在各
自然科学内去“先验地”发现实在的结构，这是一种最不成功的企
图；几乎所有的哲学家都承认这点。今天难道还有谁敢根据认识
的性质来推论我们的太阳系内有多少行星吗？哲学家却仅仅根据
他的认识论就来推论时间和空间具有什么性质，就来裁决力学和 78
能学孰对，就来指出我们应该把物质、空无一物的空间、无限等等
观念从我们关于存在的各门科学里清除出去，就来推论能量守恒，
或者就来认为自然界种种事件不是通过因果律而联系在一起的；
哲学家们这样做，难道就不和推论太阳系内行星的数目一样愚蠢
吗？并且，在人们已经做了努力，而且推论也显得是完全正确的时
候，仍然还发生这个问题：那实际上被应用的方法难道跟“先验”法
是完全不相同的吗？那论证难道真正超出了认识论的范围之外
吗？独断主义者相信，它超出了范围。他相信那些原理是通过对
于当时科学的见解而作的逻辑分析的手续来发现的，然后就错误
地被说成是思维的规律或认识的必然形式。如果进行的过程是这
样的，则超验主义在逻辑上是从各专门科学的种种结果里推论出
来的，它当然并不处于这样一种地位，可以命令科学来遵守它的种
种原则。实在说来，超验主义在各科科学中的地位使人想起这样
一位严厉的父亲：他命令他的小孩子上床去睡觉，小孩子回答“我
不去”，他就说，“那就不要去睡觉！总之你得服从我的命令”。日
益发展中的科学就是这样一个难于管束的小孩子；历史证明：倘若
有任何哲学家愚蠢到竟为科学订出千年万代的行为守则，事后总

不得不收回成命。

3.诚然，仅仅说了以上所有这些，并不等于证明了所有这些；但要充分证明这一点，就需要我对于批判主义认识论的许多不同例子作仔细的考察。这是本文所做不到的事。这里我们只能限于以最大的批判主义者为例，并对他的著作提出我的种种疑问，这样也就够了。康德的《纯粹理性批判》一书认为它证明了：某些有关存在的重大原理可以从认识的性质里推论出来，因为这些原理或者是我们的直觉的形式，或者是我们的理性的形式。换言之，一种对于心灵的超验活动的研究，可以把对于一切有关存在的科学都必需的那些原则显示出来。

康德是从哪里得出（我所谓“得出”是指推论出）纯粹理性的这些重大法则来的呢？难道他是在真正研究了认识的性质以后，才从这种研究里得出他的这种见解的？难道他不是首先从他本人的
79 科学和形而上学研究中，以及从他同时代的科学和形而上学中得出他的这些重大原则，然后，在用这些原则去看认识的性质之后，又把认识的性质说成具有这些原则的吗？我个人的看法，以及许多康德学者的看法，都坚信情形完全是后者；因为如果我们对于康德当时的科学和形而上学环境以及他在批判阶段以前的发展茫然无知，我们对于他的《纯粹理性批判》里的各种结论，难道能够彻底了解吗？他的关于现象的学说——这是他的论证的前提而并非结论——他是从哪里得到的呢？他的心理学——也是前提而不是结论——他是从哪里得到的呢？实在说来，他的心理学难道不是肯定地有毛病的，并且曾使他犯了许多认识论和形而上学上的错误吗？他那头两条二律背反对于他的超验主义的发展起了那样重大

的作用，他又是从哪里得到它们的呢？难道它们是从他对于认识的研究里，或从他对于科学的研究里得来的吗？并且，我们有充分理由相信牛顿的自然观是康德许多结论的根据，并且使他往往按照洛克学派或牛顿学派所可能设想的样子[①]去设想物自体的世界；此外，他认为关于上帝存在的种种论证本质上是错误的，难道他在这方面的种种结论，真正是他对于认识性质的研究的结果吗？这些结论难道不是他对于这些论证自身的深刻研究的结果吗？还有，他关于时间和空间的学说难道真正是他对于我们的时间直觉和空间直觉的直接的、仔细研究的结果？难道实际情况不是正好相反？也就是说，他关于时间和空间的学说难道不是一种在逻辑上以他的形而上学的信念为根据的假设，这种形而上学的信念认为数学能使我们对于真实的时间和真实的空间得到不可能错误的 80
知识？最后，关于他的因果学说又是如何呢？他的认识论的这一部分在逻辑上定然根据于下面两个命题：1. 人们在自然科学里所观察到的种种事实并不证明有因果关系或必然顺序；[②]2. 一切对自然的解释逻辑上预先假定自然中的事件的顺序是一种必然的秩序。换言之，难道康德真正对物理学对于存在界的有效性感到怀

① 本文所有关于康德的陈述主要都是作为例证而说的。对康德作不同解释的人可能觉得这些话需要有详尽的解释和证明，但是这会使我们远远离开我们的主题。关于我对康德《批判》一书的大部分看法的根据，请参看一本有关康德认识论的卓越著作：普里查德著：《康德的认识论》，1909年牛津版。又可以参看贝诺·埃尔德曼："康德对于认识的批判，作为理性主义和经验主义的综合"，见法文杂志《形而上学与伦理学评论》，1904年。

② 启蒙时期的哲学家，从洛克、莱布尼茨到休谟、康德，把这一点看得越来越清楚。

疑，直到通过对认识的研究他向自己证明了：除非悟性通过超验的活动使自然界成为一个因果系统，那么经验就是不可能的；或毋宁说，这本来就是他的思想的逻辑秩序呢？自然界是一个因果系统，物理学是适用于存在界的；尽管自然界并没有把这种因果联系显示给我们的感官，但是我们却知道这种联系的存在；试问对于这样一个事实有什么可能的认识论能加以说明？康德在不少地方是一个经验论者；但是我们不能忘记，他的早期的发展是，并且以后也一直不曾停止过是一个旧式的理性主义者；这一点可以说明虽然他努力想做一个真正的批判主义者，他却仍然是一个独断主义者。简言之，尽管在《批判》一书中我们时时可以看到一些他对于认识过程的卓越的研究，但是，整个说来，他的超验主义预先假定了他在批判阶段以前的心理学和形而上学。如果情形是这样，那么康德的超验主义是一种循环论证；[①]而情形是这样，也并不足以贬损康德的伟大，因为即使是康德也不能做不可能的事。

4. 但是，超验主义者可以把他声称是从认识论里推论出来的关于存在的种种原理归并为少数高度概括性的命题，并通过这一办法而大大巩固他的论点。比方说，他可以只肯定这两个命题：第
81 一，实在界是一个自相一致的系统；即是说，两个互相矛盾的关于存在的命题不可能同时真；第二，实在是一个有机的统一体。这两个命题的真理性这里当然是无可争辩的，这里只问，他是从哪里推

① 卡尔·皮尔逊的现象主义是一种多么明显和十足天真的恶性循环论证！他那“电话总机式的形而上学”可以说清清楚楚是他那认识论的预先假定，而不是它的结论。简言之，他假定了不少有关超验世界的知识，用这个办法来向我们证明，我们对那个世界不可能有任何认识！

论出这些命题来的呢？

我们不可能相信前一命题是从研究认识而得来的。首先，认识论家从童年时起就相信了这一真理；而他在他关于认识论的研究里会不把这个命题假定为前提，这也是极不可能的事。其次，我们如何证明两个互相矛盾的命题不能同时真呢？看来只有四种可以说得过去的答案：这是自明的真理或公理；这是从个别特殊命题中概括出来的普遍命题；这是一个形式逻辑的无法证明的或最究极的假定；这是形式逻辑从某些更加究极的公设中所推论出来的命题。无论如何，矛盾命题不能真，这是一个为大部分的逻辑所预先假定的命题，并且从逻辑上说它先于任何认识论的研究。这不是思维的规律。如果我们在进行思维时利用它，我们是把它作为一个前提利用的，并且我们所以利用它，乃是由于它是真的。如果说我们的思想几乎总是被迫非利用它不可，那么这仅仅是由于它是真的，并且因为很少推论是不预先假定它的。简言之，我们能够自相矛盾，但是我们不能自相矛盾而同时没有错误；而所以是如此，不是由于思维的性质，而是因为两个互相矛盾的命题并不同时真。这样，我们可以得出结论：任何对于思维的检查都发现不了或证明不了矛盾律；反之，这样的研究倒预先假定了矛盾律。所以如果这个世界是一个内部一致的系统，那么这个世界之所以如此，这跟我们的思维毫不相干，就像这跟画眉雀的筑巢本能毫不相干一样。

5. 再说，这个世界是不是一个有机统一体？为了目前的论证，让我们暂且假定它是。这个命题难道是从思维的性质得出来的吗？独断主义者否认这一点。这个学说的逻辑上的来源，毋宁是来自一种今天通常被称为关系的内在论或有机论的原则。但是这

个原则又是从哪里来的呢？主张这一原理的哲学家有时候似乎是
82 从科学的一般性结果里推论出这个原理来的。如果这样，那么它是一种跟物理定律相同的概括。有时候，这样的哲学家又似乎是从对于种族或个人的知识演化过程所作的经验的或归纳的研究中推论出这个原则来的。如果这样，同样它也是一种从科学得来的概括。[①] 但是这两种发现方法，无论哪一种都和超验主义不一致，也无法使它和这种主义一致。要避开这一结论，看来只有两个办法。一个办法是倒退回去，说明认识论是基础性的，并且说明实在必定要跟那进行认识的心灵同一。另一个办法是坦白承认这一原理是为某一门在逻辑上先于认识论的科学所具有的最究极的公设或公理；也就是说，它是形而上学的一个命题。对于第二个办法，独断主义跟它没有什么争论，因为它坦白地放弃了超验主义。但对于第一个办法情形就不同了。第一个办法的第一个命题是假的。它的第二个命题，即实在必定要跟那进行认识的心灵同一，显然是一个不能由认识论来证明的命题；因为认识论预先假定了太多的从科学中得来的有关存在的命题，以致在任何这一类的证明里很难不犯循环论证的毛病。因此，如果认识论者假定这一点，他是作为一个形而上学家和一个独断主义者来假定这一点的。[②]

---

① 乔基姆在他的《真理的本质》一书里，似乎同时采用了这两种推论方式。

② 康德替他自己的发现吹嘘，把它跟哥白尼的发现相比。这个发现可在这里提出来谈谈。这发现是他那本《批判》的假定呢，还是它的有根据的结论呢？如果是前者，则他是一位十足的独断主义者。如果是后者，则他是创造了逻辑上的奇迹。因为，他的认识论确实假定了种种关于存在的命题；但是他怎样能这样假定，如果它不假定一个具有那样高度概括性的关于存在的命题或一个跟它相矛盾的命题？用不着补充说，我相信他是不知不觉地预先假定了后者的。

6. 现在，什么是我们关于超验主义的一般性结论呢？超验主义能否成立，取决于下面两个命题的真或是假：第一，具有高度概括性的关于实在的认识是可从认识的性质推论出来的；第二，这种认识真正是基础性的，它自身并不预先假定一系列从其他各科学得来的关于存在的概括或公设。凭证据来讲，至少后一个命题是 83
假的。简言之，超验主义是一种循环论证。主张超验主义的人使人相信他从某一公开指明的来源中推论出某种见解来，而这种见解事实上却是他不知不觉地从其他处所搬运来的。这就好像是一个为了欺骗买主的眼目而经过人工掺假的矿山，最贵重的矿苗并不是天然蕴藏的，而是人工埋进去的。因此这样的结果也就是不可避免的了：除了超验主义以外，一切理智事业都在发展繁荣。今天我们正在从许多有关的科学中获得不少的知识，这些科学的主题过去都曾一度是哲学家的兴趣中心，例如天体的性质、物质的性质、生命的性质、心灵的性质等等。甚至对于认识的性质和发展，那种经验的和归纳法的研究也正在繁荣发展，因为今天我们对于这些东西无疑比康德要知道得多得多。相反，今天有哪一位比较审慎的哲学家还会向人类提供像康德认为通过他的超验主义所可以得出的那样多的“先验”知识呢？不错，从康德以来的这些年代确实证明了我们需要有更大的审慎，即使我们有了对于认识性质的不断增加的了解，我们也需要如此！那么，正因为这样，现在不是到了不论认识论学者和形而上学者都应该声明摆脱这个困难的、无结果的工作的时候了吗？没有任何理由，说明为什么对于人类不断增加的知识和他的认识过程的一种直接研究，如果作为专门科学之一来进行，会不能得出大量的、有价值的、可以明确证明

的结果来；但是只要认识论者个人总觉得他负有这样的责任，用一种辩证法去从知识里梳理出一种有关世界观的假设来，而不是专心一意地去对于知识过程的种种事实作平实的、虚心的、归纳的研究，那么他的工作就只会继续引起人们对理智的丧失信心和继续带来失望的结果而已。

五、实用的检验和历史的判决

1. 还剩下一个论证，即：实用的检验，历史的判决；这个论证方
84 式我们不该完全略而不谈。认识论从心理学和历史上来说，是不是一直都是种种形而上学问题及其解决的主要来源？在最近两个世纪里，认识论的影响是那样大，认识论方面的大师又是能力最强的哲学家，而形而上学上的进步难道主要来自认识论而不是来自各门专门科学吗？认识论在这两个世纪的统治地位，对于哲学研究到底是有帮助还是有妨碍呢？

我决没有说，我的答案是以对于哲学史上种种细小问题的分析的、已成定案的解决为根据的，如果我这样说，那么对于上面这些问题作一个简短的答案，将是最不能令人信服的了。同一个哲学家往往既是形而上学家又是认识论家；在他逐日的实际思维过程中，那两套问题很少被清楚地分开，相反却是最复杂地交织在一起的。并且他的著作可以把他思想的实际演化过程完全隐蔽起来。但是，历史有细节，也有大的趋势。所以关于近两百年来认识论对形而上学的影响做出一个简短而有说服力的陈述，这也并不是不可能的事。

是什么东西在改变我们近代的关于实在的理论上起了最大的作用？今天的形而上学的面貌，在过去两百年间的种种发现或学说中，要归功于什么，归功于认识论呢，还是归功于各门自然科学的进步？毫无疑问，要归功于科学的进步。甚至认识论本身的面貌也同样要归功于它。我们对于世界的看法发生了多大的变化！当然，不像从但丁的思想到牛顿的思想的变化那样大；但是这两个变化还是可以相比拟的。数学、物理学、生物学都有了了不起的惊人发展。化学诞生了，并且达到了成熟的阶段。几乎关涉到一切人类事业的历史研究，情况也是一样。说所有这一切的发生会不直接地大大影响我们的形而上学的见解，那是不可相信的事。让我们来看看。

2. 首先，数学知识有了很大的发展。这种发展在过去一百年 85
间使我们对于数学本身的性质有了不同的看法；尤其重要的是：它抛弃了旧形而上学关于空间的看法。代替一种像康德相信我们具有的那样确定无误的关于*存在的*空间和时间的性质的概念，今天我们知道，空间和时间的性质不可能仅仅从纯数学里推论出来，而是必须，至少部分地，根据经验和运用归纳法去研究的，就像我们研究光和电的性质一样。当然，数学同样还会继续对这方面的知识作出很大的贡献，但是数学也会对于我们关于光和电的知识作出很大的贡献。简言之，数学——和任何认识论的考虑无关的数学——已经完全改变了这个古老而重要的形而上学问题——空间和时间的性质问题——的面貌。

关于康德的头两个二律背反，情形也是一样。关于数学的无限和连续的性质问题，看来显然已经达到一个新的和更高的阶段；

由此得出的对于这两个概念的深一步了解，加上我们对于数学本身的性质的更进一步了解，就消除了在旧日形而上学中一个主要的错误来源。因为，既然单纯理论数学不能解决空间和时间的问题，因此，同样地，它也不能解决物理世界的起源、广袤或连续性的问题。这个问题，和其他许多问题一样，在我们尚未发现一些事实，这些事实证明它们是种种敌对的假设的有效性的决定性检验以前，只能是悬而未决的问题。如果像康德所相信的那样，数学不要其他各科学的帮助就可提供关于存在的知识，那么，一种纯粹辩证的方法就确实可以把旧式独断主义形而上学以这种方式寻求的知识供给我们了。可以说从古至今所有最伟大的哲学发现之一已被人们得到了，而且是在 19 世纪得到的，那发现就是：数学不是关于存在的科学。这个发现，不该归功于认识论家，而是要归功于有哲学修养的数学家。

86 3. 其次，就我们对于物理世界的看法上的重大改变而论，我们不仅要归功于数学，而且还要归功于物理学和化学。在所有的形而上学问题中，物质的性质问题是最古老的问题之一。大家知道，关于物质的性质，我们在这几年来所得到的知识，比以前两千年内所发现的东西还更多。甚至一个很老的信仰，如质量是个绝对常数这样的信仰，现在都被推翻了；人们说在新的自然哲学里，电将是一个几乎最基本的观念，难道还有什么消息比这更惊人的吗？超验主义和其他一些学说拟说明物质必须如何如何才能成为可能的经验；如果根据超验主义或任何这一类学说去进行研究，即使一千年也不能启示出这类的真理来。又如热力学的兴起及其关于能量守恒和自然过程不可逆性的学说，它们大大改变了我们对于物

理世界的看法。这些学说在形而上学上的最究极的意义也许还没有被我们揭示出来；但是无论怎样，它们对于形而上学的重要意义是可以肯定的。

4. 第三，最近一百年来，没有任何学说比动植物进化论，一般地说，比近代的历史观点更重大地改变了我们关于自然和生命的理论。这种新见解该归功于谁呢？不错，部分地要归功于那些在认识论里最有地位的人，要归功于康德、黑格尔和那些受他们影响很深的人们。但是要从此推论出，我们是从他们的认识论里得出他们的这份贡献的，那就容易把实情说得过分了。我们没有意思要低估他们的功绩，然而有一切理由可以使我们相信：即使他们没有出世，即使认识论在这段时期被人遗忘了，19 世纪也会出现进化论和新的历史观点，这是因为那些把我们引导到这种新思想方法的人和影响，几乎在欧洲每一门科学里都有，并且也许可以说这种情况可以一直追溯到伽利略的时代。从文艺复兴开始到康德和
拉普拉斯提出他们关于太阳系起源的演化假说，天文理论有了很 87
大的发展。一方面由于语言学和文学上的种种发现的影响，另一方面也是由于当时政治、社会、宗教上的种种激烈变化的影响，并且可以补充说明一下，一般地讲由于对于古代和异域的广泛的、浪漫主义的新兴趣，这样，人们对于历史和研究历史有了深厚的兴趣。最后出现了生物进化的假说，它对于当代思潮具有惊人的影响。毫无疑问，这个学说主要也并不是来自 18 世纪的哲学研究，而是来自那日益丰富的大量地质学材料和生物学材料，这些材料迫使科学家去寻求一种理论来解释这些材料并使这些材料系统化。的确，我们一定要做出这样的推论：不是认识论在所有的学科

里有功于新的历史观点，而是认识论自身被这种外来影响完全改变了。现今讲授的认识论，不管是近代黑格尔派的或是詹姆斯和杜威的，对它稍加研究就可以证实这个结论；因为现在大家本质上都把知识看作是一种演进的过程。

5. 有五种重要的形而上学学说，和我们在自然观和人生观上这些变化的情况相反，它们似乎特别要归功于人们对于认识的研究。第一种是关于第一性质和第二性质的学说；第二种和第三种是18世纪对于旧的因果学说和实体学说的批判；第四种是唯心主义或心灵主义的关于实在的理论；第五种是最近时期人们对于关系有机论或关系内在论的争辩，这些争辩引起了两种相反的学说，一元论和多元论。这些学说及其对认识论的逻辑关系，有一部分已经讨论过了；但是现在我们所讨论的只是种种心理上的和历史上的影响。独断主义者不得不承认认识论在这里的影响很大；可是他是以魔鬼式的愉快心情来这样承认的，因为他相信这种影响
88 几乎是非常有害的。人们把两种根本不同的问题完全混淆在一起，其结果就怀着一种疯狂的希望，以为形而上学在心理学的领导下可以最后达到通往福地的途径；这种混淆和这种希望使思想界走入歧途一百多年。两世纪以来就连我们那些最伟大的哲学家也被迷惑了。虽然这样，我们可以举出许多事例来证明：甚至对于这五个问题，也还有认识论以外的种种影响在起作用。

就第一性质和第二性质的学说来讲，有明显的证据表明当时的物理学知识对于主张这种学说的人发生了强大的影响。并且，有大量的证据表明物理学实在是独立发展着，从事它自身的工作，而并未理会认识论家在这方面有些什么意见。真正说来，今天的

物理学家中还有谁需要或会去对认识论上关于什么是第一性质、什么不是第一性质的学说伤脑筋呢！物理学家直接向自然去讨教这个问题，确定什么样的物质理论可以说明他所观察到的事实。的确，如果今天有一个形而上学家想从心理学家或认识论家那里得到有关这个问题的知识，那他多半会发现，十个人中间不会有一个人能告诉他关于物质的种种第一性质物理学是怎样讲的，更用不着说能够向他提出一种从现有知识的眼光看来有充分理由的，并从而是值得我们听取的什么学说或原理来了。他所能得到的回答恐怕只能是一世纪以前的物理学所遗留下来的陈迹。一种陈旧过时了的物理学和认识论形而上学的结合，它在任何地方恐怕都没有比在这里引起了更无谓的争论。这个问题的实情是：我们根本不知道什么是物质的第一性质。唯能论给我们的答案和机械论者给我们的答案就大不相同。不但如此，我们正处在这样一个时期，无数新的有关物质的最终性质的启发正在物理学中涌现。[①]
实在说来，整个的问题需要形而上学家在物理学家的指导下作一 89
次彻底的重新研究。所有这些都是我们的题旨以外的事，但是它说明了，一种陈旧过时的物理学，从洛克的时代起直到我们今天，一直在强烈地影响着许许多多认识论者的观点。

6. 至于各种因果学说，那么对于这些学说起作用的种种的影响可能要比普通哲学史教科书里所讲到的要复杂得多。诚然不错，在我们阅读贝克莱、休谟、康德、穆勒等人的著作时，我们难免

① 一个物理学家关于什么是区分第一性质和第二性质的根据这个问题的看法，可参看 P. 迪昂：《物理的理论》，1906 年巴黎版，第 2 部分，第 2 章。

觉得那使他们对于旧有因果学说提出批评的动机只是认识论上的种种考虑。在阅读马赫与皮尔逊等人的著作时，我们也会发生同样的感觉。但是这种感觉是否有充分的根据，却远非一件确定的事；因为他们所处理的问题，虽然通常被认为属于认识论的范围，其实可以并不如此。讲得明确些，举例说，如果我们看着一片被晚霞辉映着的风景，想确定那里是否有某种颜色存在，试问我的问题是不是属于认识论的问题呢？不是的，并不是属于认识论的问题，虽然对于许多思想家来讲，从我的问题到认识论的问题只有短短的一步路。而贝克莱、休谟以及其后的许多其他古典作家，他们的问题部分地就是跟上述例子严格地类似的问题。他们所研究的不是侧重在认识的过程上，而毋宁是侧重在关于事件之间一种必然顺序的实际的、经验的证据上。休谟告诉我们，内省并没有启示出来任何这样的联系。内省只启示了先后，而没有启示因果关系。所以我们时代的唯名论者皮尔逊探究自然而没有**看出**在那里有任何因果律。他确实看到了事件接着事件发生，但是他认为自然界所启示的就只有这些而已。因此，他得出结论说：肯定自然界有规律，就是以一套完全外来的关系套到自然界的头上去。这就使他，并且也使在他之前的休谟，发生了这样一个问题：到底什么是所谓的自然规律，并且为什么我们在谈到它时，总是倾向于把它说成好像是自然界里的一个真实因素？简言之，和他们的问题究竟应该怎样解决完全无关，我们可以看到似乎确实有某种单纯认识论上的影响以外的东西在起着作用，并且这种另外的东西我们可以说
90 它是一种对于旧形而上学的反动，此外还加上他们在直接观察自然界的事实中所表现的一种更大的虚心与坦率。如果这一点我们

理解得不错，我们可以得出结论说，一种对于某些事实的不存在所具有的更清楚的意识，对于当时那些理论在逻辑上的头重脚轻现象的更深一层的了解，以及对于知识的性质的更大的重视和注意，所有这些，在引起对于17世纪因果学说的反动上都是起了作用的。

7. 至于说到实体学说，那么我们更可以提出强有力的证明，说明直接的事实证据和科学理论上的进步，对于人们改变17世纪的想法起了怎样重大的作用；因为旧观念不仅为哲学家，而且也为科学家所抛弃了。在形而上学里实体的假说引起了种种大不相同的见解，它们的不同可以从唯物论一直到偶因论，从斯宾诺莎的一元论一直到莱布尼茨的单子论；这样的意见分歧当然使人对于以实体观念去解释世界的整个企图产生了怀疑。在自然科学里，人们越来越倾向于着重事物之间的关系，越来越不着重实体和属性；事实上，近代物理学大部分正是对于这种观念——旧的关于形式的观念——的一种反动。这种观点上的改变特别是来自对于使用一种或多种力的概念来解释事物的极度反感。[①] 简言之，有认识论也好，没有认识论也好，对于旧的实体学说的日益增长的明确反对，不仅一定要发生，并且通过许多认识论研究以外的影响，也确实地发生了。

不仅如此，康德和后康德派的认识论反而是一种保守势力，反对自然科学家和有些形而上学家的新倾向。休谟批评过独断主义式的实体学说；康德虽然承认这种批评完全合理，却企图证明实体

① 可注意笛卡尔派对于牛顿引力论的反对。

是思想的一种必然形式，并具有“先验的”效准。而近代康德-黑格
91 尔派学者，在他们关于绝对的学说中倾向于把实体—属性这对观念当作是关于实在的理论的基本观念。所以，不论是对是错，近代科学中反对应用任何实体概念，并且把科学命题限制于项与项之间的关系的陈述，这种趋势的产生至少和德国的认识论没有任何关系。

8. 还剩下两个形而上学的争论：在主张关于实在的有机学说或近代一元论的人和他们的反对者或多元论者之间的争论，以及唯心主义的心灵主义者和认为他们这种主张没有根据的人们之间的争论；就这两个争论而言，必须坦白承认，认识论的影响的确是很大的。但是在这里，问题同样也转变成为另一个问题，即：这种影响到底是好还是坏呢？——而这是一个超出了我们现在研究范围的问题。因此独断主义者在这里只能限于强调指出他的这种坚定的看法来，即：主张这种学说的人必得把这些学说建立在种种事实和原理之上，这些事实和原理尽管可以是一种特别的认识论所预先假定的，却应该自身是真正基础性的。在做到这层之前，一元论、多元论或任何其他形而上学的学说都是建筑在沙地上的高楼大厦。

9. 我从历史上来看问题，所得的答案整个说来似乎肯定地是有利于独断主义者的成见的，只有对于某些今天盛行的形而上学学说来说是例外，主张这些学说的人把它们公开建立在认识论的考虑上。但是即使在这里，独断主义者也可以找到很多非认识论因素的影响，例如各种有关演化生物学和演化心理学的学说。因此，下面这个结论大概是公正的：凡在大家公认我们现代有关自然

和心灵的观点是一种真正的进步的地方,认识论都没有起它——如果它是一种真正的基础性的科学的话——所应起的作用;因为这一进步来自众所周知的其他来源,并且对于促成认识论本身内部的变化曾起了很有力的作用。而另一方面,凡是认识论的影响 92
无可怀疑地是最大的地方,我们今天都可以发现一个严重的问题——究竟这种影响是好是坏的问题。

六、应该把形而上学从认识论中解放出来

1. 现在我们就有了准备,可以来讨论这个总的问题:是不是应该把形而上学从认识论里解放出来?如果认识论在逻辑上不是基础性的,如果认识论不能由它自身就或者证明什么知识是可能的,或者证明如何知识是可能的,并且最后,如果认识论并不能为我们提供一个关于实在的理论的逻辑基础;如果这样,试问我们是不是可以得出这样一个结论,即:形而上学既并不特别地由于认识论而得到它的问题,也并不特别地由于认识论而得到这些问题的解答。我想我们可以得出这样的结论,因为我深信,把形而上学和认识论等同起来,或使形而上学在逻辑上和方法论上从属于认识论的一切理由,都不外乎我们上面提出并已予以驳斥的那些理由。

形而上学作为关于科学基础的逻辑研究而言,只需要两种东西做自己的材料:一种是各种用最严格形式表达出来的科学,一种是形式逻辑。至于形而上学作为关于实在的理论而言,它需要什么,倒很不容易说。下面的话也许可以当作一种简略的、试探性的答案。形而上学的前一部门,即对科学基础所作的逻辑研究,是它

所需要的;因为那种研究可把科学所蕴涵的关于实在的理论揭示出来,而这理论确实是形而上学所不得不涉及的。除此以外,形而上学还需要别的东西吗?这取决于我们怎样解答下面这些很困难的问题,这些问题也许自身就完全属于形而上学的范围之内。首先,逻辑分析除了揭示科学的种种基础之外,是否还揭示其他种种独立的命题系统——至少是那些内在地蕴涵在人类艺术、道德、宗教中的命题系统——的基础?如果这样,有关实在的理论是不是也应该预先假设它们?让我回答说,是的,应该预先假设它们。其次,那为我们所观察到,而我们并不加以假设或推论的、实有的或
93 者说最究极的具体的东西,它是什么?是不是能对这样的东西有一门科学,有一门,如果愿意,也许可以称之为所谓"对象论"(Gegenstandstheorie)的科学?这最究极的东西是否真正是可分析的;或者,如柏格森和詹姆斯所相信的那样,它是非逻辑性的?这里,让我回答说:如果真有这样一堆问题的话,那么它们或者是形而上学的一部分而不是某种更接近于究极的、为形而上学所依靠的科学的一部分:或者,它们和它们的解答都在种种不同的专门科学以及上面所说的那些非科学的系统的范围之内。如果情形是前者,我们的那些非形而上学系统将预先假定我们的形而上学;如果情形是后者,形而上学将通过对所有这些系统的逻辑分析而达到整个这一方面的知识。很可能这两个相反的可能并不是真正没有共同之处,而这两个命题都是部分地真的。但是所有这一切,并不是一个在理论上而是一个在方法论上有很大重要性的问题;因为它归结到一个纯粹方法论上的问题:谁是真正的形而上学家,真正的形而上学上的权威?是一般人呢?还是专业的形而上学家呢?

最后，还有第三个问题：形而上学在它的种种公设或不可证明的命题中，会不会有一些公设或命题是任何其他处所所没有的，是形而上学所独有的呢？如果这样，那么形而上学的这一些部分当然肯定地是基础性的。简言之，所有这许多问题（包括逻辑在内）都是基础性的，并且它们的解答的总和，加起来无疑构成一门科学，这门科学从逻辑上来说是我们的知识的其余部分的基础。它是第一科学，并且如果这样，它也就是形而上学。

此外，关于形而上学在方法论上对于其他知识部门的依存关系，我们可以作下列一般性的陈述。在某些部分它可以并不依存于任何其他知识。在绝大部分它无疑要依存于逻辑。作为一种对于各种科学的逻辑基础的研究，它必须有这些科学本身作为它的材料。最后，作为关于实在的理论而言，形而上学可从人类理智生活的每一部门吸收知识和取得帮助。科学的发展能够使形而上学发生革命性的变化，如同在伽利略的时代曾经发生过的那样。一个或多个科学公设有了根本改变，也可以产生同样的效果，经验事实上的重大发现，同样也是如此。并且随着人类在艺术欣赏、道德 94
和宗教见识上的发展，人们可以陆续发现种种新的并且也许是基础性的真理。如果这样，他的发现就可以引导他去彻底修订他关于实在的理论，或至少把种种新的问题提供给形而上学家去解决。

2. 最后，我们谈到这个特别的问题：形而上学在什么地方要归功于认识论呢？在启发方面，有许多地方要归功于它。人类知识在个体身上和种族中是怎样发展的，认知过程自身又是怎样发展的，这一切确实往往向研究逻辑分析的人们提供种种启发，告诉人们要寻求什么以及到哪里去寻求所要寻求的东西。例如，知识是

通过尝试和错误的方法或实验的方法而增长的，这一事实直接表明科学，作为一个命题系统而言，是以许多未被证明的假定、公设和臆测为前提的。人类知识和认知过程的发展经过又表明只要人类在理智方面继续在成长着，则形而上学家的工作就还不能结束。这是因为形而上学家把一个时代的知识所预先假定的或跟这种知识一致的关于实在的理论刚刚提出来（就像中世纪的哲学家*所做过的那样），这个工作就又要为了一个新时代的知识而再重新进行。又例如可以举心理学上那条重要的联想律作为第二个例子；这条规律直接启发了（如同它向休谟和康德所启发了的那样）：因果律一定是科学的基本公设之一，或是近乎基本的公设之一。再举第三个例子，认识论可以对于科学史提供很多的启发，而科学史自身对于形而上学家又是充满启发的。

3. 就认识论对于形而上学在*方法上*的关系来讲，这一切都是真的，如果不承认这一点确实是件愚蠢的事。但同时我们也不要忘记这番贡献的限度，因为我们已经看出，在这方面可能发生的种种错误是很严重的。正确的认识论对于形而上学家能提供许许多多有价值的启示；但是这门科学并不在什么特别的方面或在什么特别的程度上是形而上学的基础。它并不特别地是形而上学的一
95 部分，也并不在任何方面要跟形而上学等同起来。反之，我曾企图指出认识论不是一种在逻辑上具有基础性的科学；指出对于知识的可能性和限度这个问题的解答，在逻辑上至少后于某些专门科学；指出认识论不能向我们提供一种关于实在的理论；指出形而上

* 指欧洲的中世纪哲学家。——译者

学的各种问题和这些问题的解答在逻辑上并不来自认识论；最后，又指出虽然历史的全部判决还没有宣布，我们却已有了强有力的证据，表示批判主义在最近二百年来，除了对于形而上学有过帮助之外，还对它有过严重的妨碍。如果这些结论是对的，那么，形而上学根据自己的权利是自由的，不依靠于认识论的，而我们应该立即着手把形而上学从认识论的统治下解放出来。①

① 虽然没有几个医生是诊断自己疾病的专家，我却也许可以帮助一些读者来发现我的各种偏见或成见。我们可以把本文的论证过程回顾一下，试问我们这番论证是在哪一种讨论范围里进行的呢？回答是：逻辑分析的范围。我相信在我们的哲学研究里，今天有两种显著的但是根本不同的出发点。一种人深受种种心理学的事实的影响；这种人虽然承认心理学自身是专门科学之一，却企图通过对于这些事实的研究，来寻求一个哲学的基础。另一种人虽然并非不知道这些事实，却无法认为这些事实就是最有意义的东西；相反地，他深深感到这样一个真理，即认为科学的主要任务是去进行证明。结果，什么是任何假设的前提，这些问题就成为一个最重要的哲学问题。在人类知识的任何部门他都看到两套前提：一方面是形式逻辑的各种原理，另一方面是种种公设以及各种被观察到的真理，或种种事实。这些预先假定的全部总和就构成一种哲学基础，这个基础他相信是他所必须用以作为根据的东西。当然，这样的一位哲学家会觉得另一位哲学家把心理学和逻辑混淆到了不可救药的地步。简言之，一种人在性情上是心理学家，另一种人，是逻辑学家，并且每种人都觉得自己的基础比对方打得更深。所以产生了僵局，似乎任何一方都不能说服对方，而我们相互的最后责任似乎不在于去进行说服或反驳，而在于各使对方了解自己的观点。即使每一方面也许都看到了对方所看不到的真理，即使最后的判决也许是双方都是部分地对的；但是尽管这样，我个人仍深信这两种观点的中心立场是不同的，又深信这些中心立场是互相排斥的。果真这样的话，则总有一方面是基本上对的，另一方面是基本上错的，并且两者之间不可能有妥协。

99 # 实在论的独立性理论

拉尔夫·巴尔顿·佩里

一、独立性这个概念的重要性

八年前,詹姆斯教授在他的论文中描述到“当代哲学界中一种特别不安的状况”时,在结论中指出:“使人最感惊异的是被深深埋葬了的自然实在论,现在又从茅草丛中露出头来了,而且支撑它重新起立的正是那些最想不到的方面”。[①] 现在这个复活的死尸已经真的站起来了,并且能够和马克·吐温一起来抗议,说关于它的死亡的报告是“大大地夸张了”。作为哲学界一个活着的并且有前途的成员,当然应该来对它的人身同一性作出正确无误的说明,否则它就会再度被人漫不在意地埋葬了并且报告说失踪了,或是在争论的混战中去作代人受过的羔羊。本文的主旨就在于对**复活的**实在论——或现在为方便起见可以称作新实在论——作这样一种辨认和说明。

1. 首先,我们对有决定意义的“独立性”概念必须给予阐明,因

---

① 威廉·詹姆斯:《彻底经验论论文集》,第39—40页。

为“实在论”这个名词在传统的用法上是和另一个概念即“实体”的概念联系在一起的。当它和后一个意义联系在一起的时候，实在论是相对于“现象主义”、“直接主义”与“经验主义”而说的。它的意义是说，所谓实在并不是那被人所经验的东西，而是某种隐匿于经验到的东西后面的**实体**或**本质**。根据这种说法，实在并不是由它的宾词所构成的，而是在这些宾词中所表现的东西；它是具有这些宾词的主体，支持这些宾词的根据，或者是产生这些宾词的原因。按照“现象主义”、“直接主义”或者“经验主义”看来，实在是和 100
现象二而一的东西——事物就是它们所“**被认识**的那样”。[①] 按照和它意义相反的实在论，则认为实在是**那**产生现象的**东西**，是我们对它有所认识的**东西**。

2. 这一种实在论对于实在的说明，在下面所引托马斯·里德《人类智力论》一书中可以见到最直接明确的表述：“凡不必假设其他任何东西的存在，而可以依靠它们自身而存在的东西叫作实体；就它们和属于它们的性质或属性的关系而言，它们被称为这些性质或属性的主体。凡为我们的感官所直接知觉到的一切东西以及凡为我们所意识到的一切东西，是必须在另一种作为它们的主体的东西之中。例如用我的感觉我可以感到东西的形状、颜色、硬与软、运动或反抗等等。但是这些都是东西的性质，这些性质必须存在于某种有形状的、带颜色的、硬的或软的、运动着或反抗着的东西里面。我们是把这些性质所属的主体，而不是把这些性质，叫作物体。……同样，我所意识到的东西如思想、推理、欲望等等，它们

① 参看威廉·詹姆斯：《实用主义》，第50页。

必然假设某种思维着的、推理着的、具有欲望的东西。我们并不把思想、推理或欲望叫作心灵；而是把那个思维着的、推理着的、具有欲望的东西叫做心灵。”①

这样一种实在论的特点，在于它在作为实体的实在的物体和实在的心灵，同这些实体所借以为我们所知的“性质”或“属性”之间，做了截然的区分。“实在”是和认识的内容**不同的**东西。至于实在是否同时也是**独立的**东西，这是第二个问题并且是一个更为疑难的问题。物体独立于心灵，这一点似乎很清楚，因为作为实
101 体，物体“可以由它们自身而存在”，而物体性的性质则“必须是在”物体性的实体之中。性质本身，不论是物体性或精神性的性质，很明显地不是独立的，因为它们“必须是在另一个东西之中”。而实体本身是否独立于那些在它们之中的性质，这个问题就有问题了。洛克的实体观和里德很相近，他认为很可能人的心灵可以没有思想而存在。换言之，心灵的本性是独立于它借以为我们所知的那种种意识方式的。② 同样的观点也可以适用于物体，这一点从洛克所经常重复的一句话里也可以看出来，即“为它们的种种性质和作用所依赖的那些实在的本质，并不为我们所知”。③

---

① T.里德：《人类智力论文集》，第1篇，第2章，汉密尔顿版（1895年），第232页。关于一般类似的见解在新近德国哲学中的发展的叙述，参看L.施泰因：《现代哲学之潮流》，第6章。

② 参看洛克：《人类理解论》，第2卷，第1章，第10节及以后数节。要想了解洛克对于实体的见解，参看《与伍斯特主教的论争》，第4号（圣约翰版，第2卷，第352页）：“我们不能想象对于可感觉的性质的单纯观念如何能单独潜在，因此我们设想它们是存在于某种共同的主体中而又被它所支持；这种支持我们用实体这个名词来指示。”

③ 洛克：《人类理解论》，第4卷，第6章，第12节。

也许更妥当些可以这样说，即不论对于洛克和里德来说，有些性质，即那些“第一”性质如广袤、硬度等等必定属于物体的本性。但是在区分“第一”和“第二”性质的根据上，洛克和里德有显著的差异。在洛克看来，第一性质是这样的性质，它们在人们的心灵中产生**相似的**观念。例如硬的性质和由它所产生的“硬的观念”是**相似的**。而第二性质则是这样的性质，它们在人们的心灵中产生**不相似的**观念。例如当“紫罗兰通过这样一些特殊形体、特殊大小的、不可觉察的物质分子的推动力，并且通过那些分子的各种不同程度和不同方式的运动，引起在我们心中所产生的关于那个花的蓝色观念和香气观念”。[①] 反之，里德则力图摆脱被他认为是哲学的孽障的这种“观念学说”。认识并不具有事物在人们心中所产生的观念，认识乃是一个人对一个对象的一种信仰的活动，他必须对这个对象具有一个“概念”。至于里德如何确切地把“概念”和“观 102
念”分别开来.这一点就不清楚了，但是很明显他是要想排除那心灵与其对象之间的传统的阻隔。所谓“概念”不是事物的一种产物或副本，而是心灵自身的一种活动或工具。它是那在里德看来无需给予解释的人类认识能力的一部分——因为他深信这种能力是在任何情况下都必须被预先假设的。[②] 总而言之，第一性质和第二性质的区别不以“观念”为准，前者乃是人们可以直接清楚地认识的物体的性质，乃是人们知道“它们实际是什么”的性质。里德说道，“因此，如果我要把那些呈现在我们感觉中的物体的性质加

① 洛克:《人类理解论》，第 2 卷，第 8 章，第 13 节。参看第 7—26 节等处。

② 里德:《人类智力论文集》，第 2 篇论文，第 20 章。要想了解里德的见解的困难和含混不清，参看威廉·汉密尔顿爵士在他的版本中对这篇文章及其他文章的注解。

以分别，我就首先把它们区分为明显的和隐蔽的性质。”里德所谓“明显”的性质相当于洛克的第一性质，例如“广袤”、“硬度”等等；所谓隐蔽的性质，包括洛克的第二性质，以及物体在有机体上所引起的感觉和物体在相互作用中所表现的“力量”。①

因此，在里德看来，物体的性质，不管是明显的还是隐蔽的，都是属于物体本身的。它们根本上不是观念，不论某些观念与物体相似或某些观念与物体不相似。它们的根源所在是在物体本身之中。因此就不可能有所谓——因为不能确定它们的物体性的原型是否存在——它们只能仅仅是一些观念这样的问题。换言之，里德相信自己已经去除了作为贝克莱与休谟的唯心主义的基础的那个假设。但是里德的实在论却是可以受到唯心论者的一个非常明显的反驳的。因为性质并不就构成物体。他的学说表现得十分明显，即：实体原则是他思想中的主导的东西。他认为“必须深思熟
103 虑才能把物体本身与物体的性质区别开来”。物体性质与物体“质料”的关系无疑地仍是“暧昧不明”的；“但是这种关系并不是极端地暧昧，我们还是可以很容易地把它跟别的关系区别开来”。② 因此，物体的性质的地位就仍旧是很不稳固的。既然物体的性质与物体并不等同，那么，它们就会更容易被心灵攫为己有而变为观念；既然物体被剥夺了它的性质将化为乌有，那么它就会更容易被人当作非实在体而予以弃置不顾。这样一来，实体的原则就把实在论出卖于敌人的手中了。

① 《人类智力论文集》，1895 年，第 313、322 页。

② 里德：《人类智力论文集》，第 323 页。

3. 显然，传统的实在论由于同实体论纠缠在一起，既陷入了混乱而又妥协了。鉴于上述情况，批判实在论的人如果没有表现出一种为实在论者本人所没有表现由来的思想区别上的缜密性，那也就不能加以责难了。当代批评家之中罗伊士教授是一个特别值得注意的人，他明白地把实在论与有关独立性的理论等同起来。可是，即使像这样一位作家也未能完全成功地把这个独立性理论与实体论分离开来。例如罗伊士教授分别了三种“普通的本体论的宾词”，即“第一，**是直接的**，第二，**是**在那非直接的东西中有**充分的根据的**，第三，是**真实可靠的**——这些就是在普通的本体论中关于那应该是真实的东西的三个主要概念”于是作者立即得出结论说：实在论是“上述三个普通的本体论的宾词的综合，虽然，如历史上常见的那样，特别着重在第二个宾词上”。换言之，“实在论喜欢实体，喜欢那‘内在的’、‘更深入的’基本的事实，喜欢那不可及的(inaccessible)宇宙”。[①] 但是现代的实在论却恰巧是极端厌弃这些东西的。现代的实在论所同情的乃是趋向于把实在和经验的元素、过程与系统等同起来的那整个的现代思潮。但是它同时主张
这些元素、过程与系统都是**独立于**它们之**被经验这一事实之外的**。104
尽管它们可以组成为一个经验或者参与在一个经验中，但是并不**必需**如此。这也就是说，新实在论主张：被经验者独立于经验的活动；事物的可感、可知的性质独立于感觉和理智的作用。因此，实在论必须净化独立性这个观念而扬弃它的它在性、远越性、不可及

① J. 罗伊士：《世界与个人》，第1辑，第54—55、68页；也可以参看第63、66、67、86、106、115页。

性等等一切含义，这不单是为了全面地和有力地阐明实在论的主张，而且是为了避免和一种完全不相干的、易遭反驳的思想趋向相混淆。

4. 必须承认，实在论者至今尚未能为“独立性”这个概念下一个定义。例如亚里士多德学会在一次以“第二性质是否独立于知觉”为题的讨论会上，纳恩先生作为实在论者，采取了“肯定的答复”。① 席勒先生在回答中就正当地提出了这样一个问题：“什么是实在论者所谓的独立？”但正如席勒先生自己所说，唯心主义者应用“独立”这个词的时候也并不比实在论者更精确些。不论罗伊士或乔基姆——后者和罗伊士一样，很明显地把实在论和独立性理论看作同一个东西——都经常在论战中应用独立性这个词而没有给予应有的定义。这二位作者都把一个独立的东西所具有的特性说成是其他东西“不能使它发生变易”的东西。但这不过是对独立性一词作了比喻的说明罢了。② 这个说明引入了种种实践的或动态的考虑，这些考虑只是使问题更加混淆而不是更加清晰。

唯心主义者也不能说对自己的独立性观念已经作出满意的说明。例如乔基姆先生明白主张：真是“不依赖于作为此时此地这一直觉活动的直觉的”。③ 同样，绝大部分的现代唯心主义者都坚持：逻辑的或普遍的定理是不依赖于它们在有限心灵中出现时所
105 伴随的心理环境的。但就我所知，当这样被应用时，这个名词的精

① 《亚里士多德学会汇报》，1910 年，第 10、191、218 页。

② 罗伊士：《世界与个人》，第 118、120、123 页。依照乔基姆的说法，实在论主张“经验活动不能使事实发生变异”（《真理的本质》，第 33、58 页）。

③ 罗伊士：《世界与个人》，第 52 页。

确意义是听由常识去判定的。同样，唯心主义者也并没有为相关的“依存性”观念下一个一般的、精确的定义。而这个理念对于唯心主义的关系内在性学说以及对于像“一致”、“综合的统一”、“有意义的整体”等等这些基本性的概念来说是非常重要的。如果唯心主义在对实在论的论战中获得胜利的话，那么我们将可以作出结论：经验活动确实使事实“发生变易”。这是唯心主义的中心论点，正如相反的主张是实在论的中心论点一样。但是这所谓“依存性”的确切性质究竟是什么，我们就完全不明白了。唯心主义甚至还利用不能给“依存性”观念作出正确的定义而取得了一些好处。因为它可以随时变换“依存性”的意义来适应论争的需要。并且这种对依存性观念的缺乏明确定义，使唯心主义者可以利用这样一个含糊的但是很自然的假定，即：任何关系都包含着依存性。唯心主义认为，要证明依存性，只要在所讨论的那个项和某一个其他的项之间建立起某种联系就够了。只要依存性和单纯的关系一被区别开来，很大一部分唯心主义的论证就会变成毫无价值——它们只是重复一些平易浅显的老调而已。

因此，实在论者很可以采取这样的办法，即他所谓的独立性就是指他的对方所谓的依存性的反面。如果一个含糊不清的、常识的观念在一方面够用了，那么对于另一方面它也就够用了。可以用双方共有的含糊的名词来争论问题，事实上情况一向也就是如此。但是采取这样的对策，实在论就使自己失去了一个重要的机会。实在论有责任要迫使大家来讨论依存性或独立性的问题，并且应该来从事于澄清这个为它重新提出的重要概念。作为建设性的理论的实在论，与其关怀争论的胜负不如公开地说更关心于这

个问题所带来的好处。并且任何实在论者不会害怕对于对方有所启发而不去作全面的、深入的分析。不仅如此，目前的实在论运动在颇大程度上是由逻辑动机所引起的，因此认为澄清流行的错误观念正是它分内的、适宜的工作。

106 二、依存性一词的意义

“独立性”* 这个词显然是用来否定“依存性”的。这个词，像其他反面意义的词如“非物质”、“非世间”等等一样，已经获得了种种正面性的衍生意义。因此，政治上的独立性现在是指获得自治，或者获致某种正面的“自由”，像“言论自由”和“出版自由”等等。同样，人们的实践中的独立性是指自力、自信或首创精神。但是，我们在这里不谈这些衍生的词义。这些衍生的意义是独立性的种种特殊事例，在这些事例中应用这个词时的那些具体情况给了独立性这一概念的一般意义以它的特殊含义。独立性的本原的、一般的意义是指**非依存性**(non - dependence)。

因此我们必须以列举“依存性”这个词为人们所习用的各种不同含义来开始我们的分析。本文下面所列出的各种含义，不论在意义的完备方面或者在逻辑的联系方面，我不能自信它们已是定论。反之，人们毋宁可以很合理地觉得这还不是定论。但是一方面欢迎别人的修改和补充，另一方面我期望下面的这个表至少是概括了可能和目前的争论有关的那些词的种种不同含义。

---

* 原文“independence”，直译当为“非依存性”。——译者

1. 关系——即使人们可以断定，单纯的“关系”和本文以下所述的依存性的各种形式截然不同，从而证明它最后应该从这个表里被剔除出去，但是暂时包括它还是有很重要的意义的。我们必须在一开始就注意这个概念，因为它将在我们的结论中占据显著的地位。

我们不可能为“关系”下定义。我们只能或者把它当作一个最高的逻辑范畴而接受它，或者基于它包含一些往往为人提出来的思辨上的困难而干脆把它抛弃掉。但是像布拉德雷这样一些因此而摈弃了它的作家，也公开承认无法找到一个满意的代用词，并从而只能托庇于不可知论。至于这些思辨上的困难是人为的这一点，我想，詹姆斯已经予以证明了。[①] 一切精确的或分析的思维，譬如我们目前进行的思维，都依赖于“关系”这个概念；而且有极多的、有利的经验证据都证明需要接受它，而无须作更多的无益探讨。不错，任何想对各种关系作系统研究的企图都立刻会遇到疑难的不明确的例子，例如“同一”、“差异”等等。但是“以前”、“以后”、“更多”、“更少”、“相似”、“不相似”等等这样一些无疑义的例子是极多的，它们足够成立一个类。

2. 全体—部分[②]——全体乃是依赖于它的部分——即依赖于它所包含的东西，并能够被分割或被分析为它所包含的东西。这里，我们可以提出这种全体—部分依存性的“具体的”和“形式的”例子之间的一个区别。所谓“具体”的例子可以在现在的伦敦城和

① 詹姆斯：“物和它的关系”，《彻底经验论论文集》，第3篇。

② 也参看下面斯波尔丁的文章。

特拉法尔加广场二者的关系中，或者在本届美国政府和塔夫脱总统二者的关系中表现出来。所谓“形式”的例子可以在一个城市和这个城市的街道之间的关系中，或者在一个政府和这个政府的行政首长之间的关系中表现出来。换言之，一种具体的关系乃是变项的特殊值之间的关系，而一种形式的关系则是存在于变项自身之间的关系。全体对于部分的依赖可以是上述两种形式之中的任何一种。

3. **部分—全体**——如果全体是“有机的”，部分就依赖于这些部分所隶属的全体。“形式”和“具体”的区别这里也适用。例如一个直角三角形的斜边是形式地依赖于直角三角形的定义的。不单这个斜边是从它参与的全体中引申出它的意义，而且这个斜边的大小也是它和其他部分的相互关系，例如它和对角和邻边的相互关系所决定的。一个特定的斜边同样是由它在它所隶属的特定三角形中的具体地位所规定和限定的。同样，在生物学上一个生物的器官或组成部分不论形式地（就其意义说）或是具体地（就其结

108 构和功能说）都是依赖于那个器官或组成部分所隶属的有机体的整体的。

但是这种依存性显得可以转化为其他类型的依存性。例如，当我们说直角三角形的斜边就其意义上依赖于直角三角形时，或者说一个直角三角形的斜边的概念依赖于直角三角形的概念时，我们实际上是**从部分参与全体中来说明部分的**。我们实际上是说，那“对着一个三角形的直角的斜边”不能没有这个三角形而是这样的斜边。但这只不过是说：一个三角形的概念依赖于一个三角形的概念；其为赘语至为明显。或者上述的道理可以解释为：没

有全体，则一个部分不能**成为部分**，即部分是**属于全体**的。但这等于说，部分与全体这个复合关系依赖于作为这一复杂关系的一个项的全体。而这是一个全体对部分而不是一个部分对全体的依存关系的事例。

同样，说直角三角形斜边的长度具体地依赖于三角形其他诸边和内角的大小，实际上是说，部分之间的一种互相依存性构成某一全体的性质。在这里，部分的依存性是以它在全体中的地位为条件的；并且它的依存性是依赖于其他的部分，而非依赖于全体。我们只是说，如果一个分子属于一定的全体，那么它必须具有它作为那个全体的一部分而应有的那些关系。我们不说那分子依赖于它在全体中的地位，并因此绝对地依赖于全体；而只是说，如果一条线要作为直角三角形的一条斜边的话，那么，它必须先作为一个部分。另一方面，从部分和部分之间的关系中显然展示出一种新的依存性来。也是因为这种新的依存性并不是一种部分—全体的依存性，它将在因果关系这一题目下另作讨论。

我们可以采取同样的方式来探讨一个有机体各部分的依存性。[①] 呼吸系统如果没有全部有机体就不能是一个活的功能。但这仅是说它如果没有一个有机体可隶属的话，它就不能隶属于一 109
个有机体。要说清楚**部分**的依存性，我们必须把部分说成是全体的部分。但是“有机体的组成部分”对于有机体的依存性并不是一种部分对全体的依存性，而毋宁是一种全体对部分的依存性。它所说的是一种复合关系对于这种复合关系中的某一个项的依存。

---

① 也参看下面斯波尔丁的文章。

但是呼吸系统对循环系统的依存，其意义却是说：这两个系统是由于它们所隶属的那个复合过程的种种规律（laws of the complex process）而结合在一起的；或者说这两个系统互相充作另一个系统的必要条件；上述二种关系与其说是部分—全体的依存性，都毋宁说是因果的依存性。

4. 事物—属性——事物—属性的关系究竟是否是一种全体—部分的关系，无须在这里加以断定。但是在我看来，很清楚，事物—属性这种关系对依存性的问题来说并没有提供什么新的东西。上面我们看到，对于某几种实体论来说，事物是否依存于它的属性是大可怀疑的事。如果事物根本不依存于它的属性，那么，这种事物—属性的关系就不是一个依存的问题。但是如果一个事物是被认作依存于它的属性的，那么它就或者是由属性所“构成”的，或者是用属性来界说的。看来很明显，除去一种不可知论的实体论外，都认为一个事物必须是依存于它的属性的，因为这些属性或者在事物中或者是事物的属性。如上所述，二者都是全体—部分式的依存。

5. 属性—事物——属性依存于它所隶属的事物这个问题，类似于部分依存于全体的问题。没有玫瑰花，红色就不能是玫瑰花的属性；要不是由于玫瑰花的整体的性质，红色也就不拥有它对玫瑰花的香味、形式以及成长所处的特定的关系。但在我看来，这或者意味着一朵玫瑰花就是一朵玫瑰花（赘语）；或者意味着红色—玫瑰花的关系是依存于作为这关系中的一个项的玫瑰花（全体—部分）；或者意味着玫瑰花的红色是由玫瑰花的生长时间、化学结构、营养等等所决定的（因果关系）。因此，我们可以无需把属性—

事物的关系当作依存性的一种本原的类型。

6. **因果关系**——最好尽可能避免把依存性的争论结果押在一种特殊的因果关系的理论上。然而我们也不能对某一种因果关系的理论不闻不问，免得它到最后的一刹那来推翻我们的论断。我所指的是这样一种理论，即认为因果是由于一种“活动”而来的**从无到有的**(*ex nihilo*)创造。我毫没有意思摈斥目的范畴；即主张没有伦理的或理性的因果关系。我的意思只是坚持这样一点，即：只要因果关系还是能被观察或被证实的，只要它在任何特定的例子中还是一种能够被顺利讨论的东西，那么它就必须被认作是一种复合体或过程，在这个复合体或过程中，在那些可以被确定和被区别的部分之间存在着一种必然的关系。原因，像结果一样，必须被揭示出来；原因必须不是被认作一种隐匿在幕后的深奥难解的、不可测度的因素。我将不更进一步争论这个问题，而只是诉诸这样一个事实，即“创造”说在科学和其他一切精确的探究中久已被否认了。 110

如果这个可能性被排斥，那么，我想在这里无须再作进一步的争论。因果关系是一种具体的在两个复合体之间的关系，是从两个复合体的组成的变项之间的一种本原的、形式的关系中得出来的。例如，如果对于 v 和 gt 这些变项的所有的值来说 $v=gt$，那么，任何特定的速度(v)依赖于引力常数(g)，以及某种时间的数量(t)。在各变项之间的形式的关系叫作“规律”(law)，而——按照规律之所规定那样的——这些变项的值的具体的决定，就是因果。

把“因果关系”这个词限制为上述依存类型中的一种特殊类

型，也许会和这个词的口头上的用法更趋一致些；即把它限制为这样一种特殊类型：在时间上发生较迟的一种复合体是由时间上发
111 生较早的一种复合体所决定的。换言之，习惯总是把“因果的”这一形容词限于那些包含时间这一变数的规律，并且总是把正面的、向前的时间当作一个自变数。或是，人们还可以进一步缩小原因这个概念，用以专门指那些和时间合在一起决定一个未来的复合体的值的其他的值。

必须注意：因果关系是受规律所制约的。换言之，它的发生只能在为规律所规定的那个系统的范围以内，而且只有当某一复合体被认定是这个系统以内的“一个事例”时，它才能被应用于这个复合体。例如，被认定为是引力系统的一个组成部分的某一复合体，它的方位、速度、轨迹等等，是由周围物体的空距和质量为因而引起的。因此原因与结果是在一定的系统以内，或者说是在规律的制约下互相依赖的。但是原因与结果是否依赖于系统或规律的存在这个问题并没有确定。这些系统和规律在一定条件之下决定了因果的活动，但并不证明这些条件本身是必需的。因为，一个特定的复合体应该根据某一个系统去说明它，而同时它也符合于另一个系统的要求，这样的情形是很可能的。举一个例来说，假定一个物体 a 的位置可以从它和第二个物体 b 相距的方向和距离来加以界说；再假设 a 也可以根据它和第三个物体 c 相距的方向和距离来下定义。那么将发生这样的情形，即：a 的位置可以没有歧义地或用 b 或用 c 来下定义。同样，一个物体的动能可以用已经转化为这个动能的原来的潜能的等量来下定义；或者也可以用它所可能转化成的热能来下定义。在这些情形下，更正确地可以这样

说：上述的复合体，鉴于它拥有另外一种足以说明它的决定，并不依存于上述两种决定中的任何一种决定。因此，只有在 a 唯一地在作为 b 的结果的那个系统里才是全部地被决定的条件下，简言之，只有在 a 没有其他的充足原因的条件下，才可以在因果关系的意义上说 a 是依存于 b 的。

7. **交互关系**——人们习惯用“交互关系”这个词来表示一种和因果关系同一类型的关系，但并不和后者一样强调时间的先后。很明显，一个规律的各变项的不同的值之间的关系是相互有关的。我们不仅能预测将来，同样地也能推知过去。同样我们还能推知时间上的共存关系，例如在天体系统的星座关系中，或者在视觉域中的广袤和颜色的同在关系中。把时间列入这些计算以内甚至是 112
不必要的，例如几何学所规定的空间大小度量上的相互依存性就可以说明这种情形。因此，“交互关系”可以被认为是，在时间一方向因素无关重要的场合下，在规律制约下的变项的值之间的相互决定。但是，既然因果关系的事例是最常见的事例，既然这些事例的基本原理是相同的，因之，我以后将略去交互关系而专谈因果关系。换言之，我将假定因果的依存性是交互的。

8. **蕴涵**——最后，在依存性的各种类型中还有比较单纯的蕴涵的逻辑关系。蕴涵是否是“原始”概念的问题，在此是不需要进行讨论的。罗素先生表明，蕴涵可以用其他的概念，例如“矛盾”、“逻辑加法”等来表示。[①] 但是无论如何，总有某种基本的逻辑必然性的形式。

---

① 罗素：《数学原理》，第1卷，第6页以下。

指明蕴涵关系并非是一种对称关系乃是很重要的。**能**蕴涵者是在一种意义下依存的；而**被**蕴涵者乃是在另外一种意义下依存的。因此，一个三段论式的大小前提不能同真，除非这个三段论式的结论是真的；另一方面，即使大小前提都假，结论还是可以真。只有蕴涵者对于被蕴涵者的依存才是确实的和没有附带条件的。

9. **被蕴涵**——反之，被蕴涵者只有在上面讨论因果关系时所提及的那种限定的意义下才依存于蕴涵者。因为被蕴涵者可以是**以其他的方式**而被蕴涵的。那些被两组或两组以上的前提所蕴涵的东西不能说依存于其中的任何一组。缺少其中的任何一组前提，那被蕴涵者仍可被另外各组使它成为必然。换言之，它的依存性被限制于某一特定的逻辑系统。

由于这个事实，因此一般数学概念上的独立性和依存性对于我们目前的讨论没有实质上的帮助。“应变数”是这样一种变数，
113 当我们对于另一称为“自变数”的变数赋予一定的值时，它的值就可以由蕴涵关系而推出。但是因为这个程序是可逆的，因此逻辑地说两个变数同样都是依存的。再者，我们还没有提到应变数之值能否**以其他方式**推出来这个问题。同样的情形，一条“独立的公设”乃是在一特定系统中与其他公设有机联系的一条公设，但不能作为一条定理而从这些其他公设中推演出来。[①] 但是由这个标准所建立的一个公设的依存性是和那个系统相对而说的。由于它在另外一个系统中是一条定理，它可能独立于第一个系统。因此，我们可以得出结论如下：a 并不由于为 b 所蕴涵而无条件地依存于

① 参看 E. V. 亨廷顿：《近代数学题目专论》，J. W. A. 杨格编，第 169 页。

b，除非 a 仅仅由 b 所蕴涵。

从上列表中“依存性”这个名词的各种可能意义中除去那些含有不必要的重复的意义，我们保留如下五个：关系、全体—部分、排他的因果关系、能蕴涵、排他的被蕴涵。我们不敢说，这些关系在逻辑上是最究极的或互相关联的，而只是说，它们是可理解的，并且就我们讨论的主要问题来说是完全的。

三、独立性在新实在论中的意义

现在我们可以系统地陈述实在论者所谓独立性的观念，而把它的证明和应用留待在本文后面的部分中讨论。

1. 独立性不是无关系（non - relation）[①]——实在论并不否认无关系。[②] 但是当实在论者使用“独立性”这个名词时，他心中所想的不是无关系。因此乔基姆先生是正确的，当他设想：按照实在 114
论的见解，“事实”和“经验作用”“是或可能是关联的”；并且设想说，“这种关系，当它存在或成立时，它听任各个（因素）保持原状，也就是说，各个因素绝对地是它本身并且是独立的”。[③] 换言之，把“关系”和“依存性”区别开来是新实在论的基本特征。如果不进行区别，那么，正如实在论的批判者们所着重指出的，独立性理论

① 也参看下面斯波尔丁的文章。

② 无关系这个概念能否成立将依仗于如何了解“差异”、“可能性”等等。如果这些是真正的关系，那么关系就是普遍的，否则就不是。我保留这问题不予解决，以避免对这争论的不必要的麻烦。

③ 乔基姆，前引书，第 41 页。

就等于不可知论了。这是因为，如果实在一定是在认识的关系之外的，那么很明显，事物作为实在的东西就不能是在被认识的关系中了。因此，这就要求实在论来给一种关系下定义，在这种关系中，诸关系项虽然是互相关联的，却仍然是独立的；或者指出依存性是某种超出单纯关系之上的关系。

虽然我知道麦吉尔夫雷教授基本上是同意这里所表明的意见的，但是我不能不感到他的对于问题的提法非常容易引起误解。他说："所谓一个'独立'的客体，实在论者是指一个当我们对它没有觉知时存在着的客体。"这样说法的意义只能是下列二者之一。它或者意味着：一个客体，就我们不觉知它而说，它是独立的。但在这种意义下，唯一独立的事物将是那些不被认识的事物；这样，我们就必须和康德一样把世界划分为被认识的现象界和不被认识的实在。或者它意味着：一个客体，就其存在并不需要被人觉知这一点来说，是独立的。但这无异说，一个独立的客体是独立于觉知(awareness)的；这样我们就仍然需要有一个关于独立性的定义。总之，我们需要一个关于独立性的定义，这个定义既不肯定亦不否定客体被觉知的事实。麦吉尔夫雷教授接着又说，"如果他(实在论者)把他所觉知的那些性质说成现在独立于他的觉知之外，那么他希望人家了解，他这里的所谓'独立'，意思是和他说到那些他所
115 不觉知的性质的独立性时所谓的独立不同的。"[①]这是和麦吉尔夫雷教授自己所下的关于独立性的定义的意义一致的。但是我认为很清楚，经验实在主义所需要的是"独立性"这个词的这样一种意

① 见 E. B. 麦吉尔夫雷，《哲学、心理学及其他》杂志，1907 年，第 4 期，第 686 页。

义，这个意义不论有没有对于客体的觉知，将都是同样适用于这些客体的。而在为这样一种意义下定义时必须在这定义中不包括觉知的有无。

因此，杜威教授同样错误地设想实在论假定“认识的关系是无处不在的”。[①] 实在论并不从所谓“自我中心的困难”——即在一切认识事例中都有认识关系的存在这一单纯的事实——出发来进行论争。相反地，它根本否定从自我中心困难说出发来进行论争的可能性。[②] 它引用这种说法只是为了进行论争，而且对它纯粹是否定的。实在论指出唯心主义犯了这种论争的错误，但并不想把自己也陷入同样的错误中去。实在论把依存性界说为一种特殊的关系，因此认识作为一种关系，它的单纯的存在不能用来论证依存性。被认识是否是一种依存的关系呢？如果是，那么一切被认识的事物都是依存的；如果不是，那么事物，不论它事实上被认识或不被认识，都独立于它之被认识。

2. 独立性不是先在性——能包含、能蕴涵、能引生或能说明的东西，并不独立于那被包含、被蕴涵、被引生或被说明的东西。而被推断或被决定的东西并不比它的前提或根据更加是依存性的。换言之，逻辑的主动性和被动性之间的区别，或者说逻辑导向之间的区别并不就是独立性和依存性之间的区别。这样一种独立性的概念表现在绝对论的各种形形色色的变种中。所谓“理性的理

① 杜威：“实在论略论”，第 2 部分，载《哲学、心理学及其他》杂志，1911 年，第 8 期，第 554 页以下。

② 参看我的文章：“自我中心困难”，载《哲学、心理学及其他》杂志，1910 年，第 7 期，第 5—14 页。

想”，最近已转变为一种“理想的经验”、“一种完善的一致”(a per-
116 fect coherence)、“一种绝对地有组织的经验”(absolutely organized experience)，或者改变为一种对判断具约束力的“命令”(mandate)(索伦)——总之这理性的理想被人设想为思维的最后的“预先假定”。[①] 这理性的理想被认为是独立于一切个别的思维活动的，因为个别的思维活动虽然可以心理上在先，但是理性的理想却是逻辑上在先的。这个理想的效准并不来自个别的思维活动，但是这效准却构成一种决定个别的思维活动的效准的标准。真理和存在根本上属于认识的完整的全体，部分或近似值之所以也能有真理和存在，只是由于它们参与在全体之中。

我们可以不必去强调上面我们已经说过的关于这种所谓部分依存于全体或被蕴涵者依赖于蕴涵者的论点的可疑性；也可以不必去强调这样一种反驳，即：这种为全部的论据所依据的“理性的理想”只是一种无意义的文字堆砌而已。[②] 因为我想眼前直接在争论中的这个问题总是会被唯心主义者所立即承认的。理想的全体也许先于它的部分，但这些部分对于全体同样也是不可少的。一种绝对有组织的经验是由它所组织的那些有限的经验所构成的。许许多多不一致的东西(incoherences)被纳入一个完全一致的全体中去了；命令的理想(mandatory ideal)乃是那些预先假定这个理想的判断的一种理想化。全体的巩固需要有每一最微末的部分的存在，并且需要每一个最微末的部分恰恰地贡献出它之所

① 参看乔基姆，前引书，罗伊士，前引书；H.里克特：《认识之对象》。

② 参看本文作者的《现代哲学倾向》，第8章，第7、8节。

是。因此“先在性”即使被认作是独立性的一种，那理想的全体也决不因此就能逃避它对于它的部分的依存性。

实际上唯心主义的论点就是认为：以上所述的两个独立性的观念已经穷尽了一切可能。所谓实在独立于思维，或者意味着实在与思维完全无关，或者意味着它以规律加之于思维。因此可以说唯心主义想用两难法来难倒实在论：“或者你们的实在是不可知的，因此是完全可以抛弃不问的；或者它是认识本身的理想，因而是思维的精华。”很明显，实在论的整个论争的胜利，必须根据于肯 117
定有第三种可能。必须有可能把实在看作是支持着或能够支持着一种构成认识的关系的东西，而同时又只是偶然地支持着那种关系的。如果说实在是“思维的理想”——在某种意义下它无疑地是如此的——那么，必须在实在论的立场上能够把这当作是实在所负起的一种无害于它的独立性的职能。在这个意义下，肯定实在“先于”有限的思维，也就是说，有限的思维为实在所规定或决定，这还是不够的；还必须进一步肯定，这种规定或决定作用，就实在来说，是完全可有可无的。必须能说明：实在虽然作为思维的理想或它的预先假定而和思维相关，可是这种关系是属于非依存性的类型的。总之很清楚，在这里起作用的是另一种独立性的意义，而这第三种意义是有决定性的。

3. **独立性全然没有上面列举的各种意义的依存性**——要证明 a 依存于 b，必须指出 a 包含 b；或者，在一个唯一地决定 a 的系统中，a 是 b 的原因或结果；或者，a 蕴涵 b；或者，a 唯一地被 b 所蕴涵。除此以外表示 a 和 b 有任何其他关系，都与上述的问题无关。a 和 b 是否有其他的关系，并不影响 a 的独立性。如果能表示出 a

和 b 具有关系，但并不是在上述任一意义下的依存关系，这样的关系按它的定义说是一种非依存性的关系。

这里应该消除三种流行的误解。

A. 首先，实在论者并不提议根据实在的独立性来给实在**下定义**。[①] 因为这是一个明显的和笨拙的自相矛盾。如果 a 独立于 b，那么，如果可能下定义的话，a 必然是能够根据 b 以外的东西来下定义的。独立性本身不是一种关系，而是某一类型的关系的缺乏。因此，独立性本身并不能给任何东西下定义。如果 a 和 b 有关系，而它又仍是独立的，这等于说可以不参照这种关系来给 a 下定义。

B. 其次，实在论并不主张"任何"对于 a"是真的东西"都独立于b。[②] 因为 a 的独立于 b 对 a 是真的；而这个判断却显然依存于b。a 之对于 b 的独立性，其意义明白地是说那些 b 类的不论

118 对于a 是真或不真的东西，总之对于 a 不是必然的。这个学说的全部关键在于为 a 所依存的和仅仅对于a 是真的这两者之间的区别。

C. 再次，实在论并不否认：当 a 进入一种，像认识那样，为 a 所独立于它的关系时，这时候 a 获得了这种关系，并且因之在**这个程度上**与以前不同；实在论只是否认这个附加的关系对于原已存在的 a 是必然的。因此，当 **a 被认识时**，不依存于被认知这一情况的，乃是未被认知而原已存在的 a 自身。至于**被认识的 a** 这

① 参看罗伊士，前引书，第 66、92、93、108 页。

② 罗伊士，同上书，第 117 页。

个新的复合体，当然是作为认识的组成部分之一而依存于认识的。

四、实在论的独立性理论用普通词语予以表述

现在我们可以作为一种学说来申述独立性这个概念了；也就是说，来阐明它的理由和应用。

1. **一切单纯实有体都是相互独立的**——单纯实有体不可能在**全体**一**部分**的意义下是依存的，[①]因为它们既是单纯的就不能是由部分所构成的全体。单纯实有体也不能以因果的关系而联系起来，因为它们不能是变项之值，如果它们是变项之值，那就假冒单纯性了。因此所有的逻辑学家都承认单纯实有体既不能蕴涵，亦不能被蕴涵，这些蕴涵或被蕴涵的关系只限于命题或命题结合。[②]

2. **单纯实有体独立于它们作为其分子的复合体**——一个复合 119
体显然不能是它自身某个组成成分的一部分。一个单纯组成成分亦不能和它本身所属的复合体保有因果或蕴涵的关系。

3. **各复合体就它们的单纯的组成成分来说是相互独立的**——这是跟随上面的论断而来的。如果由一个复合体所分析出来的各个成分不依赖于那个复合体，那么这个复合体自身可以被毁坏而不影响它的成分。因此具有某些共同成分的两个复合体并不因为

① “依存性”这个名词此后将照上面第118页所界说的意义来应用。

② 参看罗素：《数学原理》，第14、15页。

具有某些共同成分这一事实而成为互相依存。这里我们且来考虑一下罗伊士教授所申述的论点。他假设两个独立的实有体具有某种共同的性质，例如“红的性质”或“圆的性质”。又假设其中一个实有体已被毁坏，而另一个因为是独立的还存在着。但是如果第一个实有体毁坏了，则“红的性质”也必然会随着而毁坏，因此剩下来的那个实有体亦不能具有“红的性质”，这是和原来的假设相矛盾的。他随着作出这结论：“由此可见，实在论者的世界中的种种实有体是没有共同的特征的。”[①]但他的论点全部依赖于下述的假定：即当一个实有体毁坏时，它的性质也同样地毁坏了，或者一个复合体的单纯的组成成分是依赖于那个复合体的；可是这种假定如上所述是错误的。

4. **作为整体的复合体是依存于它的单纯的组成成分的**——樱桃是依存于“圆的性质”、“红的性质”等等的。这只是重述我们为依存性所作的诸定义中之一。但把这一点和前面的论断联系起来看却揭露出了一个重要的事实，即依存性并不总是交互的。一个复合体固然依存于它可以被分析成为的那些项，但这些项却并不因此而不独立于这个复合体。

5. **当第二个复合体是第一个复合体的一个部分时，则第一个复合体依存于第二个复合体**——这同样只是全体—部分这一类型
120 的依存性的重述。但必须注意，在这儿，依存性仍然不是交互的。一个复合的部分并不仅仅由于它参与包括它的整体而就依存于整体；而只是就它与其他的部分保有依存关系而说，它才依存于整

① 罗伊士，前引书，第130、131页，参看第114页。

体。一个集体的各个分子并不依存于集体，但是可以以因果或蕴涵关系而依存于这集体的其他分子。普通那种相反的假设是由于一种事实上是预期理由的思想混乱而引起的。例如我们可以说，行星系的各个组成部分依存于整个的行星系统，因为它们是"行星系统的各个组成部分"。但这只在一种浅薄而冗赘的意义下是真的。它并没有证明，例如木星，是依存于整个行星系的，而这才正是问题之所在。木星是依存的，但并不是依存于作为一个整体的那行星系，而是依存于当作它的原因和结果的太阳、土星等等，或依存于作为蕴涵的一个前提的引力定律。

由此可以说明：当两个复合体互相依存时，这并不包含着它们的各个部分也是互相依存的。既然 a 不依存于 abc，那么，即使 abc 依存于 rst，a 不一定依存于 r。

6. 当第一个复合体在一个唯一地决定它的系统中是第二个复合体的原因或结果时，则第一个复合体依存于第二个复合体——因此就木星的速度——根据一种唯一能说明这个速度的法则——是太阳质量的一个函数来说，木星依存于太阳。如果木星的速度，不管太阳的质量，是可以从上帝的计划中推断出来的，那么，尽管它也遵守引力定律，它仍是独立于太阳的。或者，如果愿意的话，我们可以说那么木星在行星的引力系统中是依存于太阳的；那意思是说：就它在上帝的计划中的地位来说，它是独立于行星系的。同样，木星的质量，就它可以用它本身的卫星来加以界说而言，不能被说成是依赖于太阳的质量的。或者我们可以这样说，相对于它和太阳的引力关系来说，它对太阳的质量有一种有条件的依存性。

121 但是即使假定木星的速度只有在太阳引力系统中才能被测定，我们也必须指出：这只是木星的**速度**或某种这样的引力特性，才是依存的。如果有人要笼统地说“木星是依存的”，那么，他必须认识到：这只是就木星依存于作为它的部分的那些引力特性而言。因果关系的依存性是交互的；但在含有全体—部分这种关系的复杂情况下，由此得出的依存性则不一定是交互的。例如作为一个整体的木星，由于它包含因果地依存于太阳运动的种种引力特性，因此它是依存于太阳的运动的，但并不能因此就说，太阳的运动依存于那作为整体的木星，虽然太阳运动的确**是**依赖于木星的引力特性的。又比如说：太阳的运行既不依赖于从地球上所看到的木星映现的颜色，因此它也不依赖于当作包括那颜色来看的整个木星。

7. **当第一个复合体蕴涵第二个复合体时，则第一个复合体依存于第二个复合体**——因此，一个三段论法的诸前提依赖于结论，一个数学或物理系统的定律和为解决这些定律所代表的方程式所需要的值一起依赖于未知数之值。必须强调指出：只是那**能蕴涵者**才是依存的，而不是能蕴涵者所含有的作为个别内容的成分也是依存的。一个三段论的大前提并不依赖于结论，一个定律也并不依赖于特殊个别的原因或结果；因为单独的前提或单纯的定律自身并不蕴涵什么。因此结论的错误并不一定证明大前提的错误，而只证明诸前提的结合的错误；同样，结果之未发生也不足以证明定律的谬误，而只是否证了受这一定律所规范的原因的存在。

8. **当第一个复合体被第二个复合体所蕴涵，而且此外并不别样地被蕴涵时，则第一个复合体依存于第二个复合体**——如果一个结论可以由若干对可以互替的前提中得出，那么，这个结论就不能说依存于其中的任何一对前提。但是如果某一对前提构成这个结论的唯一决定，那么，这结论是属于这一对前提并是依存于它们的。从这里又可以看出：依存性不是必然交互的。换言之，尽管有 122
蕴涵者依存于被蕴涵者的事实，被蕴涵者仍可以独立于蕴涵者。

以上我们已揭示了几种非交互的依存性的例证；并且这样的揭示解除了人们对实在论所提出的一个颇有力的辩证的非难。如果说“客体”是独立于“观念”的，我们不能从独立性的形式的概念出发而得出结论说：“观念”必须独立于与它相当的“客体”。[①] 因为这种关系可以归属于上述1.2.3.6.8.各节所阐明的几种非交互的依存性类型中的任何一种。

9. 凡第一个复合体不在以上列举的任一意义下依存于第二个复合体时，不管这两个复合体是否以其他方式相关联，第一个复合体必独立于第二个复合体——换言之，在这里不需要列举各种非依存性的关系。所谓独立性不是一个有关系或无关系的问题，而是在任何特定的事例中某一类型的关系之有无的问题。所有实有体除了它们被证实是依存的以外都是独立的。在大多数的事例中，我们发现它们有单纯的关系总是先于能证明它们有任何依存性，而在无数的例子中则我们根本不能证明有任何这种依存性。不论事物是或不是全体与部分、原因与结果、蕴涵者与被蕴涵者，

① 参看罗伊士，前引书，第119、69页。实在论者们自己举出意识作为非交互的依存性的例子，但是就我所知，他们没有详加讨论。参看罗素：“迈农关于复合体与假定的学说”，载《心灵》杂志，新编号，1904年，第13期，第515页。

它们可以"同在"意识中或"同在"空间中，它们可以在时间上一个"接着"另一个，它们可以是"不同的"、"更多的"、"更少的"。所有这些较简单的关系都是完全可以理解的；即使极端主张相互依存性的人们也必须认为这样。因为这些关系渗入依存性的一切事例中。这些关系，例如存在于一个演绎系统的诸公设、常项、值等等之间，存在于一个有机统一体的各个部分之间。例如，关系不可能
123 化为依存性，时间的连续不可能化为物理的因果关系；这是因为物理的因果关系这个概念是一个较复杂的概念而它包含着时间连续的概念。一个复杂的概念决不能比参与在这个概念中的简单概念更清晰。依存性是一个复杂概念，只有当那个较简单的关系概念是可理解的时候，依存性这个概念才是可理解的。如果单纯的关系是一种"奇迹"，[①]那么，依存关系就是一个复合的"奇迹"了。

依存性也并没有什么逻辑推定上的优越性。由于某些一时被认作独立的事物可以在以后被发现是依存的，因此我们可以对于我们当前的一些关于独立性的判断感到怀疑；但如果这样的话，我们是受了心理学的而不是逻辑的动机的支配。普通人可以有理由对自然律感到惶惑，就像唯心主义者被迫注意一个外在关系时会感到痛苦地吃惊一样。换言之，两者之中，无论哪一种情绪都没有什么逻辑的根据。如果一个人惯于援用推理方法，那么，顽固的、不宽贷的事实往往会使他感到震惊；如果一个人习惯于杂聚的、前后相继的和相反的东西，那么，这个人在发现种种同一性和广泛地分布着的必然性时会感到失措。但是从来没有发明过一种什么逻

① 参看乔基姆，前引书，第 44、49 页。

辑，可以说前者一定是对的，或后者一定是错的。在未发现依存性之处而假定有依存性，这不只是一种武断；它并且是一种迷信，那些主张这种迷信的人从未把这个迷信仔细检验过。如果他们做了这样的仔细检验，他们会不得不得出这样一个结论，即：一种纯粹的或者说完全的依存性，只是一种无意义的、文字上的堆砌。

因此，独立性的问题乃是一个经验的问题，这个问题必须在每一个有争论的事例中个别重复地提出来。假定有一个实体 a 和另一个实体 b，人们必须探讨：b 是否是 a 的一个部分，或者 a 是否蕴涵 b，或者 a 是否唯一地被一个系统所决定，在这个系统中 a 是 b 的原因、结果或蕴涵者。对上述任一问题的肯定答复是肯定 a 之依存于 b；而对上述所有这些问题的一个否定答复等于肯定 a 之独立于 b。如果达成了这样一个否定的答复，那么，任何为 a 所持 124
有的对 b 的关系不能有损于 a 的独立性。

10. **第一个实有体可以获得**(acquire)**对于第二个实有体的依存性**——这句话必须予以十分注意，它只有在极为局限的意义下才是正确的。

A. 首先，一个单纯实有体 a 可以加入一个复合体，这个复合体依存于包含着一个单纯实有体 b 的另一个复合体，而对于这个 b 来说 a 以前是独立的。因此 a 可以加入复合体 alm，这个 alm 复合体是另一个复合体 brs 的原因；例如圆的太阳是红的日落的原因，而“圆性”原来是独立于“红性”的。但是，像我们在上面第三节所已阐明过的，复合体的依存性并不包含着复合体各个单纯成分的依存性。这些成分像它们从前一样是独立的，尽管它们出现于一个依存性的事例中。这个结论是很明显的，除非我们把 a 看

作等同于 alm，把 b 看作等同于 brs，但这显然是一种词语矛盾。

B. 其次，一个复合体可以变为依存于第二个复合体，而它原来是独立于这第二个复合体的。例如一个物体可移动入一个新的力场，并因此**开始**（*de novo*）获得一种因果关系的依存性。如果我们承认上述物体已经**变化**了，那么，这个例子提供了一种被获得的依存性的适当例证。一个物体 a 的运动直到某一个时候止依存于在力场 M 中的某些物体 b、c 等等，而独立于位置在另一力场 N 中的某些其他物体 r、s 等等。在那一个时间以后，a 依存于 r、s 等等。换言之，a 已经由独立的 a^1 变化而为依存于 r、s 等的 a^2。但人们可以提出反对意见说，因为 a^1 和 a^2 是交互依存的，因此 a^1 是间接地依存于 r、s 等等，而 a^2 是间接地依存于 b、c 等等的。换言之，这个物体之移动入力场 N 是它在力场 M 中所受的决定的一个函数，反之亦然。然而我们不应贸然得出结论：依存于同一事物的二事物是互相依存的。因为如上所见，因果关系的决定性，如果要包含依存性，它必须是排他的。a 在它转入第二个力场的那
125 一刹那间为**两个力场**所决定；即：a 的位置、速率等等能够用两者之中任一个系统来加以说明。因此，如果把 a 当作其中一个系统的成员，它就独立于其中的另一个系统。因此，如果我们用 a^1 来指由 M 系统所完全决定的物体 a，用 a^2 来指由 N 系统所完全决定的物体 a，我们可以说，a^1 独立于 r、s 等等，即独立于 N 系统中的各个成员；而 a，在由 a^1 成为 a^2 的过程中，**变成为**依存的。

我们不能说，只有当我们在一个实有体的定义中包括了曾发生或可能发生于这个实有体的一切事物时，这个实有体才能获得依存性。而明显地罗伊士教授正是这样想的。他说："那个在中国

的可能变成我的敌人或我的朋友的人，他已经是这样一个人，即在他身上的某些变化，如果发生，将对我不是漠不相关的。这不可能性已经成为他的存在的一部分。”[①]这里所说的这个可能性可以用两种方式中的任一种方式去解释。第一，它可以被解释为是这个中国人的现有的实际性质。但这性质对我是不相干的。第二，它可以被解释为是这个人现有的实际性质**再加上一种假定的他对我的关系**。这，固然对我不是不相干的，却只是因为我**已经在假定中把他和我的相干包括进去了**。这根本不能建立起我对这个目前所是的中国人的依存性。并且即使我们承认有一天会有依存性，这依存性也并不损及我们目前的独立性。因为即使我们的道路**真是交叉会合到一点上了**，这个交叉点也可以从我自己的生活史上的一件件往事演绎出来，而完全不必问这个中国人的往日生活。在任何情形下，按着我自己的生活道路，我必然会到达那一个交叉点，因此，我之所以可能感受他的影响，我之进入他的生活范围，并不是依存于这个人的早期生活经历。

再者，还必须指出：如果我拒绝不全部包括对一事物所发生或可能发生的一切而界说一事物的话，那么，我不但必须否定由独立 126
到依存的变化，并且必须完全否定变化。因为当我一把变化归属于任何实有体 a 时，这个变化就被摄入实有体 a 的性质；从而这个被这样规定的 a 就并不变化。同样的情形也适用于差异或任何其他的关系或宾词。但是我们可以无需深入讨论这一辩难。就一种实在论哲学的目的而言，我们只需要这样说就够了，即：只要变化

① 罗伊士，前引书，第 126 页。

是可能有的，那么从一种独立性的状态变化为一种依存性的状态也就是可能有的。

五、实在论的独立性理论应用于认识方面

1. 当一个实有体被认识或者以其他的方式而被经验时，它是和一个复合体有关系的——如果不全面地考察意识的性质，我们不可能为这个论断提供一个证明。但是我们希望能很好地说明它而使人们的反对意见减少到最小限度。这个论断和这样一个假定相矛盾，即：在意识中主体和客体之间，或者说，在作为能动者的意识和作为内容的意识之间并没有差异。它也和另一个假定相矛盾，即：意识中的主体或能动者是一种单纯的“活动”或“实体”。从另一方面看，它可以符合于这样一种学说，即把意识主体看作是一种联络体系(context)，客体由于一种特殊的关系而被带入这个联络体系之中；或者，它可以符合于这样的一种学说，即认为：主体是一种“统觉的集合”(apperceiving mass)或“感觉的背景”(background of feeling)或“有组织的自我意识”(organized self-consciousness)，而被认识的或被经验的客体是被同化于这个主体的；最后，它可以符合于这样的一种看法，即：意识中的主体是一种活的和能反应的有机体。①

2. 单纯的实有体不依存于意识——如上所见，没有任何一个意义下可以说单纯的实有体是依存的。由此可以说：就对这些实

① 参看我的《现代哲学倾向》，第 12 章。

有体的认识是可能的而言，这些实有体必须被看作是独立于认识 127
的。可是对这些实有体的认识包含在分析的方法中。一个人如果要把复合体作为一个复合体来认知，这个人必须先能够确定它的单纯成分；因为一个复合体无论在它的性质与意义上都是依存于这些单纯成分的。

无需说明，单纯实有体在认识中是能够独立的，而且，可以无需**同时**认识其他东西，这些单纯实有体仍能被认识。也可能这些单纯实有体必须和某些联络体系或综合体（schematism）一起被认识。可能有一种**最小限度的可认知体**，它是一个复合体。但这并不影响单纯实有体是否**能**被认识的问题。单纯实有体之能被认识是为分析所普遍地证明了的。经验主义主张能够认识单纯的“感觉的”性质，或“印象”。理性主义主张能够认识逻辑的“不可界说者”，或“范畴”。而我们必须得出结论说：就这些要素是被认识的而言，它们提供了独立性的例证。

并且，一种否定分析方法的哲学也不能避免得出同一结论。这样一种哲学和别的哲学的不同，仅仅在于它对单纯实有体是什么的看法。主张分析法的人把“自我”、“活动”、“实体”等等都视作复合体，而这种哲学则宣布这些东西都是不可分割的。那么，我们就可以来问，在什么意义下这些不可分割的东西可以被看成是依存的。它们不可能是一些依存于部分的全体；它们不可能在科学的意义下是原因或结果；它们既不能蕴涵亦不能被蕴涵。因此说它们是依存的将是一句没有意义的话。如果人们仍然否定它们有认识之外的独立性，那么，人们也必须把它们看作是等同于认识的。当然，没有一个实在论者或其他头脑清醒的人会主张把一件

事物当作是独立于自身的。但是一个人如果以这些为根据来反对实在论，那他下一步就必须准备否认认识的主、客体之间的差异，并且把存在和认识活动完全等同起来。这样的见解，除非它先认真地答复了那些长久以来已经向它提出的责难，是不值得我们注意的。

128 从我们已经达成的结论中可以得出一个有趣的推论。如果单纯的实有体是独立的，其结果便是：认识愈是把分析进行到底，它就愈是能摆脱主观性。无论如何经验的最根本的项是独立存在的，不管就这些项的某些复合体来说情形如何。如果认识者希望消除个人误差而抓住物自体，最稳妥的办法莫过于把经验一直筛滤到它的最基本的元素，从而在那独立性的世界中得出一个牢固的立足点。这样的元素，不论是一些感觉性的性质，或是一些逻辑的不可界说者，将给他提供一个独立性的基本核心（nucleus），而在这个基本核心之外他可以再加上一些他认为足以满足其真理标准的复合体。

这里是一个适当的时机，来评论一种与上文所述的观点相抵触的情绪。托马斯·里德曾把休谟的取消实体说成是把经验的元素赶出"屋子和家庭……失去了亲戚朋友，没有一块破布掩盖它们的裸体"。[①] "柔性气质的"唯心主义者也被同一的情绪感染——真是一种杞人忧天的乡思病。乔基姆先生说："'绿色'、'和谐'、'平等'，不管它们之被人们经验与否，它们都必须永恒地、不变地是它们自身。它们是'事实'，它们是独立地、自在地在那里的。但

① 里德：《人类心灵的探讨》，1895 年，第 103 页。

是什么是这所谓它们的在那里呢?”[①]如果这个论辩有什么意义的话,那只是出于一种滥用代名词的结果。冷酷的实在论者不妨肯定地说:单纯的元素并不在什么地方。这些元素可以进入这个或那个组合,但它们并不属于这个或那个组合;它们并没有家。但是,仁慈的唯心主义者,却把“经验”或“意识”供给一切本体论的流亡者作为他们的公共避难所。正是这同一的情绪引起人们一种迷信,即认为对每一事物来说,必须有某种最后的、确定的话可以“说”及这个事物。实在必须被界说;每一事物必须归笼,否则它就要在外面的黑暗中消灭了。重要的是必须去发明某种对一切事物可说的东西;并且你能够对每一事物这样说,即:或者说它是被经验的,或者说,“它将呈现于我们所理想地界说的一种经验中”。[②] 129
因此唯心主义从一种感情需要中,或从一种假想的逻辑需要中汲取对它的支持——即,认为必须有某种无所不包的对事物的说明,必须有一个永久性的地址,不管事物如何迁徙不定,总可以在这个地址找到它。感情的需要我们就不去管它了,问题是在于所谓逻辑的需要。是有一种一切事物都持有的依存性关系呢?还是并没有这样一种关系呢?如果我们不犯预期理由的错误,并且批判地应用“依存性”这个词的话,我相信,我们只能得出上述的结论,即:至少单纯元素是不依存于任何关系的,这些单纯元素是“无拘束的”,并且完全不属于任何组成体。

3. 复合体就它们的单纯的组成成分说是独立于认识的——这

① 乔基姆,前引书,第40页。

② 见罗伊士:《上帝的概念》,第30页。

是从上述已获得的结论中得出的又一个推论，只是为了清楚起见，才加以分别陈述。关于**某些**复合体之依存于认识，不论我们的结论如何，必须强调指出：这丝毫不能损害分析复合体而得的各个项的独立性。如果我们，例如，必须得出以下这样的结论，即：一个想象的复合体**是**依赖于想象活动的，那么这么说还是真的，即：见诸复合体的这些元素如“蓝色”、“等同性”等等是独立于想象的。换言之，像这样的依存性，必然只是属于那**作为复合体**的复合体而并不能包括它们的最终极的组成部分。

4. **逻辑**[①]**和数学的命题是独立于意识的**——现在我们就来研究**某些**复合体的独立性，而每一种类型的复合体则必须按它本身的特点来处理。在每一种类型里我们只要选择一个例子，并以上面所已经采用的标准来加以说明。当 γ 为三角形的一个角，c 为对边，a、b 为邻边时，我们问，命题 $c^2 = a^2 + b^2 - 2ab \cdot cos\gamma$ 是否依赖于对认识的关系？

130 首先，上述的命题并不像它包括“线”、“相等”、“角”等等那样，作为自己的一个部分，**包括**认识的关系。在这个命题中由分析找不出对认识的关系。这对于以上 1. 节所提到的认识关系的各种观念来说都是正确的。[②] 此中并没有对一种感觉背景或对一种统觉的集合或对一种自动的或能反应的有机体的活动的关系。因此上面所说的这个命题并不在全体—部分的意义下依存于认识。这

① 参看本书上文第 55 页以下，马文关于认识“预先假定”逻辑的证明。

② 如果我只应用那种我认为是认识关系的**真**概念，这个论证会更近于经验和更肯定些。但是因为这样做会限制我们的结论的范围，因此我至今尽可能不触及这个问题。

个命题亦不**蕴涵**这些关系中的任何一种。唯一成问题的问题是在于这个命题是否**被**这样的一种关系所因果地决定或蕴涵。但如上所见，就它的依存性或独立性来说，这一点本身并没有决定意义（见二，6.9.）。即使我们暂时假定这个命题**是**被认识所蕴涵的，并且**确是**和认识的主体保持着因果关系的；我们仍然需要进一步问，这个命题是否是唯一地这样被决定的。显然，这个问题的回答只能是否定的。因为这个命题和认识无关，完全是由它所属的逻辑和数学的系统所决定的。它被一套公设所蕴涵，并且和相关的定理发生因果的关系。换言之，不论它是否在认识的关系中被决定，无论如何，它不是唯一地这样被决定的。在较广泛的意义下可以这样说：即使它从认识的理由看是不必然的，但从逻辑的和数学的理由看它仍然是必然的；因此它的认识的必然性并不使它成为依存的。

这样看来，上面谈到的命题，既然在任何可以接受的意义上不依存于认识关系，因此可以说它是独立于认识关系的。

5. **物理的复合体是独立于意识的**——物理性质的独立性问题并不引起什么新的问题。例如，太阳系的木星的平均速度既不包含亦不蕴涵着认识的关系。假定这个复合体是被对于它的认识所 131
蕴涵，并且和认识的主体保持着因果的关系，但由于这个复合体完全被其他的关系所决定（如它和太阳的距离），因此它仍然是独立的。它能够，而且在事实上也已经是并不涉及认识作用而由那个天体引力系统中所推演出来的。

但我希望在这方面霍布豪斯先生的有力支持能对我有益。他在所著《认识的理论》一书中宣称，A 的“独立存在”是“A 的存在的一个消极的特征”。他又称:“这句话的意思是说:‘我现在所认知的 A 即使我并不认知它,它现在必然仍是存在的并且必然仍是 A,因此(例如)即使我不再认知它,它还是继续存在着……。这里,我们立刻会碰到这样一个问题:这独立性是如何被认识的呢?我们将回答:**它完全是由于我们能在现象的发生过程中发现出普遍的规律**。”[①]作者概括说:换言之,凡一种物理事件由于一种已成立的规律能够从别的物理事件中被推知时,那被推知的事件就可以被当作是不依存于其他条件的,如对它的“认知作用”这个条件。

但是霍布豪斯先生同时提出了一种完全除去认知作用的办
132 法。例如从观察中被认知是 A 的结果的 B,当 A 不被认知而如果 B 仍被认知的时候,那么我们可以推知 A **是起着因果的作用的,尽管它并不被认知**。换言之,现在我们可以得出如下的结论:尽管当定律被发现时,A **是**被认知的,但 A 的被认知并不是它之所以能起因果效应的一个条件。这也许是上述论证的最有说服力的表述方法。可是必须十分注意:这样的表述方法含有一种危险而不必要的对论敌的让步。因为,为了否认一个条件的必要性,并不需要去消除这个条件。如果 A 能被表示是 B 的原因,因此 B 是能够唯一地从 A 那里推知的,这已足可证明 B 是独立于 C 的,不管 C 在事实上呈现或不呈现。B 仅是依存于联络体系中那些对它发生决定作用的,或者需要用以推演出它来的部分。严格说来,人们不可能获得一种经验的例证,在这个例证中**只**存在有决定性的条件。科学的任务正是要在一个复杂的整体中去区别哪些是起作用的和

① L. T. 霍布豪斯:《认识的理论》,第 522 页(重点是我加的——原作者)。

哪些是不起作用的因素。例如用一个三角形的一边的对角的大小和这条边的邻近长度之间的一种特定比例去决定这条边的长度，这种决定作用是从在一个比它更复杂的联络体系中被发现的，在这个联络体系中还包括着别的方面，例如还包含着那些邻边的绝对长度。当我们发现上述比例在这里是起作用的、重要的因素的时候，我们也就发现那些绝对长度是**不**起作用、**不**重要的因素。同样，当伽利略发现加速度是物体下落时间的一个函数，他就发现它并不是物体的重量或体积的一个函数。因此对他说来建立这种物体下落加速度的理论就并不需要获得一个无重量和无体积的物体的例证，他只要表明这些因素虽存在但并**不进入他的计算之中**，这就够了。

因此，我们可以得出结论：就物理现象是可以不涉及意识而从物理原因中推知的而言，即使存在着意识，物理现象终是独立于意识的；甚至即使这些物理现象证明也能从意识中推知出来，它们还是独立于意识的。简言之，如果物理事件 B 足以被物理原因 A 所充分决定，那么**不管** B **和** C **有什么关系**，B 是独立于 C 的。

6. **逻辑的、数学的以及物理的复合体，尽管有它们的独立性，可以是或者变成是意识的对象**——既然依存性和单纯关系不是一回事，则肯定独立性并不包含肯定无关系。如果认识仅被界说为只是一种关系，那么，不可能这样来争辩说：一个事物的独立性禁止它之被认知。

但是，这个问题用如此一般和空洞的言词来讨论是不会获得益处的。我们必须设想当一个事物**被**认识时，它就进入了一个被 133
内在地决定的体系。如果我们不把认识主体看作是一种单纯的不可界说者，如果我们不把认识主体和它的客体之间的关系看作是一种最终的关系，而对于这种关系，只能肯定它的离异性或外在性的话，[①]那么，我们就只有一条路可走。我们必须来考察认识的具体过程，并且估计到这个过程中所包含的无论哪一种生理的、心理的或伦理的因素。如果我们采取这种办法，我们将很难否认，认识过程是有它自己的规律的，并且认识过程的各部分，包括认识对象在内，必须被纳入这规律之中，并被这规律所决定。换言之，如果一个事物被认知，这个事物必须受制于那些为认识所加予的条件。

因此，乔基姆先生在转述他所认为的独立性理论时说："绿色是一种自在的实有体。虽然它，作为被经验的东西，是和一种有知觉的意识关联着的，但是即使在那种关系中，绿色仍然是自在的，并且是不被那个知觉所影响的。"于是他很公正地问："难道知觉的性质是什么，是和绿色的性质无关的么？显然，绿色能与之发生关系的知觉，乃是'视觉'而非'听觉'。但是人们要我们这样去了解：这种限制并非基于绿色本身的性质，它不过就是这样一个事实而已。那么，据此而论，在知觉范围之内的限制，例如视觉限定于颜色，听觉限定于声音，这种类型的视觉限定于绿色，等等，也不过就是这样一个事实，这个事实与知觉的性质完全无关。"[②]

① 罗素和 G. E. 摩尔似乎就是采取这种办法。在本文作者看来，这是把问题过于简单化了，并因此规避了许多极关重要的问题。参看 G. E. 摩尔："对唯心主义的驳斥"一文，载《心灵》杂志，新编号，1903 年，第 12 期，第 442、449、453 页。

② 乔基姆，前引书，第 43 页（重点是本文作者加的）。

我认为乔基姆先生的论点是十分中肯的。绿色和视觉之间的关系并不是任意的、无理可说的。如果这么设想，我们就是漠视了一些确凿无疑的物理学和生理学上的结论。同样在意识过程自身中，认识的对象和意识的其他因素之间的关系也决不是任意的、无 134
理可说的。无论如何，这里和在其他处所一样明显地存在着定律和决定的作用。

在进一步的讨论中，我将援引我个人认为正确的那个关于意识的学说。在这一件事上我感到应该这样做，因为这个学说并不回避乔基姆先生所提出的困难，而是相反地用最尖锐的方式把它揭示出来。让我们假定，意识是一种过程，它包含一个具有神经系统的有机体，一种特定类型的对外界刺激的反应和为这种反应所选择的一部分环境。让我们进一步再假定，这一种活动，作为整体来说，是一种**有旨趣的或有目的的活动**。因此可以说，如果有了对 B 的意识，B 就被引入到一个被两类规律所控制的体系中。一方面，B 现在要服从光学、声学等等的定律的控制，这些定律决定着物理的刺激和生理的感觉机构之间的相互关系。另一方面，B 将服从种种生物学的和伦理学的定律，这些定律控制着一个有机体对于它的环境的动作。B，就其被认识而言，是由意识的主体所决定的，不管我们把这个意识主体看作是一个生理复合体或是一个道德的实践者。因之，我们必须作出结论说，B 是可以按照那些——控制着 B 和这些因素之间的关系的——定律的规定而从这些因素中推演出来的。因此，如果我们知悉我们的感觉生理，我们的生物性能，我们的伦理观念，就像我们知悉我们的天体力学那样，应该说我们就能从我们对于 B 的意识中推演出 B 来；或者说，

从绿色之所以被觉知的那个感觉过程中推演出“绿色”来。[①]

那么，我们可否作出这样一个结论说：“绿色”是依存于对绿色的感觉的？不能；其理由我在上文中已经提出。要证明 B 依存于 C，只证明 B 被 C 所蕴涵或被 C 所因果地决定，这是不够的。必须证明 B 是唯一地被 C 所决定的。像在物理事件的例子中，就 B 被
135 A 所蕴涵或者被 A 因果地所决定而言，这样的决定是确立了 B 的独立性。换言之，我们可以总括地说：即使一个客体——当它被认识时——进入了种种对它起决定作用的关系，但是这种关系却并不损害这个客体由于对它的逻辑的、数学的和物理的决定作用而为它所具有的独立性。就任何特定的客体，除了从意识中以外，还可以从其他方面被推知而言，这个特定的客体是独立于意识的。[②]

实在论者决不是这样的一种人，即“认为‘自身’或‘自我’对于客体的唯一的，全部的关系就在于它是这些客体的认识者”。实在论者乐于承认“和客体发生关系的认识者是另外的东西而不仅是客体的认识者那样而已”。并且承认“和认识它们的人发生关系的客体是另外的东西，而不仅是一些在认识关系中的事物”。[③] 换言之，他并不抽象地对待认识的关系，而把它当作一种复杂过程，在

---

① 要想作这样的推演，自然必须掌握那些控制有机体及其环境之间的交感作用的规律。控制有机体自己的行动的规律是不够的。

② 参看本书下文第 396 页等皮特金的论证，它表明：大致说来，有机的反应的特征是不干扰环境；这就是说，不把那些不由它自己的非生物学的规律所决定的因素引入环境中去。

③ 杜威：“实在论略论”一文的第 2 部分，载《哲学、心理学及其他》杂志，1911 年，第 8 期，第 551、552 页。

这种过程中包括着物理的、生理的、生物的以及伦理的因素，而这些因素又是由相关的科学的规律加以决定的。我并不想对这种决定性的范围加以限制，[①]甚至不想排斥可能有这样一些物理复合体，它们完全被意识作用中的有机过程所决定。但是即使在这些事例中，独立性原则也不会受到危害。如果知觉作用就像一个物体改变另一个物体那样地改变对象，那么，我们也至少必须给予这个对象同样多的对意识的独立性，就像对另一个物体而说我们给予一个物体的独立性那样。没有一个物体曾是全部地依存于另外一个物体的。一个物体被另外一个物体所改变，这意味着第二个物体对第一个物体造成了少许的不同——但不是“全部的不同”。因之，知觉作用的生理机构所加于被知觉物体的那种改变，在任何情况下只能证明：一个在另一情况下独立于意识的物体现在在某 136
种有限的方面依存于意识。再者，这样的一些考虑既不能被用来确立对意识的依存的普遍性，也不能用来确立它的唯一性。它是一种发生于某些物体的依存性，以种种特殊的情况为条件，这些情况有时候成立，而更经常地是不成立的。它只是那一类极其普通的依存性的一种特殊例子，其发生是由于这有机体属于那些起交互影响作用的物体的范围。

因此，即使认识包含着少许的依存性，一个事物可以成为被认识而又不再被认识（四，10.）。例如 B 可以，仅仅由于种种物理的原因，被带入意识过程中。B 的早期的历史，包括 B 到达进入意识的那一点在内，必然是被 B 的种种物理的前件所决定的。从那

① 参看本书皮特金的论文，下文第405页。

以后，B 的历史将由新的规律所决定；然而 B 可否继续不依存于这些新规律，看我们是否仍能用旧规律去说明它的程度而定。然后，B 可以从新的体系中退出来，并从此以后被 B 的物理条件所唯一地决定。照这样，一个物体尽管有一段时间被意识所决定，还是可以有一种连续的独立于意识的历史。

六、主观性或依存于基本意识的事例

用“主观的”这一个词，我将指任何依存于意识的东西。认识到这样一个范畴的存在，并举出那些能用对比来说明独立性的意义的事例，这是很重要的。用这个办法我们也希望能发展一种辨别可疑事例的能力；虽然在现在有许多事例仍旧是可疑的。

在这儿，我们必须区别对基本意识的依存性和对从属意识的
137 依存性。我们将发现：一个依存于某一种意识—关系的东西是独立于其他的意识—关系的；或者我们将发现：有些主观性的事例就某一重要的意义上来说本身是独立的。

1. **意识的部分作为意识的部分，是依存于意识的整体的**——一个“意识的对象”不能没有意识而成为这样的对象。正如我们已经看到的（三，3.），这实际上等于说：整体依存于它的部分；这等于说，一种较广义的意识依存于一种较狭义的意识。这只是说到意识本身的依存性，而没有说到其他东西对意识的依存性，因此只是为了明白起见，才把它也包括在这儿。

但是在这个应用之中，值得再强调全体—部分依存性的非对称的性质。罗素先生说，觉知（*awareness*）“除掉全体与部分的关系外，完全不像其他的关系，因为觉知的一个项必先假定其他一个项。一个呈现必有一个对象”。[①] 假使罗素先生深入这个问题的细节中去，我想他会发现呈现**是**整体与部分的一个事例；他也会发现呈现对于对象的片面依存只不过是全体与部分的非对称依存的一个特殊例子而已。

其次要指出的是：即或一个复合体显出是依存于意识的主体的，这并不包括复合体的部分也依赖于意识的主体，无论这些部分是单纯的或复合的。这更不包括这些部分是依存于主体的部分的。

2. **意识的部分在意识体系中彼此互相依存，但只是在有限的意义之下是如此**——换句话说，一个东西**构成**意识的一部分是由于其他部分的作用；它一经如此，它的行动就遵循意识的规律。例如当我知觉 B 的时候，B 之成为“被知觉的对象”是依存于知觉作用的活动的。在作为被知觉的对象这个新的地位上，它服从知觉的种种规律，并且被包括于知觉中的其他因素所决定。因此如果 138
我们把我们的观点限制于“被 M 所知觉的诸对象”这样一个体系中，则 B 在这个体系中的历史，它的出现、变化、消失就都是主体 M 的函项。但是如我们已经看到，这并不意味着 B 无条件地依存于 M，除非已表示出上述有限体系能完全地决定 B。

那么，以上所举的事例没有一个可以说提供了主观性的真正的事例。我们需要这种东西的例子，它是意识的一部分，蕴涵着意

---

① 参看罗素：“迈农关于复合体与假定的学说”，载《心灵》杂志，新编号，1904 年，第 13 期，第 515 页。

识,或完全地被意识所决定。

3. 在一个复合体中只有某些因素的出现是依存于意识的选择活动的——换句话说,有一种排他性(*privative character*)附着于一组意识的内容上,这种排他性只能用一个能感知的有机体的感性、识阈、注意等,或用这有机体的选择的兴趣予以说明,此外别无他法。

心灵内容的有限复杂体是在被拿来和它从其中抽出的那个较大的复杂体作一对比时,随内省而出现的。[①] 一个人就这样会从意识的全部环境中区别出他所意识的东西。但是仅有内省不足显露选择的原因,即构成"进入"意识和不"进入"意识的东西之间的差异的条件。这种差异显然不是基本成分的差异;因为意识的内容和外场的内容是可以互换的。在"绿"、"圆"、"关系"等的内在性质中没有什么东西决定它们出现或不出现于一个心灵的内容之中。但是在有机体的能力和行动之中却找着一种说明。例如要使

139 "绿"出现于 M 心灵的内容中,M 必须有发展到辨别颜色的视觉能力;M 必须注意到"绿";"绿"必须对推动 M 的某种旨趣有关。这些和其他类似的条件决定在意识"之内"的绿和意识"之外"的绿或意识"之外"的任何其他因素的差异;或"在内"一类的东西和"在外"一类的东西之间的差异。

---

① 在题名为"关于意识的概念和关于意识的错误概念"一文中(见《心理学评论》1904 年,第 11 期,第 282—296 页),我曾试图证明并举例说明这个主张。詹姆斯(《彻底经验论论文集》,第 24 页)和洛夫乔伊("一个时相论者对于新实在论的感想",载《哲学、心理学及其他》杂志,1911 年,第 8 期,第 594 页)曾经对这见解表示同意。但是在所提到的文章中我没有充分说明有限复杂体。

因此一个人所意识到的复合体，作为一个有限的或部分的复合体看待，是被它对于意识的主体所维持的关系决定的。许多被设想为更加依存于意识的东西可以用这个原则予以说明，例如空间的透视和温度的相对性。这些东西是从全面的几何学的或热辐射场中所选出的，而不是创造的，只是被有感知的有机体的位置或状态所挑选出来的。[①]

4. **在一个复合体中一些因素的同时出现依存于意识的结合活动**——决定心灵所包括的各种内容的条件同样地也决定它们的组合关系。决定“绿”进入 M 的内容的复合体的物理的、生理的、生物学的和伦理的原则，也决定什么东西和“绿”**同在**那儿；例如在“绿”**和**“圆”这个复合体中，作为**并存的内容**。

这一点对于这样联系起来的那些因素可能是无关重要的，或者它可能是很关重要的事。换句话说，它或者只不过意味着同伴性这个事实，即内容之间的特殊的交错关系；或者，它可以引起下列一些进一步的、各色各样的依存性。所以在内容范围中，A 和 B 所维持的关系也可能是完全被其他的原因所决定的；例如当 A 和 140
B 在它们的自然的空间关系中被觉知时。或者，A 和 B 可以以新的方式结合起来；这就是说，以完全被意识的作用所决定的方式结合起来。当我们说“创造性”的想象力时，情形就是如此。或者 A 和 B 由于作为内容而共同出现，可以间接取得新的关系，例如“意义”；而这些新的关系对于 A 和 B 有决定性的重要意义。例如它

① 参看本书霍尔特的论文，下文第 303 页及其他，和皮特金的论文，下文第 393 页。

们可以使 A 和 B 在 M 的此后的活动中被运用。总而言之，A 和 B，作为一个意识中的同伙成员，通过被带入实践的和社会的力量的活动范围，可以在它们的前程中开辟一个新的纪元。

至此，我们认识了两个对于意识的真正依存性的例子；它们都可叫作**内容式样**。内容一复合体在关于它们包括些什么和关于它们把什么包括在一起这方面都具有个别性；而且在这两方面都完全被意识的主体的作用（选择的和结合的）所决定。

5. **价值是依存于意识的**——关于这个问题，新实在论者之间的意见很不一致。[①] 不过从本文作者看来，价值是欲望的函项这一点似乎是很明显的。这并不意味着金子这种“贵金属”是依存于欲望的，而只意味着它的**宝贵性**是这样依存的。金子是从对它的“需求”而取得它的经济价值的；[②]它的装饰价值来自它能提供感觉的快乐。在其他方面，金子可能是，而且绝大部分确实是，完全独立于意识的。根据这个理由，如果把它的贵重性包括在它的定义之中，我们可以说金子是依存于意识的。有一种并不贵重的物理上的或化学上的金子；换言之，一种可以无须涉及它在经济和审美生活中所起的作用而予以界说和决定的金子。

141 价值是否依存于**认识**，这是另外一个问题。为了目前的论证起见，虽然违反我的信念，我十分愿意姑且认为：一个东西不可能不被人认知而被人欲求。如果如此，那么，价值确乎依存于对拥有

---

① 例如摩尔和罗素主张“好”是不依存于意识的。参看摩尔：《伦理学原理》，第137页。关于我自己的意见，可参看《道德的经济》，第1章，以及《现代哲学倾向》，第14章。

② 仅仅的稀少当然不能使一种东西具有价值，除非对它有所需求。

价值的那个物体的认识。但是无论如何——我们马上就可看到——价值并不依赖于被知道它是价值。这就是说，一个人可能欲求而不知道他在欲求。赋予一件东西以价值的乃是基本的欲求关系，不问这关系本身是否被认识。重要的事实乃是：A 的价值在于 A 之被 M、N 或某一能欲求的实有体所欲求。然后，如果一个人假定，欲求是某一种类别的意识，并且假定一个能欲求的实有体是意识的一个主体，那么，A 的价值自然是依存于意识的；不仅依存于直接赋予它以价值的基本的欲求行动，而且依存于意识主体中任何其他足以影响这基本欲求的条件，例如其他的欲求的存在，等等。

6. 工艺作品是依存于意识的——用“工艺作品”这个词，我是指物理有机体在为追求它的利益、兴趣而行动时所造成的任何复合体。这样一个复合体的内外安排，在或多或少的程度上可能是由于这个有机体的活动。它可能只照“它的原样”而被应用着；或者它可以被移动、分开、重加分列或带进新的物理的形态中去。无论如何，完全由于生活的有目的的行动而发生的事是依存于意识的。意识是一种手段，把事物带入有目的的行动的范围之中。它决定“被考虑的”环境的界限，使之有别于全面的环境。意识的范围划定了可以对之采取行动的事物的界限。一个“被注意的”东西是随着迫切的需要而可以免死的、利用的或予以改造的东西。再者，有机体对于这些对象的实际处理——工艺过程本身——是被意识所指导的。

需要注意的是：在这个事例中，对象的变化并非直接地由于意识。对象只是被意识带入了其他能起原因作用的能动者所可触及 142

的范围之内。由于心灵的活动，对象变成依存于身体了。再者，后来被身体活动所变动的任何对象 A，并不一定毫无条件地依存于心灵。只有对它有所“作为”或有所“造作”，它才依存于心灵。我们可以随意设想 A 是完全独立于它之被加工的。更有进者，假使为了任何理由对于这个有机体的变更行动没有发生，A 就决不会进入依存阶段。意识只是在这种意义下使它的对象成为依存的，即：只有在意识之后随着又有某种涉及这些对象的物理的操作。总之，工艺作品依存于意识是由于，而且只是由于在工艺作品中有多少工艺。

7. 更高的复合体如历史、社会、生活或反省的思维是依存于意识的——任何包含意识作为它的组成部分之一的复合体，或任何一套蕴涵着意识作为它的必然的结论的前提，很明显地，都是依存于意识的；上面我已经列举出我所想到的最明显的例子了。当然，必须记住：这些复合体作为整体或作为整套的前提看固是依存于意识的，但是并不由此得出结论，说其中各别的成分也依存于意识。例如一个市区建筑是依存于意识的，因为它包含或蕴涵着意识，但它的砖头和泥灰并不享有这依存性。如果它们是依存的话，这必由于其他的理由，例如它们是工艺制品。

“反省的思维”——如实用主义者所界说的——或许提供了最有启发的例子。“反省的思维”是一种复杂的过程，在这过程中，“某一片段经验”（“bit of experience”）意指着，或者就是另一片段经验的“观念”（“idea－of”）。为了使 A 意指 B，A 至少必须“被经验”。不问我们用全体与部分的关系或用蕴涵来表达它，无论如何，意指的过程是依存于较简单的经验的过程的。然而不能因此

就说，经验作用依存于意指作用；或者说，被经验的东西依存于它是经验或观念。

可以看到：在上面的讨论中，明显地承认了而且界说了一个主 143
观性的领域。[①] 如果说在我们的承认主观性之中含有争辩意义，那么在设法给予界说这一点上是有着建设意义的。就我所知，实在论并不完全拒绝“纯粹地主观的存在”；[②]而是要把它弄得更明确，尤其要避免把那些主观性的事实转化成为一个实体，或者变成一个只为主观体所居住的新大陆。不过我或许应该说：实在论者**确要**否认“**纯粹地**主观的存在”；因为任何实在论者都会否认有任何东西是**彻头彻尾地**主观的。一个主观的复合体永远可以被分析为各元素，甚至可以分析为较小的“客观的”复合体。主观性——就它是意识主体的一种完全的决定作用这个意义来说——只属于某些关系或复合体的完整性之中。

更有进者，实在论主要地并不在于否认或承认有主观性，而在于它主张有些简单的和复杂的东西是独立于意识之外的。“认识的一元论”意味着：当事物被知觉的时候，它们是直接地、等同地出现于意识之中；由于被知觉，它们就构成所谓内容。实在论更加上这么一句话：至少在有些显著的事例中，事物并不因为被知觉而就不是独立的。因此实在论的立场就在于指明：成为一个心灵的内

---

① 主观性事例的这种列举并无意于求得完备、而只是作为例证。例如，它无意排斥这样的事例之可能，即在这些事例中，被知觉的物体被能感知的有机体在知觉它的活动中所物理地改变。参看上文第 135 页。

② 洛夫乔伊：“一个时相论者对于新实在论的感想”，载《哲学、心理学及其他》杂志，1911 年，第 8 期，第 597 页。

容，并不就依存于这个心灵。

谬误、错觉、幻觉、梦等问题都提出了新的争辩；这些争辩在本书别的部分中已予以研究。主观性并不是谬误。整个的谬误之点是在于制造“空中楼阁”和把“空中楼阁”错当作真正实体性的东西
144 这二者的差别方面。在这一章结束的部分我将要提出一些关于谬误问题的意见。因为我想指出：主观性本身对于从属的意识说来是有某种独立性的，即对它增添了新的认识；这至少可以表明：在赤裸裸的主观性和那一种恶性的主观性——由于它，这个名词就和认识的种种不幸相混淆起来——之间有根本的不同。

七、主观性不依存于从属的意识

1. 意识的主体是不依存于被知的——意识的主体自然是主观性的一个事例。我的意思并不是说：负起主体的职能的东西是依存于那个职能；而是说：在那个职能之中它是依存的。在这里人们只是说到依存这个名词的空泛的意义；更严格地说，这是等同性的一个事例；我并不认为值得举出这个作为依存的例子。重要的事实乃是：主体无须被认知。主体可能是它的内容取得内容身份的条件，而它本身无须取得这样的身份。

因此可能有没有自我意识的意识。就唯心论者否认主体在它自己的内容中占有地位来说，他们老是对这个结论给予某个方面的赞同。他们曾教人注意这样一个事实：即内容复合体作为整体看是一个能动的主体的被动的相关者。但是他们觉得必须提供某种独特的方法，在这个方法中，主体可以被认知而无须变成内容。

这结果就形成他们无法克服的矛盾。因为提到作为被知的主
体——无论在这个事例的认识中附着任何特性——显明地是把它
放在这相关关系的被动一方面。这个困难是无需的，正如它是不 145
可克服的一样。其实没有任何理由要设想：任何能知的东西必须
是被知。也没有理由说明：为什么主体为了作内容复合体的条件
就必须本身在这复合体之内。

在另一方面，也没有理由说明：为什么 $M-A$ 这一认识关系的主体**不应该**通过它对另外一个主体 N 维持相同的关系而被认知。换言之，设想在 $N-M-A$ 这一复合关系中，A 是 M 的内容，而 M 又是 N 的内容，这是没有困难的。所以，不出现于它自己的对象的境界中的主动的有机体是可以出现于第二个有机体的对象的境界之中的。

2. **一个意识可以不依存于另外一个意识**——就一个意识单位包括或蕴涵另外一个意识单位来说，或就这两个单位是完全地而且互相地决定来说，这两个意识单位可能是依存的。但是根据同样的理由，就一个单位并不包括或蕴涵其他一个，或不和它维持完全决定的关系来说，这一个就不依存于另外一个。这样的事例多得很。

举例来说，假设在讨论唯我论的时候，一般的情况是：两个意识中的每一个要求支配其他一个。因此 M 发现 N 是它自己的一部分，N 对 M 亦复如此。所以尽管 M 包括 N 作为它的对象，并不如通常所说，N 必定依存于 M，而乃是 M 依存于 N。根据这些理由进行辩论，所得的结论就恰会与唯我论相反，结果也就会完全否认自我。然而在大多数这样的事例中，界说一个排除 N 而不依

存于 N 的较狭的 M，这在事实上是可能的。M 并不依存于 N，除非我们界说 M 排除对它所发生的一切东西。如果 M 可能是一种精神的东西，或是心理状态的不变的核心、或是一个中心的目的，那么它就不依存于 N，除非这些东西包括 N，或者完全要用 N 予以界说，或完全被 N 所决定。同样，N 对 M 的关系亦复如此。唯
146 我论的荒谬根源在于未能记得这种情况是互相依存的。如果有理由肯定一个证明，也就有理由肯定“一堆证明”。如果任何个别的意识能独立地树立起来而后进行吞并其他的意识；那么这些其他的意识也享有同样的权利。如果唯我论的一连串的推论被扩充起来，它就毁灭了它自己。但是作为论辩的论据，它是经常被扩充的。它在一个意识例子中假定有一种独立性，而这种独立性在原则上不能否认别的意识同样也有，如予以扩充就成为自相矛盾。

强调自我的独特的确定性和独立性的哲学大多利用类比推论。它们说我们首先知道自己，以后从别人的行为和我们相似以推知他们的存在。但是正如摩尔先生很有力地指出的，在这个事例中类比推论是假定了物理事实的独立性。[①] 别人的意识是被说成是从他的行为而推知的。但是这一种推知的意识只有在我承认他的行为是物理实有体时才能认为是别人的。如果我把别人的行为解释为我的知觉，那么，我就只能推知我自己的意识，而不能推知他的意识。我据以辩论的类比可用两种方法中的任何一种说出来。我可以说：当**我有**一种身体歪扭的知觉的时候，我也有我自己

① 摩尔：“知觉对象的性质与真实性”，载《亚里士多德学会汇报》，新编号，1906年，第6期，第111—121页。

的苦痛之感。或者我也可以说：当有某种身体歪扭的时候，有苦痛之感和那个身体相关。在这两个例子之中类比推论导致不同的结论。在第一个例子中，对于身体歪扭既有了第二次类似的知觉，我就预料有类似的苦痛之感。换句话说，我是根据我的知觉和我的感情之间的关系而论证的。但是在第二个例子中，既然观察了第二次的、类似的身体歪扭，我就推知有类似的苦痛之感和那个身体相关联，正如我的苦痛之感和我的身体相关联一样。在一个例子中，我根据我的知觉论证我的感情，并没有超出我自己的意识的规 147
律的作用范围之外；在另外一个例子中，我是根据身体而论证感情，而且从一开始就已认为我自己的意识只是这种关联的例子。正如摩尔先生正确的结论所说，别的意识的存在——如被推知的话——是从身体之作为身体而推知的，而不是从作这推知的心灵的状态而推知的。

照我看来，别的意识根本不是被推知的。它之被观察正如物理的现象之被观察一样。它是一个有情感、兴趣的有机体和它环境中的某些方面之间的一种复杂关系；它的不依存于另外一个旁观的自我，仅是物理事件不依存于对它们的观察的一个特殊例子而已。

无论如何，没有理由可以怀疑：许多自我彼此能相互意识，乃是由于它们互不依存。它们可以进入整体和部分的关系中，或者进入因果的物理关系或社会关系中去；但是这种依赖不带有普遍性或必然性。肯定一个意识依赖于这个意识之被另外一个意识所认知，即唯我论的论辩，以及肯定可以用类比自我的办法而推知其他自我的这样一些仅有的一般论证，实际上在一开端就假定了独立性。

3. 心理内容不依存于内省——对于这句话的正确性有任何怀疑就必定猜疑内省法的有效性。因为内省法是被假设为一种认识心灵中有什么内容的方法。这些内容是由于意识主体的选择作用而进入心灵的。但是既进入心灵，就可假设它们是能用内省法加以观察的。正是由于内省法本身引入了新的因素，它就成为紊乱的根源。如属可能的话，这些新的因素必须予以认定和排除。只有当内省能显示出决定在心中出现的东西而内省本身的活动并不影响它，内省才能产生真正的心理学的效果。否则它就不是对心理材料的认识，而只是一种心理的干扰，其本身即构成一种新的心理的材料。

148 在这儿是很容易陷入紊乱中去的。有人说：心理的事实只有当它们和非心理的东西或客体作对比的时候才因回省而出现。詹姆斯说："眼前刹那的境界在实际上或潜能上只能或是客体或是主体。""心灵状态"是"在回省中明显地首先作为心灵状态看待的"。[①] 但是，是心灵状态和"被看待作心灵状态"，乃是很不同的事。我们说，当心灵回光返照以巡视它的先前的界限的时候，"状态"的有限境界才首先被发现，这是一回事；就任何一个心灵说，这在实质上是正确的。但是说这界限原先不存在，要到被"巡视"之后才存在，这是很不同的、完全无理由的主张。"眼前刹那的境界"是一种潜能的内省对象，但这只因为它已具有心理的性质。如果我可自由应用一种关于心灵的概念——在这篇文章里我没有机会

① 詹姆斯：《彻底经验论论文集》，第 23、24 页。

予以阐明或辩解[①]——我应该更进一步说：甚至关于心理内容的**认识**也是不依存于内省的，因为心理内容可以直接地、而在某些例子中可以更精确地被第二个心所观察。

4. **价值是不依存于对价值的判断的**——如我们已经见到，价值在于对欲望有一种关系。要使一个东西有价值，它必须是欲望的对象。但是不能因此就说，欲望的对象这一复杂的关系本身必须是意识的对象。为了伦理学研究的目的，需要、欲望、要求等，以及它们的对象，必须被认为是要予以思考的事实，如果可能的话，须予以系统的说明。但是它们不依存于关于它们的伦理学思想，正同物理的事件不依存于物理学一样。

只有作为事实或事件看待，欲望才是最终的或无误的。如果 M **欲求** A，那么他就动作以满足这欲求，而这事就完结了。但是假使 N，或 M 本人以为 M 欲求 A，那么他就可能犯错误。如果价值之成为价值在于对于价值的思想，我们就会由于害怕一种怀疑 149
的相对论而躲到要把价值标准化的绝对论的思想家的避风洞中去。如果说好的东西就是任何人**所认为**是好的，这在思辨上和经验上都是不行的。但如果说好的东西就是任何人所欲求的，这只不过提供一个既与事实相符又合乎逻辑的界说。这句话在思辨上没有困难，正如说一个工具是任何人所用的东西，一个立足点是任何人所站在其上的东西之没有困难一样。对于应该是十分明显的真理所流行的紊乱，主要是由于制造了并广泛地应用了如“评价”、“欣赏”、“情感的判断”等名词，在这些名词中，关于欲求和判断的

① 我指的是在我的《现代哲学倾向》第 12 章中所讨论的见解。

观念混杂在一起，成为极可恶的模棱两可。

5. **知觉和单纯的了悟不依存于反省的思维**——(在 A **意指着** B 或 A **是** B 的**观念的**反省思维之中)，反省思维需要上述两种情形的一种或两种都“被经验”；因此当说 A 或 B 是“被经验”的时候，反省思维就包括或蕴涵着上面已经述及的各种关系。意指的或引起观念的关系是一种**在**许多元素构成的复合体之**中**的关系，而这些元素中的某些元素是在更原始的意义之下已隶属于意识了。可是属于相反的依存情形下则不是有效的。要使 A 概念被了悟，它不需要被用来作为一种观念；要使 B 物体将被觉知或被知觉，它不需要用一个观念来意指它。

因此实用主义者的辩论中反对把事物和它们的思维一身份(*thought-status*)或理知的形式等同起来，是有充分理由的。在直接的或呈现的认识中，事物有独立的立足点，而直接的或呈现的认识不仅超过间接的或表象的认识，而且是它的基础。实用主义者的见解中唯一的谬误乃在于没有彰明昭著地采取下一步，像任何彻底的实在论者所说的：**事物是同样地不依存于经验的**。

这种考虑提供了正当的理由来怀疑如杜威那样一些作家是不是彻底的实在论者。他们强调某种极复杂的经验的例子的独立
150 性，例如推论的或间接的认识；但是他们并没有明白表示：他们不认为经验的领域本身是包含一切的。[①] 而这种概括确乎和实在论

---

① 参看杜威：“作为经验的实在”一文，载《哲学、心理学及其他》杂志，1906 年，第 3 期，第 253—257 页。这个问题在我的《现代哲学倾向》第 224—225、314—316 页中有更详尽的讨论。

相违反。更有进者，杜威教授把“认识”这个名词只局限于推理的认识作用，这就容许大多数选择性意识的事例和经验的事例落在他的独立性原则可能应用的范围之外了。例如感觉(sensing)就不算认识；因此事物不依存于认识这一原则就对感觉不生效了。依我看来，把感觉作为认识的一种情形是比较妥当些。甚至嗅感——杜威教授以为是明白地在这范围以外的——也应该这样看待；因为它明显地不同于“咬或刺”，由于它把一种特殊的内容引入心中去，因此使得心觉知它的环境中的一种特征。[①] 无论如何，这是很明白的：如果事物是普遍地依存于像感觉那样的经验，如果认识只有在经验的范围内才发生，那么事物不依存于认识的独立性仍旧使它们依存于行动、生活，或依存于在彻底实在论者看来还是和认识完全相同的某种原则。

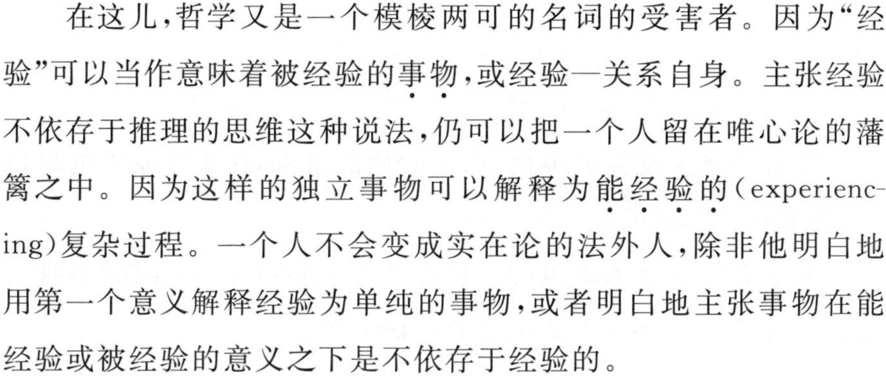

在这儿，哲学又是一个模棱两可的名词的受害者。因为“经验”可以当作意味着被经验的事物，或经验—关系自身。主张经验不依存于推理的思维这种说法，仍可以把一个人留在唯心论的藩篱之中。因为这样的独立事物可以解释为能经验的(experiencing)复杂过程。一个人不会变成实在论的法外人，除非他明白地用第一个意义解释经验为单纯的事物，或者明白地主张事物在能经验或被经验的意义之下是不依存于经验的。

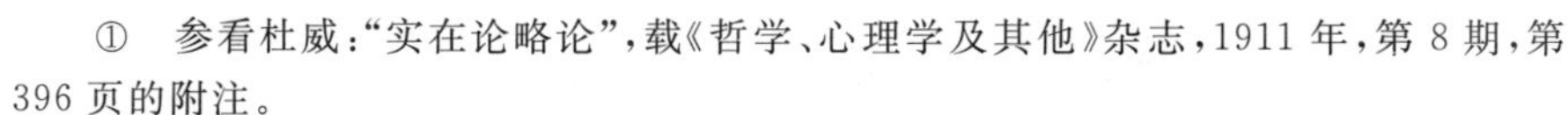

① 参看杜威：“实在论略论”，载《哲学、心理学及其他》杂志，1911年，第8期，第396页的附注。

151

八、结论

我们的结论简单概括如下：

1. 独立性就是非依存性。

2. 依存性不同于关系，而是一种特殊类型的关系，在这种关系中，依存者包括、蕴涵其所依存的事物，或完全被其所依存的事物所产生或蕴涵。

3. 独立者可以和别的东西发生关系，也可以不发生关系，其条件是：它不是如上面 2. 那样和别的东西发生关系。

4. 意识的对象和意识有关系，但是不能因此就说它是依存于意识。

5. 有些东西，包括一切单纯体和一些复合体在内，是不依存于意识的，因为不和它发生如上面 2. 的关系。

6. 这并不阻碍它们以别的方式和意识发生关系。

7. 有许多主观性的事例，即复合体的事例，作为主观性的事例看，是依存于意识的。

8. 主观的复合体既包括不依存于它们的实有体，同时本身又不依存于它们可以进入的从属的意识关系。

对于分析的辩护 155

E. G. 斯波尔丁

一、导言

在这篇论文里我想对分析作一般性的和专门性的两种辩护。一般性的辩护可以不必完全依赖于实在论总的主张；但是在为分析作辩护时就会显露出许多理由，证明实在论的主张的正确性。因此我的特殊目的就成为不仅是把分析作为分析而辩护，并且也为整体与部分的一般的实在论的解释作辩护了。我将辩明分析是一种认识的方法，这种方法可以发现出和那被分析的整体在同一个意义下真实的诸实有体或部分。这个主张可称为**分析实在论**。[①]

1. **分析和整体的类型**——分析有两大类型：(1)形式的，(2)实验的或“实质的”；这两种类型都蕴涵着一种对于科学和哲学极重要的关系，即整体与部分的关系。[②] 被分析的东西是整体。分析是部分——那被分析的整体的诸部分的发现，甚至也可能是部分

---

① 关于实在论主张的一般论据与论证已在本书的绪论里陈述。

② 参看佩里的文章，本书第107页；罗素的《数学原理》，第1卷，第360页和散见于他处的论点。

的发明。这些分析哪一个是发现，哪一个是发明，哪一个是事实的显露，哪一个是误解，这才是争辩的真正中心问题。派别分歧只是在这个问题上。但是大家共同承认：被分析的东西在某种意义下是整体，而分析所导致的东西在某种意义下是部分。

156 实验的分析是指，例如，对化学化合物所作的那种分析。这些化合物有时可以在实质上被分离开来，于是我们可以看到它们的构成部分和这些化合物本身一样，也是整体。在化学的、物理学的、生物学的、也许还包括心理学的实验室里对于某些实有体所作的分析，就是属于这一类的。把这种分析都称为“实质的”或许不大恰当，除非出于类比，但是它可以被称为实验的。

伴随着我们非科学的、知觉的和一些概念的作用而作的分析，其性质也相同。知觉本身就是分析的、辨别的、选择的。在知觉中，先于一切科学的假设，就有像实验本身所导致的分析。

形式的分析是指对于典型的整体所作的分析，例如枪弹的运动、电流的流动、数的连续、时间的连续等：在分析这些事物时，部分是区别了、发现了，然而让它原封不动。这些整体，有些是在物理上可以观察，实验上可以分析的实有体。但也并不完全如此。达到某点的时候，必须应用和数学分析相等的其他方法，即根据于理性原则的方法，导致分析的结果的方法。这些结果有些可用进一步的试验性的观察和测量而直接证实。这类分析可称为形式的。

经过分析的特殊复合体，其事例是举不胜举的，特殊的分析和所导致的结果自然也是如此。但是分析的类型既然可以划分，可分析的复合体或整体也可以分类，虽然这样做本身就含有分析，并

构成了对结果的陈述，而不是构成了证明的方法。但是这一类型 157
的分析——辨别各种分析和各种整体的分析，本文将详加讨论，并取得它的存在的充分理由。[①]

关于类型和整体有下列四种：

(1)以任何秩序相结合的任何数目的东西的聚集或集合。例如和我现在有关的东西的集合，有这一张椅子、这一张桌子、这一支钢笔、我的思想、“整体”的概念、一和二，等等。

(2)由本身并非类的部分所构成的类，这些部分可能是有机的整体、个体、单纯体或集合体。如碳原子、一切电子、偶整数、有理分数是这一类的整体。

(3)由从属的类构成的或合成的类；例如元素、数目、整数等；元素又分为单价的和二价的，数目又分为基数、序数；整数又分为奇数、偶数。

(4)统一体或有机的整体；例如存在于某特殊时地的任何特殊的、个别的化学化合物，任何一个有机体、任何个别的分子或原子。

2. **什么是分析**？——上面的分类已经指出，被分析的整体有种种不同，分析本身也分为实质的或形式的。但是——在我们把分析分为各类时，以及在我们发现有由部分所组成的整体或复合体时，我们都已假设一个**分析**的总类(genus)——什么是这种作为总类的**分析**的特征呢？回答是：分析本身无疑是相当复杂而曲折的，要想给它下一个超乎实用的定义是很困难的。分析可能是一

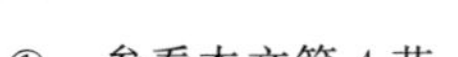

① 参看本文第4节。

种过程；但如果它是过程的话，它是极复杂的过程，不可能给它下一个简单的定义，它本身的性质只能用精细的分析才能揭示出来。但是一个精确、简明而合乎逻辑的定义也许是不必要的。每个人大概都懂得分析是什么，它有什么意义，它能做什么。我们只能乞
158 援于这种大概的了解；依赖这种了解，我们可以说：分析就是发现
一个实有体在某种意义下是由部分形成或组成的。因此，正如前面所说：分析包含整体与部分的关系。由部分所形成或组成的实有体就因此被称为整体或复合体，虽然在有些事例中，它的部分本身又可能是整体或复合体，像我们在前面所已看到的。但是如果说在每一个或甚至任何事例中，分析都是部分的发现——蕴涵着说这些部分，无须依赖分析、发现就已经存在或潜在了——这是可以争辩的。与此相反，另外一些人主张说：分析就是，为了这一种或那一种纯粹实用的目的，例如说为了对自然的预测或控制，而去发明、去构成一种人为的部分的划分。[①] 这种见解是和实用主义的某一个方面，即一般很适当地称之为认识的工具论或认识的生物学观点的那一个方面相符的，或者它就是实用主义这一方面的一部分。[②] 照这个见解，分析不过是一种理智的工具、一种适应的方式；当任何东西能发生效用时——意思就是它能使有机体适应环境——至少就得承认它的表面价值，这也就是说，它能发生效用。当然，实用主义更进一步，把发生效用和真理等同起来。其次，这种实用主义的见解有时推而广之，认为一般的实在或可以选

① 柏格森:《创化论》(A.米切尔英译本),1910 年。

② 参看 W.P.蒙塔古:“一个实在论者能是实用主义者吗?”,载《哲学、心理学及其他》杂志,1909 年,第 6 期,第 460 和 485 页。

出来和其他部分相区别的实在的任何特殊部分都有可塑性，容许任何种的分析和陶铸，但现在实际所作的或已作的分析必定是从人的观点出发的。这是对于分析、综合以及一般科学的、哲学的方法的人本主义的解释。[①] 第三，这两种解释是和另一种对分析的 159
解释相符合的，这种解释把分析的有效性与它的证明等同起来，这就产生了心理学的实用主义；[②]或者认为分析的有效性依赖于它的用处或价值并为后者所检验，这就产生了逻辑的实用主义。[③]关于分析的性质这四种主张都易遭受各色各样的批判，其中有些是可从实在论的立场作出的。因为实在论者认为分析，至少在多数事例中，是在一个整体中发现不依靠分析、发现而存在或潜在的元素或部分。当然他承认分析是有用的，或许认为很少别的东西比分析更有用，但是他认为这种有用性预先假定了对于分析的实在论的解释。[④] 他也承认：分析的有效性，至少在某种限度内，可以拿它的价值来检验，虽然这样做就包含选择什么样的价值标准的许多困难与含糊。再者，整体的那些将被作为部分而发现的方面，它们的发现可能很明显地是依赖于人的兴趣。为了各色各样的理由，换句话说，为了科学的传统、宗教的情感、美的欣赏——这一切都是人的“东西”——人们有兴趣去作的实际分析也许只是许多可能作的分析中的一些而已；它们可能是选择性的。不过，实在

① 参看蒙塔古：“一个实在论者能是实用主义者吗？”，载《哲学、心理学及其他》杂志，1909 年，第 6 期，第 561 页。

② 同上书，第 543 页。

③ 同上书，第 561 页。

④ 蒙塔古，刚才所引的四篇论文。

论者可以承认这一切说法而仍保留他的实在论观点。不仅如此，他并且进一步说，他能指出他所愿意承认的这些主张正**需要他的实在论**的支持而并不和它矛盾。实在论者只是根本反对一种说法，即：任何事例的分析的有效性等于它的证明。因为他认为这样的主张是主观唯心论。[①] 这是他所不可能，也不愿意承认的。

但实用主义的解释不是唯一的。至少有另一种很明显的攻击，在某种限度内也是实用主义的，不过它超过这种实用主义的解
160 释。这种攻击虽然直接反对实在论之认为分析的结果是发现，然而它对被分析的整体的解释还是实在论的。它反对一种实在论，其目的不过是要恢复另一种实在论，用**理性主义**作为攻击的方法，用**神秘主义**以支持它所接受的实在论。对于分析的这种攻击是新近由柏格森提出来的，[②]很引起大家的注意。稍早一些时候，布拉德雷也做了类似的攻击。[③]

这种攻击的核心是这样的：分析就等于虚假化——用“虚假化”这个名词的最简明的定义——也就是说，引起矛盾。按照这种攻击，分析是在一个整体中寻找、发明、创造或发现**部分**，这些部分在某一方面，某几方面或许多方面是和整体相矛盾的。例如它说运动的分析导致以“静止”作为它的项，[④]但是因为静止是运动的反对者，那么，**或者**对于整体——即把运动当作运动看——所作的

① 蒙塔古：“一个实在论者能是实用主义者吗？”，载《哲学、心理学及其他》杂志，1909年，第6期，第543页。

② 柏格森：《创化论》和《时间与自由意志》（F. L. 波格逊英译本），1910年。

③ F. H. 布拉德雷：《现象与真实》，1894年。

④ 柏格森：《创化论》，第163页。

分析是错误的，**或者**对于整体的直觉是错误的，而他选择了前者。在柏格森看来，这些矛盾的部分是理智作用所造成的；如果他前后一贯的话，他就得承认，凡是说不上是无所不包的、交渗互入的、创化的整体的东西都是自相矛盾的，因而也就是虚假不真的。在布拉德雷看来，部分是理智作用产生的，甚至可能是理智作用发现的，但是因为它们包含矛盾，任何说不上是**绝对的一**（One Absolute）的东西就是虚假而不真实的。简单地说，这两位哲学家的诊断处方似乎是这样的：当我们推理的时候，我们所能找得的只是一些自相矛盾的“东西”；因此，要想得到真理、真实，就要避免理智的推究，而用情感、直觉、狂热、全神贯注！

我的目的不是要说出攻击或辩护的历史。但是有一点必须指出：一切对于分析的攻击是用其本身即包含分析或就是分析的方法而进行的。被攻击的分析和用来进行攻击的分析可能是不同，所以某一特殊的攻击可能有效，这是可以想象的。但是果真如此， 161
它也**只能**用来使某些分析失效，指出它们的局限性等，但这失效不能是普遍的。至少攻击的手段的有效性，不问愿意不愿意，是必须预先假定的。有些分析，在某一点上，是会不遭受成功的攻击和批判的。那么这个假设就会仍旧存在：假使有些分析是有效的，所有的分析都可能有效；至多只有某些特殊的分析可能是错误的，但分析作为分析看是不会失效的。[①]

让我们回到分析是什么这个问题吧。设有一个整体，因这个

---

① 参看本文作者的论文，“一种自我批判的认识论的若干假定”，载《哲学评论》，第18期，第615页。

理由或那个理由，我们知道它是可分析的，于是分析就揭露它的部分，但是**分析也揭露**能联系各部分因而把这些部分组成某种整体的**一些关系**。在有些事例中，我们也要考虑整体当作整体看的那些性质同部分的性质可能是不同的。自然，分析也揭露这些性质。分析可能是不完全的，这就是说，部分本身可能还有它的部分还没有被揭露；但是假使已揭露了部分、这些部分的组织关系，**并且**在有些事例里，可能也就揭露了整体的特殊性质，假使从这个意义上说分析是不完全的，那么，这种分析可以说是妥善的。这种分析穷究整体到它所能达到之点，这也就是说，关于分析所揭露出来的东西的说明固不就能说明整体，然而整体**就是**这些部分**和**它们的性质**和**维系这些部分的关系**和**整体可能具有的特殊的性质。部分本身可能还有一些部分、更多的性质、更多的关系有待揭露，但这一点本身不能使这一主张失效：部分的性质和所揭露出来的生成关系是和被分析的整体同样真实的；它们不是和整体相矛盾的东西；它们不依赖发现、说明而存在着或潜在着。

这是分析的一个意义，比前面所说的更精确恰当些。还有一
162 种定义是柏格森派，有时也是布拉德雷派攻击者不言而喻地作出的，虽然不是实用主义者作出的；这个定义认为分析**只**举出项而没有认识到组织的关系。于是就利用这种遗漏来把项、项的性质和整体、整体的性质看作是对立的，并从而通过这种遗漏，去找出那所要寻找的部分与整体之间的矛盾，并因此去找出分析的虚假化的性质。

二、集合和列举的分析

第一类可以区别的整体就是单纯是一个聚集或集合的整体。在这种整体的各部分之间可能有不同程度的相似与差异。存在或潜在于部分间的关系的类型也可能或多或少，或相似或相差很远。某些特殊的关系可能存在或潜在于某些部分之间，另外一些特殊的关系可能存在或潜在于其他部分之间，但是无论部分如何、关系如何，这些部分构成一种集合或聚集，这就是说，一切部分彼此之间用和字[①]所表达的关系联系起来。列举可以从某些部分开始，而不问这列举是否完全或可能完全。在这个意义上，任何集合的一切部分或任何集合的任何数目的部分都构成一个整体；它们是可数的，所以和基数整数居于一对一的相互关系。一个单纯集合体的部分至少对于另外一类东西的成员，即基数整数，是有这种关系的，不问，作为部分，在它全体之间是否有其他特有的关系。

关于这一点，我可以引证罗素先生的话。“凡列举某一类东西 163
的项就可说是给这个类下了定义时，这个类就叫作一个集合。用集合这个名词我是指‘A 和 B’或‘A 和 B 和 C’或任何其他确定的项的列举。给集合体下定义就是实际举出各个项，而这些项是用和字连接起来的。和似乎是联结诸项的基本方法，凡要得出可以用‘一’以外的数去述说它的任何东西时，正是这种联结的方法是

① 我认为“和”字表示一种关系，即列举的、连接的关系，虽然有些用法与此不同。参看罗素：《数学原理》，第 71 页。

最主要的东西"。[①]"每一对项毫无例外地都能用'A **和** B'所表明的方式连结起来，如果 A 和 B 都不是多数，那么 A 和 B 是二。A 和 B 可能是任何可想象的实有体，可能是思想的任何对象，它们可能是点、数、真的或假的命题、事、人，总而言之，任何可数的东西。一个茶匙和 3 这个数目，或是一个狮首羊身龙尾的吐火神和一个四维空间，毫无疑问地是二。这样看来，对 A **和** B 不能加任何限制。必须要说：A **和** B 不一定要存在，但是像任何可以说到的东西一样必定是**有**。有和存在的区别是重要的，计数的办法就很可证明这一点。凡可数的必定是某种东西，而且必定是**有**，虽然它无须进一步享有存在的权利。所以我们对于集合的各项所要求的只是：每一项必须是一个实有体"。[②]

按照这个意思，那么，任何东西如至少与另一"某物"并举，这两个东西又与另一某物并举，这样辗转下去，就形成一个整体了。因此就有**一切**实有体的聚集或集合，即一切存在的或潜在的项、关系、类别、概念、命题，等等的集合。这样的聚集可以称为**宇宙**，而**正如上文所下的定义所说的**，是一个整体。它有部分，它的部分是用数目的连接而连接起来的，但是这并不排斥在它的部分之中存在或潜在有极大的差异性和相似性；而就部分中的相似性来说，也不排斥存在或潜在着这样一些类，这些类的部分是由一种或多种特殊的关系联系起来的；这个整体也不排斥诸项的彼此独立和诸
164 类的独立，不问这些项和类彼此是否极相似或极不相同，尽管它们

① 罗素：《数学原理》，第 69 页。

② 同上书，第 71 页。

同时又是互相联系的。相关性和独立性是可以相容的。[①] 一切实有体的总体(宇宙)既符合于多元论,也符合于一元论,既符合于独立性与巨大的差异性,也符合于依存性与一种根本的相似性。

在这第一类型的整体中,诸项不过是列举的部分,主要的组织关系不过是用和这一连接词来表达的关系。任何聚集的整体也可能不仅如此;假使不仅如此,那么,除和以外还有别的组织关系。但是一个整体可能是单纯的聚集体,尽管在它的部分中有某些其他的关系,例如相似与差异。然而这样一种整体,根据真正经验的研究来看,似乎并不具有任何作为整体的显著的特性。它只是它的那些被总合起来的、用数目连结起来的部分,以及这些部分的性质而已。但是从另一个立场,即从攻击者所着眼的某些被假定的思辨原则的立场来看,集合的整体,特别是那被称为"宇宙"的集合的整体,就被弄成为具有某些为它的部分所不具有的性质,并且具有这样一种作为整体的特性,即对它一加分析,就会使它虚假化。

我们只要考虑柏格森和布拉德雷的攻击就可证明这句话。这两位哲学家都攻击那种已经具体体现在日常谈话中的、普通的概念性的分析,正是因为有这种概念性的分析我们才能列举种类。但他们同时还攻击那种部分地说来就等于是科学的概念性的分析。[②]

在每个攻击分析的人看来,真实世界(究极的真实)是不能用

① 参看本书第 113 页佩里文,又"六位实在论者的方案与初步纲领"(见附录);又本书绪论。

② 柏格森:《创化论》,第 9 章,第 160—163、303 页等处;布拉德雷:《现象与真实》全部。

165 分析来揭露的——如果我们只采取他们明显的主张而忽略他们所默认的习惯用法和预先假定。究极的真实不是集合体，不是一类，不是有机的统一，而只是在某种意义下的“一”——“作为绝对的一”或“作为演化的一”（One Absolute；One Evolution）。分析最多只能有实用主义的理由；因为，尽管它是虚假的，很可笑地它却能帮助这个宇宙里的一个有限的部分，即一个有机体去适应那些其他的部分，而同时就发现这些其他的部分原来是虚假的，而只有那整体才是真实的！试问为什么，要这样来推翻不论是常识、科学以及很多哲学的成果呢？试问这些哲学家们是根据什么**理由**达到这样的结论的——因为他们事实上是**在推理**，在运用前提，在分析？

这种关于整体的性质的主张——对于整体分析的可能性的攻击就是根据这种主张的——如稍加考察，就可看出它只不过是实在论者的论敌所常用的学说，就是“内在关系”理论。攻击者都承认整体在某种意义下是复杂体和复合体，[①]但他们又主张，部分或元素是由它们对这复合体中其他部分的关系所构成。简单地说，他们认为有一种普遍的交渗互入！但这是内在关系的理论，或至少是这理论的一方面，也就是这理论的“形态”或“构成的”方面，以区别于它的“基层—实在”方面。[②] 按照一般的、包括两个方面的

① 柏格森：《创化论》，第 162 页。

② 参看我的论文。“自我反驳的体系的逻辑结构”，载《哲学评论》，第 19 期，第 3276 页和 6610 页；罗素：“实在论的基础”，《哲学、心理学及其他》杂志，第 8 期，第 158 页。

内在理论，独立性[①]排除相关性，相关性排除独立性。但相关性是不可否认的事实。因此得出结论说，相关联的诸项是互相依存的。下一问题是：这种依存性的性质是什么？照构成的理论讲，这种互相依存性只能意味着每一项对其他项造成差异，因此至少部分地构成它。这两个有关系的项形成某种的统一体或整体。但是如果 166
另外一个项关联于这一个统一体，关联于其每一个项，这样辗转下去，很明显，每一个所谓的项就变成、或者就是无限地复杂的。要发现一个项是什么，或要去确认它，这如果不是不可能的话，显然也是极困难的事。每个东西都似乎是复合体，甚至这复合体似乎蕴涵着的究极的项也都是复合体了。

按照“内在理论”的另一方面，两个相关的项互相依存就蕴涵了一个统一体，但这统一体不能作为与项相等同而存在或潜在，因为统一体和项是两回事。因此这统一体就作为一种基层的或超越的东西而存在或潜在着，它的作用是为关系作媒介。利用矛盾的项，例如自我与非我，就可以使这统一体既无所不包而又是“一”。不过，在这一点上，内在理论的第二方面和我们关涉不大。和我们有关涉的方面是构造的、交渗互入的方面，因为对于分析所作的攻击至少有一部分是依据这个方面的。为证实这句话，我们可以援引柏格森的说法：“我们在一个对象中看到的，使这个对象具有个别性的那些明确的轮廓，只是关于我们对某一空间点所可能发生的影响的设计；当我们看到东西的表面和棱角时，这就是像通过一面镜子一样，返回到我们眼睛里来的我们的未来行动的计划。只

① 本书佩里文前引处。

要抑制和取消这个行动，并从而抑制和取消了通过知觉作用从实在界的纷繁混乱中为了这一行动而划出来的那些主要方向，于是物体的个别性也就被重新融化到那普遍的**交互影响中去，而后者，无疑地，就是实在本身**。”[①]

然而这种主张显然含有许多困难。这一主张和那另一“方面”的主张的论据企图指出，用与此相反的见解（即外在关系理论，它认为相关性和独立性是完全可以相容的）来看，诸项的相关性是无法说明的。但这个企图失败了！[②] 其实，内在关系理论，无论在它
167 哪一方面，如欲作为一种理论而予以说明、论证和了解，只有用外在关系理论以限制它本身才能做到。所以要想和构造说**严格地一致**，就不可能找到、“挑出”或确认任何实有体为真正的项；但是这个理论——被假定为一种客观的理论——却在被人说明、论证和了解，并且它的那些项和命题被确认为就是这些项和命题；并且它还接受了各种证明原则。认识和确认任何所谓的项，实际上就是不言而喻地说：即或这个项和其他一切项有关系，然而这个项可被认定就是这个项，而无须认定它的一切关系；同时也就不言而喻地说，在这方面，这个项是不依靠这些关系的。再者，假定这个理论是真实的、所知的理论，就已经预先假定了它不依赖于能知，虽然它与能知相关联。更进一步说，姑且承认这理论能应用到一些项和关系上去，它在两点上还需要外在关系理论：(1)它需要项——即最基本的项——以便接受限定，或通过关系去构成其他项，(2)

① 柏格森：《创化论》，第 11 页（重点是我加的）。又同书第 162、188、338—340 页。

② 参看刚才所引的我的两篇论文。

这些项能用某种方法抓得住。然而我们主要感到兴趣的问题不是内在理论是否可以应用,而只是这种应用能否普遍。显然,它的应用是不能普遍的,很简单的理由就是:观察表明它不适合一切关系的事例。根据这一理论——对于一切实有体之间的一切关系而说的——所假定的普遍性来论证分析的不可能,这很明显地是极端不妥的。而把每个东西都纳入那被人说成具有普遍的交渗互入性的整体之中,却正是这种做法。

事实上内在关系理论并不能有普遍的应用。项的无限复杂性是并不存在或潜在的。指责分析的不完全性、不妥当性或甚至虚谬性的特殊理由——即除掉项有无限地交渗互入的、复杂的构造这个理由以外的其他特殊理由——在特殊事例中或许可以提出而也有效。这些理由在有些事例中可能有效,在其他事例中可能无效;或许在一切事例中都有效;但也可能在任何事例中都无效。究竟如何,只有详细的经验的研究才能指明出来。但是根据构造的 168
关系理论的武断运用而主张整体的分析为不可能,这是自加局限、自相矛盾的主张。

我对于分析的辩护将沿着刚才所指出的途径进行。攻击派没有而且也不能一贯地固执内在关系理论的构造方面;他不能使这个理论成为普遍有效而用它作依据来攻击一切当作分析看待的分析。他也不能一贯地根据攻击的效果而作攻击。我的辩护将力图指明:丢开了从构造说来反对分析的论据——其实攻击派本人在到了某一点以后已在逻辑上不自觉地丢开了它——,分析的妥当性和有效性就可得到证明,假使我们既考虑到项,并且考虑到同样也为分析所要发现的组织的关系。所以真正要对付的攻击不是根

据于构造的关系理论的主张，而是认为分析能导致**和整体相矛盾的项**的主张。这种主张成了**攻击派的真正论据**。但是这种攻击是由于忽视组织的关系，或者在有些事例中由于虚谬的分析——这种分析自然容易遭受攻击——或者是由于类似的谬误，即把正确分析的实际结果申述错了。在这后一例子中，是容易予以补救的。如果考虑一下以正确方式所作的实际分析，所设想的分析虚谬性就会消失。在前一例子中，如果考虑一下组织的关系，虚谬化的作用也就消失了。如果我们**既**考虑到项，**也**考虑到关系，**也**考虑到那些为分析所揭露的、但是可能被遗漏了的整体的性质，那么分析也就成为**妥当**的了，而同时还可以给“创造的进化”[①]以机会，也就是说给攻击派所特别强调那种创造的综合以机会，不过这创造的综合之可被接受并不有赖于他们攻击之有效。

169 关于第一类型的整体即聚集或集合以及用列举作为这些整体的部分的分析，已说得很多，足够表明我们的结论必定是什么了。这种分析是十分站得住的。除掉纯粹凭玄想、类推而造成的，并且自相矛盾的论据以外，不可能提出任何其他的论据来说明这种分析本质上的虚谬化或不精确性。没有任何严格根据经验的论据会导致这样的结论。但是更进一步说，正如找不到严格经验的基础来把内在关系说的任何一方面运用到一个集合体的部分上去一样，同样也找不着经验基础来把这两方面的任何一方面运用到列举和分析所包含的认识情况中去。经验证据正与此相反，这就是

---

① 参看柏格森前引书，第 217 页及他处。

说，外在关系理论正可适用于这个情况。[①] 作为分析而接受这分析的有效性，而同时又从非实在论的立场来解释它，这样的机会是没有的。因此我们的结论是：这第一类型的分析作为分析看待是有效的，而且只能予以实在论的解释。

三、第二类型的整体（空间、时间等）及其分析

关于第一类型所达到的结论必须接受过来用以分析其他种类的整体，这也是实在论者所持的主张。但是对于每一类来说，这一点都必须详加证明。现在我们进一步来考虑第二类型。在这一类型的整体中有分析所揭露的部分，所有这些部分，在任何整体中，至少在一方面，也可能在许多方面相似，并且，除掉数目上的连结外，还被一种或多种的共同关系所联系。有人正是针对着对于这种第二类型整体的某些特殊类型的分析，尤其针对着它们的形式分析，特别提出反对，以便于为下面这种（错误的）概括，即**一切**分析都是错误的，提供基础。因为关于这一类整体，至少在某些特殊 170
类型的分析事例中，分析所导致的项——如果专注意项而忽视组织的关系——可能变成**似乎**是正和那被分析的整体的相反而矛盾的东西。这种部分的矛盾性有时，虽然这是错误的，和把构造的关系说运用于被分析的整体这一件事有关，[②]然而，一、运用这种学

① 本书，绪论。

② 参看前一节。

说到这种整体上去是没有经验上的理由的，二、分析并不导致矛盾——如果分析的结果被精确地表述出来，并且我们对分析处理得适当的话，这二者将在下文予以证明。

第二类型的整体，作为整体看，是一些类或相似的个体的集合；它们是用所谓共相、类名、抽象名，即有外延和内涵的名词所指示的。如此指示的这种整体的例子有碳、美国人、偶整数等等。这种类，作为多数看，是由构成它的项所形成的。这些项本身可能是一些另外种类的整体如有机的整体，但是它们不是类，否则就成为我们所将要讨论的第三类型了。导致这些部分的发现的分析，可能是实验的或形式的，或二者兼而有之。举例以明之，在发现任何元素的原子的事例中，或运用于任何元素的原子学说的事例中，这分析至少一部分是实验的；在有些事例中或许完全用实验，而在其他事例中如发现点、刹那、无理数、导数(derivatives)等，分析是形式的。关于位置的改变或状态的变化的分析——这是一个重要的例子——也是形式的；在这种分析之中，项恒等于关涉到时间的一些东西的导数，$\frac{dy}{dx}$。

171 被攻击的一些实际分析——分析表明如下所列的东西必须按照逻辑优先性的原则[①]来排列——乃是关于数、空间、时间、变化、运动和状态变化的分析。在这儿，像对于第一类型的整体一样，根据这样一种(布拉德雷的)论证所进行的攻击——即任何、和一切项的任何、和一切差异，乃至其任何、和一切关系都是自相矛盾的

① 参看本论文第 205 页。

这一说法——同样我们也不加考虑，至于其他一些已经被驳斥的主张也是如此。所以那种根据武断运用构造的关系学说以进行的攻击，我们也不予以考虑，因为它不是直接针对着这种整体的分析的——除非用类推法。在这儿，*只有那种*根据于设想在分析所揭露的项和整体之间有直接矛盾的*攻击*，才和我们有关。这种攻击的典型，在每一事例中，实际上是对于运动的分析的特殊攻击，这种攻击在它的逻辑上是和芝诺一样古老的。简单地说，这种典型的攻击大略如下：运动是*作为一个整体*而呈现于直接经验的。它作为整体所具有的主要性质乃是一个物体的位置在时间中的连续改变。遵照构造关系说，人们可以主张，而事实上柏格森也就是这样主张的，即：分析者要想辨别为物体、时间及位置的东西，是互相混合、互相渗透的，结果乃成为*一个整体*的。这就是柏格森的*绵延*学说。[①] 但它并不加入我们现在所考虑的、柏格森也加以利用的典型攻击。这是通过偷偷地假定时间是自变项（照它通常的意义）这一办法建立的。随之而来的就是攻击对于运动的分析。这个典型的攻击说，分析把空间分成点，把时间分成刹那，于是就使运动由静止所构成。运动的物体每一刹那停*在*一点，这个就被解释为静止。但是静止和运动是矛盾的。因此分析就造成错误。它使原 172
来呈现的连续的东西——运动——成为和它本身相矛盾的一系列不连续的静止。每一静止是被单独地*思想着*，其实当我们*想着*运动的时候，即把它*理智化*的时候，我们就使它成为许多静止了。每

① 参看柏格森：《物质与记忆》（保罗和帕尔默英译本），1911 年，和《创化论》第 9—10、46、201、338—346 页及他处。柏格森的“绵延”学说，作为对于分析的攻击，本文第 212 页将予以考察。

一静止被认为“外在”于其他静止——认为它只是这个静止，只和它自己相等同，不可更变，因此就成为运动这一种特殊变化的矛盾者。每一静止是不动的，各个静止是彼此外在的、互相排斥的，因此就彼此不相连续了——这种论证至少是这样说。基于这典型的攻击就达到这样的结论：不仅这种特殊的分析造成谬误，而且根据类推，一切分析都“空间化”，都是用惯性、几何学、静力学、不动体、不连续体等词语来进行的（这真是一堆奇异的名词混乱，比较细心地分析就会弄明白的），因此它歪曲了万物的本来面目，即一种普遍的生成。[①] 但是这典型的攻击显然没有公平地对待所针对的实际分析，即使它能把这分析说明得很正确的话。很明显，它只考虑项而忽视了组织的关系。但更坏的乃是它误解了项；它树立起一种错误的分析，其目的只是为了要把它打击下去——这总是一种容易的事呵。因为对运动的分析，如说明得正确，并不导致许多的静止！假使在这事例里，假使在这典型攻击中，并没有以公平的态度对待分析，而攻击派却仍从这典型中作出概括的话，这岂不暗示他的全部攻击都完全失效了吗？下面我的辩护将证明这一点。

我将要考查的第一种分析乃是算学的分析；因为它是从权威的来源找到的，我除选择、排列已有的成果与一些论证外，并不自夸有什么创造。[②]

---

① 在所引的三种著作中，柏格森在许多地方谈到这一点。

② 这里和论空间、时间和运动的各节所用的参考书有：J. 皮尔庞特的《突变数函数论》，1905 年；R. 狄德金的《论数》（W. W. 比曼英译本），1901 年；杨格的《点的群论》，1906 年；罗素的《数学原理》，1903 年。

I. 算学的分析——许多分析是和算学分析密切相关联的，因为算学分析对于连续、不连续、有限、无限等一般重要问题都做了最完全而精确的研究。然而，这里只将算学分析的那些特征——为算学分析辩护和阐明一些其他分析所必须顾到的特征——予以提出。 173

A. 数——近代算学分析找到很好的理由来把数组合成许多类别：有序数与基数、正数与负数、实数、有理整数、分数及无理数。如果把这些数予以分类，实数是类概念，实数可分为有理数和无理数，而有理数又有整数与分数之别。

B. 有理正整数——有理正整数是下列系列的项，1，2，3，4，……$n-1$，n，$n+1$。

这个系列或整体及其项的一些重要特征如下：

1. 这是这样的一个系列，它的项表明量的一种客观秩序，这秩序被界说为是某一对不可界说的关系，即大于和小于，它们是非对称、传递的，[①]每一个是另一个的逆语词。凡能具有这些关系的项是量。因此有理整数是量。

2. 这些数构成一个系列或级数，其项由于一种非对称的、传递的关系以一定的次序而潜在着，使得：假使 x，y，z 是相邻整数，而 $x<y$，$y<z$，那么，$y=x+1$，$z=y+1$ 而 xRy，yRz 就蕴涵着 xRz。因此在这里，那特殊的生成关系和组织关系是非对称的、传递的。

3. 这是一个系列或级数，它不仅缺乏连续性，而且甚至是不稠密或紧凑；这就是说，在它的任何两个项之间没有另外一个项或整

① 定义见下文。

174 数。因此这系列是离散的，它所含的项只是相邻于直接在前的项或直接在后的项——这种特征是在算学的连续（arithmetical continuum）中所找不到的。

4. 这个系列是称为阿基米德式的；这就是说，没有一个数 a 能如此的小，小到没有一个 a 的某种倍数，例如说，na，大于任何指定的正数 b。[①]

5. 这一个系列的项不是存在体；这就是说，它们不一定和时间的特定刹那相关联或和特定的刹那及空间的特定的点相关联。这意思就是说它们并非心理的实有体，虽然它们可以和这些实有体相关联。计数不能产生它们而毋宁说是预先假定了它们。它们也不是物理实有体。设想它们是物理的实有体已先假定了它的矛盾者。[②] 心理的和物理的实有体蕴涵了这些数，但是不能反过来说。照这意义说，后者在逻辑上先于前者；它们不依赖于一切存在的实有体而潜在着。[③]

6. 再者，这些数既不是空间的，也不是时间的；这就是说，它们既不是一维或多维的有限（不论如何小）空间广袤的项，也不是时间绵延的项。设想它们是这样的项就先已假定了矛盾者；因为在界说和分析广袤或绵延之中，不仅蕴涵了广袤的因素，点，它是非广袤的，及时间的因素，刹那，它是没有绵延的；并且也蕴涵了这些数和这些非广袤的点与刹那之间的一一相关。因此这些数是没有

① 这一点对于后来讨论速度和加速度很重要。

② 如果它们是物理的，它们就会是空间的、时间的，但它们二者都不是。参看 6 和 7。

③ 参看本书佩里文。

广袤和绵延的。

7. 所以这些数在逻辑上也先于空间的点和时间的刹那。刹那和点蕴涵了整数，但不能反过来说。那么，整数就是彼此外在但并非在空间上外在的个体或项。就逻辑说，外在性并不完全只有空间的内涵。它的根本的逻辑的意义是排他的个性。 175

C. 关系——在进一步表述算学分析的结果之前，必须把关系了解清楚。“关系”这个名词已经用了，但没有下定义。然而近代分析有一种倾向，说“关系”是一个不可下定义的词。不过，项可以界说为在任何关系中的实有体，项可分为物理实有体和心理实有体、复杂体和简单体、存在体和潜在体、类别、个体和关系。[①] 即使不把“关系”界说清楚，分析仍然能够辨别关系，把关系分类。对于本文很重要的一种分类，乃是辨别关系为对称的与非对称的、传递的与非传递的。

1. 如果有一种关系是这样，即：xRy，yRz 合起来蕴涵 xRz，那么它是传递的；如果这蕴涵不能生效，这关系就是非传递的。

2. 一种关系是对称的，如果它是这样，即：xRy 蕴涵着 yRx；它是非对称的，如果它是这样：xRy 排斥 yRx。假使 xRy，那么 x 是关系者，y 是被关系者。

3. 如果有一种关系把系列 s 的每一项和另一系列 s' 的特定项对偶化而在每一系列中有相同的次序，并且反之亦然，那么这种关系就是序数关联的。如果有一种关系以任何次序把某一系列的一个项和另一系列的一个项对偶化，那么，这个关系就只是关联的。

① 不是作为能联系者，而是作为在另一联络体系中的被联系者。

在以上两种情况下，这都是一对一的关系。

4. 一种关系是一对一的关系，当：如果 x 和 x' 不同，y 和 y' 不同，那么就潜在着 xRy 和 $x'Ry'$，但不潜在着 xRy' 和 $x'Ry$。[①] 运动就是点和刹那之间一对一的相关的特殊例子。

5. 如果 x 和 x' 不同，xRy 和 $x'Ry$ 都能潜在；那么，这种关系是多对一的。静止乃是许多刹那和一点之间的多对一的相关的一个特殊例子。

6. 再者，在这些例子中，如果关系者 x 属于关系的领域（domain of the relation）所包含的某一个类，那么这关系把 y 界说为
176 是 x 的一个函项（function），而诸 x 的系列构成为自变项（independent variable），诸 y 的系列构成为应变项（dependent variable）；也就是说，一个自变项是由一系列的项所构成，其中每一个项可以是某一被关系者的关系者。例如不论在静止和运动中，时间都是自变项。在实际存在的静止中，一个空间的点，由于被一个物质分子在一有限时间中所占据，就与许多时间的刹那相关联。而在运动中，由于一个物质分子在每一刹那占据一个空间的点，每一个空间的点只与一个时间的刹那相关联。但这种占据不应被解释为是静止。

7. 关于关系有两种理论：外在关系理论和内在关系理论。[②]

以上对于在整数范围内的分析的结果的陈述足以表明，应该怎样来回答对这种特殊分析的攻击。很明显，就有理整数说没有

---

① 参看罗素：《数学原理》，第 113、305 页。

② 本文，第二节。除掉根据外在关系理论以外，非对称的关系是不可理解的。参看罗素，同上书，XXVI。

先于部分的整体，也不能用这整体作为整体来和部分作对比以证明这分析的虚谬性。我们不能证明部分是整体的矛盾者，因为没有先于部分的整体。唯一的整体只是那在某种关系中的**个体**的系列或类。这里，任何其他的整体只能是根据于把内在关系理论武断地应用到整数系列上去而造成的整体。但这将是一种十分人为的办法，事实上也没有人这样做。因此，我们可以得出这样的结论：整数系列的分析，如在它的重要细节上已说明的那样，是足够表明这个整体的性质及其分析的性质了，而且也足够驳斥那种攻击，说什么这种分析是虚谬化，数是空间的等等。实际上这种分析并不给那种认为分析导致与整体相矛盾的部分的论辩以任何机会。

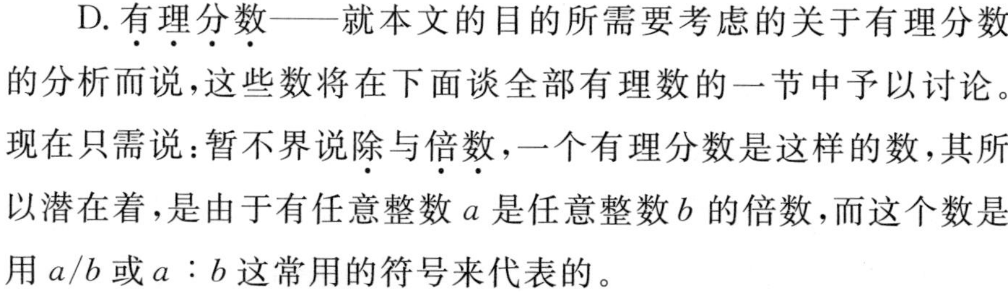

D. **有理分数**——就本文的目的所需要考虑的关于有理分数 177
的分析而说，这些数将在下面谈全部有理数的一节中予以讨论。现在只需说：暂不界说**除**与**倍数**，一个有理分数是这样的数，其所以潜在着，是由于有任意整数 a 是任意整数 b 的倍数，而这个数是用 a/b 或 $a:b$ 这常用的符号来代表的。

E. **包括整数与分数的全部有理数**——分析揭露这一有理整数与有理分数具有下列（对于本论文）重要的特征：

1. 这一聚集的项构成这些项客观上所可能构成的那么多的系列类型，即：有多少把这一聚集的项作为其领域的定义性的系列关系，在这些项中就有多少种次序。量的次序，即所谓“自然次序”就是这些次序之一。

2. 任何一种这样的次序都是一个系列或级数，这个系列或级数的项由于非对称的、传递的关系以某种特定次序而潜在着。

3. 这一聚集的任何系列的每一项可给予一个专名。

4. 这一聚集的任何系列是稠密的或紧凑的；这就是说，在任何两个项之间有同一系列的无限数的项。

定义。所谓无限数是指这样的一个类 u，使得 u—1（u'类）与 u 具有一对一的相应关系；因此 u 与它本身的一个部分 u' 相似。

5. 在这聚集的任何系列中，由于 4.，就没有一个项直接前于或后于任何特定项；这就是说，没有项邻接于任何其他项。但是这一聚集的系列没有一种是连续的（以连续这一名词的严格意义来说）。这一聚集只是紧凑的。例如，它并不是和一直线的一切的点有一对一的相应关系而潜在着。

178 6. 这一聚集是阿基米德式的。

7. 上面所作的关于基数的性质、基数对于心理的和物理实有体乃至对计数等的关系的一般总结语（5、6、7），对于这一聚集同样有效，在这里无须重述了。

F. 无理数和实数——无理数之被发现是由于认识到 x 有某一个值，使得，例如说，$x^2=2$。这个值被发现既不是有理整数也不是有理分数。它是属于称为无理数的一类。这些数是什么，按这事例的性质，是不能以运用到有理数聚集上去的专名说出的，但是我们能够规定一系列无限的有理数，a_1，a_2，a_3……使得每一个数，a_n，比较前于它的数更能满足这问题的条件。[①]

因此无理数可以界说为既无一有理的极限又无无限的极限的一系列有理数的极限；极限又界说如下："L（即代表极限——译者

① 参看皮尔庞特，前引书，第 35 页。

注)是 $A=(a_n)$ 这个顺次数的极限,如果对于所选的一个任意小的、正有理数 ε,就潜在着一个指数 m,使得 $l—a_n<\varepsilon$”。[1]

无理数的重要性一部分是依据于这样的事实:只有通过它们,数的聚集——即整数、有理分数和无理数——才是**连续的**(**照连续这个词的最严格的意义来说**)。这是为什么在本文里陈述算学分析的一个主要理由。因为对于分析的一个主要攻击乃是说分析把连续的东西虚谬化。那么,把分析所表明出来的连续体究竟是什么说得明白而精确,这是很重要的。于是我们就能对分析表示公平,就能找出它是否真的导致矛盾的部分,因而虚谬化。数的连续体的性质可申述如下:

设 η 是依照量的次第的有理数的聚集,包括整数与分数。这一系列是可数的、紧凑的,像在前面已经讲到的。现在设 θ 是有理数和无理数的聚集。于是 η 就属于 θ。Θ 于是就有这样的性质:在它的任何两个项之间,就有 η 的项,反转过来也是如此。于是构成 θ 的数的聚集,就量的次第说,**是数的连续体**。[2] 这个聚集有下列的属性:

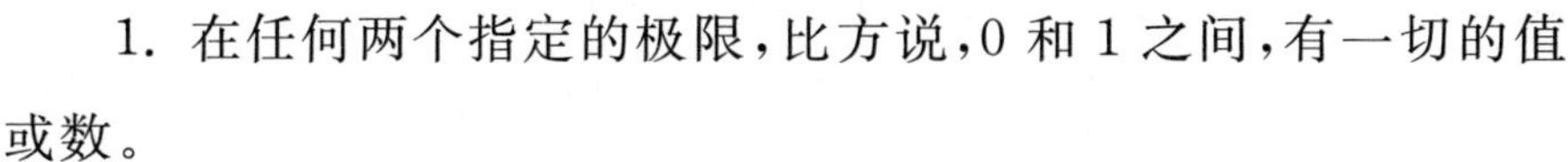

1. 在任何两个指定的极限,比方说,0 和 1 之间,有一切的值或数。

2. 这聚集包含它的一切极限,而它的一切成员都是极限。(参看前面的定义。)

3. 这些成员或项是**个体**,其数目是无限的,彼此外在的,每一

---

① 参看皮尔庞特,前引书,第 25 页。

② 康托尔的论文,载《数学年报》,1895 年,第 46 期,第 481 页。

个和任何其他一个不同，并且是以非对称的、传递的关系相联系的。

4. 这些个体不能分析为和它们相似或不同的新项，虽然用来表示某些这样的个体的专名是可以这样分析的。它们是**单纯体**而不是复合体。假设它们可以这样分析，这就重复了这个问题，并最后可以发现这假设是预先假定了它的矛盾者。

5. 这聚集是**完全的**，[①]因其含有它的那些最先的导数$\frac{dy}{dx}$或极限。每一个项是一极限或导数；这是很重要，因为这样一来，在这个系列和代表匀速度的运动或速度变化等等的图线上的各点之间潜在着一对一的相应。因为这么一来，这聚集的介乎特定的极限之间的每一项就成为——例如——一方面某一个有限的地位变动和另一方面一个有限的时期之间的一定比例或关系的值或极限了，而这些极限就构成一个连续的系列。

6. 这聚集是阿基米德式的。

7. 假使 α(任何实数)>0，那么就有无限的有理数以及无限的无理数$<\alpha$，而也有无限的有理数和无理数$>\alpha$。

180 8. 在任何两个实数 α，β 之间，——设使 $\alpha<\beta$——就有无限的有理数，也有无限的无理数。于是这聚集就是连续的(照这名词的最严格的意义来说)，并且就不能有相邻的或连续的数了。因为如果假设 α，γ 是这样的数，那么在它们之间就有无限的实数了，而 α，γ 就不是相邻的。

---

① 参看皮尔庞特，前引书，第 162、168 页，和罗素，前引书，第 291、342 页。

关于整数与有理数所已作的其他的一般陈述也可应用到实数的聚集上来。因此，

9. 实数不是存在体，而只是潜在体；这就是说，它们是不依赖于一切物理的与心理的存在体的东西，虽然这个命题的逆命题不能成立。存在体、空间、时间都蕴涵着实数，但是不能反过来说。实数自然也不是空间的或时间的实有体。它们在逻辑上先于空间和时间，虽然它们是和点与刹那相关联的。

至于说到可能的攻击，那么，它在实数聚积的情形下和在有理数聚集的情形下是一样的。**没有一个整体**是在经验上先于或后于分析所揭露的部分而现成的。唯一的整体只是和用实数这概念**所指示的**东西相等同的一类东西，而这一类只包含组成它的个体。没有一个整体可用来和部分作对比以揭露一种矛盾，从而也揭露分析的虚谬性。那么除掉用内在关系理论所故意造作的关于整体的观点外，对于这种分析的攻击是没有机会的。[①] 但是这种攻击的办法已先假定了它想使之失效的分析了。

这聚集的全部性质是被这样的分析所揭露了：这分析的一些主要特征已如上述，它不仅揭发了项**而且**也揭发了关系。**这种分析陈述了现有的对于连续之最精确的定义**，这个定义固然要求项的彻底外在性和外在关系理论，却不容解释这外在性是空间的或时间的。实数不是空间的或具有广袤的，实数之间也没有空间；虽 181
然从心理上说，对它们的认识可能依靠对空间的事物的认识，在逻辑上它们并不依靠空间。

① 参看本文，第二节。

Ⅱ.空间的分析——我们现在可以以精确的了解来考查被近代分析所揭露的有关空间的一些重要事实。这些事实使我们能够再来驳斥那种我们所认为最凶狠的特殊的攻击。我们已举出理由以排除他类攻击而不予以考虑,如实验主义的及布拉德雷的攻击。我所对付的攻击大部分是按着前面有一页里[①]所说的那种典型的方式而进行的。这种按典型方式的攻击约如下述:经验上现成的空间是一维、二维或三维的连续整体;或者说,它是作为一整体而呈现的,不过分析把这整体剖解为维。然而这分析为维并未遭到攻击。一维或一维的空间广袤又被分析成点。但是一个点是没有广袤的,它没有任何维。它是整体或具有广袤的“东西”的对立物。那么,或者这分析是虚谬的,或者,假使线的任何分析被认为是真实的,这分析必不导致点而是导致至少是一维的具有广袤的元素。[②] 因为从无广袤中得出广袤是不可能的。或者没有分析,或者它只是这样的一种分析,这种分析是一种导致具有广袤的元素的分割——虽然这些元素是极小的。这是两难论,是这种论证所循的路径。

分析者能够有效地回答这攻击吗?能够指出攻击者对于分析的实际结果是不公平的吗?或者能指出攻击者把这些结果说错了或者分析者自己作了虚谬的分析吗?在任一情况下回答总是“是的”。现在让我们考虑这分析的实际结果,然而要注意,在这里不

① 第171页。

② 参看康德的第二个二律背反和芝诺的历史的第一和第四论证。

牵涉空间的客观性或主观性(康德式的)的问题。 182

近代关于空间的一般分析首先认为有理由来辨别三种比较特殊的分析或三种几何:投影的、图形的和测量的几何。[①] 这三种几何都赞同把空间分析成点;就构成方面看,可以说它们假定了点这个类概念。实际的点是这概念所指的个体,这些个体是它的外延。

点或许是不可界说的。然而人们发现它具备实数所有的一切特征而再加上一点东西。它有一种特别的性,这性只能根据它成为其元素的空间才能界说得最好。但这可能是循环界说这个名词而无异承认它在逻辑上是无法界说的。

就构成方面说,这三种几何的每一种都假定两个点。这两点决定一类,即直线,正如任何两个实数决定实数的系列一样。于是至少有三点——A、B、C,或者 A 在 B 与 C 之间,或者 B 在 A 与 C 之间,或者 C 在 A 与 B 之间。于是作进一步的假定说,有一个点不是在任何现成的直线上的:这就是说,有一个第四点 D。这四点决定了一类,即平面。其次再假定一点 G 不属于这平面,于是 G 与决定一平面的任何三点就决定了一个三维空间。因此,空间是一类,它是用它对于点这个类概念的关系而予以界说的。空间是点这个概念的领域,又是在许多点之间的某类关系的领域。

其次,这些关系中有些关系是什么关系?近代分析指出它们之中一个最重要的关系是用居间(*between*)这一个词表明的。说明居间性(*betweenness*)的真实意义及准绳的定义如下:“参照于 xRy 和 yRz 的传递的、非对称的 R 关系的时候,y 这一项是居于

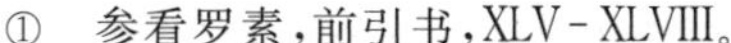

① 参看罗素,前引书,XLV-XLVIII。

183 x 和 z 两项之间。”[1]因此，**居间**是一种关系，它决定一条直线、一个平面和一个空间上的点系列的**次序**。这种关系在下列我从希尔伯特的《几何学基础》一书中所引证的命题里得到特殊而精确的说明。[2]

1. 假使 A、B、C 是一直线上的点而 B 是居于 A 和 C 之间，那么，B 也居于 C 和 A 之间。

2. 假使 A 和 C 是一直线上的两点，那么，在 A 和 C 之间至少存在一点 B，而且至少有一点 D 也这样存在，因而 C 居于 A 和 D 之间。

3. 在位于一直线上任何三点之中，总有一点而且只有一点居于其他二点之间。

4. 一直线上任何四点 A、B、C、D 总是能如此排列，使得 B 居于 A 和 C 之间，又居于 A 和 D 之间，并且，使得 C 居于 A 和 D 之间，也居于 B 和 D 之间。

从这四个命题中就得出这样的结果：在一直线的任何两点之间潜在着无限数的点。于是在这方面，线就像有理分数的系列，也像实数的系列。但是由此更进一步可以看出：联系这些点的限定关系是类似联系整数、有理分数和无理数的关系；这就是说，它们是传递的、非对称的关系。所以，上面命题中任何一个都蕴涵着：假使 x 和 y 是一直线上的任何两点，那么 xRy 就排斥 yRx。举例以明之，按照上面第 2 命题，假使 x 和 y 是一直线上的两点，那么，

① 罗素：《数学原理》，第 214 页。

② 大卫·希尔伯特：《几何学原理》(E. J. 汤森英译本)，第 6 页。

在 x 和 y 之间就潜在着第三点 z，而且至少也潜在着一点 q，致使 z 是居于 x 和 q 之间。这或许更容易看到，假使我们申述如希尔伯特所举出的阿基米德的公理："设 x_1 是一直线上任意选择的 x 和 y 两点之间的任何一点。取 x_2、x_3、x_4…等点致使 x_1 居于 x 和 x_2 之间，x_2 居于 x_1 和 x_3 之间，x_3 居于 x_2 和 x_4 之间，等等。再者，设这些分节 xx_1、x_1x_2、x_2x_3、x_3x_4……是彼此相等的。那么，在这些点的系列中总是存在着某一点 x_n，致使 y 居于 x 和 x_n 之 184
间。"[①]这就给直线的连续性下了一个定义。

但是更有进者，假使我们用来指示直线上的点的数是实数，而取这些数是按照它们量的次序，那么，它们所指示的点必定也有这个次序。但是在照这个次序排列的这些数之间，保有非对称的、传递的关系。所以在点之间也保有这种关系。

为了指示一直线上**所有的**点，借考查——例如——一个直角等腰三角形的弦和两边的关系就可说明引用实数之必要性。设这两边量度起来其数值是 1；那么这弦就等于$\sqrt{2}$。但这是一个无理数。所以一直线上的有些点只和无理数有一对一的相应。只有**一切的**实数，即有理数**和**无理数，是和一直线上一切的点有完全的一对一的相应。

那么，分析表明了空间像实数系列一样有同类的连续性（也有无限性）。但是它的连续性是点的连续性而不是数的连续性；这就是说，在空间的元素——点——之中有一种**性**是数所没有的。但是也有共同的性质。点像数一样，是个体、单纯体，不能再分成类

① 希尔伯特：《几何学原理》，第 25 页。

似的元素，而在逻辑上是彼此外在的。界说的关系亦复如此。它们是非对称的、传递的。这一特殊的个体的类的成员的逻辑外在性和它们之间所保有的非对称的、传递的关系**就是**一维、二维或三维空间，**就是空间的外在性**。同样地，时间是一个由叫作刹那的诸个体所组成的类，其关系是非对称的、传递的，这些个体彼此外在而不能再分成类似的元素。这些个体又有一种和点的**性**不相同的性。

185 因此空间的"连续性的公理"，要和上面的和前面的讨论相协调，就可以申述如下：一直线上所有的点都是有理点的极限，一切有理点的无限的系列是有极限的。[①] 依照这个定义，一直线的所有的点构成一个**完全的**系列；因为一个系列是完全的，假使它的所有的极限点（导数，$\frac{dy}{dx}$）都属于它，并且假使它的所有的导数都是极限。但是一直线上的点的情况就是如此。因此，一个系列是连续的，如果它是完全的。但是点的系列是完全的。所以它是连续的。

分析又表明图形的空间，就其连续性来说，是像投影的空间一样，并且表明上面的公理也能满足测量空间的连续性。[②] 一般地说，上面的结果表示近代分析对空间、空间的一些特征和空间的元素的研究方法。这种分析明白地、精确地说明空间是什么，它的连续性是什么，它包括什么一些项和关系。空间或连续的空间广袤是许多点之间的一种非对称的、传递的关系的领域。这连续性和

① 康托尔文，载《数学学报》，第 2 期，第 341—344 和 405 页及他处。

② 罗素，前引书，XLV - XLVIII。

广袤是用元素和关系来界说、决定的，而这些元素和关系，严格地说，既不是连续的，也不是非连续的，可能或是具有广袤的或是非广袤的。[1] 分析表明，对于几何学来说是本质的那些基本关系，对于在空间上可分割的诸项（如线、平面、体积）之间是不生效用的，而只在空间上不可分割的点之间发生效用。分析表明一维不论被分割为多少部分，这些部分仍旧是维或伸张，许多数和这些维或伸张有一对一的相应。但是又有单独数即单纯体。那么，和这些相应的，必定有单独点、单纯体而不是伸张体，并且是不能再分析为同类的元素的。不过空间的连续性不只是用这些元素来界说和决定的，而且也是用介乎其间的界说的关系来界说和决定的。设使 186
这些是前提，那么，从这些前提里，从点是在某种关系中这一假定，可能建立一种空间，在经验上无别于我们在其中生活的空间。所观察的事实可以用我们的前提而得到说明。所以这些前提是有经验的佐证的。

这就是受到批判分析者所攻击的一些结果——他们想要靠批判来肯定分析的虚谬性。如果对这些结果持有公平态度，如果考虑了实际的分析，这种攻击能成功吗？

这种攻击是沿着两个途径的，但是在两种情况下它都遵循前面所说的典型。在一种攻击中，空间的连续性特征被选定为争辩的支点。攻击者说，空间在经验上是由直觉或某种直接的接触所给予，作为一个统一的、连续的整体。但是分析导致彼此分离的空间的项或部分。因此分析从连续性导致非连续性。它导致被分析

① 它们可以说是非广袤的，甚至如无生物，是非精神的。

的东西的对立。所以导致分析虚谬化。

另外一种攻击似乎有些不同。它说，空间的分析导致非空间的项；分析从有广袤的、有维的导致无广袤的、“无维的”。因此同样，它从正的项导致它的对立物。因此导致分析虚谬化。

很明显，在两种情况中，攻击者只考虑项而完全忽视了也是分析所发现的关系。显然他对分析是不公平的。事实上，攻击者们把项说成是没有广袤的(unextended)、没有维的(undimentional)，甚至他们这样说时也可能并没有正确地界说这些项。**这些项很可能根本就是没有维次的**(*non-dimensional*)。

这些攻击可以击退吗？这回答仍然只能是肯定的，其实在上文已经说明了。要断定分析是否内在地虚谬，第一个必要条件是必须公平对待分析。因此不仅项而且组织的关系也必须予以考虑；人们不该设立一种虚妄的分析，为了好专门去打倒它。鉴于这种情况，我们可以回答第一个攻击如下：

187 在有别于数的空间这个事例中，似乎有先于分析所揭露的部分的**一个整体**在心理上呈现于任何个别的意识；这个整体大体上可以说是连续的、无限的，等等。但是对于这些名词都未予以精确的意义。分析主要地力求给予的，正是这种必要的精确性，使得否则就会是一堆含糊不清的混乱，变为明确。第一种攻击选择了**分割**作为它所要反驳的分析的一面。分割被认为是或**使得**它意味着分离性。但这正是分析者认为不是分析一词所指的东西。**分割**——照这名词通常的意义，实际上照它任何严格的意义说——并不导致一些不同于被**分割**的东西的实有体，无论这是空间或时间,或在时间中经过的空间,等等。[1] 结果的部分还是空间、时间或运动,而决不是点、刹那或速度。它们虽然很小,还总是有限的量;它们是伸张体而不是极限。但是能有这样的分割、能有攻击者所说到的所谓分离性这一"东西"的**条件,却正是一种和连续性本身相等同的东西**。很明显,决定一直线上的两个分段的分离性的东西,本身不必是一分段。它可能是一点。但是一直线上的每一点造成这线的"划分",而每一"划分"是被一点所造成,这正是狄德金的连续性的定义。[2] 这同一"划分"的定义自然也对数有效。再者,这点不是第三个东西,像薄膜一样,不属于任何分段,而是属于它所决定的两分段中的这一段或那一段,同时这线是连续的。依照狄德金的定义,"因此,假使一直线上的所有点分成两类,一类在另一类之前,那么,或者前一类有一最后的项,或者后一类有一最 188
前的项,但决不会两者都发生"。[3] 所以我们必须得出结论说,这个对于空间分析的第一攻击——即把分析说成从连续性导致分离性的攻击——是不能达到目的的。它所要引入的分离性这个概念,实际上证明只是那被人说成由它所代替的连续性概念的另一定义而已。

对空间分析的第二个攻击是根据于假想的矛盾,他们认为分析所导致的元素和被分析的原始东西之间有矛盾。被分析的东西

① 参看本章,论运动。

② 狄德金:《论数》,20 Ⅳ."如果一切实数的系统 R 分成两个类 u_1,u_2 致使 u_1 类的每个数目 a_1 小于 u_2 类的每个数目 a_2,那么,就存在一个而且只存在一个数 a 用来造成这种划分"。参看皮尔庞特,前引书,第 78—79 页,和罗素,前引书,第 438 页。

③ 罗素,前引书,同处。参看狄德金,前引书,第 11 页。

是在一维或多维之中的广袤。用分析所发现的元素是无广袤的。于是就有了矛盾，有了分析的虚谬性！或者他们也主张被分析的东西是连续的。但是被发现的元素，即点，是个别的，因此是分开的、分离的、彼此不相连续的。很明显，这两种论据对实际分析都是不公正的。设使不仅考虑到项而且也考虑到限定的关系，每一例的攻击就都无效了。这两个例子可合并起来。我们须知所要分析的乃是连续的广袤。分析指出这是和一系列的点等同的，每一个点是个体的，因此逻辑上是外在于其他点的，非对称地、传递地相联系着的。广袤就是这一系列的点，每点有别于其他每一点，而任何两点 A 和 B 在 B 以后蕴涵第三点 C，使得 B 是在 A 和 C 之间。除掉在点之间生效用的非对称的、传递的关系这个领域外，空间的广袤能是什么呢？空间的连续性也不过就是这一系列的点，它们相联系着，在任何两点之间有无限数的点，与一切实数有一对一的相应。如果承认这攻击的第二方面，即说点是个别的和分离的，那么这就或者使这分离性等同于上面所界说的连续性而使这攻击失效，或者就重复这个问题，假使这些点的分离性被解释为点与点之间的广袤。因为这么一来，这个广袤必须予以分析，迟早将
189 达到这种认识：这广袤包括以某种方式联系起来的点，而且有一种说法是无法避免的——这样联系的点是一维的、连续的广袤。

因此我们可以大致得出这样的结论：近代的空间分析不因在本论文中所考虑的那种攻击而受损伤；又因为在别处我们已经提出了一些论证，足以驳斥其他的解释，所以这种分析的结果只能作实在论的解释。点和"点与点"之间的特殊关系是不依赖于知道或发现它们而潜在的。只有一种攻击尚有些可取，这就是使分析导

致被分析的东西的矛盾者的攻击。但是这攻击对实际所作的分析并不公正。它选择了项、点，而忽视了关系。如果像考虑项一样，也考虑这些关系，矛盾就消失了，攻击也就无效了。分析是有可能导致和被分析的东西不同的项的，而这种差异永远可以被人给予一种矛盾的方式。[1] 如果 A 和 B 不同，B 可叫作非 A。假使这个事实能有责难力的话，它就责难了用以发现这事实的方法。但是，如果要作任何分析的话，已先假定这事实不能有责难力，并且所作的一些区别虽可转换成矛盾的形式，它却还是有效的。而反对派老是应用分析的。如果在一个地方无责难力，那么在另外一个地方也不能有，除非拿出相反的证据。对于空间分析亦复如是。设使它的元素是与空间的广袤不同的点。但是也要考虑关系。那么空间从它的连续性和广袤性看，就是这些以非对称的、传递的关系而联系的元素的聚集，这分析是妥当的。空间就是这种聚集。作为这整体的特征，除了在这些关系之中的元素以外，再没有什么别的东西。[2]

Ⅲ.时间的分析——在这里我将只考虑时间分析遭受典型攻 190
击的那些方面，这个攻击的论据是说这些方面是矛盾的。另有一种攻击我将在以后考虑，这种攻击等于这样一种的论证，说对时间的分析是和它的这样一种性质，即它被我们所生活——作为“绵延”的性质相矛盾的。[3] 这最后一种论证根据于构造的关系学说。

---

① 参看本书霍尔特文。

② 这种结果和导致这种结果的考虑，解决了康德的第二个二律背反。

③ 参看这一章，论动力学和绵延。

但是在这里我们只关涉这样的攻击，即针对遵循着和刚才所陈述的空间分析相同的途径而进行的分析的攻击。因为这两种分析有许多相同之处，所以，除掉在这里我们只关涉到一维的刹那集合体以外，关于近代时间分析的结果的陈述可以写得很简单。在这里我们假设——因为下文将予以辩明——把时间和在时间之中的东西在分析上加以分开，像把空间和在空间中的东西分开一样，是有效的。

近代分析表明时间**作为时间看**具有下列的性质：

1. 时间是一维的、无限的、叫作刹那的、连续个体的集合体，这些个体是以非对称的、传递的关系而联系起来的。

2. 刹那或许是不可界说的。刹那具有实数所有的一切特征而又过之。一刹那有一种特**性**或就**是**一种特**性**，这性和点的性不同，是实数性上的一种“增加”。这特性至多只能用它作为其**元素**的时间来界说。

3. 空间的元素是点，空间是一维、二维、三维或 n 维的点的系列。这样说的理由或许是：经验的空间似乎是三维的。所以，在经验上，时间似乎只作为一维而呈现，但**在逻辑**上时间可能像空间一样是 n 维的。

4. 一个一维的集合体或系列可界说如下：设有传递的、非对称的关系 R 和一集合的项而这集合中的任何两个项或是 xRy 或是 yRx。那么，由于照定义说 R 是非对称的，xRy 就不同于，也排斥 yRx；又由于 R 是传递的，xRy 和 yRz 就蕴涵了 xRz。于是这逆
191 关系 $\overset{\frown}{R}$ 也是非对称的、传递的。结果就是：这一系列中的任何三个项都是一个居于其他两个之间，而这整个集合就成为一个单独的

系列。

5. 假使在以 x、y、z 作为其中的若干项的系列中，每一项 u_1 本身是一种非对称的、传递的关系，而这关系又造成一个系列，那么，一个两维的系列就潜在着。在这被 R 所造成的系列中，构成一切关系的领域的项的类 u_2 就是一种二维的系列。如果 u_2 的每一项本身是造成一个系列的非对称的、传递的关系，那么，一种三维的系列就潜在着。用同样的方法，一种任何多少维的系列都可以予以界说。①

6. 因此，由于经验的理由，虽不是由于逻辑的理由，时间可以说是一维的刹那系列。

7. 因此，时间系列和一维的空间系列有相同的性质而只有这个差异：在前者中，项是刹那，在后者中，项是点。因此上面关于空间系列的命题②对于时间系列同样生效，如果用“刹那”来代替“点”。

8. 从这样作出的四个命题中就得出这样的结果：在任何两刹那之间潜在着无限的刹那。在这一方面，因此，时间系列就像实数系列和空间系列一样。一对一的相应是潜在于实数、时间的刹那和空间的点之间的。

9. 因此正是在这方面而且正是像所说的这样，时间是连续的。它是连续的，正如实数依其自然的次序而构成的数的连续体是连续的一样；这就是说，其连续是按照**连续**这个词的最精确的意义来

① 参看罗素，前引书，第 374—378 页。

② 本章，第 185—186 页。

说的。但是这种连续只由于项和关系二者而潜在。这些项即刹那
192 是个体、单纯体，不能再分析为同类的项而彼此外在的（不是空间的外在）。这种逻辑的外在性一方面等同于项的区别性，另一方面等同于这样的性质：如果 A 和 C 是时间的两刹那，在 A 和 C 之间至少潜在着刹那 B，而且至少也潜在着刹那 D，致使 C 是介乎 A 和 D 之间；简单地说，在 C"之外"有另一刹那 D。

所以，时间或者连续的时间延伸是以刹那为项的一种非对称的、传递的关系的领域。这些刹那本身既不是连续的，也不是非连续的。

对于时间分析的攻击，就它遵照典型的攻击来说是失败了，其失败的原因和对空间分析的攻击所遭受的失败的原因是一样的。在这里我们所关涉到的攻击正是遵照这个典型的攻击。它承认时间可以同在时间之中的东西有效地分开，[①]但是它主张说，即使如此，时间在经验上是作为一个统一的、连续的整体而被直觉等所给予的。于是它进一步主张这整体的分析或者导致刹那，这些刹那既然不是当作绵延看待，就成为整体的矛盾者；或者导致分离的、彼此不相连续的刹那，而这分离性是和整体的连续性相矛盾的。

这种论证能驳倒吗？如果公正地对待实际分析，如果考虑到项并也考虑到关系的话，是可以驳倒的。项本身或许似乎是原来给予的整体的矛盾者。但事实上它们是在某种关系之中的项。作为在这关系之中的项，它们和整体的性质并无矛盾。事实上、只有

① 参看柏格森：《创化论》，第 46 页和第 21、22、37、39、321—337、341—345 页及他处。

通过它们作为在关系之中的项，整体才能是这样的整体即——连
续的、无限的、延伸的——否则我们就只好让这些属性的意义完全
含糊不清而不予界说。我们可以用间接证明的原则来表明这一
点。因此，假设刹那在时间上是延伸的，或假设在刹那之间有时间
的延伸，或者假设这二者，这都不过是重复这个问题，因此只显出 193
分析的新的必要，而且显示这样的事实：归根结柢，在一种非对称
的、传递的关系之中的、时间上非延伸的项——刹那——是被先假
定了。时间就是在这关系之中的这些项，经验上给予的整体没有
一种特征是超乎这些在关系之中的项的。

同样根据第二种基础所作的攻击也是失败的。被人们说成由分析或分割所引入的那种分离性正是这样的一种分离性，它是和连续性完全等同的，也就是说，它正是那被任何项所借以造成一个系列的形式上的“划分”的东西。[①] 它并不是整数的分离性，在整数的分离性中一个项邻近于另一个项，而没有项介乎其间，它是实数的分离性，在实数的分离性中任何两项之间有无限的项介乎其间，而任何项都造成一个“划分”。这也就是说，这种形式上的段的区分——攻击者把这说成是把分离性引入不可分离的东西——它的条件就正是那造成最精确意义下的连续性之为连续性的东西，或就是那最精确意义下的连续性。

我们可以得出这样的结论：对于把时间作为时间所作的分析的攻击完全没有达到它的目的。其他的攻击，如实验主义的和布拉德雷的，在这儿是被排除了而不予以考虑，其理由在别的地方已

① 本章，第190页。

申述了。所以，假使没有其他的攻击能成功的话，关于时间分析的结果之实在论的解释是站得住脚的。自然，现象论和唯心论作了这样的攻击或解释，但是这些攻击或解释都被一般实在论的论据所驳斥。此外还有包含在柏格森的绵延学说中的一种特殊的攻击，但是我将立即指出，这种学说先已假定了它想取而代之的实在论的解释。[①]

Ⅳ. 运动和它的分析[②]——对于近代关于运动的分析之攻击
194 是以下列方式进行的：第一，攻击者说，任何有限的运动是作为一个连续的整体而给予的，只能根据它自身而予以界说。把任何特殊的运动的事例规定为有限的运动，这种规定或者是任意的，或者不是任意的。如果是任意的，那么，运动是连续地越过或通过这些任意规定的极限的，并且认为它是一个统一整体，而就它作为运动的性质说是贯穿所有这些极限而不可分析的、不可分割的。[③] 然而甚至攻击者也承认，运动的许多方面能用分析，用科学予以辨别和决定。这些方面就是运动的方向或路径、速度或速率、速率的常和变。这种攻击不是针对着发现这些区别的分析。要知道，这攻击的论据是像芝诺一样古老，然而柏格森仍然提出来以反对分析，[④]他似乎故意忽略自芝诺以来近代分析所取得的进步。被经

① 参阅本章，论动力学和绵延。

② 在这一章里，我大部分引用了罗素先生的对运动的分析（包括在他的《数学原理》第 LIV 章里），虽然在某些重要点上我和他意见不同。

③ 参看柏格森，《创化论》，第 304—313 页。

④ 同上书，第 163 页。

验的实际运动是介乎两个任意选择的或自然的极限 A 和 B 之间的一个连续的整体。它需要一定的时间，而在这时间中一个物体或物质的质点从 A 达到 B。因此，它包含时间，也包含空间。但是空间和时间是分别由点和刹那组成的。因此，这质点或它的中心每一刹那是在一点。但这就是说它每一刹那是静止的。然而静止是运动的矛盾对立者。因此，这种从运动（这个整体）导致静止（这些部分）的分析就产生了虚谬化。它不能被认为给予我们真实，而至多只能作为一种工具，为人的意图与行动服务而已。[①]

我们上面已经看到，这正是典型的攻击。按照对空间和时间分析的攻击的类似方式，它还可以被加以扩大，把原来运动的连续
性和那些静止之间的（被人说成的）不连续性这两者间的矛盾也包 195
括进去，并且可能还有其他扩大或变更这种攻击的办法。但是，只要我们完整地考虑近代对运动分析的结果，并且不要歪曲地表述这些结果，一切攻击就都是能予以回答并驳斥的。

这些结果是什么？前面的讨论已经为陈述、说明这些结果铺平了道路；所以现在在争论中的确切问题是：能否作出一种精确的、非虚谬化的、对于作为运动的运动的分析，并能否根据这种分析给运动下定义。

要知道，这样的分析和定义在逻辑上并不包含方向、速率，甚至速率的常或变，或原因，虽然没有这些特征就没有实存的运动能发生，虽然没有这些特征中的某几种特征它就不能在经验上被发

① 例如参看柏格森，同上书，在该书索引“理智”和“行动”这两个条目下，可以找到许多与此有关的话。

现。然而一经发现，它就可以被分析、界说而无须蕴涵这些特征。其所以如此，可以说明如下：

在经验上断定运动的存在，需要观察 A 和 B 两点，需要用三个坐标作为参照构架以定这两点的地位，并须直接或间接观察一个质点或物体从 A 到达 B。但是随着这两点地位的确定，这运动的一般方向也确定了。用一般的观察，它的路径或所走的曲线也可以被发现；同时，用应用力学与进一步的观察，它的曲线方程式、它的恒速或变速等都能决定。但是尽管做了所有这些规定，尽管在用经验确定运动这事实之中必然包含这些规定中的某些规定，然而后来还能界说、分析这运动而无须包含它们，甚至无须包含像运动着的**物质的质点**这样的东西。

既然这样界说了，那么，运动乃是一系列个别的、一对一的关系，它**关联**着时空两系列的项，使得：如果 x 和 x' 是时间系列上的任何两项，y 和 y' 是空间系列上的任何两项，而 x 对 y 有关联的关系，即 xRy，那么，x 对 y' 就没有这种关系，x' 对 y 也没有这种关系。因此，有些类似于一个两维空间的系列是点与点之间的非对
196 称的、传递的关系之间的非对称的、传递的关系 R 的领域，[①]**运动**是**一系列**的复杂项，其每一项是由空间一个特定项和时间一个特定项之间的一对一的关联的关系而构成的；正如**这两个**系列的每一个的项是非对称地、传递地相联系的，这些复杂项和关联的关系也同样是非对称地、传递地联系的。如用符号来表明，以 r 代表关

① 参看本文第 191 页。

连的关系，以 R 代表非对称的、传递的关系，那么，我们就有

$$\left\{\begin{array}{l} xRx'Rx''\ldots \\ rRr'Rr''\ldots \\ yRy'Ry''\ldots \end{array}\right\}$$，在这里面，$xRx'Rx''$是时间系列，$yRy'Ry''$是 空间系列，而这整体是运动。[①] 但更有进者，正如时空每一系列是连续的一样，运动系列也是连续的，在前面各节中关于时空系列所作的正面申述对于运动系列也是生效的。

因此运动是一个系列，是一种关系的领域，这关系联系着多个以一对一方式关联其项的关系。简单地说，运动是复杂项 xRy 或 pRi 的一个系列（p = 点，i = 刹那，r = 一对一的关联的关系）。但运动不是复杂项 xry 或 $x'r'y'$ 等等，这就是说，它不是关联的关系和它所关联的时空二系列的项 x 和 y 或 x' 和 y'，等等。这复杂项也不是静止，因为在逻辑上静止类似于运动。静止是或包含时间的许多刹那和空间的一点之间的多对一的关联的关系 R，使得 $xRy, x'Ry, x, x', x''\ldots$ 都不同而 y 都相同。同样地，对于不可入性与物质也可作逻辑的界说。[②]

不可入性是或包含空间的许多点 $y, y', y'', \ldots$ 和时间的一刹
那 x 之间的多对一的关联的关系 R，使得 xRy, xRy', xRy''都不相 197
同而互相排斥。这三个事例中每一事例的关联的关系虽相似，然而它们是个别的，所以在这意义下又不相同；它们之必定如此是分别被 $x, x', x''\ldots$ 和 $y, y', y''\ldots$ 的个别性所蕴涵的。[③]

① 一个项能处于许多关系之中。参看本书佩里文，第三节。

② 参看罗素，前引书，第 467 和 480 页。

③ 因此在上面运动公式里我用 r', r''来标志个别的 $R's$。

因此，静止也是一个复杂项的系列，即是一个关联的关系和它们的项的系列，这些项本身是非对称地、传递地联系起来的，它们和不可入性也是同样地联系起来的。运动、静止和不可入性各各是连续的。这个结论可以比较地不致令人惊异，如果人们体会到运动和静止都不是空间或时间，而是它们都是某种方式下的这些实有体之间的关系。

然而以上的这些定义和分析纯粹是**运动学**的；这就是说，它们只关涉到运动的几何学和算学。它们不包含实际的物质、原因作用、速度、加速度、或（除掉一种非对称的关系有它的方向或即是方向这个意义以外的任何其他意义的）方向。当这些概念被考虑了而使之和空时发生关系，我们就有纯粹的及应用的动力学和力学。但是上面所给的定义和分析只不过提出存在的运动、静止和不可入性的**逻辑的可能性**。这些定义与分析表明存在的运动或静止必然有什么样的特征，虽然运动和静止也有其他的特征。这些定义和分析本身，只表明运动和静止是什么，不问运动和静止是否存在。因为纵然承认必须有一点物质在静止或运动之中，以便有一存在的运动或静止，运动和静止也不是这物质，正如它们不是时间和空间一样。

这些命题和与之相等同的主张，在有人看来可能包含一种分析的**程度**，这种程度可能很成问题而且有漏洞。但是即使这个机
198 会被利用了而且能够取得成功，它并不能使我们针对一种特殊类型的攻击所作的对于分析的一般的辩护失去效用。它至多只能表明这特殊的分析和辩护是谬误的，这一可能性即使最坚决支持分析的人也会承认的。

因此，支持用实在论的观点来分析运动等等的人能够作他的辩护，即使——例如说——我们**不可能**界说运动，除非有什么东西在运动着。现在姑且假定，除非存在着一个或许多个物质的质点，不能有运动或静止。事实是：运动和静止存在着，因为**有**物质的质点与物体存在着。对于运动分析的实际攻击关涉到存在着的运动。我们的辩护，因此，也可以在同样的基础上作出，虽然它不一定局限于此。

这种攻击已经申述了。它的论据是：运动的分析导致静止，所以是虚谬的；或者说，它从连续性导致非连续性，所以也是虚谬的。这种攻击之所以得到赞许，是因为——再说一遍——对于分析的实际结果做了错误的陈述；项的性质被说错了，组织的关系被忽略了。试考虑一下运动的一个实际事例：一个物体 O 从 A 点或位置向 B 点或位置移动。必须用某种量度的方法以决定——在某种限度的精确性之内——这运动中所包括的某种量，如所通过的距离与此所需要的时间，等等。但这一点一经做到，以后的事态就为分析者所认识。这路径，无论它的曲线如何，是点的一个连续的系列，而这时间是刹那的一个连续的系列。而那个物质的质点，或它的重心，是在存在上用来把这路径上的每一特定点和时间上的一个并且仅仅一个特定的刹那相关联起来。因为假使同一点能和**两个**刹那关联起来，这质点就静止了。用前面运动学分析的词语说，这个物质的质点的作用是用来使空间的点——即路径——和所需要的时间的刹那之间的一对一相关联的关系的系列成为一个实际 199
存在的系列。正如空间系列及时间系列是连续的而与实数处于一对一的相应一样，特殊的、个别的、关联的关系**和**它们的项的系列

也是连续的，同时这些复杂项也是非对称地、传递地联系起来的，并且和实数处于一对一的相应。存在着的运动就是那物质的质点，这个质点使空间的点和时间的刹那之间的一对一的关联关系的系列成为一个实际存在的系列。那存在着的运动就是所有这一切。使这一系列成为实际存在的系列这件事就是质点的运动。

现在，可以很清楚地看出，这种分析的结果——它和把计算运用到运动上去所得的结果实际上是一回事——是不容作某些解释的，这正是攻击所以之为根据的那些解释。因此借物质的质点而形成的特定刹那和特定点之间的一对一的关联——也就是说，一点 y 和一刹那 x，而且只和一刹那 x，而不是和这一刹那又和另一刹那 x' 的关联——不能被解释为静止。这可以说是一个东西在一个时间"占据"①一点的例子，但是"占据"这个名词有点含混不清楚而需要界说。静止，无疑地在某种意义之下是和运动不同的。唯一能精确地表示这差异的方法就是把存在着的静止界说为包含由一个物质的质点所作成的许多刹那和一点之间的多对一的关联。因此在运动分析之中，假使诸多复杂体中任何一个复杂体——每个含有把一刹那和一点关联起来的一对一的关系——被解释为静止，上面的定义就已被预先假定了，这一刹那本身就被意指不是一刹那而是许多刹那，于是就引入了一个矛盾。在这里每一事例中，我们最后都被导致不能再分析为同类项的项。在时空事例中，刹那和点就是这样的项，在这里予以讨论的运动事例之中，xRy 这个复杂项就是这样的项。因此一个东西在一刹那占据

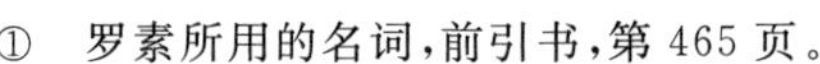

① 罗素所用的名词，前引书，第465页。

一点不能被解释为静止。占据不能被这样解释而不蕴涵着矛盾者，即：它不应被这样解释。这种武断的企图正好显露出那不是武断的，而是究竟的东西，即必然的事实。 200

但是这复杂体本身——即一点和一刹那之间的一对一的关联，这复杂体的系列就是运动——同样也不能被解释为运动。有时有些人设想它必须如此解释。他们设想运动已先假定了或蕴涵了许多其他的、部分的运动，而这些运动又蕴涵了更小的运动——无论怎样小——就这样辗转类推下去。但是这包含了或等同于一种无限的倒退。这样一来，除非用循环的名词或发现某种异于运动的部分，运动就不能界说了，除非能逃避这无限的倒退。但是由于这倒过的性质，逃避是不可能的。

如我们在前面已经看到，无限的整体有两类：可反对的和不可反对的，含有困难的和不含困难的。如果只用列举的办法来对待它，任何无限的整体或系列是要显出困难的。因为这么一来，严格地说，它的无限性就不能予以探讨。

企图用列举法对待无限的系列其实本身已卷入无限的倒退之中去了。因为列举只是用来发现或计数和那些已经列举过的项相似的更多的项，而这些进一步的项更多地蕴涵着须予以列举的更进一步的、类似的项。于是无限的倒退永无终了，而在这样的基础上只能得出一个循环定义。由于这个理由，如果不是由于别的理由，无限的倒退是可反对的。然而有时我们发现有这样的主张说：无限的本性就是它的不完全性或“非完全性”。这种界说有时确乎被用来攻击实在论。这种主张说，实在论意味着——在许多其他东西之中——完全的无限，例如空间的无限。于是，人们论证说，

完全的无限是自相矛盾的。因此得出这样的结论：实在论含有一种特殊的自相矛盾！然而很明显，这种辩论是根据于这默认的前
201 提，即：无限只能用列举来对待。那么，随之而有的推论就是：无限是决不能完全对待的，这就是说，它是“**非完全的**”。随着假定的前提而来的对于无限的定义，很精确地表明了这前提的结果，而证实了原来的主张。那个定义是：无限是非完全的、**无终止的**。但这只是一个循环定义，其词义含糊，充分表明任何循环定义所包含的无限的倒退。

非循环的定义则与前面的定义大不相同；它认为一个无限的整体乃是与其本身自有的部分相类似的整体，这是由于整体和它自有的部分是由既**不同**于整体又**不同**于自有的部分的项所构成的——自有的**部分**可界说为**在性质上**和整体相似的部分。因此一条有限的线和它本身的自有部分是相似的，这就是说，线和部分是一维的空间广袤，二者都是由在非对称的、传递的关系中的无限的点所构成的。任何有限的时间、任何实数的分段，其情况亦复如此。但是，用这样的定义来对待无限，就是用蕴涵、内涵而不是用列举来对待它。运动确乎先假定较小的运动，一条线确乎先假定较小的线，但是在每一这样的事例中，也先假定其他的不同于**整体**的东西：在运动事例中这个东西就是诸 xRy（刹那 R 点），在线的事例中就是点，而这些东西是不能用列举发现的。

因此有一种无限的整体是不可反对的，这种无限的整体能用非循环定义（这样就避免倒退）予以界说，这种无限的整体既是**完全的**，又是能以这定义所指示的方法**使它完全的**；这就是说，我们是这样来探讨这种无限的整体的，即：我们既能发现一些关于它的

东西，又能用它来发现一些东西。其实这是**唯一**对连续性有所阐明的一种无限整体。这可以证明如下：整数构成一无限的系列，但是整数不是连续的，因为在**任何**两个整数之间没有另一个整数。它们可以或者用列举或者用内涵来处理和界说。用一个方法，它们成为**无终止的**系列。用另外一个方法，它们成为这样的一个系 202
列以至蕴涵：例如，**偶**整数这一类所有的成员和全类所有的一样多，因为偶整数能和**一切**整数处于一对一的相应。所以整数是无限的，但不是连续的，有理分数亦复如此。无限性并不蕴涵连续性，但是这一命题的逆命题却不能成立。连续性**确乎**蕴涵无限性，但不只是蕴涵那种像整数、有理分数这种**可**用列举对待的无限性，而且也蕴涵那种如同无理数的例子一样，**只能用内涵对待的**无限性。因此要想抓住连续性的本质，我们必须有异于列举的其他方法，异于使我们堕入无限倒退的方法。运动确乎先已假定了较小的运动，广袤确乎先已假定了较小的广袤。但是认识这一点并不使我们多有所了解，并不能帮助我们得到异于运动和异于广袤的项，并不使一个非循环定义成为可能。同样，界说一点或一刹那为具有广袤或延伸的，或者违反空时的广袤和延伸而界说它们为非广袤的或不延伸的，都似乎是无用的解释。无论用肯定名词或否定名词，其实都是下了一个循环定义。广袤与“非广袤”、连续与非连续同**作为点看待的**点和**作为刹那看待的**刹那是无关的。同样，复杂项，即在任何实际的特殊运动事例中时间的特定刹那和空间的特定点之间的一对一的关系，既不是静止，也不是运动，既不是连续的，也不是不连续的，既不是空间的，也不是(在孤立之中的)

时间的，也不是广袤。复杂项就是复杂项，它们是许多实际存在的一对一的关系，这些关系关联着有限空间的一特定点和时间的一特定刹那，而由这些复杂项所组成的系列就是运动。

对于运动的分析的第一个攻击说，因为这分析导致静止，所以是虚谬的；现在我可以总结我对于它的回答了。运动可认为先已假定了较小的运动，但是这并不能使我们对它多有所了解，而只是
203 等于以列举的方法来对待无限的整体——这一个方法使无限成为非完全的而把我们卷入许多人为的二律背反和矛盾之中。反之，如果我们应用唯一可能的内涵法来切实地对待真有无限性的无限整体，那么，就会发觉运动是一对一的关联的关系及其项的一连续的系列，这些关联的关系和它们所构成的复杂项本身是非对称地、传递地联系起来的。因此，运动乃是非对称的、传递的关系的领域，而这关系的项又是由一物质的质点而使之存在的关系。这些项并非像乍看所认为的是被分析的原来东西的矛盾者，即运动的矛盾者。这些项和运动确实不同。忽略了它们之间的组织关系，于是项就似乎是静止的，似乎就需要某种从项到项的“传递”。考虑这关系，观察分析的真正性质，就可发觉项既不是静止，也不是运动。所以如果既观察项的真正性质并且也考虑项与项之间关系的真正性质，就可得到原来运动的连续性的简明而精确的定义与说明，与空时的连续性的定义与说明相类似。

反对运动分析的第二论据，说对运动的分析从原来的连续导致项与项之间的不连续，这论证也不能成立。因为在这里，像对空间的点和时间的刹那一样，所谓的不连续性正是用以界说系列的

连续性的那特征本身——即狄德金的“划分定义”。①

我们必得作出这样的结论：近代科学所作的对运动的分析仍然屹立无恙。它是妥当的而不是虚谬的。它揭露了项和关系，这些项和关系，就其本身看来，是不同于整体的；但整体的其他特征同样也被揭露了。此中有创造的综合；整体作为整体看不同于个别的项与关系，但是整体**就是**这些被**联系起来的**部分。所以这分 204
析是妥当的。它不是虚谬的，因为如果申述得正确，它并不导致与原来整体有任何矛盾的项或关系。这些项不是静止，也不是运动，它们不是彼此不连续的，也没有从此到彼的传递。**作为一个系列看**，它们是变移、运动。但是随同我们以上如此辨明的分析的本来面目，以及那假定已经成立的一般实在论的主张，我们可以说：作为整体看的运动和传递的、非对称的关系、关联的关系，及包含于这整体中的点和刹那都同样是真实的，虽然不是同类的实在体。运动分析，像空时分析一样，是发现实有体的方法，而这些实有体并不依赖于它们之被发现和被知。

Ⅴ．**速度和加速度**——正如其本身是非对称地、传递地联系起来的一对一的关联的关系（这些关系和它们的项、刹那与点构成运动）是**存在的**关系一样，如果这关联是由一物质的质点所实现的话，同样地，速度和加速度在同样条件下也是**存在的**实有体。事实上，实际的运动没有不包含着速度，或正负加速度的。但是这些特征并不必一定包含于作为运动看待的运动之中，甚至如运动并不

① 参看本节，论空间。

包含于作为时空看待的时间或空间之中，或也如时空彼此不互相包含，或也如时空不包含于逻辑原理之中一样。分析揭露一种极有趣味而特别的关系，即逻辑先在性的关系。[1] 作为分析的结果，这种关系自然遭受攻击，但是可以有效地予以辩护。如果在严格经验的基础上来对待它，它是不包含什么矛盾的。[2] 逻辑先在性可以界说为这样一种事态，在这事态中——举例以明之——一个命题 B 蕴涵着或预先假定了命题 A，但是命题 A 并不蕴涵命题
205 B。这样，A 在逻辑上先于 B。这种关系的例子很多，而它的潜在是一个多元宇宙的证据。有些 A 无须有些 B 而能存在或潜在，虽然反过来并不如此。这种关系的一些重要例子和我们现在的讨论有关。因此，对于刚才所作的关于运动等等的申述，我们可以说，逻辑的原理在逻辑上是先于其他一切东西的，诸如空间、时间等；这些逻辑的原理包括，例如，纯粹数学（算学）的原理。空间和时间似乎是同位的，但是它们在逻辑上先于作为运动看待的运动。变化在逻辑上先于运动，而运动在逻辑上又先于它的原因及其恒速或变速。

再者，对这种逻辑先在性的关系的范围作进一步的考查，就足以表明有些科学在逻辑上先于其他科学。因此，使下列列举的次第代表这讨论中的关系，某些科学依照逻辑先在性的序列可以安排成下列的系列：逻辑、几何学、时间科学、运动学、动力学、纯粹力学、应用力学、物理学、物理化学、生理学、心理学。

---

① 参看本书马文和佩里文，又罗素前引书，第 114 页。

② 从思辨上看，它是可能受攻击的。但是这种攻击在本文第四节里得到了答复。

这里所指的逻辑不仅包括命题、分类、定义的逻辑如通常教科书中所了解的，而且也包括关系、无限类、连续性、变项与常项、实有体的体性等等的逻辑；其中有些已在本文中被应用。几何学的和时间科学的有些重要特征已予陈述，并且证明了空间和时间蕴涵某些逻辑原理，虽然反过来说是不行的；已经陈述的对于**运动作为运动看**的分析，构成了运动学的一部分，被动力学所蕴涵，但是不能反过来说。但是现在我们要简单地考虑速度和加速度。这就使我们超出运动学了。运动当作运动看已予以分析、界说而无须牵涉到速度和加速度，但是很明显，这些东西蕴涵着运动。从存在上说，自然没有运动不包含或恒常或变化的速度。那么，速度和加 206
速度究竟是什么东西呢？如同发现运动的实际事例和说明运动是什么一样，我们要再说：无论是否被发现，在发现速度和加速度所用的**方法**和速度及加速度这些东西本身之间必须作一种区别。要发现实际的运动，必须对根据一套坐标而被确定的一个图形中的 A 和 B 两点作直接或间接的经验的观察，**以及**对一物体沿着某一路径从 A 到 B 的经过作直接或间接的经验的观察。要发现速度，不仅这两种观察是必要的，而且必须经验地观察、量度这物体从 A 到 B 所需的时间及 AB 这条路径的长度。于是我们就有了两个有限的数量（所走的距离和所需的时间）和一个物体。因此，这物体的运动就是把这一条路径上的点和这一段时间上的刹那**关联**起来的关系的系列。而这一系列就是整体。假定这量度是精确的，那么，所走过的距离和所需的时间之间的关系可以用$\frac{s}{t}$这一分数的形式来表明，而这就是通常所了解的速度。它有确定的数值，是

借量度此中所包含的有限的时间、空间而得来的。到此为止，那么，速度是一种实有体，是一个存在着的关系，这关系是以一物质的质点作媒介而在一特定的时间和一特定的空间之间成立起来的。虽用一个分数表明，它确是*一个*实有体，尽管或许是一个复杂的实有体，但不是*两个*；因为一个分数，虽然用两个或更多的符号来表示，还只是一个数。但是这速度，或毋宁说它的值，还只不过是平均速度，因为在全部运动所需的时间中，纵有和这平均速度或加或减的差率，所得出的还是同样的得数。只有当发觉了对于任何小的距离 Δs、任何短的时间 Δt，必定需要 $n\Delta t$ 时间以通过 $n\Delta s$ 距离（n 是同一倍数），那么速度才可以被假定是常数。但这只不
207 过是一个假定而已；任何速度 $\frac{ds}{dt}$ 可能只是有差率的速度的平均数。自然，就实用而言，平均速度是很够了。然而近代分析在理论上说能够测定一个物体的有限运动中的*任何一刹那*的速度，从而或者指出*的确存在*着变差，*或者*指出这速度真正是常数，也就是说它每一刹那都相同。试取在两个时间 t 中所通过的任何两个距离 s，一直求到这两个比例数的每一个的极限，再比较如此得到的值，那么，就可表明这速度究竟是常数或是变数。其实，只有用这个方法才能决定速度究竟是否是一个常数。对于任何一个 Δs 和 Δt 的一次决定，无论这 Δs 和 Δt 是部分或整体、相对地小或大，*并不*足以做到这一点，而只能指明在某一刹那内的速度是怎样，或在某一有限空间或有限时间内它的平均数是多少。只有两次的测定——或是对于整体的及任何部分的运动的测定，或是对于任何两个部分的运动的测定——才足以在上述的条件下决定这速度是常数或变数。

但是这个问题既经解决了，那么，速度和加速度究竟是什么？让我们首先考虑速度是常数的例子。在这例子中，任何乃至一切比例数的**极限**的数值，$\frac{\Delta s}{\Delta t}$，**对这运动所需的时间的每一刹那是相同的**。这个值乃是这复杂体的**值**，是把这路径的每一点和所需的时间的每一刹那**关联**起来的一对一的关系的值。因为就它的极限说，$\frac{\Delta s}{\Delta t}$，**像这比例数本身一**样，表示空间联系于时间。就$\frac{\Delta s}{\Delta t}$说，这是一定的有限的空间联系于一定的有限的时间；就极限说，这是点联系于刹那。因此在**常**速度的运动例子中，这些复杂体，即关联的关系及其项，是有值的；它们是量值，因为它们能大于、小于、或等于同类的**其他东西**，即其他速度；但是作为一个运动的常速度，它们有相同的值，或是有相同的量值，以相同的数——（不问这数是 208
什么）表示出来。那么，它们怎样能成为个一**系列**，一种非对称的、传递的关系的领域——**的项**呢，而作为构成运动看，它们必须是这样的项？因为这种关系不是要求**不同的值**，**按量值的大小而排成次序**的值吗？对于这个问题的回答是：后面这一点只关涉到运动的连续性，而不关涉到速度的恒常性。运动的连续性是和实数的连续性相同的——即数的连续体。在这些实数**和**关联的关系之间——这些关联的关系**及其项**就是运动——是一对一的相应的。于是这些复杂体就有了一个次序。但同时，由关联的关系及其项所构成的每一复杂体是有一个值的，或者说它是一个量值，而在常速度的事例中，这个值对于所有这些复杂项是相同的。这个值可用任何实数表达出来，但是这个值一经作为常速度而被发见，它就是那复杂体，即关联的关系及其项在每一刹那中的值。

所以我必不能同意这样的说法:“没有所谓速度的东西,除非它指一个作为某一比例数的极限的实数。”[①]存在的速度是存在的复杂体的量值,这复杂体是介乎一刹那和一点之间的一对一的关系,这关系的媒介乃是一个物质的质点。存在的速度本身不是时间不是空间,也不是物质;但是它被包含在这些东西中;这就是说,如果有一真实的物质质点运动着而因此用来使这关联的关系的连续系列成为存在的,那么速度也就成为存在的了。但是确有运动的物质的质点存在着。因此,速度是存在的,虽然它是复杂体,也就是说是一个关系及其项。它既存在了,它也就是一个量值,可以等于、大于或小于其他的速度。所以它既是复杂体又是量值。但是,一旦由于求得所通过的小量距离与所需的小量时间之间的比例,并把这个比例一直求到它的极限而发现出速度,这速度就可以独立于这个方法——甚至像上面所做的那样——而予以界说。但
209 是当作速度看待的速度又可无须依赖存在的速度而予以界说。如果物质的质点存在并运动着,存在的速度就存在。但是就所涉及的复杂体是一个量值而说,这些存在的速度它们可以是潜在着的。所以可能有潜在的速度未曾存在过,现在不存在,将来或许也永不会存在。因此速度既有一个动力学的定义,也有一个运动学的定义。

加速度

关于加速度的情况和速度大致相同。一旦被发现之后,它可

① 参看罗素,前引书,第 473 页。

无须依赖这发现，甚至无须依赖于存在的加速度而予以界说。确定是否有正负加速度的方法就是找出是否有常速度的方法。我们必须根据经验的量度得到两个$\frac{ds}{dt}$而予以比较；这就是说，必须决定和比较在两个刹那上的速度的数值。设使这些值是不相同的。那么，它们只不过是复杂体的量值的不同的值——即一特定点和一特定刹那间的关联的关系。如果这关联的关系是由一物质的质点作媒介的，它们就存在。这质点作为在某一有限的系列中所有的关联关系的媒介时，就是这质点的运动。但是如果这物质的质点是运动着，那么，就可能有一个真实的加速度。再要断定这加速度是否均匀就需要像决定速度是否均匀的方法，[①]这里就无须申述了。但是假设我们发现在许多特殊例子中的加速度是均匀的，那么，我们就能说出这个通则，给均匀的加速度下一个定义而无须依赖于发现的方法。于是均匀的加速度就显出来是一个极有趣的东西，运动是位置的变更。如前已说明，它是一个整体，一个系列，它的项是既非静止也非运动的复杂体。速度是关联的关系及其 210
项，而这个整体有它的量值。就量值说，速度是和运动的任何一个项相等同的。而加速度是一个整体、一个系列、一种变易。它是在时间中的速度变易，是第二个导数。因此，它包含速度的一系列的项和时间的刹那之间的一对一的关联。因此我们有一个复杂的项pR_1i（=速度，即一点p和一刹那i的关联），这个复杂项又和一个刹那有一对一的关联，于是就有$(pR_1i)R_2i$或vR_2i。以符号的形

① 参看本节，论运动。

式表明之，用 $r=R_2$，——像在运动的公式中一样，①r 是关联的关系——我们就有

$$\begin{array}{llll} v & v' & v'' & v''' \\ r & Rr' & Rr'' & Rr'''\ldots \\ i & i' & i'' & i''' \end{array}$$

因此，加速度是**一系列**复杂项，每一个项是 $(pR_1i)R_2i$，是非对称地、传递地联系起来的。如果一个物质的质点媒介这一系列的关联的关系（运动），如果这速度是变易的，那么，这加速度就是存在的。然而我们可以无须依赖于这样媒介的假设而予以界说，如上面的讨论已说得很清楚了。

所以加速度本身就是变易；在这一方面它是像运动一样，是一个整体。对于它的分析表明，它也是由复杂项组成时，就像运动是由既非静止又非运动的复杂项所组成的一样。这些复杂项就是把每一速度和一刹那——即每个 pR_1i 和一个 i——关联起来的一对一的关系。但是这些项构成的一系列和它们所关联的时间系列是相应的。因此，这一系列是连续的，它的项是无限地多的。特殊的加速度像速度一样可以比较，它们的相差或相等是可以确定的。因此所有的加速度是量，和实数有一对一的相应；因为所有的加速度是可能的，虽然不是存在的。那么，一种特定的均匀加速度乃是
211 个别速度的一个连续的系列，但是是在一定极限之间的所有速度的系列，而正因其如此，这些速度在这些极限之间，将具有这些速度好它有一对一的相应的实数的天然次序。因此，如果加速度是

① 参看前一节。

均匀的，如果在 b 时间中有一有限量的 a 的加速度，在 nb 倍数的时间中就会有 na 量的速度的变易。[①]

对于速度和加速度的分析的攻击可能和反对运动的攻击大致相同；很明显，前者之不能生效，其理由与后者之不能生效一样。速度是一个复杂项，是一特定点和一特定刹那之间的关联的关系，再加上这种关系的量值而成的。它既非静止也非运动，所以这里没有攻击的机会。正如运动是复杂项的这个连续的系列，其本身是非对称地、传递地联系起来的一样，所以速度的恒常只是这系列的所有的项的量值的恒常。这个恒常是量的一个连续性。这些项和这非对称的、传递的关系很精确而妥当地界说了这种连续性。这样界说之后，就像在运动的事例中一样，就不再有机会引入项的或“划分”的不连续性，而因此说有什么矛盾和虚谬化了。在运动的事例中既是如此，在这里自然也是如此。

关于加速度的情况也相似。加速度是速度的变易。均匀加速度是速度的连续的变易，但是在这两个事例中，项都不是变易或静止。项是复杂体，是和时间的特定刹那有一对一的关联的速度。但是这复杂的个体没有一个是变易或静止。速度的变易，加速度，就是这样一系列的项非对称地、传递地联系起来的，并且包含对时间系列有一对一的关联。加速度的缺乏，或可称为“静止的速度”，就分析上说，乃是一个速度和许多刹那的多对一的关联。在这里根本没有机会可以进行典型的攻击。再者，通常的典型的攻击说， 212
这种分析把不连续的东西引入到连续的东西里去，因其使项成为

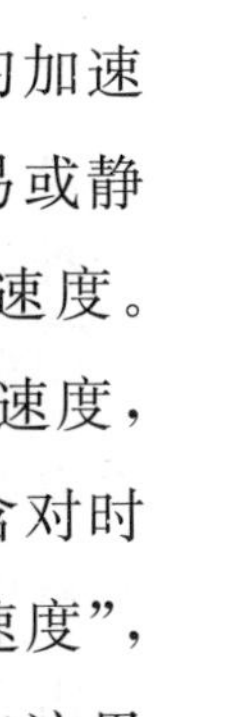

① 参看本节，论数。

分离的或容许一种"划分"——这种说法只不过是另一种表述均匀加速度的连续性的办法而已[①]在这里,这攻击也失败了,这种分析可谓是精确而妥当的,并且应该用实在论的看法来解释的。加速度像速度与运动一样,不仅是一个数。[②] 它是一个复杂项的系列;如果一个物质的质点以不恒常的速度运动着,加速度就存在,否则,它是潜在着。一切的加速度像一切的速度一样,逻辑上是可能的,即使,作为存在着的或甚至作为可能存在的东西,并不是一切加速度都在我们这个存在的世界里存在或为它所蕴涵。

动力学和绵延

在上面讨论运动、速度和加速度的分析中已经表明:这些东西一经发现,就可用纯粹逻辑的方法予以界说,而无须把存在的条件引入界说之中去。研究这样界说的实有体的科学就是运动学。这样的实有体自然存在于极多的特殊例子中,但是关于它们的研究不仅关涉到存在的,而且关涉到潜在的例子。运动学在逻辑上先于种种关涉到存在的运动、速度及加速度的科学。

前面的讨论使我们能进一步考虑:要把这些在考查中的科学予以归类,下一个合乎逻辑的步骤应该是什么,并为驳斥另一种对分析的攻击取得基础——这就是柏格森在他的绵延学说中提出的攻击。[③]

运动、速度、加速度皆已讨论了。然而截至现在,尚未讨论因

① 参看本节,论运动和论空间。

② 参看罗素的不同的说法,《数学原理》,第 473 页。

③ 在《创化论》和《物质与记忆》二书中各处。

果作用。但是，就存在上说，在发现这些东西的特殊事例中，是见到有原因发生作用的——运动的原因、速度或方向变易的原因等 213
等，等等——也就是说，一般的种种原因。在这里，我不想关涉到一切的原因，甚至因果的原理，而只关涉到一种原因，这种原因是我所要驳斥的特殊攻击用来作为支点的。这种原因的性质是这样：由于它，任何时候的一种结果——无论过去、现在、未来、近的或远的——都能被推出来或被发现。攻击者在这点上所持的主张是：这意味着事件的整个的时间系列——就是分析所导致的这种时间系列——是现在一下子给予的，但这是违反了人在其中生活和经验的时间的性质，违反了与事物发生关系因而构成在时间中的事物的时间的性质的。攻击者继续说，作为生活于其中的或经验的时间看，时间或“绵延”不是一下子——在现在——给予的；而是生活和经验是如此浸入于绵延之中，绵延又是如此浸入于生活和经验之中，以致只有一个现在和一个现在和一个现在是为我们实际生活于其中的，虽然每一个现在是一切先行者的积累的后果。因为分析所研究的时间被认为是照这样违反了生活于其中的时间的，而后者被认为是实在的，攻击者就得出结论说，分析把时间的原来性质虚谬化了。所以这种辩论和我们所已考虑的其他特殊的攻击在形式上没有什么不同。因此它攻击对于时间的实在论的解释；这种解释在时间中发现一绝对的而非相对的实有体，而这实有体是真正不依赖于存在的事物的。我将指明这种特殊的攻击先已假定了这种实在论的解释，因而自相矛盾。现在我就要来说明这一点。

首先，让我们更详细地来考察一下这个被攻击的主张。这个

主张是把因果概念，甚至一般的变易的概念，引入或加到我们至此为止所考虑的分析之中去了。因此，这攻击是针对着被称为动力学的那一部分分析。或者，其实不仅如此，这种攻击也针对着比动力学还引入更多特殊原因和条件的那一部分分析——即力学。

214 笼统说一句，运动是位置的变易——自然，在时间中。但是这位置的变易是能精确地、妥当地予以分析的。不过还有其他变易，例如速度的变易和性质的变易。事实上，广义的变易不仅是任何特殊类型的变易的**总类**(*genus*)，而且在逻辑上是比它先在的。任何特殊类型的变易，例如化学的反应、电的和热的事件，都含有时间，而且可以被关联到作为自变项的时间上去。① 用熟悉的科学名词说，这意味着：随同被量度的任何性质的变化和也被量度了的这变化发生所需的时间，就可以测定这变化的平均速度，而这全部过程可用完全类似于对待运动的办法予以对待。因此，一种化学反应的平均速度是下列这个比例数

$$\frac{\text{新产生的原质的量}}{\text{如此所需的时间}}$$

的限极，$\frac{dx}{dt}$，这就是，$\frac{x_1 - x_2}{t_2 - t_1}$。要确定这不仅是平均数，而且是对任何一刹那都是有效的常速度，或者要确定这里有均匀加速度，就需要作那些像对于运动等等所作的同样的观察。② 然而既经确定之后，就可以给这变化、速度或加速度下定义而无须把这些条件引入定义之中去。更重要的乃是：对于这些"非运动的"变化必须作

① 参看本节，论关系。

② 参看本节前三部分。

像对位置变易所作的完全相同的解释。这些项既不是静止，也不是变化。它们是时间的刹那和某种性质的实有体(这些实有体本身又可能是复杂体)之间的具有一对一的关联的关系的复杂项，这些复杂项本身是非对称地、传递地联系起来的。这整个的系列及其所有的项和关系就是变化。

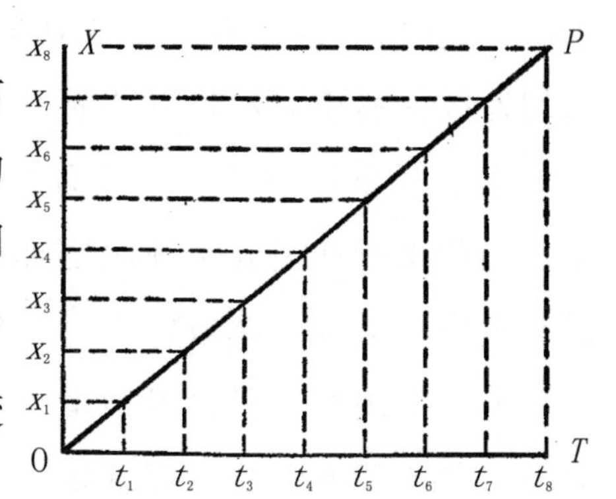

用惯常的科学语言说，任何有限的变化 x 是作为自变项的某一特定时间 t 的函数，可以用右面的“时间图”作图形的表示：不仅第一个导数，$\frac{dx}{dt}$，即任何变易的速度，可以这样说明，而且 215
第二个导数$\frac{d^2x}{dt^2}$，即这速度的变易，以及在理论上更高的导数$\frac{d^nx}{dt^n}$，都可以这样表示，虽然那些超过二次的导数是很少用着的。

为了申述动力学体系的意义及弄清楚被“绵延”学说所攻击的主张，这一切是重要的。

这个“时间图”只利用两个坐标，而这也就够了。但是要决定这两个坐标的一个，x，可能需要三个或更多的坐标。例如，要决定任何特定运动的**界限**，就需要三个坐标构成一个“参照构架”，虽然既经决定之后，这个界限可以在一个坐标上表示出来，而把这运动的常速度或加速度和时间相参核。假定对于任何特定的变
易——例如任何性质的变易，或任何这种变易的速度的变易—— 216
作出了一个这样的决定；也就是说，假定变易的量已被决定了并已被表示在这“时间图”上，那么，根据一个假设，即这图所代表的客

观的变易是**连续**的——而这正是在此刻我们讨论中的假设——在任何刹那 t_2 的事态，不论这是在 t 和 t_1 两刹那之前、之后或中间，是可以决定的；自然，客观的变易是决定的、有原因的。这样就提出了一种和传统对因果的看法根本不同的看法。[1] 简单地说，它表示：在任何种蕴涵着时间的刹那和空间的点之间的一对一的关联的连续变易中，或者，在**坐标所标明**的作为一个点的东西（也就是说在坐标系统中的一个位置）的连续变易中，C, C_1, C_2, t, t_1, t_2 这一集项里的任何五个项决定那第六个项。用公式表示，这就是说 $C = F(C_1, t_1, C_2, t_2, t)$。[2]

这一切现在可以弄得稍微明白些了。首先，在认识的决定或对于有关的项的值之标定这是一方面，和因果的决定这是另一方面之间必须有所区别。因此在上面的公式中，如果在右面的项知道了，C 就能确定。但是这只有假设在任何两个时间的坐标点和第三个时间的坐标点之间真正存在着如上所界说的客观的因果决定，这知识才是正确的。现在我们要来考虑客观的事物，以别于对这事物的知识。作了这种区别而且抓住它不放，那么，上面关于因果所作的表述可以扩充如下：

1. 在一个物质的质点以常速度运动的事例中，在任何刹那的速度是被在任何其他两刹那的速度所决定或引起的。

217 2. 在一物体的运动的均匀加速度的事例中，在两刹那 $t_1 - t_2$ 之间的任何有限时间内的运动和加速度是被任何其他有限时间

① 参看罗素，前引书，LIV. LV. LVI. LVII 及他处。

② 参看罗素，同上书，第 486 页。

$t_x - t_y$,——不论在 $t_1 - t_2$ 之前、之后或中间(这里 x 和 y 是确定的)——的加速度所决定的。[①]

3. 对于那些不是运动、速度和加速度的变易,也可以应用完全相同的说法;或者说,加速度既是速度的变易,这些说法也可以应用于一般的变易,假使它是连续的。如果它是连续的,无论它的性质如何,我们现在所讨论的因果原理可以用上面的公式表达出来。

这因果的最简单的、存在的事例就是一个物质的质点的运动,但是各种复杂事例也是可能的,而这同一原理也对它们有效。因为在一事态中的因素无论怎样复杂而多样,它们总是能用坐标标定的,而这些坐标决定在逻辑上相当于一点的东西。一复杂事态能如此标定,先已假定了它在客观上是有如坐标所指示的那样地特定的。

包含在我们现在所考虑的这种体系的客观标定之中。实际上还有许多其他因素;但是我们无须详细地考查这些以建立我们的论点来反对我们所要答辩的攻击。我们只要说,利用向量的构成、哈密尔顿原理等,一个极复杂的体系可以在适当的时候用三个坐标予以标定。[②] 然后,在代表任何种变易的这些坐标中的一个变易,就可以在这时间图上表达出来,就像它是一个位置变易一样。

承认了在所知物体与能知之间的区别,并且又承认有如上所界说的那样一种客观的因果决定,它实际上是复杂的,但是它能容许作简化的处理,那么由此可知,如果两个时候的坐标点的数值是

① 然而:只有知道了 x 和 y,加速度才是能决定的,即才是被知的:于是有三个量或值可以被决定。

② 参看,例如,L. G. 韦伯斯特:《一个质点的动力学》,1908 年。

知道了，任何其他时候的坐标点，纵然很复杂，也能成为所知的
218 了——假使如所假定，这变易是连续的。正是由于这样对待事物，所以时间的确在某种方式下，甚至如同攻击者所说，似乎是被轻忽了；就好像在现在这一瞬间我们能无限地伸展到过去与未来，致使一切东西成为现在所给予的。在我们的生活经验中，我们必须以无限的耐心及自我克制而从事等待经验，或者说，经验是不可挽回的；上面这种说法似乎的确提供一种鲜明的和我们这种生活经验的对比。但是在这个对比中有着严重的含混，从它所得的结论之中亦复如此，因为这里所讨论的这种特殊攻击正是以这个对比为基础的。攻击者说，这种分析导致把过去、未来都摄入现在，在这意义下，它似乎取消了一切真实时间的区别。所以分析只是把其实时间或绵延虚谬化了。我们将立即证明这种攻击包含许多混乱而且是很容易驳斥的。

被责难为将过去、将来缩短为现在的分析包含许多元素；依据前面所提出的一系列的科学，现在这些元素可以很好地辨别出来。

关于数、时间、空间、运动的科学已各别详细地予以考虑了。我们已经看到，可以用纯粹逻辑的方式给运动下定义，而关于这样被下定义的运动的科学就是运动学。如果实有物质的质点运动着，运动学就是应用的，但是纯粹的运动学在逻辑上先于应用的运动学。把动力学和运动学区别开来，我们在动力学中考察了实有体的因果作用和坐标点。在纯粹动力学中，坐标点或局限于位置与运动，或局限于某种平衡或变易，或局限于这些东西的任何结合；如果变易是连续的，那么，只要确定了在 t 和 t_1 时候的这些东西中的任何两个东西，在 t_2 时候的第三个东西就也可以确

定了。

但是在应用动力学中，坐标点只能是某一类型的，每一坐标点可用坐标系统标定，因其与时间的一特定刹那相关联，而这一特定刹那本身对我们实际存在的世界的关系又可标定；这就是说，这些 219
坐标点只是我们从经验上在实际世界中发现的坐标点。**但在实际世界中，变易不是连续的**，或者说，不是无限的，虽然它们在某某极限之间是连续的；因此，如果作出推论说：在某一 t 和 t_1 之间的一定的时间段落之外的某一时候 t_2，某一坐标点可予以决定而且是可发现的，**这个推论就会是错误的**。[①] 这存在的世界看来并不在它的一切属性方面都有均匀的连续性质。毋宁是，在自然的和人为的过程的时间系列中以及在形式的综合中，似乎有不连续性、临界点。例如一个有机体在它发展的某阶段现出似乎崭新的性能，一个物理化学的原质从气态变到液态及固态要经过临界点，从组成成分综合成的化学化合物能导致新性质的出现。

然而纯粹的动力学并不为这些不连续性留余地。它引入原因的概念，坚持连续性的原理。它能构造任何数目的动力系统；但这些体系只有一个是和实际世界相契合的，这一个体系只允许在某些特定范围之内——其极限由经验所决定——**应用**纯粹的动力学。

因此，随着动力学引入因果的概念，这一系列科学的下一步就是因果类型的厘定。如果这些类型是属于物体的引力和斥力——引力与距离的平方成反比例，斥力遵照“运动律”——那么，我们就

① 参看本书蒙塔古的论文。

有牛顿力学。使引力法则为某种其他的比例——也就是说容许任何比例——我们就有一般的，纯粹的力学。但是平方反比律——举例以明之——在经验上已被发现不是对一切的距离都有效；例如它不能应用到分子之间的距离上去。这些局限性就把我们带入物理学的领域。在某某极限点之内，因而也就是在为经验所决定
220 的性质上不同的某某现象的范围内，可以应用算学、几何学、运动学、动力学和力学，而照这里所说的相反的次序，每一科学已先假定了前一科学。但是反过来，这些科学中的每一个并不蕴涵后面的科学中的命题。这些科学的每一门，可以说，都是实在界的某一层的科学。每一层都有它自己的特征，这些特征只能从经验上发现，而不能从前一层的特征中演绎出来，但是在逻辑上，可能也在时间上，居于后来的每一层可以容许先在的几层的存在或潜在，因此也就容许把研究先在层次的现象的科学应用到后一层的现象上去。

我们可以照这样继续下去以考虑化学、生理学等的性质及其与我们所已考虑过的科学的关系，但是为了我们的目的，我们无须这样做。关于这些科学和已讨论的科学的关系，我们只需说，这些科学先假定了这些其他科学所研究的事实，但是它们并不被后者所蕴涵。照上面所定的次序，每一门科学是被居后的科学的事实所先已假定的，而居后的科学的事实并不被居先的科学的事实所蕴涵。每一种科学有自己特有的事实，而只能借经验予以发现。但是这些事实一经发现以后，不仅先已假定了其他事实，因而需要应用居前的科学，而且也就对这种应用予以限制。特殊定律只能在某种范围之内发生效用。在这范围之内的现象是算学的、空间

的、时间的；它们有时是带速度与加速度的变易；它们是有因的，是连续的。但是这连续性是被这范围的极限所限制的。在这些极限的点上有不连续性，而在这些极限点之间有连续性。**这似乎就是这个存在的世界的实际状况**。现象存在或发生于不同层中。定律只是限制于它们的有效性的范围之内，因为定律对之生效的那些现象的连续性是有限制的。因此就有了一种存在的多元论。有些现象先已假定了其他现象，而这些其他现象并不蕴涵它们，并可以没有它们而被设想和发现。前者限制后者的定律的效用范围或应 221
用范围，后者应用于一定范围，因为它们是被预先假定的。因此我们得出一个逻辑的或本体论的多无论和许多不同层的**东西**——数、点、刹那、逻辑的运动、物质的质点、原因、特种原因等等。

然而这物理的、化学的、生理学的事实的实际世界既不是**纯粹**运动学的，也不是动力学的，也不是力学的，等等，而乃是在某些点上不连续的——这一个事实并未消除我们此地所谈的攻击之可能性。因为**这些不连续在经验上可以连结起来**——这正是分析的一部分工作——而确定两个不连续的范围内的现象之间的关系。于是根据于这样的假设——在同样的条件之下，这种函数的关系总是生效的——可以再申说：过去、现在与未来，在无所不包的程度内，是在**现在**这个时候**给予**的。例如一个固体的蒸气压随着温度的上升以一连续的速率而增长，直到熔点，这压力突然以新速率而增长。这是临界点，如果抵消内压力的外压力是常量，这也是常量，虽然它随内压力的变易而变易。**在这临界点**，**这导数**$\frac{dp}{d\theta}$，**有两个值**。这些值之间的比率或者是常量，或者继续变易，要看外压力

是常量还是继续变易而定。或者至少我们假定这比率一直是常量。在这个基础上，尽管自然界有不连续，我们可以伸到过去与未来而使它们成为现在所予，正如全自然界是连续而无极限的一样。我们只要说：连续达到某一点，不连续出现于那一点，越过这一点又有连续，而这比率仍旧一样，或它本身连续地变易，以便把将来的或过去的现象的不连续的领域很容易地摄入现在，如同我们能把一个无所不包的连续的领域摄入现在一样。只是，假使真有这
222 些存在的不连续，它们不能演绎地而只能归纳地予以发现，这就是说有存在的理由使归纳法成为必要。

对于时间分析的特殊攻击，对于绵延是真实的实有体的说法，现在可以作回答了。通过分析，将来与过去在某种意义下似乎是现在所予。这必须承认。事实上攻击的一方与辩护的一方都承认它。但是攻击者说，正因为这个理由，时间（作为绵延看待）的性质被损害了、弄矛盾了，事实上是因此而“非时间化”了、虚谬化了！因为，他们认为，作为生活于其中的时间，即作为绵延看待，不能如此处理。实在的时间要求我们耐心等待我们所希望发生的事情。时间处理我们，而不是相反。正是在这种意义之下，时间构成实际事件的过程的一个不可分的部分；把它和事件分离开来，只能把它的实在性质虚谬化。

在这种攻击之中，把时间分成刹那的特殊分析的有效性没有直接受到损害，或者，至多只能说，它只是作为现在所考虑的攻击之后果而遭受攻击的。不过我将要指出，正是这种分析已被这后一种攻击预先假定了。在分析出来的时间和生活于其中的时间之间有某些差异，这一点，我想，必得承认，虽然它并不是在作为时间

看待的时间中的差异，而只是特定的、个别的分段时间之间的差异。攻击者承认，在他所承认并着重指出的下列两方面的区别中——即一方面既在过去发生而（他认为）又有机地合并或总结在现在中的，或将要发生的事态过程和另一方面现在正在发生和被生活的事态过程之间的区别中——是有这种差异的。但是这一点正是说明了，他将不难以某种方式进入有别于现在的时间系列之分段中去，而且他必得把同样的权利给予辩护的对方。其实这种区别在认定现在就是现在中是已被蕴涵了的。但是反对者所坚持的这种区别只不过是知觉的时间和概念的时间之间的区别罢了。在进行攻击之中，他自己也承认这两种时间，但是他从争辩而得出 223
结论说：只有前者是实在的，而后者是虚谬的。

回答这争论，我将指出：在这攻击中最强调的特征——具体地说，这特征称为活的现在，抽象地说，就是时间的“不可处理性”——实在需要从在时间中的东西的复合体中分析出时间来的这种分析之有效性，又需要分为刹那的分析，以及需要对于时间的实在论的看法。简单地说，为了说明这一点，只须指出，只有对于时间的实在论的看法和这双重分析，才能说明攻击者所强调的特征与属性。因为，假定了这个假设（看它如何发生效用）——即：时间是不依赖于在时间中的事物而潜在的东西，因此它可从“在时间中的事物”这复杂体中分析出来——那么，自然得出这样的结论：在以概念来对待的整个时间系列和某些现在所经验的时间分段（称它为绵延）之间有一极有趣味而甚重要的差异。因为照这个假设，这一差异——这个在活的现在中这么强调的特征，这个要我们耐心等待事物一步一步发展的强迫性，——是从特定事件和那些

成为现在的特定刹那或(在较大的时间系列中的)时间分段之间的一对一的关联而来的。这个现在正是这特定的时间分段,涵摄这一些特定刹那而不涵摄较大的时间系列中的那一些刹那;在这个意义下,这个现在是无法处理的。这就等于说:这同一个假设说明了在被知觉的时间和概念的时间之间的区别——这种区别是攻击者所默默坚持而予以利用的。但是时间作为时间在这两个事例中并不是不同的。只是时间分段或个别部分才是不同的。因为分析表明,时间是一个系列,它的项是刹那,它的联系的关系是非对称的、传递的关系。它是绝对的而不是相对的。无论是否有什么东西存在于其中,无论它是否被知,它总是潜在着。这是实在论对于时间的看法。假定了这个假设,并且,如果特殊存在的事件发生

224 了,它们的发生是在和构成时间的特定、个别分段的特定、个别刹那的相关联中发生的。这种关联是固定的,它是不可变更的。如果这些事件是一个有意识的有机体的事件,那么,在它们于时间系列中的固定时期分段到来之前,这些事件现在被我们耐心地等待着去生活它们。如果它们是现在过去的事件,它们在时间系列中也是固定的,在它们和现在存在的事件之间就有特定的时间距离和一种因果关系;如果它们是将来的事件,情况亦复如此。这个假定正说明了攻击者所最强调的东西。但是认识能伸展到这过去与未来,能在某种经验的精确限度之内抓着在时间次序中的过去与未来的事件,而生活、知觉作为事件看待是局限于现在的。二者是不同的,区别是有理由的。但是只有用一个独立的时间系列这个假说,事实上,只有用整个的关于时间的实在论的见解,才能说明这一区别,并随之说明柏格森的绵延学说。时间是一个独立的系

列。它能被分析出来，因为它已经是在**外面**。它不是那一经分析就成为虚谬化的复杂体的不可分离的部分。事物是在时间之中，但是时间不在事物之中，除非说存在体是和特定刹那相关联的。存在体的时间位置被固定为一个坐标点 C，这个坐标点 C 和一个现在时间 t 相关联，并以这个 t 和两个坐标点 C_1 和 C_2 之间的多对一的关系而和过去时间 t_1 和未来时间 t_2 相关联。这实在是柏格森的绵延学说的分析的说明。绵延学说为了说明自己，已先假定了它所要攻击的时间见解——已先假定了它自己被迫而作的区别的有效性。

所以我的结论是：对于时间分析的攻击说分析**出来**的时间是非时间化了、空间化了、虚谬化了，等等，这攻击本身就是虚谬的。发现时间是不依赖于在时间之中的事物的一种实有体，并把它分析为刹那，这是说得通的。其实，**只有**这种把时间看为整体和对它的分析的实在论的解释，才能说明那反对这一发现与分析的特殊攻击所特别强调的那些特征。

Ⅵ. **其他类别的个体，原子等**——我的总的计划现在使我要考 225
虑到一种新的整体，它是属于由许多个体组成的类别中的一类，对于这一类型的整体的分析在很大程度内是实验的，虽不是完全如此。这一类的整体可用任何纯粹的化学原质的任何有限量作例证。在任何特殊例子中，这样一种实际存在的整体不和指示它作为其成员的那个类的类概念相等同。铁的概念不是铁，水银的概念不是水银，正如数的类概念不是数一样。对于这类整体的分析之辩护，构成——除了许多其他东西之外——对于原子学说与那

些与此相连的像分子学说、电子学说的辩护。[①]

在实验室里所作的一切实验以及一切其他的、不论是实验的或是别样的证据都表明：化学原质是由叫作原子的部分所构成的，对于这一切实验我无须去描述，甚至也无须去予以分类列举。我只考虑为进行这里的辩护所必需的那些实验与证据。

每一种纯粹的化学原质是由许多原子构成的，这个命题是通过一般形式的假言三段论所达到的结论：如果只有 p 蕴涵 q 而 q 是存在的，那么，p 是存在的；这就是说，如果 p 是说明 q 或许多 q 的唯一假设而这些 q 是存在的，那么，p 是存在的。[②] 这似乎悖逆了假言三段论的通常规则；按照这个规则，肯定后项并不蕴涵了肯定前项；但其实，这并未悖逆这个规则。肯定后项随带就肯定前项，如果在前项和后项之间建立了毋庸置疑的联系，由于这联系，表明：虽然有许多 p 都可说明一个 q，而只有一个 p 能说明许多 q。

226 p 是存在的，如果 p 说明了许多存在着的 q，这个结论是一个有效的结论，如果其他假设都由于下一事实而被排斥了，这一事实就是：在目前的知识条件下，就一切已知的事实来说，p 而且只有 p 能说明一切的 q。而在建立原子学说中，我们所应用的正是这一类型的推论。实验的分析揭露了许多 q，许多存在着的事实。能够说明它们的唯一假设是原子的假设，这个假设把整体分析成许多叫作原子的部分。

为了使我的说法确定些，下面我将叙述一些重要的被原子分

① 参看本文，第五节。

② 参看 W. T. 马文，“论存在的命题”，载《哲学、心理学及其他》杂志，1911 年，第 8 期，第 447—491 页。

析所说明的事实[1]：

(a)纯粹的原质以不变的质量比例结合着，不问用来作实验的分量是如何小。这一点可以得到说明，如果较大的质量只不过是某些基本单元的倍数而在这些单元之间具有同样的质量比例。

(b)有些原质以不止一种比例结合着，但这些比例是有理数或整数。这一点可以得到说明，如果存在着许多部分，这些部分之间的比例是有理数。但是这些比例蕴涵着有限的量，不论这些量如何小。

(c)有些原质以最小的比例和别的原质相化合。用这样的假设——有些极小的基本单位能和别的元素的单位相化合——就能说明这一点。

(d)可以气体化的原质向盛器的壁上施加压力，——对每壁的压力是相同的。对于同等的体积，这压力直接随温度而变易。这些事实用两个假设可以说明：(1)有些部分在运动中作为整体而发生作用，以某种动量撞击盛器的壁；(2)每一部分的速度和动量是随温度而变易的。这些部分可能是基本的单元，或是这些单元的简单的倍数。

(e)在同样温度下体积相等的气体发生不同的压力。这一点
可以得到说明，如果这些气体含有运动着的部分——在同温度下 227
的一切同体积的气体中其部分的数量相等——而这些部分在任何一种气体中具有相同的质量，但在不同的气体中则具有不同的质量，因此速度将是同一的。这些不同的质量可能有一种比例和这

[1] 参看 H. C. 琼斯：《物理化学的基础》，1907 年。

里所考虑的原质的化合比例相同。

(f)在同样压力之下的体积相等的气体具有不同的温度。这一点可以得到说明,如果运气体含有运动着的部分;其数目在同压力下的一切体积相等的气体中是相同的,但是运动的速度不同。质量将是同一的。

(g)以上(e)和(f)两标目下的资料合起来**只有**在下列条件下才可以得到说明,即如果在相同温度和压力之下的不同气体中,部分的质量与速度不同。如果质量不同,速度也必定不同。而“化合比例”表明,这些质量是不同的。

(h)两种气体的体积、压力、温度应该相同,但质量和速度不同,这一点可以得到说明,如果体积相等的气体,在相同温度和压力之下,含有相同数目的部分(无论是基本的部分或作为单元而发生作用的复杂体)。(阿伏伽德罗的假设)

(i)在同压力和同温度之下的体积相等的气体(在某些事例中)以特定的比例相结合,这可以用同一的假设说明。

作为成立原子说与分子说而作的这些实际分析的例子,已足够把我的论点说清楚。所引的资料本身就是分析的结果。它们包括体积、压力、温度之间的区别,不同的原质[①]之间的区别等等,但是**这些特殊的**区别是很少受攻击的。所援引的分析和分析的结果,导致、或要求另外的分析,即把纯粹的化学原质分成(叫作原子)的部分的分析;或者说,所有这些合起来,都是这种分析。

228 用我们的三段论的形式说出来,这些为分析所发现的资料,即

① 参看本文,第四节。

关于确定比例、压力等等的资料，是一群“存在的 q”。它们是一些事实，并且是在这个作为事实的意义下被肯定或被表述的。但是对它们的肯定随带着也肯定了这一个假设，这个假设在我们现在的知识条件下是唯一能说明这些事实的假设。任何其他的假设都被排除了，因为没有其他一个假设能够说明这些单独发现的、等待说明的、众多的资料。因此，这些实有体——这个假设所指示的原子——应该被认为是实在的，正如它们所说明的资料是实在的一样。

但是这种导致原子学说与——照实在论者说——原子的发现的分析的大纲是典型的，正如所分析的这种整体也是典型的一样。这种整体可以在任何实际上存在的、纯粹的化学原质中找得到。这样的原质或整体是由质点、分子、原子甚至最后或许是电子构成的。电流、阴极线、从镭放出的 α，β，γ 放射线等，似乎也是这样的整体，即一些其部分是相同的整体。以上所大致叙述的分析是各种特殊分析的典型。在实验中所发现的各种资料的存在只能用某些部分的存在来加以说明。

在前面所考虑的一些分析的事例中，曾有人提出那种典型的，反对对它所作的实在论的解释的论辩，说分析所导致的部分或项是整体的矛盾者，因此这分析产生了虚谬化的作用。在至此为止所考查的每一事例中，我们看到这种攻击都是失败的。现在我们看，在这原子、电子等的事例中它是否也要失败。

回答是：在这一事例中，几乎没有机会作这典型的攻击。分子，原子、电子一看就并不像是它们作为其部分的整体的矛盾者。自然，可以人为地使它们如此，因为任何两个彼此有区别的项 A

和 B 可以赋之以 A 和非 A 这样的矛盾格式。但是这个办法并不产生困难，因为在它开始所用的材料中，它先已假定没有困难了。
229 A 和 B 虽不同，但是相容的，所以 A 和非 A 也是相容的，如果非 $A=B$。矛盾必须有一支点才能发生损害，它必须在某种离心点上才能转动。

但是虽和整体不矛盾，分子、原子、电子可能和它们作为其部分的整体不同。特别是在有些事例中，事实上是有凭据可以证明其如此。但是这也无所损害。这既不表明分析是虚谬的，也不表明分析是不妥当，虽然分析可能不完全，或事实上可能有错误，有待后来的纠正。自然，对于任何分析，必须承认有后一种的可能。试考虑一下近代物理—化学—电学的分析所揭露的情况吧。一方面有须予以分析的整体——比方说，纯粹的化学原质。另一方面有所揭露的部分——质点、分子、原子和电子。但是还有组织的关系。这些关系被分析所揭露，正如项之被揭露一样。在目前，这些关系可能提出许多进一步的问题，这些问题可能是各种各样的，它们也许不是此中所包括的最基本的关系，但是在目前的科学发展的阶段，它们是被揭露出来的关系，这些关系的领域就是分析所显示的项，而这些关系和项合起来就构成整体。在**关系中的**项也许不是以累加的方式构成整体；很少的整体是这样构成的；很少的性质是这样产生的。例如非对称地、传递地联系起来的点**是**一条线，但这些整体或许不是像这样的一种整体。但是它们在一些显明的方面看来确是整体，正如在关系中的点**是**线一样，而在别的方面它们不是整体。整体有不同于部分和关系的性质。那么分析用减法——如果你愿意这么说的话——揭露这些性质。整体的特殊性

质**加上**在关系中的项，自然再**加上**关系，这就把整体说全了。那么这分析就是妥当的。但是它也许不完全。可能我们还可以再把它 230
推进一步。但是在现在分析的基础上，它是妥当的，确无漏洞来说它导致矛盾并因而虚谬化。

因此，在科学发展的**现阶段**，那些实有体，如电子、原子、分子等等，以及其间的关系——这一切合起来**完全**说明了某些存在的现象——必须被承认是存在的，正如它们所说明的东西是存在的一样。

四、知觉的分析和概念的分析

现在我们来研究第三种整体——这种整体自成一类而又被分析成许多附属的类。这种分析起虚谬化的作用吗？

让我们举个例子。氟、氯、溴、碘作为卤素是自成一族的。这样命名自然是因为它们的化合物和氯的化合物如 NaCl、食盐相似。[1] 因此，卤是类概念。实际存在的东西则是氟、氯、溴和碘的特殊性质——在每一实例中实际存在于某处。类概念卤素不是这些性质中的任何一种。但是氟和氯本身作为类概念也不是氟和氯。

让我们先考虑实际存在的实有体——真实的氟、氯等。作为特定分量看，特定分量的氯彼此有区别，——如果你愿意这样说，

---

① 近代化学的研究表明这些原质还有一些性质，由于这些性质它们才同属于“周期律”的第七组。严格地说，它们是这一组的附属 A 组。

它们是彼此被分析开来的，然而找得到它们有共同特征，由于这些特征它们都是氯，氟也是如此。然而实际分析又作出另外一种区别，例如在一个特定分量的氯和一个特定分量的氟之间的区别。
231 试把这两种分量在一定条件下并置于实验室中，并作适当的试验和观察。这两种分量在空间上是有区别的。但是也发现它们在性质上有许多区别，同时它们又是相似的。我现在要考查的正是这一类型的分析；由于这一类型的分析，我们发现许多不同**种类**的东西。自然，在常识和科学中，杂多种类的事物也正是由于这种分析而分成种类并被系统化了。这种分析是否遭受到攻击？我们只要翻开柏格森的《创化论》就可以找到一个肯定的回答，《创化论》说："我们知觉的任务是给我们的行动掌灯打亮，但是它总把物质分割的太清楚。总让物质屈从于实用的需要，因此总需要修正。我们的科学力求达到数学的形式，太着重物质的空间性"。[①] "真实的情况乃是形式的继续变易：形式只不过是变迁的一个快镜镜头而已"。"我们的知觉力求把实在界流动的连续凝固成为非连续的映象"。[②] 很明显，这种攻击是由于考虑到近代物理学中动力学概念的重要性而来的。大多数"东西"都是或快或慢地变易着的。这是要承认的。柏格森从许多这样的来源吸取证据。用这样的做法最后他得出这个主张：一切东西无例外地是变易、流动、进化，随着诸部分（如果有部分的话）的这种相互渗透，就没有什么分隔的界线，所有的只是一个巨大的黏滞的流体或易动的流体。[③] 既然如此，

① 《创化论》，第 206 页。

② 同上书，第 302 页。

③ 参看本文，第一节。

很清楚，他对知觉分析的攻击是遵照的通常的方式。整体是一个连续的、流动的、颤抖的胶质体。知觉引入了不连续、静止。它选择这物体、那物体、这个分量、那个分量，而把它们弄成静止的。这样，知觉虽可服务于我们行动的实用意图，但是它起了虚谬化的作用。这个攻击就是如此。它能予以回击吗？

我想是可以的，并且可以在两方面予以回击。第一，根据它的 232
观点而作这种攻击的那个主要论据建立在：把构造的关系学说应用于任何和一切东西的任何一切关系上去。[1] 如果由于一切东西是有关系的，因而它们就有普遍的相互渗透，那么就不能有东西，没有东西是任何一个东西，没有东西是它自己，一切东西都也是其他的东西了。这种见解的谬误与困难我们在前面已予以考查了。变易可能是范围很广的，虽然不是普遍的。或者，为了便于论辩，甚至可以承认变易对于存在的实有体是普遍的。但是并不能从这种承认进而说，只有一大变易、一大进化而完全没有典型的变易与个别的变易。当然，可以设想，也许只有一个大的、质的和量的变易，或者，也许有质和量上不同的许多变易。那么分析，既然能发现究竟是哪一种情况，当然它是有效的；因为我在这里讨论的分析并不限于"去抓住"静止的东西。它也能及于动的、进化的、变易的东西，如上面已指明了的。例如柏格森本人，在区别我们人所知觉的并且我们对它们具有概念的三种变易时，就默认并预先假定了这一点，这三种变易就是性质的、进化的、广袤的。[2] 每一个反对

① 参看本文，第一节。

② 《创化论》，第 303 页。

分析或多元论的人都承认这一点，只要他用概念来指称不同种类的变易。

因此可以承认：在具体事例中我们所知觉和辨别的东西、性质等不是真正静止的，而是变易的，虽然这过程很慢；然而还得承认这种知觉的分析是有效的。不同的、具体的实有体，无论进一步的分析是否指示出它们是过程或仅是简单的"东西"——如果你愿意的话，亦可称为平衡者——是可以知觉的，而且可以知觉出它们是不同的，无论这差异只是空间和时间的，或者也是性质的。在前一种情况下，这两个或更多的实有体被知觉为性质相同的复杂体的
233 例子，并且蕴涵着其他例子的可能的存在。在第二种情况下，就蕴涵着有可能找到其他例子分别近似于这两个或更多的性质上不同的复杂体中的每一个。于是就有了两套情况，每一套情况都是个别的，但是每一套作为一套看又和另外一套不同。每一套中的个体只不过是在空间上和时间上(或两者之一或两者一起)不同，但是它们是某一种具有许多性质的复杂体的个体或例子，并且可以设想这种复杂体的其他的例子。但是无论如何，不问它们被发现存在着或只是被设想的，它们和另外一套的个体是性质上不相同的。

所有这一切都是陈腐的话。这只不过是，以另外一种方式来说：在数目上有区别的某些个体中能找到数目上同一的性质或性质的组合，并且可以设想具有这些性质或性质组合的其他的例子。不同组合的个体有性质上不同的"事态"，每一组合的个体构成那个组合是由于它是这同一事态的例子。于是就有了性质上不同而本身在数目上又有区别的事态。简单地说，有被分析所揭露出来

的不同的**概念**。那么这些事态的特征是什么呢？可以简单地说：(1)事态、概念不是印刷的或言谈的符号——语言文字。即使这种符号不存在，事态还是潜在的。(2)它不是关于事态的知识或观念，因为同样必须说，即使它不被知，还是有真实的事态。(3)不问个别的例子怎样，它和它们不是等同的。数目不就是任何一个数，人不就是任何一个人，等等。(4)它甚至不一定是物理的或心理的，即或个别的例子是物理的或心理的存在体。因此不可分割性这一事态，其本身不是一个不可分割的东西，心理状态性本身不是心理的。再者还有一些东西的事态既不是物理的，又不是心理的，这就是说，它们并不存在；例如数的连续性。

因此，分析或所谓概念的分析，揭露出性质上不同，数目上有
区别的事态或概念。这些概念可能是涉及变易的事态，例如变易 234
的种种规律，也可能是涉及不变易的实有体，例如点的事态。这种揭示概念的分析，或与这些概念相等同的分析是有懈可击的吗？我们只需要指出，它是遭到攻击的。柏格森说："概念是彼此互相外在的，像在空间中的物体一样；它们像它们所模拟的这些物体一样有同样的稳定性"。"它们不是对事物的知觉而是行动的表象，借此表象，理知就可钉住事物了"。"所以，它们是符号"。[①]"理知不适用于思考进化，用进化这个词的真正意义——也就是说，它不适用于思考作为纯粹运动性的变易的连续性。"[②]

这里的攻击，至少有一部分是以上所说的典型攻击的变种，概

① 《创化论》，第160—161页。

② 同上书，第163页。

念被认为是静止的，固体式的“实有体”，彼此外在的，等等。因此，它们怎么能联系到，或关涉到那不是静止的，而是具体的、真实的过程、变易、进化上去呢？这就是典型攻击的变种。它的中心原则是什么？简单地说，就是这样：只有**相似的**实有体才能发生关系。所以静止的概念不能和非静止的东西相关联，不能和过程、变化等等相关联。概念，按它的本性是不适宜于引出或表现性质上与其相矛盾的东西的特征的。或者说，如果承认概念是一个过程的事态、规律或其他等等，那么它就产生虚谬化的作用；在某种意义下，它把非静止的东西弄成静止的。

这攻击就是如此。能予以回击吗？无疑地是可以的，首先用反证论法与对人辩论法。任何作这种特殊攻击的人使它自己的攻击失效，而且一谈到进化、过程、变易，就默认概念的分析之有效。进化、过程等都是概念，不问它们是静止的或动态的，它们是能意指、指示它们所要指出的东西，即变易、进化等的。如果概念是动态的，那么就是相似的实有体关联在一起；如果它是静止的，那么就是不相似的实有体关联在一起。但是在任何情况下，**它是和它**
235 作为其概念的东西**关联着**的。因此，攻击者默认：在一个概念的性质中没有什么东西阻碍它是其他实有体的概念或事态，无论这些实有体和这概念是否相似。

这一点既弄明白了，也就容易看到：根据类似的论辩，可以迫使反对者承认进一步的概念的分析之有效，而这种分析和区别不同的事态是一回事情。攻击者本人也区别不同种类的变易。那么他就承认了：存在着不同**种类**，这个普遍原则是有效的。对于这些种类中的某些种类作进一步的分析也许是困难的。但是把较大的整体分成这些类型，这样的分析是十分有效的。其实攻击者已先假定其如此了。那么进一步的类似的分析也可能是有效的。因此我的结论是：这个特殊的攻击不必给予认真的对待，它是在类比和语言上的歧词的影响之下作出的。

对于概念分析的攻击的另一个方面则不是典型攻击的变种。实际上它和对于知觉的攻击是相同的。攻击者这样说：知觉的谬误在于把真正是一个具体的、普遍的变易打碎成静止的、鲜明分离的部分。攻击者又这样说：概念的谬误在于把不是静止的东西弄成静止的。因此这里的辩护和对于对知觉的攻击的辩护是相同的。攻击者本人既已区别不同种类的进化和变易，也就是预先假定了概念的指示与概念的分析之有效。这些种类中的每一种都有许多例子。每一种类也就是一个真正的事态，这事态虽和其他种类发生关系，却仍然只是它那一类。那么攻击者就默然接受了一个原则：有效的概念区别成分析是能够作出的。这就足够驳斥他的攻击了，因此他的攻击是针对着这个原则而不是针对着任何特殊的、概念的分析的细节。

所以我的结论是：概念的分析作为概念的分析看是十分有效的。既然在知觉中可以有效地区别出个体，不论它们是物体或过程，那么也就有个体的类型，虽然彼此相似的程度或大或小，但这 236
些类型也还是不同的、有区别的。个体可能各色各样；它们可能是物理的或心理的存在体、复杂体或单纯体、关系或项、运动或静止、性质或物体；它们也可能像数一样，既不是物理的又不是心理的，而是潜在者。这样我们就已在区别类型了。但是无论具体的个体如何，作为事态看，事态或类型只是潜在的，和它本身等同。它就

是这种事态，不问和它相应的个体现在存在与否；它保持着它的意义，尽管这些个体可以出没无常。再者，作为一个特殊的事态看，它可以和别的事态不同；事实上，尽管它和其他事态联系在一起，它还是可以完全离它们而独立的。不同的事态之间的关系是什么，这要经过分析去决定。这乃是攻击者一向承认可以解决的问题，虽然他的解决办法和辩护者的不同。从后者看，分析才能解决这个问题，结论是：有些类型根本不依赖于其他类型。例如，数作为一个类型看并不依赖于刹那、点、物质质点、计数的活动，这意思就是所有这一切都蕴涵了数，但不能反过来说。类型有一定的阶层组织。某些类型可以无需其他类型而潜在或存在，虽然不能反过来说。

总而言之，我的结论是：这样一种分析——其中被分析的整体是一个类型或一个具有附属类的类，或是一个以个体为项的类——并不因为攻击而失效，它仍旧是这样一种方法，用这种方法可以发现出这样一些实有体，这些实有体是和那攻击者所唯一认为真实的整体一样地真实，并且是在同一的意义下真实的实有体。

237

五、有机整体的分析[①]

化合物及其他

现在我来考查第四种整体的分析，这种整体可用任何特殊的

① 参看本书皮特金文。

化学化合物的任何特定的有限分量和一个有机体作例证。我要辩护的分析的性质，以及所分析的整体的性质，可用水的分析这个确定的例子来阐明。分析表明，水是一种化合物。当作水看，水有某些性质，其中有些性质在其他化合物里可以找得到，另一些就不然；后一情况下，这些性质叫作特殊性质。一切性质可分为化学的或物理的。水对某些其他化合物及某些元素有反应或和它们相化合，这个事实中所包含的那些性质是化学性质。至于重要的物理性质则有比重、折光力、沸点、导电性、吸收能力和弹性。水作为整体具有这两种类型的性质。

然而经过电解及其他补充的实验方法，水实际上分裂为或分析成两种原质，氢和氧，这两种原质在正常状态下是气体。对于这些气体的研究表明：每一种都有许多像水所有的同样性质，虽然它们的数值和水的那些性质的数值不同。氢、氧、水所共有的性质就是上面所列举的一切物理的性质。但是这三种物质的化学性质是不同的。不过在物理性质方面，水这个整体的某些性质——即上面所举的后四种——的数值也并不只是它的部分中的这些相同性质的值之累加。所以无论在化学的与物理的这两种性质的事例中，整体中似乎都有一些东西是部分中所没有的，反过来说亦复如
是。如果从部分——通过实验——而综合成整体，就会有某些无 238
论在质和量上都是新的东西，作为整体的性质而出现。另一方面，如果对整体——通过实验——作分析，我们也会发现整体具有一些为部分所没有的性质。这些性质经过分析而被“突出”来；它们是一种剩余，是整体作为整体的特征，而由分析揭露出来的，这种分析同时既揭露了部分或元素，并且通过它的细分，又揭露了组织

的关系。

以人为的或自然的与发展的方法，从部分中实际综合出存在着的整体来，就出现了新性质或新值，这个事实是很重要的。这是一个被权威研究者们所承认的事实。能斯脱教授说：①“有很大数目的物理性质已明白地证明了是累加的；这就是说，这些性质的值可以这样去计量，就好像那化合物只是它的元素的一种混合，从而它的元素并不在性质上经受任何改变。”这类的例子有：有机化合物的体积、折光能力、磁性和燃烧热。但其他的性质就不是累加的。“在一个化合物里的原子产生那一类影响，基本上取决于它的结合的方式，这就是说，取决于这化合物的组织成分和位形。这些非累加的性质叫作构造的性质。”这类的例子有吸光能力、旋光力和熔点。

近代物理学与化学，主要是物理学，把水的这种典型的分析更推进一步；它分析水的两个组成成分，氢和氧，发现这两个成分又是由以某种特殊方式联系起来的部分所构成的。事实上在这种物理—化学分析的任何一个阶段上，都没有揭露出组织关系。氢和氧，或许所有的元素都证明是由电子组成的，即由正电场中的负电荷组成的。进一步的分析表明，这些电子在轨道上极快地运动着，并且表明它们的质量是它们的速度的函数。于是显出原子是一种
239 机构——一种电的机构，正如分子是以原子作为自己的部分的一种机构，物质质点是以分子作为自己的部分的一种机构一样。但是由于原子既是电的机构，分析就更能推进一步。电子本身是力

① W. 能斯脱：《理论化学》(R. 莱费尔德英译本)，第 365 页。

的电场。因此，它是许多元素的三维复杂体，这些元素乃是构成有次序的系列的强度点。但是电子是运动的。于是它们的运动又可以照着前面所提出的方式予以分析。[①] 很明显，像前面所已提出的算学的、动力学的、力学的各种定律都可以应用到分子内部的实有体上去。但是，却不能从这些定律中演绎出特定的分子和它的特征，然而反过来说，我们发现任何特定的分子蕴涵这些定律。

但是，我们无须深入考虑这些定律所包含的分析，以建立一个重要论点。我们姑且停止在把原子分析为电子上，而把后者的性质和前者的性质比较一下。电子作为个体看具有原子所具有的某些性质，如体积、比重、质量、吸引力（无论它是什么一回事），但是它们缺乏折光力、旋光力、导电性、吸收能力，而这些性质是原子所具有的。同样，任何有限分量的原子（作为原子看而不作为分子看）——例如气化的水银——作为整体看，具有个别原子所没有的性质，分子亦复如是。在由部分（这些部分本身又是整体）综合成整体，直到我们达到那个——就是电子的——力场中的强度点为止，在这个过程中，每一个阶段上都有为部分的性质中所未有的、属于整体所有的性质。但是分析揭露出这些整体是什么，它们的部分是什么，它们每一个的性质是什么，在每一层次上的组织关系是什么。这分析容许有不纯是部分的总和的整体，这些整体和它的性质在科学的现阶段上，我们不能从这些部分中把它们演绎出
来。然而在许多事例中这分析也容许对整体的性质与部分的性质 240
之间的函数关系作经验的确定。

① 参看本文，第三节。

这种分析能成功地予以攻击吗？这个问题极重要，因为许多科学的实验方法就是这种分析。生理化学分析有机体及其部分是如此，化学和物理学的发现也是如此。

无疑地曾有人作过这种攻击。不过这里没有机会提出我们所已经考虑的那种典型的攻击。在这儿，部分和整体并不显出是矛盾者。唯一的攻击的机会在于说：在一个由交渗互入的、互为因果的部分所构成的整体中，不能以实验方法移去其中任何一个部分而不变更这个整体。[①]

回答是：也许不能——就现在考虑的这一类整体的事例来说。的确有为部分所组成的整体，这些部分，由于关联在一起，的确互相改变或影响着，或这些部分也可能正是通过它们的相互关系而构成的。至少这是一种假设。这类整体可用一个有机体作例证，因为正是由于这个理由它们才被称为有机的。作为整体看，它们似乎的确具有部分所没有的性质，这些性质并不是从部分的性质**累加**而来。如果这些部分在自然过程中被汇合在一起，那么这就是创造和进化。如果它们在实验室里被汇合在一起，那么这就是伴随着综合而来的创造。在两种情形下都有创造性的综合：一种是自然的，一种是人为的。但有机体并不是唯一呈现这种综合的一类整体。无生物也是一样。化学化合物、原子、每一物质的复杂体都呈现这种综合。在每一事例中，不论部分和整体可能都是算学的、动力学的、力学的，等等，但是同样在每一事例中，它们都不止是如此，例如，所应用的力学定律就受特殊的性质常数的限制，

① 参看本文，第一节。

正是这些特殊的性质常数使每一个整体和每一个部分成为一个特定的整体和一个特定的部分。

至于说到对于这些有机整体的实际的实验分析，那么有两种 241
假设，每一种都是和对分析的实在论的解释相容的。一种假设是：当部分一被分析出来，它们在某些方面就变了。但也并不是说部分的一切性质都必然是如此。例如在水的例子中，某些性质，如氢、氧的比重和折光力，无论这些原质是化合着或不化合着，似乎都是相同的。但就其他性质说，特别是化学的性质，情况就不同了。当部分被分析出来时，它们似乎就获得一些这样的性质，但把这些原质化合起来时，这些性质就丧失了，而整体获得了一些补偿的性质。这样看来，分析和综合是互相补充的过程。两者都是自然的过程。两者都有所创造。在每一过程中，相对于另一过程说，都出现新的性质，这里有一种真正的创造作用，这种创造作用不是用凡作为新东西出现的东西一直就潜在着这样一句话能轻轻地解释过去的。因此，根据第一种假设，部分，当它们**居于**整体**之中**时，实际地通过它们和其他部分的关系而构成。

按照另外一个假设，部分——不问它们是电子、原子、分子、或质点——无论它们是否在整体之中，都是同一的东西。但是，按照事实，必须承认在每一后继的整体中，都有新的性质发生。照这个假设，当许多电子合成一个原子时，这些电子仍旧像在它们结合以前一样，不过这结合作为整体看，具有那些电子所缺乏的性质；原子结合成分子、分子结合成质点，如此向上类推，亦复相同。然而，这两个假设都承认在自然界有一种非理性的因素——至少就我们现有的知识来看是这样。将来也许有一个时候，整体的新性质可

以从部分的性质中演绎出来，但现在这种演绎还不可能，至于这种不可能是由于存在的结构，或由于我们的愚昧，还是一个未决的问题。

242 这两个假设都是和实在论对于分析的解释完全一致的。在无论哪一种假设中，分析都不导致与整体相矛盾的部分。分析本身是一个过程、一件事态。按照第一个假设，拿出来的或放进去的东西受到了改变。但是在每一事例中分析都揭露出这种改变是什么，并且在每一事例中这些产生出来的性质都是真实的。分析本身不过是一个过程，从这过程中生出真实的性质，由于这过程真实的性质受到变化。[①] 按照第二个假设，拿出来的和放进去的东西都没有改变，仍旧是原来的东西。然而当进行综合时候，部分有了前所未有的联系，新的组织关系建立起来了，一个有新性质的整体形成了。但是在这里，同样分析也揭露这些性质，揭露部分的组织关系，揭露部分及其性质。无论是分析及其补充者、综合，都是过程，分析揭露那些即使它们的组织关系改变时它们仍旧不变的部分，而综合则能引起新的性质的发生。但是，无论分析和综合都不给人任何借口，可以说这些被揭露的部分或所产生的性质及整体不能用实在论的观点作充分的解释，或者说它们是在任何意义下矛盾的，并因此是起虚谬化的作用的。变易是一个事实。它是一个事实，这是攻击者所据以攻击分析的主要论据之一。所以毫无疑问，攻击者不能根据实验分析本身是一个过程并引起变易这个

① 当然，前面已经说明，变化并不对分析提出什么不可克服的困难。参看本文，第三节。

理由来攻击实验分析而不陷于矛盾。攻击所针对的只能是那些被建立的变易的性质，而后者，上面曾看到，正是对分析的典型攻击的原则所在——即分析把整体变成了和它相矛盾的部分。但在这里，是没有机会提出这种借口的。分子不是质点的矛盾者，原子不是分子的矛盾者，电子也不是原子的矛盾者。

所以我的结论是：像所考查的其他分析一样，对于有机整体的分析也不受对它所作的攻击的谴责。这些整体，和我们所已考虑 243
的其他整体比较起来，更明显地不纯是部分的累加的结果。它们具有新的性质，为部分所缺乏的性质。一切物理的和化学的整体，有生命的和无生命的，都属于这一类——当然，最基本的单纯体除外。这种分析是妥当的。它揭露部分、组织关系以及整体本身的性质。这种分析也是有效的。照第一个假设的情形，这分析可能改变所分析出来的东西，或者照第二个假设的情形，它可能不如此。但无论在哪一种情况下，都必须依照实在论的基本立场承认部分的表面价值。因为变化作为变化本身，没有什么东西和这基本立场相悖谬。[①] 变化作为变化本身既不妨害开始点，也不妨害终极点的真实性。这是分析的反对者所不言而喻地并且公开地承认的。因此他们不能仅仅根据这一理由——分析包含有变化——就提出反对分析的诉状，因为这种特殊的分析和平常的分析不同，它确是包含有变化的。

① 参看《创化论》和《时间与自由意志》。

有机体和它们的分析

有机体是整体的一类，它们的分析属于刚才所陈述的类型。认识了这一点，就很足以说明有机体的性质是什么、生命的性质是什么这一类问题。认识这一点就可以把生物学中所谓活力论者与机械论者之间的争辩弄明白。现在，一切证据都表明有机体是由细胞、溶液中的胶状质点、分子、原子、电子所构成的。随着我们向上综合，在每一阶段上都出现新的性质。往下分析，大概说来，就有性质的丧失，就有向简单化的趋势。一般说来，所有这一切是被大家所承认的。大家也都承认有机体是这样一种整体。然而，所争执的问题是：有机体是不是不止如此？我们知道一个物理—化学的复杂体是分子、原子等部分的整体，这原子、分子本身又是整体。一些众所周知的定律可以应用到这种种整体和部分上去，只是它们必须受某些“常数”的影响或限制，这些常数表示在每一阶段上的那些性质的数值。例如能量不灭定理、达朗贝原理、热动力学的第二定律、运动定律等等，可应用到物理—化学的复杂体上
244 去，但只能是在某些条件下，这些条件被表现在一些公式中，它们可以通过积分运算，提出为实验所证实的数值。在这一意义下，因此，这复杂体是一个机械体系。但它并不是一个**纯粹的**机械体系，这就是说，有关它的那些定律不是那种靠连续的微分运算消除一切常项而得出的纯粹地机械的定律。但是在电流是机械的这个意义下它也是机械的，也就是说，电流具有由度量电现象而得出的那些限制所限制的纯粹地机械的定律。所有这一切都可以予以承认，**然而还得承认**：每一个化学化合物是一个特殊的、特定的化合

物，在某些方面不同于每一个其他化合物，并且作为一个整体，具有并不表征它的部分的性质的一些性质。

有机体，不论植物或动物的任何种或变种的个别有机体，除了就是这样一个**特殊的**物理—化学复杂体——当然，在种类上不同于其他是有机体的物理—化学复杂体——之外，是不是还有什么更多的东西呢？

活力论的学说为数是不多的。一种传统的含糊学说，即较古老的活力论者的学说，认为在一个有机体中有一种生命力或能力的存在，但是这个东西从来没有在实验中被发现过。然而很明显，即使这个东西存在，它也不会使这有机体成为非机械的。因为**能力**是受机械原理支配的。一种活的能力，至多只能在那个是有机体的复杂体上再增加一个机械的因素。另外一种学说使一种心灵的因素普遍地平行于生理的因素。那么如果后者是机械的（这是一个正在争执中的问题），前者，作为它的**平行者**，也是机械的了。第三种学说，显然是非平行的，设置一种心灵的东西仿佛“控制着” 245
一种潜力的发泄：依照这个学说，有机体的特征之一就在于此无机的复杂体储存更多的这样的潜力。所以通过变换这种潜力的宣泄方向，可以完成这个东西所“存想”的各式各样的目的或意图。然而一经宣泄，这特殊的能力就遵照无机界的通常原则而发生作用。这个学说如果是真的，它就**的确意味着**在有机体与无机体之间有一种真实的差异，因为由于这个差异，有机体作为一个整体，会在它的行为中在**同样的**条件下表现很大程度的**变异**；如果它仅是一种物理—化学的复杂体，它是不会这样做的。在同样条件下，有机体就会有时做这样的事，有时做那样的事。认为这种学说是真的，

会对于生物学家的态度产生重要的影响。事实上这种学说使科学的生物学成为空话了；如果这个学说是真的，活力论就会具有一种特异的意义，使它和机械论大有区别。然而这学说不为事实所支持。甚至在被某些人认为支持活力论的那些现象中，如再生、复原、形态的长成等等，我们**发现有机体乃是在同样的环境之下做同样的事**。但是，另外一些人认为，这些现象所表明的是：在不同的环境下达到了**同样的**目的或得出了同样的结果。这就引出**第四种**学说；照这个学说讲，在每一个有机体之中有一种心灵的东西，它在各种变化的环境里能达成一个固定的目的。[①] 这是它的假设。不过物理上可观察到的事实乃是：被这个学说当作目的的东西乃是这个有机体的发展或行为的**一个较后的阶段**。它也可能不止是如此；也就是说，即使用在考虑中的假设那样去解释它，它也可能是一个是**现在**所着眼的，要到**将来**才能完成的、有意识地持有并向往的目的。但是即使如此，它的作为"较后的阶段"的这一基本状
246 况，并不因此而有所变更。事实上，要作为一个**完成了**的所"持有"的目的，至少它也必须是一个在这种意义下的目的，即它是一个"较后阶段"；它可以是一个"较后阶段"而不是一个**完成了**的所"持有"的目的，但不能是一个**完成了**的所"持有"的目的而不是一个"较后阶段"。但是如果目的是一个在这种"较后阶段"意义下的目的，那么，不论在某些情形下它还可能是什么，它是为无机的物理—化学复杂体所同样呈现的那一类目的。一般地说，在这些复

① 这是德里施的新活力论和隐德来希的学说，见汉斯·德里施："有机体的科学与哲学"，《吉福德演讲集》，1907 年，1908 年，以及其他著作。

杂体中,同一的果,或在某种限度内是同一的果,能从许多原因中产生出来。因此,一特定的化学化合物可用许多方法综合而成。再者,作为整体,这些无机的复杂体呈现出部分所没有的性质;它们是机械体系,虽然并不是机器。但是这两个特征,就可以确定的物理的事实说,乃是有机体所有的一切。然而如果在无机的复杂体的事例中,引入一种特殊的东西如德里施的隐德来希(Entelechy)来说明这些事实,那么,它不仅是多余的,无所说明的,而且这些事实本身也并不因此有任何改变。有了它,这复杂体还是机械的,没有它,它也是机械的。对于这些复杂体,没有引入这种特殊的东西的必要。有了它所造成的唯一差异,只是有它和没有它之间的这个差异。

因此,如果活力论是照这第四个假设而予以界说的,那么它是一种无意义的主张,也就是说它不能成功地在有机体和无机体之间作出它想要作出的区别。因为假使把这样一种特别的东西放入有生命的东西中去,就有同样的理由把它放入无生物中去。但是生物界和无生物界无论共同有它或共同没有它,都不能在这个基础上得出或发现这二界的区别。但这并不是说,不能承认有某种特殊性质的意识或觉知,在特定条件下在某些有机体的身上出现。这是可能的。但是这种觉知并不要求对这有机体作一种活力论的解释。这种觉知并不说明作为"较后阶段"这个意义下的目的,而 247
只是把这"较后阶段"造成为一个"所持有的"或"所向往的"、要在将来去完成它的目的。这"较后阶段"以及那"创造性的综合",作为实际发生并因而可观察的东西说,可以在它和较前阶段的联系或关系中得到充分的解释和说明。假设一个外加的觉知,对于这

种说明毫无裨补。这种觉知可能发生，十足的实在论正可以承认它可能发生，但是，如果它发生，必须把它和一个像"隐德来希"这样的特殊的东西区别看待，后者是被人当作常存的、能控制、能指挥的东西，而用来解释那被完成的目的和"创造性的综合"的。

因此特性的不同乃是生物与无生物之间的唯一差异，但是这种差异不为活力论提供任何理由以反对机械论。[①] 那些从它们的定义看确和机械论不同的活力论的学说并没有得到佐证。其他的活力论的学说则只是加上一种假设的东西，这种假设的东西，对于所发现的事实并没有什么特殊的意义。有机界和无机界既是机械的，同时又是特定的。这就意味着没有一界是纯粹机械的。通过把度量每一个复合体的特定性质所得出的常数引入各种机械公式，无论无机或有机界都可以应用力学。因此如果这种见解也叫作活力论，活力论和机械论之间就没有差异了。活力论不过是非纯粹的机械论的别名。当然这两种学说都意味着能对有机体作实验和形式的分析。因此我不能同意柏格森先生对于有机体的分析的攻击，也不能同意他的特殊活力论的学说，这种学说使所有复杂体都成为不可分析的，并会使任何东西都成为有活力的了。[②]

---

① 参考里特尔、詹宁斯、洛夫乔伊之间的讨论，载《科学》杂志 1911 年，第 34 卷，第 847，851，857，859，864 期。关于本文这一节的主张的更详细的说明，参看我的论文，"分成部分的能力"，《实验动物学学报》，第 4 卷，第 2 期，第 284—315 页。

② 《创化论》，第 162 和 225 页及他处。

实在论的真与错的学说 251

W. P. 蒙塔古

引　　言

对于错这一事实的反思曾经是哲学家们放弃那种**自然的**或**素朴的实在论**观点的主要原因。按照那种观点，意识被设想成类似光线的东西，这种光线显露真实世界的性质，而它自身又是这真实世界的一部分。既然为光所显露出来的事物决不依赖于光而存在，而毋宁是光的发射依赖于这些事物，同样，在意识中所显露出来的事物也决不依赖于意识而存在，而毋宁是意识的出现依赖于这些事物。但是当我们发现这样的事实，即显露在意识中的某些事物——例如梦中的许多事情——在相互制约的事物的时空体系中并没有它存在的余地，而仅仅对于经验着它的个人才有效时，于是就发生了这样一个疑问：除了个人的意识状态以外，究竟意识是否直接地显露任何事物。除了把意识比作光，又有另一种说法，即把意识比作照相底片，外在于认识者的事物借助于它们所产生的“意象”(ideas)在这个底片上显现出来或象征出来。但是，当人们发现，我们除了那些感觉印象本身的存在处所和它们的性质以外，

不能给那些被推论出来的、作为我们这些感觉印象的原因的外物以任何其他的存在处所和性质,这时,这种认识论的二元论就显得令人不能满意了。由于这个原因,认识的摹本说就让位于认识论的唯心主义或主观主义的学说,按照这种学说,我们生活于其中的世界被设想为由意识从其自身各种状态的原材料所构成的产物。这第三种学说的任何一种变种所包含的种种内在矛盾、企图把任
252 何形式的这种学说同常识以及科学方法调和起来时所遭遇的各式各样困难以及最后,意识对于恰恰是被人假定为它应该去创造的那些对象的可悲的依赖——所有这些都导致实在论的背叛。并且因为脱离实在论既是由于对于错做了主观论的解释,因此回到实在论去也必须以对于错,并从而以对于它的相关项真的实在论的解释为基础。我将在以下三个题目之下论述这个问题:一、真与错的意义;二、在纯粹事实世界中的因果与意识;三、真与错的起源。

一、真与错的意义

1. 真与假的定义——我将用"真理"这个名词指示"真知识",用"错误"这个名词去指示"假知识";因此,真理与错误的定义可以归结为真与假的定义。我认为,当作一个可能的信仰或判断的对象来说,真与假分别地是实在与非实在。这就是说,实在与真之间的区别就如像乔治·华盛顿与乔治·华盛顿总统之间的区别是一样的。乔治·华盛顿总统是指和我们的政府有某种一定的关系的华盛顿。而乔治·华盛顿则恰恰指的就是那同一的个人而不问总统这个关系。

2. **何谓实在的和非实在的东西**——既已把真的东西界说为实在的东西——也就是说就这个实在的东西是一个实际或可能的信仰的对象而言——似乎我们就必须继续来界说，何谓实在的东西和何谓信仰。我不敢说，是不是——根据下列两个理由之一——我们一定不能拒绝这样一个要求，这两个理由就是：(1)“实在的东西”和“信仰”，就它们的内在的含义说，是两个根本的、不可界说的项，而任何试图为它们所作的定义都将是循环论证的；(2)它们的界说将是多余的，因为不论用什么样的界说，都可以看到，真的和 253
实在的在形式和在概念上永远是同一的。这就是说，我可以容许读者自己去选定实在的意义——这个意义可以不论是什么，然后，我根本不来批评它，而只是请他说明，在他所看作真和他所看作实在的东西之间究竟有什么区别，但是我所以提出这一点，只是为了说明一句话，即：我对于实在的定义，如果遭到反驳的话，不该便被当作为根据，来削弱我的真的东西和实在的东西是同一的这个论题。

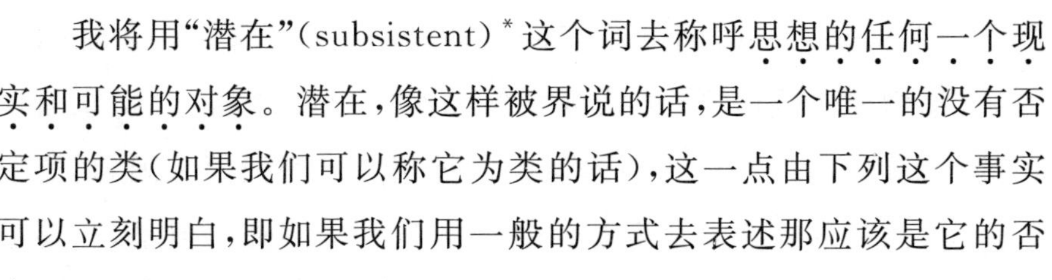

我将用“潜在”(subsistent)* 这个词去称呼**思想的任何一个现实和可能的对象**。潜在，像这样被界说的话，是一个唯一的没有否定项的类(如果我们可以称它为类的话)，这一点由下列这个事实可以立刻明白，即如果我们用一般的方式去表述那应该是它的否定项的话——也就是说：“那不是思想的一个可能对象的东

* Subsistent 一词在这里的意义等于“实有体”所包含的意义。它是一个绝对的最高的类概念，包括一切存在体和潜在体。因为缺乏更适当的译法，只好照原字字义译为“潜在”。在这一段中，“潜在”的意义是和通常用这个词所指的意义不相同的。——译者

西”——那么,如果我们的词语还有任何意义的话,我们所得到的只是另一个“思想的对象”。简言之,潜在构成一个绝对的**最高的类概念**。而且,作为任何潜在的意义上的不可分割的方面,任何潜在对于其他某种存在有一个“是”的关系;因此**任何潜在是一个或包含一个命题**。[①] 现在我们说,有一个这些潜在对象或命题的大类,它很容易和其他的潜在对象或命题区别开来。这就是空间—时间系统。这个系统的元素也就是我所谓的“事件”——也就是说,事件是**若干性质的集合,这些性质处于占有一个时间和一个空间的终极关系中**。“事件”这个词的这样的用法可能引起批评,**批评**的理由是我们所称为事件的东西往往是占有某一数量的时间的,并因此在它的意义里包含有绵延与变化的概念。但是我想不出一个比“事件”更好的词,来指称现有世界中的那些**基本的殊相**。
254 这些终极的殊相只能是一些**项**,它们本身是不变的和不绵延的,而在它们之间则产生变化和绵延的种种**关系**。它们是单一空间在单一刹那间的占有者,是单一对象的时间上的横断面。物理分析上的普通单元是一些时间上持续的东西,在空间上简单而在时间上复杂,如像原子或电子,被认为是“变化的”、“活动的”、“起原因作用的”等等。由于在思想与语言中这种用法已经根深蒂固,因此很难避免,而在这篇文章中我也往往落入这种旧习惯。但是,只要略加思考就可以表明,我们有权而且有责任不仅仅把这个世界在空

① 任何存在是一个或包含一个命题,这句话不应被解释为和下列的自明真理不相容,即:那些作为命题的主词和宾词的项同样也存在。我的意思只是说,因为任何项不能独立于一个自身同一的复合体或者一个命题而存在,因此,全部的项也就是指全部的命题。我将把“对象”一词作为项的复合的同义词来应用。

间中“垂直地”划分为实体单元，而且有权和有责任在时间中“平面地”划分为时相单元。

由于这些事件—元素的性质上的复杂性，因此每一个事件—元素自身至少构成一个命题——所谓命题，上面说过，是指一个复合体，其中总可以区别出用动词“是”的某种时间与数量上的词性形式联系起来的两个项。[①] 因此，在一特定时间、特定地点出现的一个爆炸，是一事件，并可表示为如下命题：“这个物质与运动的（称为“爆炸”的）性质复合体是那发生在 s_1，t_1 时空域中的某种东西。”一个静止的或运动的物体的瞬间性质状态同样可以构成一个命题的主词，其宾词是“发生在一特定时间和地点”。除了事件自身以及刚才所说的它们的内在的同一性以外，在时间系统中还有那些存在于特殊事件之间的时空关系。这些关系显然也可以用命题表示出来，例如说，“苏格拉底的死这件事情发生在康德的死以

前。”当我们的特殊兴趣不在于一事件的时间方面时，这个命题将
不是事件之间的关系，而是“持续的事物或有”之间的关系。（一个 255
“持续的事物”可以界说为一个在时间上连续的事件的系列，这些事件或多或少保有同一性质，而且它们并不在任一瞬间占据非连续的空间域。）“恺撒生活在拿破仑之前”，或“恺撒与拿破仑相似”，可以作为这样的命题的例证。以上我们所讨论的命题都只是这样

① 动词是当作系词而用于一命题中时，表明缺乏外延上的或地位上的二重性，而同时具有内在性质上的或内涵上的二重性。因此，当我们说“铁是有用的”时，我请求注意下述事实，铁与有用的这两个词的内涵上的二重性与外延上的单一性是结合在一起的。（参看我的论文，“同一性的意义”等篇，载《哲学、心理学及其他》杂志，第 3 期，第 127 页。）

或那样地涉及时空系统中的元素或这些元素的集合。它们是我们通常所调的存在的命题。但是在时空系统中还有另一类同一关系，即是说，不同事件的部分或方面之间的关系。一切体现于不同的时间与地点的性质(包括自成一类的时空性的性质自身在内)，也可以同样地体现于其他的时间与地点，而存在于它们之间的种种同一性的关系具有一种独立于任何特殊存在的实在。这一类关系构成我们的“普遍的”与所谓“非存在的”或“仅仅是有效准的”命题。这一类命题的例子是“橙色较绿色更近似于黄色”;“7 + 5 = 12”;“凡对于一类真的，对于一类中的每一分子也真”等等。这些关系是为存在对象的时空系统所预先假定或蕴涵的。因此我们可以说，实在的宇宙是由存在物的时空系统以及为这个时空系统所预先假定的一切所构成的。又因为任何实在都可以被视为一个真的、自身同一的复合体或命题，并因为每一命题有一个并且只有一个矛盾命题，因此我们可以说，存在对象域的其余部分所包含的，一定是那些与含有实在的真命题相矛盾的(特称或全称的)假命题或非实在。

至于信仰的定义，我只想说，它是我们对于表现为真或实在的任何命题所采取的一种态度，并且带有按这个命题而行动的倾向。
256 但是对于一个命题来说“表现”为真的是什么意思，一个假命题如何能表现为真命题，我们将必须留待在后文中来讨论。

3. 对于定义的责难;心理物理学转喻的语言谬误——现在来讨论人们对我把真与实在同一化的责难的问题。有人也会说，真与假是适用于信仰的形容词，也就是说，是适用于一个人的行为或状态的形容词。我们不说对象是真或假;我们说它们是实在或非实在——只有信仰才有真假之可言。对于这一点，我们可以回答说，**真与假仅仅在转喻或假借的意义上才适用于信仰**，也就是说，只是依据于信仰的行为与被信仰的对象之间的关系而说。说一个信仰行为自身是真或假，这是毫无意义的。总是由于所信仰的东西，我们才说信仰是真或假。信仰之或真或假，来自信仰的对象或内容。当我们说一个信仰是真的，我们的意思是说，我们所相信的东西是一个事实，是实在的，是如此的，是真的。在语言中有许多这种同类的例子，即其中的话实际上是应用于在一定关系中的对象的，却被用作似乎适用于这个关系自身。当我们说，“多么好看呀！”我们的意思不是说，看的动作或看的过程是好的；虽然被形容词“好”所形容的“看”首先是表示看的动作。我们转喻地用看这个词去指示**被看的事物**。我把对于这一含混性的忽略叫作**心理物理学的转喻的语言谬误**。对于“思想”这个词的含混用法提供了又一个例证。思想首先是表示思想的行为，但当我们说，“你呆呆地想些什么呢”，我们不是要知道他的脑子中思想的活动或过程是什么，而是要求知道他所想的事物或对象。和“思想”，“看”，“信仰”等等一样，**判断**也是如此，因为“判断”是信仰的陈述或表露。和信仰一样，判断原是表示一个人的一种行为或过程的名称；但是这两个词现在也都用来指示所**信仰**的和所判断的东西，也就是所陈述的命题或自身同一的复合体。真与假决不是在判断或信仰的第一 257
种意义上，而只是在它们的第二种意义上才被应用到判断或信仰上去的。换句话说，它们属于命题或对象，而不属于判断行为。如果所信仰的事物是一个事实，那么表述这个信仰的判断就是真的；如果它不是一个事实，则这个判断就被称为是假的。如果读者在

这一点上还有疑问的话，让我提出下面这样一个问题：如果我们希望知道我们所主张的关于三角形的性质的某种信仰是真还是假，我们将去请教谁呢？心理学家么？肯定不是的。我们要去请教数学家。但是为什么呢？心理学家被认为是一个关于心理过程的专家，如果我们把真与假这样的形容词应用于作为心理过程的信仰上，他就应该正是我们的难题的解决者。但是我们却必须去请教数学家，因为我们要求知道我们关于三角形的信仰究竟是真是假，而这个要求只有那懂得三角形的人才能予以满足。因此凡是一切关于真与假的怀疑，都要去请教那懂得我们所信仰的事物的人，而不是去请教那懂得信仰的过程或行为的人。真假之应用于信仰乃是就信仰这个词的客观意见而说的，这一点，如果我们了解还有很多**其他**形容词都是就信仰的主观意义而应用于信仰这个词的，那就更可以了然了。例如，如果我们不是关心信仰的真与假，而是关心究竟这个信仰是否足以令人安慰，是否有鼓舞力，是否健康，那时候很可能我们就不该去找一个对这个信仰的主题有权威学问的人，而是该去找一个心理学家了。

4. **心理物理学转喻的语言谬误的第一个后果**——把像信仰与判断这样一些词的主观意义和客观意义混淆起来，除了模糊了真与假（分别指示实在与非实在）的真正意义以外，在理解（或毋宁说误解）实在论的观点上还产生两个极重要的后果，因此即使暂时离开一下本题，也必须来谈一谈。

“心理物理学转喻的语言谬误”的第一个后果，最好的例子是
258 贝克莱的那个关于唯心主义的主要论据。如我在别处所陈述过

的，[①]这个论证的内容是一个一看起来好像是正确的巴巴拉(*Barbara*)三段论(即全称肯定的三段论。——译者)，但其中的中词"观念"具有和信仰这词一样的含混意义。这个论证可以表述如下：观念不可能脱离心而存在。物理对象就其被知觉或被认识而言肯定地是一些"观念"。因此，一切物理对象不可能脱离心而存在。这个三段论从形式上看是正确的，而且每一前提实质上也是真的。它的结论曾被一代一代的哲学研究者带着厌恶与愤恨的心情接受了。这个论证看起来好像是一个无可争辩的论证，如果我们没有注意到："观念"这个中词用于大前提中是指称知觉的行为或过程，而用于小前提中，它是指称这个行为的对象，即所知觉的东西或内容。观念这个词的这两种用法，每一种就它本身说都是习见的并且也是正当的；只是把二者等同起来，就产生荒谬了。但是，这种谬误的比较现代的、更普遍的形式，不在于玩弄观念这个词，而在于玩弄"经验"这个词。经验有一种很好的具体的风味，并且极为经验主义者所爱用。这个词比起观念这个词来有更丰富的内容，而且更少地使人联想到18世纪心理学的那种过分的理智主义气息。这个概念被人看作自身就是一种根本性的概念，无需予以界说。它是自明的，任何东西都用它来界说以构成我们的根本的论域。我不喜欢抓住这样一个时髦的偶像，但我必须指出，和"信仰"、"思想"、"观念"一样，"经验"这个词首先地、本原地是指一个有机体在意识到对象时所进行或经历的一个行为或过程，而由于转喻，它也已被用在一个完全不同的意义上，不只是指产生意识

① 见附录："六位实在论者的方案与初步纲领"一文。

的过程或状态，并且指为我们所意识的那些对象。从后一个意义来说，我们可以说，没有任何事物是存在于经验世界以外的。我们
259 唯一可以知道或讨论的世界乃是我们所经验的世界。但是这样说，完全不同于说：第一个意义之下的经验，也就是说作为一个意识**过程**的经验，是真实对象的一个必不可少的 *sine qua non*［条件］。如果我们随便玩弄这个词，我们会得出一种彻头彻尾的主观主义的理论，但是表面上看来却好像是某种在实在论和主观主义之间的科学性的经验的调和。如果我们去问那些以这一双重意义用这个词来作某种陈述的人，当他们说“经验”的时候他们心里所想的是什么，我们会得到这样的回答：经验是那使自己向两极分化，成为一对对相关的、但又互相相反的东西，这些两极的对偶，例如主体与客体，物理的东西与心理的东西，个人意识与社会意识，知识者与所知，等等；并且所有这些对偶项和项与项之间的关系都在经验的范围之内，并且是由经验所构成而作为经验的函项的。如果我们要他们举出若干例子来说明什么是这种被称作经验的原始材料，他们无疑地会指给我们桌子、椅子、星星、山以及诸如此类许多习见的东西。如果我们再进一步问：这些所谓的“经验”是不是就是常识所指的“东西”，并且，是不是这些为我们所经验的东西的行径清楚表明了它们是先在于，甚至制约着我们对它们的经验，从而完全能独立于这种经验而存在。很可能我们会得到这样的回答：我们所能知道的唯一的东西是被经验的东西，而一个被经验的东西就它是被经验的而说，总是一个经验，并且，因为你当然不可能有一个经验而这个经验不同时是某种意识过程，因此我们不可能在任何可理解的意义下相信或甚至想象对象是独立于意识而存

在的。于是我们可以提出许多“外在关系”的例子来，也就是说这种关系是一些对于在关系中的项的存在来说并非必需的关系。我们可以提出“指”这种关系，很明显，那被指的东西并不以任何方式依存于它之被指这一事实，然后我们就来问，经验或认知一个对象会不会可能也是和指一个对象相类似的；由此也许可以得出，被经验的东西之不依存于对它的经验，犹如一个被指的东西之不依存 260
于对它的指一样。对于这个问题，人们会告诉我们说，指一个东西和经验一个东西完全不能类比，而把被认识的东西和对它们的认识分别开来是本质地谬误的。现在情形变成了这样，即：**经验**这个词既指称一个**经验行为**又指称一个**被经验的东西**这种恒常的用法，已经在唯心主义者的头脑里造成了一个奇怪的幻觉，即这两者不止是在他的头脑里在字面上联系在一起，并且是在自然界里在实质上联系在一起的，从而那些被我们所经验的对象只有在被我们经验时才能存在。因此，这种心理物理学转喻的语言谬误的后果就造成了一种气氛和一种术语，使这种经验主义的唯心主义不但显得似乎是真的，而且似乎简直是一种公理——可以说几乎是一个用文字界说的问题。在这样的情况下，就简直不可能理解什么是实在论。在这些经验主义者看来，实在论简直是错误到毫无意义了；而那些为实在论辩护的人事实上也在受人责难，说他们所提出的是一种人为的争论。在经验主义者眼里看来，唯一有一点意义的一种实在论，是那种旧式笛卡尔派的——关于一个完全在我们所意识的世界之外的对象系统的——二元论。但是新实在论的突出的特点不在于主张那些不为我们所经验的、假设的对象的独立存在，而在于主张正是那些被我们所经验的对象的独立存在。而任何人如果拒绝把一个被经验的东西和对这个东西的经验两者区别开来，这个学说对他说来就是不可能被理解的。

5. **心理物理学转喻的语言谬误的第二个后果**——心理物理学的转喻的语言谬误的第二个后果在于对“思维规律”的误解，从而对于形式逻辑的意义与主题的误解。

一个规律是事物之间的一种关系，这种关系如果说不是在一切时刻，至少在不止一个时刻中是真的或实在的。这些规律的普
261 遍性是不同的。有些规律只成立于具有广袤的东西之间。另一些规律成立于一切具有量的东西之间，而不问它们是否具有广袤。最后，有少数规律、如不矛盾律、排中律以及 *dictum de omni*［全的原则］，对于一切事物都同样可以适用，不论这些事物的特殊性质是什么。这些规律是由于它们的充分重要性和特殊性而成为一门专门科学——逻辑科学——的对象。关于某些事物的思想是真还是假，需要视这个思想是否符合于这些事物的规律而定，在这个意义之下，任何事物的规律也是一个思想的规律。在这个意义之下，化学与植物学的规律是思想的规律。逻辑中所研究的规律，由于它们的绝对的普遍性，为一些更具体的规律所预先假定。又因为这些规律对于凡为思想所能掌握的任何主题或题目来说都是适用的，因此，它们一定为一切思想所遵循，不管它的特殊的主题是什么。仅仅是因为这种普遍性，这些规律才得到了它们的使人误解的“思维规律”这一名称。在这些规律中绝没有任何心理的因素。这些规律本身独立于我们（对于它们）的意识之外，就像物理因素

之间的较具体的关系是独立于我们对它们的意识之外一样。[①] 但是，有人也许会说，在某种程度上和某种方式下心理学确实参与着讨论逻辑问题的每一篇论文，而我们那种对于逻辑主题的纯粹客观性和非心理性的了解似乎没有容纳这一情况。对于这个问题，我们可以回答说，心理学以这种纯粹次要的方式同样也参与为任何其他知识部门所固有的研究和教学。我们不但需要研究任何一类事物所固有的规律，并且需要研究那些帮助或阻碍我们掌握这些规律的特殊的心理倾向。就像一个天文学家，为了有效地进行关于星体的客观性质与规律的研究，必须对于望远镜、摄影机的技术有一些知识，最后，必须对于“个人误差”或对于可能会歪曲他的 262
观察的个人的心理上的特性有一些知识，逻辑学家也是一样，为了理解与服从逻辑蕴涵的客观规律，必须对于可能妨害他遵守这些规律的心理习惯与倾向具有一些知识。简言之，对于逻辑来说，关于错误的一般类型的心理学的研究是必要的，但只是纯粹次要的附属品，就像关于错误的较特殊的类型的心理学的研究对于化学家或统计学家是必要的附属品一样。逻辑，和一切科学一样，作为它的专门方法的部分来说，具有它的特殊的心理学和它的特殊的教育学。但是如果从此推论出逻辑是一种心理科学，那就像认为天文学是光学的一个部门一样，是一种谬误。

6. **总结**——我们的讨论的第一节总结起来内容如下：我试图表明(1)真与错分别地是对于实在与非实在的东西的信仰；(2)所

① 关于逻辑规律的非心理性质的更详细的证明，参看本书上文第 54 页以下马文的文章。

谓实在，或者说所谓真，是指由那些互相关联的“事件”或“基本殊相”的时空系统以及为这个系统所假定和蕴涵的一切所构成的命题的总和；而所谓非实在，或所谓假，是指和上述命题总和相矛盾的那些命题总和，其中包括一切现实的或可能的思想对象，这些思想对象既不在时空系统中占有任何位置，又不为这个系统所蕴涵：(3)有人反对把真与实在等同起来，是因为他们不能认识到，当真与实在被用作形容信仰的形容词时，“信仰”一词是用于“被信仰的东西”这个物理的或客观的意义而不是用于“信仰的行为”这个心理的或主观的意义上的；(4)这种“心理物理学的转喻的语言谬误”——这个谬误在于把“信仰”、“思想”、“观念”、“经验”这样一些词的客观意义和它们的主观意义混乱地等同起来——不但造成了这样一种错误看法，即认为真在性质上说是心理的并从而是和实在不同的东西，并且造成了一种唯心主义的论证方式，这个论证看起来似乎具有公理性，实际上却只是一种粗鄙的词义含混；(5)作
263 为这种转喻谬误的另一个后果，还产生了这样一种虚假的概念，即认为逻辑是心理学的一个部门，而“思想律”所涉及的是我们的思想作用，而不是我们所思想的东西。

二、在纯粹事实世界中的因果和意识

1. **作为事实分析之元素的空间、时间与性质**——现在，我们需要在意识的对象的世界中去发现意识的意义与地位，而为了这个目的，我们需要再一次更仔细地来研究这个世界的性质。首先，这个世界是一个空间体系。这个世界的性质集合体现于三维空间

的、可逆性的多位置之中，其中的每一个位置都是外在于任何其他位置的。但是，其次，这个空间体系不仅仅是空间的，而且也是时间的——每一个位置无限地“延展于”过去与未来。这种时间的多，如果为了分析起见我们把它从它的非对称的或不可逆的性质中抽象出来，我们可以完全把它当作似乎是第四维空间，而且，正如每一空间的位置或点在时间中无限延展那样，同样地，每一时间的位置或瞬间也在空间中无限延展。用这种方法观察，这个存在的世界可以表征为性质集合的四维空间的多，而其单位可以是在任一位置任一瞬间所实现的性质。根据这个观点，很易于把各种次基本性的概念描述为空间、时间与性质的函项。例如，

(1)一个性质集合，一个空间，一个时间 = 一个事件。

(2)性质相同，空间不同，或时间不同 = 性质的同一；相似；种；类。

(3)性质不同，空间相同，时间相同 = 数量上的同一；一事物诸属性的共存；“有”。

(4)性质相同，在相同的空间而时间连续地相异 = 绵延；静止。(罗素)

(5)性质相同，在同一空间而在非连续的不同时间 = 继续，时间的中断。

(6)性质部分相同，部分相异，空间相同，时间不同 = 一事物经 264
历着状态的变化。

(7)性质或同或异，时间相同，空间连续地相异 = 一个具有广袤的事物。

(8)性质或同或异，时间相同，空间非连续地相异 = 许多个具

有广袤的事物，距离。

(9)性质相同，空间连续地相异，时间连续地相异 = 运动的事物。(罗素)

(10)性质与时间和空间关系共变 = 单纯的状态；偶然性。

(11)经过一切空间和时间关系的变化而始终不变的性质(如果有这种性质的话) = 性质的基本元素；恒常的实体。

现在，如果读者能原谅这个分析的概略化与不完全性的话，他或者会承认，它可以很好地被用来描述可感知的对象的世界。就我所能看到的说，世界不仅仅是客观的情况，而且它可以被适当地描述为我们的三元素——空间、时间与性质——的某种函项或复合体。但是有两个范畴是我们习惯认为存在于我们的世界之中的，而这两个范畴在刚才所描绘的这个系统之中却不能发现。第一，这个系统没有为“因果”留有余地，即为一个决定别的事物同时又为别的事物所决定的事物留有余地。第二，这个系统也没有为“意识”留有余地，即为一个认识别的事物同时又为别的事物所认识的事物留有余地。呈现于我们之前的这个系统是纯粹描述的与纯粹客观的，它没有生产的或主观的作用的痕迹。因果与意识二者在某种意义上是真实的，这一点没有人会否认。至于说到在对于这个世界的另外一种适当的描述中，如果放弃了上述二者之中的一个，它也就一定要放弃另一个，这一点，如我下面将试图予以说明的，对于二者之间的关系具有很深刻的意义。但是在考虑它们的关系以前，我们最好是先来分别地考虑它们。

2. 因果的二律背反——实体论者的“正题”，与实证论者的“反题”——作为一个观察中的事实，我们发现，在构成我们的空时世

界的事件—元素之间有许多齐一的联系。我们记得，这些事件— 265
元素之中的每一个都被界说为在某一时间占有某一空间的性质集合。在空间与时间的简单的连续中，以及在空—时的双重的连续或运动中，这些事件都是互为**外在**的，并且都是偶然地联系着的，也就是说并没有任何理由何以一个事件在上述两种连续的任何一种连续中不是和任何另一事件联系在一起。虽然如此，但是我们又发现，对于任何特殊的性质集合来说，总有两个其他的特殊的性质集合，分别先于与后于它，如果不是永远如此的话，也是通常如此，例如说，火通常燃烧木头，水通常熄灭火。现在，就我们的空—时系统而言，一切事件系列必定是为机会所决定的，木头的燃烧而继之以烟和灰，这种情况的概率至少不大于与之相反的情况的概率。事实上，因为一个复合体可能发生的途径较之它不可能发生的途径总是要少得多，因此任何特定的事件系列会**有规律地重现**，这个概率是无限地小的。但是事件的系列事实上的确有规律地重现着，的确，我们对于自然知道得越多，我们越是发现它的齐一性。因此很明显，在我们对这个存在世界的分析中，迄今为止，我们没有去考虑某种不是空间、时间、空—时或性质的关系。这是一种原因与结果的决定与被决定的关系。每一事件—元素都超过其自身的性质与其自身在空间和时间中的位置，而具有某种东西，这种东西蕴涵或牵涉到其他的事件。它既是一个作用者，又是一个受非其自身的东西作用的东西。让我们把一事物的这种既是作用者又是受作用者的性质叫做它的潜能或势。势这种范畴的最简单的例子同时也是它的最大的用处，可以在物理科学的原子、以太和能等等上看出来。物理学上的理想的原子或微粒子是这样一些东西，

它们是完全一样的，它们极微小或没有广袤，它们保持着某种性
266 质，从时间的一瞬到另一瞬，从空间的一点到另一点，这种性质仍然不变。原子的基本功用似乎是一种产生、接受和保持运动的势。物理学的理想的以太，是一种极广大的或无限广袤的恒常的媒介物，它的基本功能似乎是产生、接受和传递电磁振动的势。能或许可以被界说为运动着的原子或以太中的势，它使它们的运动通过时间保持不变，或至少是通过时间而不变地重现。现代科学的巨大成就，就在于在各种异类的性质和性质变化与这些恒常的性质或实体间连续的、一致的关系和关系变化中所找到的相互关系。它们的空间和时间的关系系统起着一个公分母的作用。物质与能的不可公约的性质都可以归结于这个公分母，从而可以相互比较。因此，在这样的情况下，人们认为这些极重要的元素在某种意义上必定具有势，这是很自然的事；但有两种基本上对立的方法来解释这种势的性质。这两种方法或态度我将分别称之为**实证论的**和**实体论的**。

实证论者承认，在我们描述这个现实的性质世界时，把因果的势赋予这些实体是有价值的，但是他说，作为势，它们的唯一的真实性是方法论上的。它们是“有用的虚构”或“速记式的公式”，以便我们用以描述、预言和控制在现实的具体对象中的性质变化的常规。它们是真实的东西的恒有的可能性，但它们自身是非真实的。简言之，它们仅仅是主观的。对于这一点，实体论者回答说，把这种真正的势贬低到方法论上的虚构的地位，这是荒谬的，而应用这种势的活动，整个性质的领域却可以得到说明。可以被认为是非真实或仅仅主观的东西的，毋宁是势的显现或现象，或者说，

至多只是相互作用着的实体的“派生的”状态。至于说这些实体的势具有什么更进一步的性质，以及它们是否在种类上有所区别，实体论者是彼此有不同意见的。从历史上说来，似乎实体论者有四种主要的类型或学派，我简单地列举如下：

(1)**唯物主义者**——凡满足于假设，只是在物理科学中有用的 267
那一类实体，如我们上面已说过的原子、以太等等中才有势存在的人，都是唯物主义者。

(2)**心灵主义者**——凡假设，在某种含混的但恒常的自我意识的元素中有势的存在，这些元素从而成为“灵魂”或“自我”等等的人，都是心灵主义者；也就是说，这样的一些势，这些势的效能首先表现在心理的，其次才表现在物理的性质集合中。

(3)**二元论者**——把势赋予两类实体——即既赋予那些在空间中相互作用着以产生物质的“状态”的实体，又赋予那些作用于第一类实体、并且也许互相作用着以产生心的和精神的“状态”的实体——持有这种主张的人都属于二元论者。

(4)**唯能论者**——把他们的势的实体化缩减到最低限度，并且仅仅肯定一种与每一瞬间的性质集合相联合着的**力**或**能**的存在，这种力或能倾向于规律地产生某种其他的性质集合以作为它的结果——凡持有这种主张的人都属于唯能论者。

对于实体论者所有这四种学派的学说，我们可以想象实证论者似乎会回答如下：“你们的实体化了的势互不相同，仅仅是由于其中的有一些，如像原子的势，是在方法论上有用的，而另一些，如像心灵的势，却不是这样。不论是有用的还是无用的，不论是多数的并且是有精确区别的，还是可以把它们归结为一种类型的，无论在哪一种情况下，总之除了依据于它们的行为或效果以外，你们关于它们的特殊的性质，是没有什么可说的。所谓原因，不是别的，不过是它的结果的恒常的可能性罢了。所谓势的自身性质的意义不是别的，不过是其结果的总和罢了。任何一种潜能的‘兑现的价值’都是它的显现的总和。我们决不可以因为依据于由之得出的某种东西以称谓一种事物在方法论上是有用的，因而就受到蒙蔽，认为结果的潜能是某种客观上真实的东西。因果的势不是一种隐藏于一个东西的现实性质之后的微妙的特性；它仅仅是适应我们
268 的期望的一种方便的语言，即是说，一事物的未来的结果将会相似于它的过去的结果。这里决没有什么在某一个东西里的东西，这个东西决定、需要或产生任何其他的东西。”

显然，对于这种实证论的立场的陈述，实体论者可以作出的唯一回答是反复重述他下面的话：除非在每一事件中真正隐藏着决定或蕴涵其他事件的某种东西，否则，自然的齐一性就是不可思议的奇迹，而且我们没有权利去期待这样的齐一性。因为否定因果的势的客观实在就是意味着事件的相互关系是一种纯粹机遇的分配。我们已知，如果单纯的机遇在这个世界上能成立的话，那么任何事件系列能经常有规律地重现的概率就会是无限小了。

这种情况可以归结如下：只要实体论者主张，隐藏于事件中的因果的势，或者更一般地说，那种超越自身的蕴涵，不仅仅是主观的，那么，它的立场就是坚固的；反之，只要实证论者主张，一个对象的这种潜能，或者它的蕴涵的参照性，决不可能在该对象的性质之中被发现，那么他的立场也是坚固的。且让我们听任我们的两个对立方面去继续进行争论，从其性质来说，一定是无尽无休的。

我们且转而考虑我们的事件的空时系统的第二个缺点——即它对于意识没有提供任何地位。

3. 关于意识的主要的二律背反——泛实体论者的“反题”与泛灵论者的“正题”——对于我们面前这个问题的解决，有两条相反的道路——但没有一条是能令人满意的。其中的一条道路叫做泛灵论，而另一条我将称之为泛实体论。

泛实体论者宣布说，唯一真实的事物是物理的或客观的事物。对他说来，我们所谓的意识或心灵的东西，不是真实的存在，它仅仅是伴随着脑的作用而发生的一种派生现象，一个影子，或者说，一种幻象，换言之，它仅仅是一种共变的可能性，仅仅是一些在任何其他意义上都不是同在的事件的“同在”（togetherness）的可能性。泛实体论的第一种形式是二元论，第二种形式是一元论。它们的主要的共同之处在于它们都是心灵的反对者，它们都憎恨意识，并且都决定要把意识排斥于真实存在的世界之外。这种学说的二元论的形式，如我们所已说到的，试图借助于把心灵现象贬低到大脑事件的派生现象或被动的相关项的地位，来达到使心灵现象非实在化的目的。但是，如果心灵真是这样，它就既不能保有它对于对象的认识的关系（它显得是认识的），也不能保有它与知觉神经和运动神经的刺激的因果关系（它显得是和它们发生交互作用的）。如果用这种学说的话来说，心灵的东西是物理的东西的“另一方面”，或者说是与之“相平行”的，那么这里所应用的范畴，根据定义，就仅仅适用于对象之间的关系，而不适用于对象与某种非对象的事物之间的关系。仅仅是由于它所假设的生理心理学的方法论上的必需，这种观点才是可以容忍的。除了这种派

269

生现象的地位以外，把任何其他的地位归之于心灵，似乎都违犯了器官活动的物理连续性和一致性，并且与此同时违犯了能量守恒的学说。

但是如果说泛实体论的二元论的形式是坏的，那么，一元论却是更坏。因为按照一元论，心灵现象甚至于还够不上是一个无能的派生现象。它仅仅是活的有机体所具有的随着并向着在时间与空间中与之相分离的某些对象而变化或行动的可能性。这种学说有若干变种，但没有一种对我说来似乎是真正可理解的。所有这些学说的困难是在于，它们否定了那种较之任何其他的事物更确实的东西——即我对于对象的意识——的存在。例如我说，我具有感知一张椅子的经验。但是，一元论方式的泛实体论却禁止我这样描述经验。我不许说，“我感知一张椅子”这种情况。我只能说，这是一张“椅子”的情况。但是，现在我对于椅子的意识不能仅仅就是一张椅子的情况，因为在我意识到椅子以前和以后，曾经存在并且将会存在一种椅子的情况。

270 显然，我的对于对象的意识与单纯的对象之间是有区别的，因为根据我脑中的情况，我对于对象的意识时而出现时而消失。但是它们并不依赖于我的脑的作用。而且，如果对于对象的意识就是对象的话，我将如何解释下述情况？——你感知一个在空时系列中占有一个特定的位置的东西，而我在同一地点和时间却感知另一个并且与之相矛盾的性质集合。如果说，两个相矛盾的性质集合可以在同一时间占据同一空间的话，那么我们就没有一种合法的方法去区别实在与非实在了。在努力摆脱主观的同时，我们把客观也排除了。[①] 泛实体论者在这一点上可能会乞求于这样一个混乱的、拙劣的概念:“对我来说是真的”。他会说,这个东西是圆的,**对于我**来说是**真的**,而这个东西是方的,**对于你**来说是**真的**。而这个东西自身是既是圆的又是方的。但是即使我们容许泛实体论者用圆的方、闹的静去充满他那彻底的毕达哥拉斯的世界,他那对于我真而对于你假的观念,也仍是没有用的,原因是在那个世界中既没有事物可以对之显现的“我”,也没有事物可以对之显现的“你”,而且“显现”这个字也没有任何意义。这里存在的除了矛盾的渊薮和混乱以外,没有别的东西。简言之,对于泛实体论者说来,否认心灵的实在以及把意识,或者如赫胥黎与海克尔那样,当作是生理作用的派生的影子,或者如休谟那样,当作仅仅是一个相对的互不相容的表象领域的可能性,都是徒劳无功的。

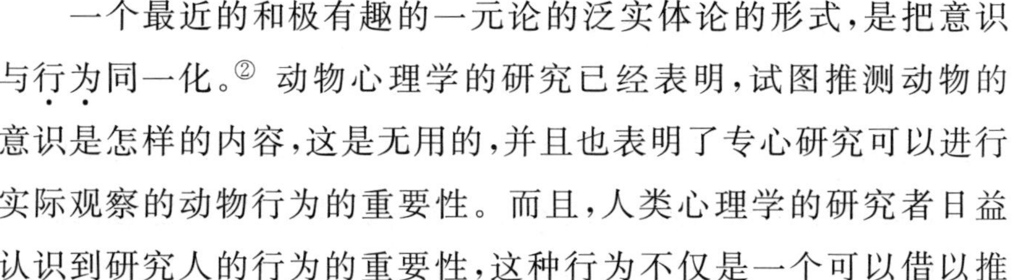

一个最近的和极有趣的一元论的泛实体论的形式,是把意识与**行为**同一化。[②] 动物心理学的研究已经表明,试图推测动物的 271
意识是怎样的内容,这是无用的,并且也表明了专心研究可以进行实际观察的动物行为的重要性。而且,人类心理学的研究者日益认识到研究人的行为的重要性,这种行为不仅是一个可以借以推

① 我认为 A. O. 洛夫乔伊教授的尖锐批评(见《哲学、心理学及其他》杂志第 8 期,第 589 页及以后各页),就其反对显然为英国某些实在论者所主张的这种学说——幻觉的对象也存在于空时系统中——说来,是完全正确的。就我所能看到的,避免那种为洛夫乔伊所归之于新实在论,并且我也曾经加以攻击的“超实在论”或“一元论的泛实体论”(并且同时既不陷入认识论的二元论,也不陷入主观主义)的唯一方法,是采用错误的起源以及错误的对象虽然是客观的**潜在**,但是不存在的学说。关于这一点将在本文的第三部分加以阐述,标题是:认识论的三角形。

② 参看 E. A. 辛格的题为“心是可观察的对象”一文,《哲学、心理学及其他》杂志,第 8 期,第 180 页及其下各页。

论出他所意识到的事物的方法，而且它本身是一种对于人的真实的本性和特性来说具有深刻意义的东西。对于纯粹的客观行为的研究，在许多情况下的确实比任何数量的内省观察提供了一种对于人类能力的本性更好的洞见，并且提供了一种控制和教育它的方法。并不以发展这种心理学研究的新的光辉的部门——作为对意识的研究的平行和辅助部门——为满足，曾经有一些学者，如辛格尔教授，表现了如此的热心，以致曾经提议在实际上把意识本身与行为等同起来。与这种最近的一元论的泛实体论的形式相对立，在我看来，下述的一些异议是能有效地成立的：(1)行为仅仅是许多纯粹客观过程之一。我们可以意识到行为，正如我们能意识到任何其他事物一样。但是如果行为本身就是意识，那么我们似乎再也不可能依据某种东西来界说对于行为的意识了。简言之，我们在这里面对着和那些要把意识与运动同一化的粗暴的唯物主义者所面对的同一的困难。运动有一种属于它本身的实际的质的本性，这种本性显然是和意识的本性不同的。(2)行为总是空间中的一种运动或运动之链，它或者是整个有机体的，或者是有机体中的某种东西的，如神经之流那样。因此，它本身至多也只能与身体运动的意识相关联，以及与其某种组成部分相关联。－1 的平方根既不是身体的运动，也不能在任何可理解意义上成为这种运动。

272 我既不能接近它也不能脱离它。对于过去的事件来说，同样也是如此。我不能看到，在什么样的意义之下我对于如像恺撒的一生这样一些事物的意识，可以与我的身体的任何特殊的行为或运动等同起来。(3)所有可见的或便于观察的行为是与运动关联着的，而这种运动，在生理学上来说意识是不可能与它同一化的，甚至不可能直接地和它关联的。因为生理学告诉我们，意识依赖于神经流，或者说是即时地、直接地与神经流紧密结合在一起的，而神经流总是在有机体之内，如果不是在皮层内的话。但是我们所观察的一个人、一只鸟或一只鼠的行为，总不是神经流的活动，而仅仅是身体及其四肢五官的粗放的运动。这些四肢五官决不可能说是这里所谈的意识的物理相关项。更不能把这些四肢五官和意识同一化。(4)最后，在一系列有意识行为的每一瞬间，意识总是以**现在**已经不存在的过去行为事件以及**现在**尚不存在的未来行为事件为内容的。但是显然，就行为本身来说，它所有的事件都是连续的，并且在时间上是互外的，过去与未来决不会一起出现。最后我们要注意，这许多反对把意识与行为同一化的论据，大部分都可以同样有力地用来反驳那种以物理运动、反应、关系或任何客观过程来界说意识的企图。

现在，让我们来考察那种相反的有关意识对于对象世界的关系的学说——泛灵论的学说。[①] 泛灵论者可以界说为一个具有科学家的良心的唯心主义者。他一开始就承认物理事件的空时秩序。他对于生理学上的事实，予以特别的注意。他观察到，无论何时何地当某种类型的脑的过程出现时，就**报道**了一种在这些脑的 273
过程以外的一些事件的意识。他不能观察他自己的脑，但是他自己的意识他是知道的，而这就把他导向他的巨大的发现，知道脑作用的真实的实在或其实在“自身”，是那与之相联系的意识。但是

① 泛灵论实际上同时指两种不同的学说：(1)积极的观点，认为一切物质都有某种心灵的东西；(2)消极的观点，认为一切物质不是别的，而仅仅是心灵的东西。我完全同情第一种观点。我仅仅反对第二种或消极的观点。这就是我所要来论辩的。

如果说这里除了心理的东西以外一无所有的话，何以任何东西都表现为物理的东西呢？简言之，心何以要有一个身体，如果并没有一个身体可以为它所有的话？对于这个问题，他回答说，心与心相互显现为物质的东西；而物质是一个心——当另一个心从外面来观察时——所采取的形式。我的脑之作为我的脑这样的存在，乃仅仅是你的心的一个状态，而你的脑之作为你的脑这样的存在，乃仅仅是我的心的一个状态。我不打算详细地考虑这种学说所采取的各种形式。莱布尼茨、叔本华、克利福德、泡尔生、默顿·普林斯博士、G. A. 斯特朗教授以及最近的杜兰特·德雷克博士，都曾提出一些基本上是泛灵论的学说，因为他们把这个世界上的任何物质的元素都当作本身是精神的，它们的物质性是非真实的，仅仅是它们所互相显现的伪装和假面具。斯特朗教授在其《何以心必有身》一书中似乎最言之成理地提出了这样的看法；而且就我所知，他是这个学派中感到有责任回答这样一个问题的唯一的人：为什么在一个没有任何物质的东西的世界中，一切东西竟都显现为物质的呢？[①]

下面将简要地指出三个在我看来是对于泛灵论的主要反驳。

(1)关于一个心对另一个心——作为心的本身——所具有的意识，这个学说没有提供任何说明。如果每一个心对另一个心都必须显现为物质的形式，如何使我们大家，特别是泛灵论者，能够想象、相信以及说到作为心本身的别人的心呢？

① 虽然这个问题，在斯特朗教授形象化的提法下，是他那本书的标题，但是，我们却不能在这本书里，而是要到他后来发表的一篇文章中去找它的答案。参看《心理学资料》杂志，1904 年，11 月号。关于我对那篇文章中的论据的批评，参看《哲学、心理学及其他》杂志，第 2 期，第 626 页。

(2)这个观点任意地区别物理世界的形式与性质。它否认在 274
认识的心之外的被认识的对象的颜色、声音、密度和形状的真实性，但是它承认位置与距离的空间性质的独立的与外在的真实性。这个学说的“心的材料”元素不仅仅在时间中存在与活动，而且在一个可以与物质对象的空间等同的三维空间的中介物中存在与活动。何以泛灵论者一定要把所认识的物质及其性质贬低到仅仅是认识者的感觉这种唯心主义观点下的地位，但是却允许作为这种物质的基本构成成分的空间与时间的性质自由自在，并保持其独立于认识者的实在论观点下的地位呢？

(3)斯波尔丁把泛灵论叫做“自我驳斥的体系”，因为在这个系统中，它的结论与其所从推论出来的前提是相矛盾的。由于泛灵论者在其论证的开始坚决地站在物理学与生理学的事实的基础之上，所以他洋洋得意地把自己与普通的唯心主义者区别开来。通过诉诸这些事实，他证明说，那些为我们所意识到的，看来是真实地存在于我们之外并独立于我们对它们的认识的对象，在某种意义下确实是直接地随着我们的脑的过程而共变的。简言之，它们仅仅是借助于它们投射在有机体上的以太与空气的振动——这些振动接着就在脑中产生了神经流——而被知觉的。在这个基础之上，他要求我们承认，那直接地被认识的对象并非真正地是外在的，而是内在的——与认识者的脑的过程同一的。我们带着一种十分勉强而惶惑的感觉，暂时违背我们的常识而承认他所说的这一点，这是出于我们对他所引用的物理学和生理学上的证据的尊重。但是突然，泛灵论者整个**翻过脸来**，他冷冷地告诉我们，以太与空气的振动，脑和它的神经流，所有这些自身根本并不存在，它

们仅仅是意识中的现象。**我的脑**，我刚才同意把我的整个客观世界安置于其中的脑，结果却变成仅仅是**在你的心里**的一团实际的或可能的感觉的集合而已。然而，不得不把我的对象世界放置在我的脑子里——这个脑被看作是一个实际存在并且接受外界影响
275 的东西——这已经足够糟的了；但是，要我把我的对象世界放置在一个根本不是我的脑子而是另一个人的心灵状态这样的东西里，那就简直是荒谬可笑了。如果一个人甚至于不能得到或保留他自己的脑子——即为了它他才作出牺牲的那一个实在——的话，那么失掉整个世界，对于他又有什么好处呢？而且，泛灵论者的论证的有效性所依据的整个物理和生理的机制，当泛灵论的结论一旦达成时，也就成了一种最怪异的东西了。因为我们现在必须假定的，不是一个互相发送振动的物体的世界，而是一个赤裸裸的意识的世界，它用一种完全不可理解的精神感应的方式相互发生作用，其结果，每个人的意识的内容都是别人的意识的非真实的现象。在这样一个世界中，我们所能赋予物理过程的最好的可能的地位，将只能或者是把它们描述为感觉的恒常的可能性，或者是把它们描述为神秘的心灵相互作用的派生现象或幻影。但是，必须再一次说明，只是由于假定这些恒常的可能性或派生的幻影毕竟不仅仅是可能性或幻影，而且也是一个真实的物质世界，这个论据才说得过去。我不打算激怒他们，但是泛灵论者求助于生理事实以证明物理事物的非实在性的整个程序，正如像一个人爬到一位朋友的肩上，仅仅是为了好踏在他的头上去作践他而已。

泛实体论与泛灵论，它们都把事物的一个方面贬低为仅仅是另一个方面的可能性或幻影，在这一点上它们同样都证明了它们

的徒劳无功。但是，它们毕竟是一种真诚的努力，企图以被知的东西去阐明被知的东西；而不管它们如何坏，它们总比它们唯一的论敌、即二元论和不可知主义一元论好得多。不可知主义一元论——它把物理的东西和心理的东西界说为一个实体或势的奇妙地平行的属性或现象，而这个实体或势的性质是不能用另一种方式界说的——这种不可知主义一元论不论在科学上和形而上学上 276
都不解决任何问题。实体是什么，何以它表现为不是它本来的样子，以及它的诸属性是如何如实地相关联的——对于这些问题，它没有作出回答。为了阐明我们所部分地认识的两种实在，它要求我们假定一种我们不可能对它有任何所知的事物。至于说到普通的二元论，它把这个世界当作是由两个根本分离的而且完全异类的实体——对象与意识——所构成的，它不仅对于它们的相互作用没有提供任何说明，而且正是由于它的这些说法本身，它使这种相互作用成为，如果说不是某种不可能的东西的话，至少是某种不可思议的东西。

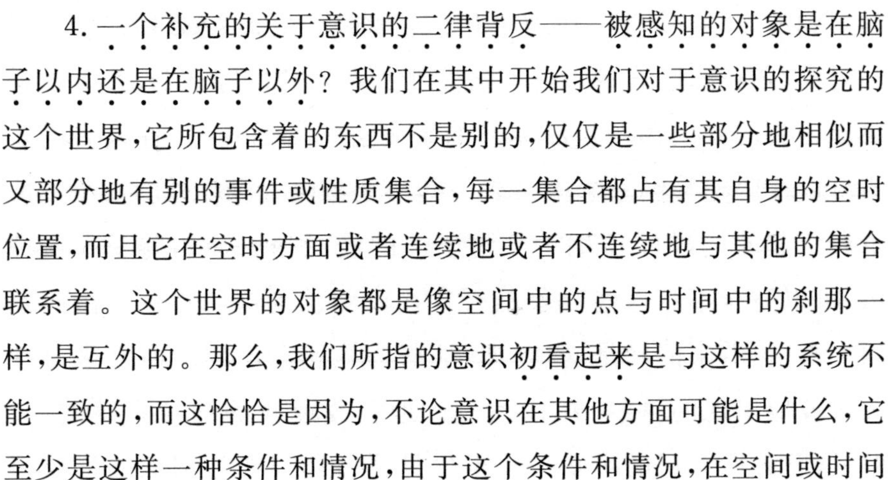

4. 一个补充的关于意识的二律背反——被感知的对象是在脑子以内还是在脑子以外？我们在其中开始我们对于意识的探究的这个世界，它所包含着的东西不是别的，仅仅是一些部分地相似而又部分地有别的事件或性质集合，每一集合都占有其自身的空时位置，而且它在空时方面或者连续地或者不连续地与其他的集合联系着。这个世界的对象都是像空间中的点与时间中的刹那一样，是互外的。那么，我们所指的意识初看起来是与这样的系统不能一致的，而这恰恰是因为，不论意识在其他方面可能是什么，它至少是这样一种条件和情况，由于这个条件和情况，在空间或时间

中或在空时中相互隔开的对象，可以在某种意义下互相“呈现”，互相一个“在”另一个“之中”，或是相互“在一起”。例如说：我此时此地“在知觉上”或“直接地”意识到出现在两三秒钟前的一种声音，以及在两三尺远以外的一种颜色；并且我“在概念上”或“间接地”意识到古罗马的尤利斯·恺撒和北京的年幼的皇帝。这里，我希望(通过对一种补充的关于意识的二律背反的说明)来使大家注意到在这一情况中的四个因素，其中的两个使我们必须承认这些被感知的对象是在此时此地的我之中，而其他两个却使我们必须承认它们是在此时此地的我之外。

(1)我所意识到的那些对象，在某种意义上说，正在直接地引
277 起我内心的变化。它们使我怀疑它们是否适宜于作为某种专门的例证；它们使我感知并想到或多或少与它们联系着的一些其他的对象，那些对象除了通过这种联系以外，很少会出现在我的面前；当我写到它们时，它们影响着我的手的特殊运动。

(2)根据我做梦和想象的经验，以及根据我从生理心理学中所学习到的东西，我有一切理由相信，我将会感知或想到的“什么样的对象”，首先地、直接地并非决定于那些对象的存在与活动，而是决定于我的脑的存在与活动。如果头盖可以揭开，并且人为的刺激可以在脑与神经系统中引起一些与通常由有机体外的对象的能量所引起的同样的作用——周期性的波、振动、压力等等——那么，可以完全不管这些对象是否存在而知觉到这些对象。由于这两个理由，看来的确是这样，即：那些为我所意识到的但看来是在彼时彼地出现的事物，却在此时此地在我或我的神经系统之中。但是(3)我所意识的事物——至少是我所选择作为例证的那些事物——不可能在我的脑子以内，因为它们的直接的和无可争论的意思是另一种样子的。离开我的身体有两三尺远的颜色不在我的机体之中。两三秒钟以前出现的一种声音不是现在这一瞬间所出现的任何东西。罗马与中国的皇帝不是一个住在纽约的人的神经作用。认为某些事物在我以内，而根据定义它们是在我之外的，这是直接地自相矛盾的。(4)除此以外，还有第二个理由使我不可能把我们所认识的事物，和那发生于此时此地的、为我所由之而认识这些事物的过程等同起来。如果你能够透视我的脑并且能看见(听见、触知)在某一特定瞬间在我的脑里实际出现的一切事物，你也不可能在那儿发现上面所说的我在那一瞬间所意识的那些**东西**。你可以发现，而且，诚然我相信你会发现那些被认识的东西的视觉的、听觉的虚象，也就是说，那些流经神经系统的感觉中枢和 278
运动通道的"特殊性质的能"，这些"特殊性质的能"(按照它们所通过的中介物的良好传导性或歪曲阻挠性)或多或少与那些在有机体体外发出这些能的对象的性质相似。[①] 但是这些大脑神经活动，不论它们和被认知的对象如何相似，而且不管这样的事实，即在某些情况下它们是那些对象的结果，以及在所有情况下它们是我们认知这些对象的直接决定性的要素，它们不可能就是所认知的对象自身。如果这一点不可以从其他事实推断出来的话，那么它至少可以由下述事实推断出来，即空间和时间的部分是互相排斥的或者说互外的，而那些被感知的对象所占据的空间与时间并

① 霍尔特在他对"特殊能力"的学说的批评中所引用的证据，似乎表明了刺激的最本质的性质——它们的周期率——在它从单纯物理的中介物通向生理的中介物的过程中、很少或根本没有任何变化。参看本书下文第 325 页以下。

不是(对象在其中被感知的)脑的过程所占据的空间与时间。这儿的确有一个奇怪的两难。这一情况的两个因素似乎使我们必须把意识域看作是在脑“之中”,而另外两因素又似乎使我们必须把意识域看作不在脑之中。

5. 意识与因果;**物灵论作为二律背反的交互解决**——处于窘境之中,人们很自然地就各处去寻找类比。除了意识之外,是否还有任何其他事物,同样也体现了这种事件既在某一时空而又以某种方式在另一时空的不可解的矛盾呢?有。这就是因果关系。在考虑因果关系时,我们发现我们遇到了同样荒谬的情况,即在一空间与时间中的一事件似乎是属于或者被决定于另一空间与时间中的另一不同的事件。我们也许记得,有两种方法观察这种因果的奇特情况:第一是实体论者的方法,他坚决主张,事件的超越自身

279 的蕴涵或潜能,本身是超过它们的特殊的性质而真实的。第二是实证论者的方法,他坚决主张这些潜能只是**仅仅的**潜能,它们本身决非真实的,而仅仅是我们的期望,即期望事件会发生于未来,正如它们发生于过去那样。当实体论者被请求说明,潜能在实际上是**什么**时,他不能回答,而当实证论者被请求说明,何以用一种**仅仅的**潜能或主观期望能够说明自然的常规与齐一性,这种常规与齐一性在一个缺乏真实因果和蕴涵的系统中是简直绝不可能的,**他**也不能回答。并且,如我们所见,泛实体论与泛灵论之间的争论和实证论者与实体论者的争论一样地是永无休止的。在这两种争论之间唯一的本质的区别似乎是在于,实体论者与实证论者相互否定,而泛实体论与泛灵论似乎只能否定它们自身。实际上是,企图在一个纯粹事实的世界中为因果寻找一个地位导向一种二律背

反，而在这样一个世界中企图为意识寻找一个地位则导向另一种二律背反。成功地解决这个问题的最后的可能似乎是在于，这两个二律背反如果互相拼凑对照起来的话，也许可能像一幅迷宫图画的同样难于理解的两部分一样，会互相契合为一，并且显示出一个清楚和谐的整体来。让我们试验一下。实体论者宣布说，在每一事件中都存有一个因果蕴涵，但是实证论者表明，这样的潜能不可能是任何一种新的性质。现在让我们假定，这种因果潜能——从客观的观点看它只能被间接地界说为其他事件的可能性——在它本身说来，实际上是对于那些事件的**意识**。那么因果的潜能就会像实体论者所证明它必须是的那样，成了实际的或真实的东西，而同时实证论者仍可维持他的主张，即这种潜能并不是任何新的、不合法的对象形态。这样，争论双方每一方的主要主张就都得到了申辩和维护，而同时又并不和另一方的主张冲突。至于第二个 280
争论——泛实体论者与泛灵论者之间的争论——也可得到同样满意的解决。泛实体论者仍可以维持他的见解，即意识可以被界说为构成意识领域的那些对象的可能性，并且作为这样的可能性，它并不是和它所显示的那些对象同在一起存在的另一个真实的对象；而另一方面，泛灵论者可以主张说，意识是这样根本地、直接地真实的东西，因此对象本身可以被界说为知觉的恒常的可能性。简言之，双方的、正面的主张将都可以得到满足，而只是那些引起冲突的反面的主张将受到排斥。因此，泛实体论者再也不能说，意识不是别的，它仅仅是对象的可能性，或者说，它不是别的，仅仅是脑的过程的一个派生的相关项，因为意识已经成了一种实际地真实的东西，虽然是在这样的一种情形之下，即它并不重复或干扰生

理作用的连续性。而泛灵论者，在他那一方面，也不能再说物理对象不是别的，只是意识中的一些现象，因为我们已经看出有一种方式，可以使物理对象在意识中出现而并不妨碍它作为物理对象的内在的真实性。最后，至于说到那个“补充的二律背反”，它的关键在于既有理由赞成也有理由反对把我们所意识的对象放置在规定这种意识的脑的过程之中，那么这个问题也可以以同样满意的方式来予以澄清和解决。因为我们可以说，就它们的实际的、客观的或物理的存在而论，构成这个世界的那些事件，就像它们所占有的空间和时间是互外的那样，是互外的，并且特别是，被认知的事件是外在于它们所由之而被认知的那些脑事件之外的；而另一方面，就它们的潜能的、主观的或心理的存在而论，那么构成这个世界的那些事件，就它们全都是互为因果地关联着的而论，是——在下列的意义上——互相内在的，也就是说，任何或一切事件可以出现在每一事件之中，特别是被认知的事件是“在”认知它们的脑事件“之中”，虽然它们只是作为这些脑事件的种种潜能或蕴涵。简言之，
281 在脑事件与其所认识的对象之间的关系，将类似于一个词与其意义之间的关系。意义是在词“之中”但是为词所指的那个事物却可以是某种完全外在于，并且有别于那个词的东西。

我相信，这就是关于意识的性质以及关于意识与为其所显示的、并且意识所存在于其中的客观世界的关系的真实学说，而且由于我对于这种学说的真理性深信不疑，我打算给予它一个名称，这个名称将既使它有别于关于这个同一问题的其他解决，并同时又表明它和那些解决的特殊的关系。按照物活论的类比，我将把它叫作“物灵论”(hylopsychism)——以指称一种它意图要去进行的

特殊的综合，也就是：在对于事物的实体论的(hylistic)或唯物主义的考虑与心灵论的(psychistic)或(本体论的)唯心主义的考虑之间所进行的综合。因此，用物灵论一词我所指的是这样一种学说，即——**物理的事物的潜能是心灵的事物的现实**。同时，**心灵的事物的潜能是物理的事物的现实**。或者，把它写成一个对于意识的定义的形式：**意识是在一个空间或时间的某一事物的潜能的或蕴涵的存在，而该事物并不现实地出现于这种潜能的或蕴涵的存在中**。当然，在这个公式中有许多东西需要进一步地阐明和证明，这是我很清楚地了解的。而且还有许多明显的反对意见也必须加以考虑。因此，到目前为止所提出的这些论据主要还是间接的——即企图借助于排除许多意识的事物以证明意识是什么。我承认，这种间接的证据需要有直接的证据来补充，而且我相信，如果任何人愿意寻找的话，可以发现是有大量的这样的证据。下面我将试着来陈述其中的一小部分。

6. **潜能的三个**“**方向**”——每一事件是(1)先前的事件的结果，(2)后起的事件的原因，(3)交互作用于和它同时存在、并在三维空间中与之外在地连续的那些事件，这就是说，每一事件面临着三个方向——向后回溯到过去，向前进入未来，与向外进入于空间之中。如果我们把意识和因果潜能、或者说和作为涵项而隐藏于事 282
件中的超越自身的蕴涵同一化起来是正确的话，我们就一定能希望找到体现在意识中的上述三个方面的结合；当然，它也正是我们在所谓记忆、希望与外在的知觉中所找到的东西。意识在其存在的每一个不可分割的瞬间，事实上也确是在大小不同的程度上回溯着过去、展望着未来以及瞰视着外在的存在。

7. **术语上的某种困难**——上面的分析提供了一个适当机会，来说明读者们也许早已注意到的我在应用“蕴涵”和“潜能”这两个名词时的不够严格和意义含混。我是把它们当作好像是同义词来用的，看对我怎样最合用，它们在我的笔下往往是互相混淆和互相替换的。但是，这一点，我相信毋宁是我所能利用到的术语的过错，而不是思想本身的过错。事实是“潜能”表示我的意义的一个方面，蕴涵表示另一个方面，而两者本身都不是很合适的。没有一个公认的词适用于事件对于其原因、结果，以及交互作用着的同时的事件这种三重性的超越自身的**参照**。“参照”这个词本身有缺点，它似乎要求助于我正在试图界说的意识这个蕴念。“潜能”也不好，因为它太狭隘，它的原来的意义只是表示一个原因对于其未来结果的参照，而决不或很少表示那同等地也是超越自身的结果对于其原因的参照。和“潜能”这个词相反，蕴涵这个词的缺点是太广泛了。他可以同等地用来表示一事件对于其原因和对于其结果的参照，但是它也可以用来表示在意识领域中被认知的对象相互之间的参照，它还可以用来表示一个论证的前提和它的结论的关系。不消说，我的意思不是要把意识与上述后两种意义下的蕴涵等同起来。一杯水可以暗示我，它可以解我的渴，而它本身并不
283 意识到我所能利用它的用途；而大前提和小前提也不会意识到它所蕴涵的结论。在这些情况之下，这种蕴涵的关系在事件的复合体之间成立，而在简单的事件本身之间不成立。水仅仅是作为构成本能与记忆的复合体的一部分外在地蕴涵着解渴；其次，前提或诸前提仅仅由于它们是或多或少地精心构造出来的复合体中的一部分，因此它们才蕴涵着它们的结论。这种推论的逻辑蕴涵总是

在事件元素的关系、方面或复合体之间得到，而不是具体地内在地和综合地在简单的事件本身之间得到。由于这些术语上的困难，我请求允许我在“蕴涵”一词的人为的狭义下——亦即应用于因果关系的这种意义下——继续使用“蕴涵”这个词作为认识作用的同义词；并且在“潜能”这个词的人为的广义下，用这个词同样地指称一事件对于它的原因的向后的参照，以及一个原因对于它的结果的向前的参照。

8. **潜能的三个水平**——物活论是一种主张一切物质都充满着生命的学说。物灵论这一名称，我想用来指称这样一种学说，即主张一切物质都充满着某种认识作用；主张每一客观的事件都有超越自我的对其他事物的蕴涵作用，这种蕴涵作用当它以在我们的脑过程中发生的那种水平发生时，我们称之为意识。这里，读者对这样一个想法——在死的物质的运动中设置一种像人的意识这样的东西——很自然地会大吃一惊。我急于要声明：在我现在倡导的这个学说里，将决不抹煞机械的、生理的和心理的东西之间的实用的区别。科学曾经艰苦地、长期地进行斗争，使它的解释免于目的论的羁绊，并且争取到把自然当作空时的机械体系来处理的权利；任何学说如果要和物理法则的非人格化了的严肃性相颉颃，那是无疑要受到强烈反感的。但是，随着机械学观点的日益胜利发展，也产生了一种日益增长的关于全部自然过程——从一个原子 284
的盲目运动以至人类具有远见的行动——的连续性的意识。我们的工作应该是为目的论在自然中寻找一个地位，并不是用它来替代空时的变化，而毋宁是作为这种变化的一个特殊的、高级的类型。

在自然界，至少有三种基本上不同类型的因果过程，即机械的、生命的与感觉的。在机械的过程中，占统治地位的特征是空时变化。一物体在一特定瞬间的位置蕴涵着其自身或另一物体在另一瞬间的位置，并且同时也被它自身或另一物体在另一瞬间的位置所蕴涵，而它的“意识”就是并且也仅仅是这一点。它有一个纯粹的空时内容。在生命的过程中，占统治地位的特征却是有机体形式与化学类型的变化，而不仅仅位置的变化。一个活的有机体在其生命中的每一瞬间，作为它的潜能或蕴涵，包含着它过去曾有的和未来将有的有机体形式，并同时包含着那种吸收和同化的潜能或能力，或者说把在食物的形式下可能进入它的体系之内的适当物质转化成适应于它本身组织的化学类型的那种潜能或能力。它的潜能就表现在接受遗传、发展和同化中；而它的“意识”的内容则是那些它曾经经历过、并且将要去经历的有机体形式或化学类型。

在构成我们的意识的感觉过程中，蕴涵既不是观念的蕴涵，也不是从遗传得来的新陈代谢作用的蕴涵，而是在我们的有机体之外的并且与之因果地联系着的对象的特性的遗传。这就是说，神经系统作为器官而在有机体之内成长起来，以便把能的形式从有机体的一部分传递到另一部分，并且从外在的事物传递到内在的脑。这样产生的大脑的能的大部分是连续地传入引起行为的运动神经流中，仅仅极小一部分是封闭起来了，或者贮藏在大脑皮层中。这种连续流包含着直接从一瞬到另一瞬的感觉与感情的意识，而作为潜在的能力而贮存起来的那一部分，它的每一瞬间的蕴
285 涵是那些占据着其他时间和空间的有机体外的对象的系统；因此，

脑的主要功能是，以它们各别的殊性来接受和保持那些来自外界对象的能；并且正是这些大脑状态的超越自我的蕴涵，构成了我们对于我们生活于其中的空时世界的意识。

诚然，我们可以把神经系统的感觉机制与一般的原生质的单纯生命机制略作比较如下：原生质是摄取、消化、再生产和分泌物质以及与物质相结合的化学能的器官。另一方面，神经系统直接就获得纯粹的能。在知觉、记忆、想象与反应中，它是在分别地摄取、消化、再生产和分泌那些从物质中分解出来的自由的能，这些能在各种不同的振动形式中从外部的对象通过感觉的纽带而达到脑，在脑中借助于它们的蕴涵而构成关于对象的意识，并从而使对外界环境的有意识、有目的的适应成为可能，这个外界环境在时空中无限地超出于单纯化学的和机械的接触的领域之外。所有这些，当然，还只是对于一个很重要而复杂的问题的很粗浅的说明。但是它已经可以作为一个提示，说明物灵论如何可以回答下面这样一种批评，即：由于它把意识和因果蕴涵等同起来，因此它不恰当地过分缩小了机械的、生命的和理性的过程之间的差别。这里所讨论的潜能的三个阶段，保留着它们的全部特征性的区别。我们既不把物理法则人格化，也不把人的精神活动还原为一种盲目的、机械的过程。

9. 总结——我们的讨论中的这个第二部分的主要目的现在已经完成了。我们把真与错界说为对实在与非实在的意识，这就迫使我们不得不对于心的性质及其与它的对象世界的关系做了一次本体论的题外讨论或者说形而上学的探究。以空间、时间和性质来对存在世界所进行的分析使我们面临了关于因果与意识的种种 286

二律背反。作为由这些二律背反所代表的这两个似乎不可解决的问题的联合解决，我们提出了物灵论的学说。这一节的最后一部分是用来阐明和辩护这一学说的，并且对于这一学说和心理物理学和生物物理学的各种问题的关系做了一个简略的说明。现在我们就可以回到更直接地属于知识论的真与错的性质的问题上去。

三、真与错的起源

1. 认识论的三角形——物理对象发射各种不同方向的、不同种类的能力的波，但是所有这些波在某种程度内都带有所从发生的那些对象的特征。这些能刺激有机体，然后感觉末梢器官与神经纤维把各种和它们分别地相协调或相应的能传送到脑。最后的结果是，这些被脑的反应所修正的各种感觉能的合成。这种复杂的大脑的状态——正像作为它的部分原因的有机体外的对象一样——是一种纯粹物质的与客观的东西。它是一个有它自己的性质并在空间与时间秩序中有它自己的位置的自然事件。作为这样一个东西，它具有那种三重性的超越自身的蕴涵或因果潜能，这种蕴涵或因果潜能，如上所述，是一切自然事件的性质，并且我们曾经说明，这种蕴涵或因果潜能本身也就构成这个自然事件对于其他事件的意识。这种大脑的状态，不论它是从有机体内部所引起的，像在自发的思想与幻想中那样，或者是从有机体外部所引起的，像在知觉中那样，都会意识到它所蕴涵的那些对象，或者说它作为它们的潜能的那些对象。这些被蕴涵物或对象是什么呢？我的回答是：它们包含这样一些事件，这些事件可以最简单地引起这

种大脑状态，以及包含这样一些事件，这些事件是这种大脑状态，如果它独立地起作用而不受任何干扰的话，可以作为它的后果而 287
产生出来。但是我们知道，如果我们单独地挑出某一事件来，并询问它的原因的话，那么我们就将会找到许多可能的前件，其中的任何一个前件，如果不被抵消的话，都可能会产生它。这就是所谓“多因”的原则。这个原则来源于：任何脑状态的被蕴涵物，或者说意识的对象，可以是（但未必是）现实存在的一事件。当被蕴涵的可能的原因真实存在时，那么这儿就会有对于一种实在的意识，这种意识，如我们所已知，构成真知识或真；另一方面，当作为最简单与最自然的可能原因的大脑的蕴涵物，恰恰不曾成为真实的原因，或恰恰并没有存在，那么，我们就会具有一种对非实在的东西的意识，它也就是假知识，或**错**。脑事件是“认识者”，而它所蕴涵的东西是“被认识者”。佩里曾详细地表明，被蕴涵者不依赖于蕴涵者，[①]因此，脑事件蕴涵着作为意识之对象的现实的或可能的原因，并不在任何情况下意味着这些原因是依赖于脑事件的。即使当我们说的是那种朝前看的，或展望性的蕴涵时，对象也并不必然依赖于对于它的认识（或期望）。因为正像可以有不止一个原因能够产生一个结果，同样也可以有不止一个结果被一特定的原因所产生。又不能因为一个在先的事件是一个在后的事件的潜能，就从此得出结论说，前者必然产生后者。可是，这种说法似乎需要作一些辩护。有人会说，如果 A 真正是 B 的原因，那么，凡 A 存在时，B 一定存在。当然，原因这个词也可以被界说为是指称任何这

① 参看本书，第112页。

样的事件，这样的事件只要一出现就普遍地决定了那叫作结果的一个后起事件的存在。并且，我承认这就是哲学中关于原因的普通概念。但它不是关于原因的常识的概念。按照常识，原因并非必然产生结果的某种东西，而仅仅是**倾向**于产生其结果的某种东
288 西。严格的或哲学的原因概念不容许有对于一个原因的抵销作用这样的概念（甚至使之成为不可能和无意义）这一事实，本身就足以用来反对这样的原因概念。如果只有当 A 为 B 的普遍的前件时，A 才能是 B 的原因，那么，根据定义它就决不能受到反作用或被抵销。虽然如此，我们常常说，一原因由于受到干扰而没有实现其结果；所以我将采用原因这个词的较低一级的意义，即那倾向于产生、并且如果不受到干扰时将会产生其结果的东西。从这一意义来说，我们可以看到，一个存在着的脑状态的被蕴涵物或对象，不论这些被蕴涵物是它的原因、结果、或两者的同时的和交互的联合，其本身并不一定存在，而仅仅是很可能存在。换言之，一事件在过去曾经发生或在将来将要发生这样的意识，它所具有的并不是该事件一定曾经或一定将会实际发生的这种确定性，而只是一种概然性。但是，一方面一个我们把它意识为曾经发生过的过去事件，它的概然的真并不在任何意义下决定于我们的意志，另一方面，一个我们所期望的未来事件的实际发生的概然性却常常依赖于我们自己或别人所作出的意志努力的多少。这就是说，一个潜能仅仅是当它不受阻碍时，才会产生其自身的未来的实现。如果有其他敌对的倾向在发生作用，就必须运用意志来反对和抵消这些敌对倾向。

或许我可以把我们关于实在的与非实在的对象意识的起源的

意见，通过把有关的三个元素的符号化，很好地总结一下。我们有(1)实际存在的外界对象，我把它叫做 *Oe*；(2)大脑的状态本身，我们可以把它指称为 *Oc*；(3)所感知的或所意识的对象，*Op*。在最简单的情况下，*Oe* 会是 *Oc* 的原因，而在一切情况下，*Op* 都是 *Oc* 的蕴涵者。它们是认识论的三角形的三个角。就它们之间的关系说，我们可以把它们比之于一个发光的对象——*Oe*，这个发光对象在一面镜子表面上的照射——*Oc*，以及在镜子里面或通过镜子所看到的那个发光对象的虚象——*Op*。有时候，这个虚象不论在 289
性质与位置上，都与该发光的对象是同一的，例如说，当我们把一个发光的对象放在一面镜子后面，然后，在观察者身后放置第二个较大的具有适当表面曲度的镜子，于是从这个对象所发射的光又回射到第一个镜子的表面上。这时，这个发光对象的虚象看起来和该对象本身的性质与位置一样。同样的方式，在脑状态 *Oc* 中所显示或蕴涵的对象 *Op*，可以在位置与性质上完全同一于实际存在的外界对象 *Oe*，或者，在另一种情形下，也可以并不同一。在前一种情况中，所意识的对象和它本身一样，在后一种情况则否。①

2. **两类真与错**——如果真与错确是以这种符号化的“认识论的三角形”的方式所产生的话，那就可以得出，真与错每一个都有两种途径可以产生。就真来说，真实的事件 *Oe* 等同于所感知的

① 关于我用以说明知觉过程的三角形的比喻，读者必须谨防一个可能的误解。没有一个三角形的两顶点是在数量上相等的，反之，我们已知，只要知觉是真的，所感知的对象与真实的对象就是等同的。*Oc* 是 *Oe* 的结果函项，而 *Op* 是 *Oc* 的蕴涵函项。正像 a^n 的任何给定的 n 次根可以是，也可以不是 a 本身一样，结果 *Oc* 的蕴涵物 *Op*，可以是、也可以不是它的实际的原因 *Oe*。

事件Op，所以有这个结果可以是由于(1)那种中介物，即通过它而把能从外物传达到脑去的中介物，并没有改变这种能的性质，在这种情况下，脑事件Oc将在性质上与Oe是相同的，而Oc的位置与时间的特征是蕴涵着Oe的真实时间和位置的；或(2)在Oe与Oc之间的中介物可能在性质上、时间上与空间上歪曲了或修改了从Oe而来的能，但是脑通过遗传的能力或通过记忆的痕迹，可能会如此地中和与改正了这种歪曲，以致使那个最后的、有决定性的脑
290 状态Oc在空时方面与性质方面都是和Oe这样地符合的，以致使前者蕴涵着后者。我想，第二类的真是更常有的类型，特别是对于外物的知觉来说。例如说，在视觉中，视网膜的映象是显著地有别于真实的对象的，它被双重化了，被颠倒了，或者以其他的方式而被歪曲了。虽然如此，但是，或者是由于本能(如先天论者所主张的)，或者是由于过去的经验(如联想论者所主张的)，大脑成功地中和了这些歪曲，并且产生一个被知觉的对象，这个被知觉的对象常常能在一切属性上比一个单一的、完全未被歪曲的影响所显示的对象，更真实地同一于那个实在的对象。以被知觉为方的方桌子为例。视网膜的映象是偏菱形的，与之相适应，最初的大脑的结果可能也是相应地不能表征那个外在的原因的，但是，经常重复的经验可以在脑中产生了一种(纯物理的，但是除此以外是和“统觉团”类似的)情况，它把各种视觉印象之痕迹以及为这些印象所刺激而产生的运动神经的姿态组织了起来，这种复合的情况是蕴涵着该桌子的真正形象与位置的。简言之，这种大脑蕴涵可以或者就是直接当下的感觉型的，也可以是间接的、中介的统觉型的。很可能，前一种或者说感觉型的真，它的出现的唯一情况就是所谓

“对我们自身状态的意识”；也就是说，每一瞬间对脑作用的意识和对于前一瞬间的蕴涵。通过这种方式，而且只有通过这种方式，我们才能对意识有所意识，或者说有自我意识。一个给定瞬间的脑状态决不会作为一个对象而意识其自身。但是它不但可以意识到体外的对象，而且可以意识到在它之前一刹那的脑状态。在这种对于体内对象的意识中——在这种意识中，那超越自身的蕴涵只“及于”下一瞬间——看来不会有错误的机会。换言之，这个一般的印象，即我们对于我们自己的思想感情比对于任何其他事物更能确切肯定，是有充分理由的。

在讨论种种相应的错的类型之前，我们最好简要地讨论一下在一个推论的或被思议的对象和一个被觉知或直接觉知的对象之 291
间的区别。我相信，区别间接的或概念的意识的主要特征，是那被觉知的**对象与有机体之间在空间与时间上的非连续性**。当我们觉知一个对象时，我们不但是意识到这个对象，而且意识到介于对象与我们之间的空间与时间。与这一情况相伴而来的是：我们的运动神经的姿态以及一种当下直接地反应的倾向——这些构成我们的实在的感觉。就被思议、想象或推断的对象而言，就没有这种伴随着的——关于那联系对象和我们的躯体的，介于中间的空间和时间的——意识，并从而也就没有这样一种确定的当下直接的运动神经的机制上的调整。①

现在让我们考虑两种错。这个问题我们可以谈得很简略。这两类错，如我们上面所看到，都是产生于一种对于真实对象——在

① 参看麦克·卡特尔：见《纪念威廉·詹姆斯哲学、心理学论文集》，第569页。

它对大脑产生影响时——的歪曲。这种歪曲可以是(1)物理的或生理的神经末梢的;在这种情况下,我们有所谓感觉上的幻觉;或(2)这可能是中心的,由于大脑的统觉团,在这种情况下,我们有推论上的错误。自然,我们可以兼有这两种错误。而且,在二者之间没有固定不变的区别。如果你喜欢的话,你可以说,“感官决不欺人”,并且甚至可以说,所谓知觉上的幻觉都是推论中的幻觉。但是这没有什么很大的意义,因为这样就必须紧接着补充说,推论的因素是存在于一切知觉中的,并且,一个既不包含当下这一刹那之外的内容,也不包含超越自身的因素,又不包含一种行为的倾向的感觉,这样的东西只能是一个心理学家的想象中的非实在的虚构而已。知觉与推论的区别是一个很有价值的区别,但是这个区别的性质并不抹煞知觉具有它自有的那样一种超越自身的参照。当一个小孩伸手去抓而又抓不到一根他感觉到在水中是弯曲的棍子
292 时,他不是从一个内在的感觉或一根弯曲的棍子的映象**推论到**一根存在于他之外的弯曲的棍子,而毋宁是,那被投射到他的视网膜上的弯曲的棍子的映象(正像它被投射在照相底片上一样)产生了一个纯粹物理性的状态,这种状态直接“蕴涵着”,或者说作为它的“意义”或“潜能”而具有一根外在的弯曲的棍子。然而,在这一情况下,脑状态的那个蕴涵物恰恰是不存在的,这样就构成了错误。另一类型的错产生于:从一个被正确感知的对象到一个未被感知的对象之间所作的那种仔细、谨慎的推论是不正确的,因为那个一般在正常情况下为这种情形所蕴涵的对象,恰恰并不存在。

我们所已经考虑过的两类真与错,可以根据刺激被歪曲或被矫正的场合而加总结与分类如下:

（1）没有物理的或生理上的神经末梢的歪曲，并且也没有大脑的歪曲＝直接的或感觉上的真，例如，感情与内省就是这样。

（2）物理的或生理上的神经末梢的歪曲，但为大脑与统觉的反应所矫正＝间接的真，在知觉上的例子是，我们觉知一个方的平面是方的；在概念或推论上的例子是，我们认识一事物并非如其所显现出来的那样。

（3）物理的或生理的神经末梢的歪曲，而没有任何大脑的纠正性的反歪曲＝直接的或感觉上的错与错觉，并且，如果是来自有机体内部的话，就是幻觉。

（4）大脑的或统觉的歪曲，而没有物理的或生理上的神经末梢的歪曲＝概念与推论的间接的错，当这种错持久存在时，就构成精神错乱的幻觉。

3. **注意与信仰**——何以脑不是在每一瞬间都意识到知觉—运动神经流及其所包含的这种流的痕迹的全部蕴涵或潜能呢？或者说，何以心并非永远都意识到它的知识的全部贮藏呢？并且，何以我们总是对于某些对象较之对于其他对象意识得**更多**，或更敏锐些呢？我相信，我们的关于意识的概念使我们有可能对这些问题 293
作出比较简单的答案。大脑皮层中的运动与压力，就它们是相互作用着的而言，必定形成一个单一的体系，其情况类似于一个受许多不同的、相反的力影响和作用着的单一物体的情况。一个在这样的情况下的物体在每一瞬间具有一个占统治地位的倾向，就是向着作用于它的那些力的**合**力方向而运动。这种占统治地位的倾向或控制性偏向的强度将随着两个因素的变动而变动：（1）这些力的绝对的总的强度；（2）这些力彼此之间相对地来说的方向上一致

的程度。我们无须去专心构造一个精神力学的精致体系，也就可以认识到，注意力之所以被“吸引”或“投入”一特定的方向，不仅仅取决于感觉的强度，而且也取决于敌对感觉的缺乏的程度。这里既有绝对的也有相对的两种因素。我们在任一特定瞬间所意识到的对象，都是那些在一起作用着的大脑皮层的力所产生的合力的蕴涵。正像一个物体不能同时既向北又向南运动一样，基于同一理由，大脑皮层的某些倾向，必然会被其他倾向所绝对地抵消或遮蔽。我想这就可以说明，何以一大部分的“心中”的东西必定会从任一瞬间的意识中被绝对地排挤出去。但是，一方面一个大脑皮层的倾向可以完全压倒了另一倾向，而另一方面它也可以只是和它相混起来，并没有绝对地、而只是部分地统治后者，那时候，那占统治地位的倾向的蕴涵就会是我们的注意域中的中心的、最显著突出的对象，而同时那些次要的、但并未被绝对抵消的倾向的蕴涵则作为注意域中较边缘部分的对象。并且由此可以得出，除了在统一了的与系统化了的复合体中以外，注意的强度将随着它的广度的反比而变化。这种有关作用于一个物体上的力的机械的类比是不完全的，主要是因为它仅仅适用于三维空间的运动，反之，在大脑皮层的力的域中，我们不仅仅具有运动的倾向，并且具有与和
294 时间有关的较高级的空间衍生物相关联的一切种类的倾向。而且这种蕴涵域或意识的对象似乎构成一个多维空间的簇，它与单纯的空间与时间关系的系统比较起来更为无比丰富。

现在再谈谈信仰：意识的本原状态很可能是一种这样的状态，即它是一种把大脑蕴涵或意识内容就它们的表面价值，也就是说，作为实在的东西和行为的基础来接受的状态。不信与怀疑是一种

经过疑辩以后的或者说第二性的态度，是只有当某一意识内容与另一意识内容矛盾或与整个系统矛盾时我们才对它采取的态度。一个人只是在眼前没有一种现实地或假定地引起一种反作用的意识内容时，才会相信一事物或把这事物当作真实事物来接受或倾向于以这事物为基础而去行动。在催眠术中似乎我们就有一种情形，那时我们的普通的联想中断了，而且没有什么东西妨碍我们按照我们所被提示的情况去行动。从而心回复到对于其一切对象的真实性的本原的、朴素的信仰。但是正常说来，在任一瞬间，信仰域总是比较该瞬间的注意域远为狭隘，其理由是和下列情况相同的，即一个物体可能倾向于向着几个方向运动，只要这些运动方向不是实际地相反的，但是实际上却总是使它不能朝着一个以上的方向运动。所以我们可以采纳并且比较许多矛盾的意见，而不必发生矛盾，但是我们不能对所有的意见都相信，因为基于其中某一意见的行为一定反对或排斥基于任何其他意见的行为。

4. **心理物理学转喻之实质的谬误**——在本文的第一部分，我们讨论了把所经验的事物与对于它的经验等同起来的错误，简单说来，这种错误是由于转喻而来，即是说，“经验”这同一个词用来既指称心理的活动，又指称该活动的物理对象。并且我们发现这种错误的两个后果，第一，是一种错误的，但是表面上似乎具有公理意义的关于唯心论的论证，第二，是一种关于逻辑与思想律的性质的错误概念。现在，我们说，有一种以意识与其对象之关系的误解为基础的，其有同样后果的，差不多同样的错误。但是这种错误 295
不是词语上的，而是实质的。我们可以把它简要陈述如下：**我在任一瞬间将会意识到哪些对象取决于我本身的作用与状态**，所以，**我**

所意识到的对象,就取决于我自己的状态,从而不可能脱离了后者而是真实的。这一论证,如我们在前面所讨论的论证一样,如果它证明了什么的话,那它就证明得太多了,因为它将意味着,别人的心以及种种物理对象都依赖于它们的被认识。但是我们可以不谈这一点,而直接地来否定这一论证。不错,我意识到"什么对象"或"哪些对象",这要依赖于我的大脑过程,但是这并不蕴涵着在那些对象与我的大脑过程之间有一种依存的因果关系。这是一种和在我的手指的指的运动与所指的对象之间的共变完全一样的共变。没有人否认,我指的是"哪些对象"依赖于我的手指怎样指与指向何处。但是没有人会因此而断定所指的事物依赖于我的指,并且不能离开指而存在。同样,我写到的是"哪些对象"依赖于我所用的词,但是没有人因此就说,那些对象的存在依赖于它们自己的名称。这样,被我们视作和意识是同一东西的,那种在作为蕴涵主体的大脑状态和作为被蕴涵者的所知对象之间的关系,在其共变与依存性的问题上恰恰类似于指的手指与所指的对象之间的关系,或者类似于一个名词与这个名词所指称的对象之间的关系。在每一种情况下,这种关系或行为都是选择性的,而不在任何方式或任何程度上是创造性的或构造性的。简言之,我们不能从"哪些对象"的依存性推论到"对象"的依存性上去。

心理物理学转喻的实质谬误的第一个后果就包含在以上的陈述中。它构成了唯心主义的主要证明;作为一个论证,它似乎不够
296 公理化,但它较之心理物理学转喻的语言谬误来,却似乎更为合于经验并更有说服力。主观主义者挤压他的眼球并看到一把移动着的椅子,而原先他看见的那椅子是静止地放在这儿的。这一点足

以使他相信，你所看见的一事物是怎样的，依赖于你是怎样看它的；但是他不满足于这个谨慎的推论而一步跳到了下述的结论，即：他所看见的事物依赖于他看它们，——这是有区别的。而且，如我们所已说过，他从来不去想一想，那些别人的心（这些别人的心的独立的实在性是他所深信不疑的），恰恰在同样的意义下，也是和他用来思想它们的那些过程相对待的。

转喻谬误的第二个后果，是一种影响深远和广泛流传的关于思想过程特别是关于判断过程性质的误解。判断是对一个自身同一的复合体（或者说对一个命题）的真实性的（假定的或肯定的）信仰所作的陈述或表示。一句话是一种行为，它占用一定的时间。表述它的符号必须出现在一个系列之中，即主词、系词、宾词。判断常常是许多其他行为的结果，并且经常包含着判断者方面的各种努力与活动。而所有这一切都是判断者的生平的一部分。上述的这种谬误，却把思想者的这一页传记说成是他所思想的对象的一页传记。我们开始作一个判断，A 是 B；发现它不是真的，我们又作一个新的判断，A 是 C；这可能又引使我们相信，A 不仅仅是 C 而且也是 D 与 E。所有这一切，对于我们可能是很有兴趣的并且是重要的，而且可能在我们的本性中构成一个深刻的改变并加以丰富；但是对于对象来说，它既不是存趣的也不是重要的，并且它既不改变也不丰富对象的本性。我们的权利是了解（有时是迅速的和容易的，而有时要用许多时间和努力）我们周围的实在事物的性质；而我们的不幸是在于有时我们不能发现实在，却仅仅发现了它的矛盾或阴影，即非实在与虚假。但是所有这些，对于我们所发现或未发现的实在来说，既非权利也非不幸，除非是在完全间接

297 的意义下，即我们的判断也许会引起某种后来可能影响到所发现的对象的行为。我们的判断可以保留不变，尽管它所指的对象——如火——是变化着的，或者，我们的判断可以变化而发展，尽管它的对象——如斯芬克斯*或 -1 的平方根，——是不变的。虽然如此，但是却常常有人认为这个世界可以被证明是变动不居的、充满变化的，其理由就因为我们的判断过程是这样的。不可能从我们的判断的变化或静止的性质推论到被判断者有变化或静止的性质。当我们思议实在的种种阶段与方面时，我们没有因此截断了实在的运动流。概念没有使实在分裂，判断也并不是一种把实在的片断结合起来的手段。和一切认识一样，概念与判断不是构造性的，而是选择性的。思议只是去把握一个性质或性质的集合；而判断是去把握在不同的性质或性质集合之间的一种同一性关系。①

5. 真与错的程度与内在关系的谬误——我们的一切或几乎一切的认识，都是一部分是真的而一部分是假的。用我们自己的术语来说，在任何瞬间的脑状态，都具有一些对象，作为其超越自身的蕴涵物，其中有一些是真实的，另有一些是非真实的或仅仅是主

* 古代希腊神话中人面狮身的怪兽。——译者

① 判断（和意识的其他一切方式一样）是纯粹选择性的，而决非构造性的——关于这个理论的更系统的证明，可参看我关于席勒博士的人本主义的讨论，"一个实在论者能是实用主义者吗？"一文，原载《哲学、心理学及其他》杂志，第 6 期，第 565—566 页。关于"反理知主义"如何由于忽略了这个观点而混淆了在作判断时所用的符号与为该判断所断定的命题内容之间的关系，参看《哲学、心理学及其他》杂志，第 7 期，第 153—154 页。

观的。[①] 如我们所已知，这个原因在于下述事实，即：我们的脑状态部分地是、而且仅仅部分地是外在于它们并为它们所认识的那 298 些对象的作用。物理的中介物以及大脑器官本身永远对于大脑状态起着部分的作用。而这样所发生的偏差可能永远不会全部被矫正的。换言之，错误的来源是由于原因的多样性和作用和作用之间的相互影响和抵消。可是，对于错误的来源的了解，立刻提示给我们一种方法，即使并不能完全纠正它，至少是一种可以无限地不断改善它的方法。我们对事物的作用理解得越多，在这些事物所起的联合的蕴涵中的含混性就越少；而且即使每一个作用可能被部分地改变了，但是这些改变可能被互相中和了。某一个人的大量的照得很坏的相片，比起对于此人的一个很好的相片来，可能还足以更好地提供我们以关于这个人的形象的一个准确的观念。一事物的作用或结果的总和，即使其中每一个都曾受到干扰，这个总合自身固然并不**等同于**事物，但它们总是确切地、适当地**蕴涵**着那事物的。我们所得到的一事物的结果越多，我们对于它的知识越

① 任何事物就其作为一对象出现于意识中时，都可以广义地叫作“主观的”；但这个词更通常地是用于“仅仅是主观的”这个狭义的意义，以指称意识中的一些非真实的或不存在的对象，如梦中的事件或幻觉的内容等。这些主观的对象并非必然地是精神的或心理的东西。但是这一事实，即作为非存在的或非真实的潜在体，它们本身在时空系统中并没有真正的位置，并因而仅仅作用于并通过认识这些东西的心，导致它们被人看作是心理的东西，就像欲望和意志被看作心理的东西一样。这种自然的混淆是主观主义演进的第一阶段。它把一切非存在的对象都归结于心的范围，并且自然地导出下述观点：一切对象只要它们被认识了，就变成认识者的**状态**。简单说来，真理是这样：真实的对象有两种作用或结果。它们既作用于在空间与时间世界中与它们相连续的其他对象，它们也作用于认识者。而非真实的对象，则除了作用于它们在其中出现的某人的意识之外，没有任何其他的作用与结果。

是近似。如果一部分没入水中的棍子只能通过我们的眼并且仅仅从一个角度作用于我们的话，我们决不能发现把它当作弯曲的是错误的。但它从许多角度作用于我们，并且通过视觉也通过触觉，这样，直接知觉的错误就被发现并且使它成为无害的了。用这种方法，我们可以检验我们的知识，并获得越来越多的真理的概然性。

从这个观点出发，我们最好把关于性质的错误看作是和关于位置或数量同一性的错误不同的错误。我们可以在正确的位置和时间感知一事物，但是我们所感觉它具有的性质，可能根本并没有
299 在它之中发生。它们可以是这样的一些性质，即它们仅仅和我们的神经系统所特有的能相关联或是被它所产生的。在这样的情况中就包含着一个真正的错误，但是它并不一定产生有害于我们的结果。只要真实存在于对象中的性质和被知觉的性质一一对应地共变的话，我们在实用上就够了。在这里我可以指出，我们关于第二性质的情况可能就是如此(虽然就第一性质而说并非如此，后者的实在性既是通过知觉并且也被间接地证明了的)。第二性质的外在实在性问题，既没有解决，也不是在本质上不可解决的。我们可以解决这个问题的方法，并且唯一可以解决这个问题的方法，是力求去获得有关在外物中(或在其表面上)发生的那些第一性的能的确切知识，并且力求去获得相应的大脑感觉通路上的那些第一性的能的确切的知识，然后来比较它们。就其同异而言，我们就可以确定关于事物的第二性质是否像我们所感知它们的那样。

任何意识对象总是部分地真而部分地假的，如果我们让这个事实把我们引导到这种看法上去，即认为这个真实世界可能在一

切方面都是和我们所知觉到的不同,那么我们就犯了内在关系的错误论断了。因为这种错误论断在于假定:一复合体的各部分的性质取决于这整个复合体的性质,从而,作为仅仅是关于一部分的真理的知识,它必定是假的。斯波尔丁在其为分析辩护时,曾经批驳了这种错误。我们不必为了有某些真理而必须有全部的真理。我可以对于一对象的某些性质发生错觉,而并不对它的其他的性质也发生错觉。而且,不能因为我对于它们的性质发生了错觉,就得出结论说,我对于它们的位置与关系也一定发生了错觉;同样不能说,由于我对于它们的位置发生了错觉,因此我对于它们的性质也必定发生了错觉。构成意识对象的那些真实因素与非真实因素的复合体,它可以被一部分一部分地来加以分析与检验。在某一方面不能获得确定性或不能排除错误,并不因此就使任何事物都成为假的或可怀疑的。 300

6. 总结:在我们这一探讨的第三也是最后的一部分里,我们的努力是在于说明真与错的产生的条件。假设了我们在第一部分中所概括说明的真与错的意义的概念,并以我们在第二部分中所提出的意识的理论为基础,我们曾试图用“认识论的三角形”这样的说法来证明,大脑流与记忆痕迹的合成系统如何可以在有些时候与有些方面蕴涵存在于它们之外的实在事物与实在关系,以及如何这个系统可以在其他时候与其他方面蕴涵与这些实在事物和实在关系矛盾对立的非实在的东西。

如像我们在讨论开始时说过的,真与错的问题对于实在论和主观主义的争论有一种特殊的重要意义。只要人们不断地在获得真理,实在论就很自然地总是繁荣兴盛着。只是错误这个事实把我们导向主观主义。的确我们可以毫无恶意地说，主观主义以错误为基础，而实在论则以真理为基础。错误也和真理一样，是实在的，但是它的实在性并不和世界的实在性矛盾冲突。

虚幻的经验在实在论的世界中之地位 303

埃德温·B.霍尔特

有人说，错觉、幻觉及一般的错误经验在一切皆是非心理的或真的宇宙中是没有地位的，因为实在论的哲学无法把它们说明得令人满意。这就是唯心主义阵营对实在论阵营反复提出的挑战。虽然这种挑战新近已经被亚历山大教授和纳恩先生接受而且以两篇不可非难的文章很好地予以回击[①]，我想再度接受这个论争，而且如果可能的话，我要在这两位先生所已保证的满意之上再作一些增益。在这开端，无须就争辩中所用的名词下更精密的定义，因为它们既经提出，我们尽可以接受下来看作指示相当明确的现象的通用名词。不过，在论辩过程中，对于这些以及其他名词将有更精确的定义出现。

一、知觉和思想的错觉

错误是关于空间、时间、(“第二”)性质或判断(思想)的，因此，

① 亚历山大:“论感觉和映象”,《亚里士多德学会汇报》,1910 年,新编号,第 10 期,第 1—35 页。T.珀西·纳恩:“第二性质不依赖于知觉吗?”,同上,第 191—218 页。

错误的经验被假定为可分成四项。

1. **关于空间的错误**——一个物体常常被看成比实在的近些或远些，大些或小些；它可以被看成在位置上是颠倒的，形状上是歪曲的，或成为二重的、三重的（空间上重复）；同样的弱点也出现于
304 听觉、触觉及其他知觉方式，例如耳中半规管对由于它发生作用而产生的知觉就是这样。人看见实际上没有的东西，因此“看”这种行动在这例子中是构造性的，因此虚幻的对象（不管一个正确地被感知的物体是如何情形）本质上是心理的、主观的。所以如果二眼辐辏，再闭上一眼，于是近的物体（远的物体现在已落在焦点之外了）看起来就比平常或它们的实际存在要近些、小些。（实际存在不是实在论者的词语，这在以后将予以说明，但是我还要用它并且因尊重论敌而不加引号，因为从他的行动判断起来，他还不能说明自己反对实在论的立场，除非他被承认接触到一些“实际存在”的东西。）打个比方，现在有一种制造鞋楦的机器。一个鞋楦模型安放在接合这机器的膀子的一端，于是这机器立即把一块木料雕成第二个鞋楦，样子和那模型相似。这机器运转时很像能看见模型。的确，复制品和模型之间比拟，对主观—客观的关系说来，有一种不可思议的类似。尽管如此，可以调整调整，使复制的鞋楦比原型稍**小一些**而在其他方面还和它一样；就是这种调整能使这鞋楦的任何一点——在几何学上可称为它的中心——更加**靠近**这机器的重要部分——能割削的锋刃。我不想过分强调这种比拟了；重要之点只不过是：眼睛的机械性操纵**使东西近些小些并不能说明**有心理性或主观性，因为手边就有另外一种机器可以很容易地予以调整而有同样的结果。我想我们的论敌不但不能在鞋楦制造机中

发现主观—客观关系等，甚至假装要回避这种比较。

第二个例子是我们的论敌在他储存不多的仓库中所最爱好的一个。如果一个人挤一个眼球使它越出通常的位置而同时把两眼睁开，他就会把一个东西看成两个。他所看到的第二个幻影实际 305
上并没有。这就证明心理过程中一种显著的创造作用。一个过于拘谨的人或许要问，这是否多少因为有两个眼睛呢；因为使心灵发生这种创造作用所给的指示显然是物理的，即把眼球一挤，这个疑问更容易发生了。的确，我们差不多可以说这指示是对眼而不是对心发出的。如果一个人记得用实体镜惯常看见两个形象，这种想法就更加可取了。从下述的情况看来，这种想法就成为确实而无可疑了：例如有个人瞎了一只眼，然而他所具有创造的心灵机构却是你所能找到的最好的——在这样的情况下，这种幻术就完全不发生作用了。（在实验的时候，如果一个视力正常的人闭起一只眼睛，这幻术也不发生这种作用。）这是用培根式原则得到的证明，只要我们的论敌仅仅援引两个因素——一双眼睛和心理过程。或者再回到具体的经验，我要请问实在论的论敌一个问题：通过实体镜看到一个物体有两个映象时，他们是否因为外在的东西只有一个而以为两个映象中的一个是“虚幻的”？这实体镜能诳人吗？如果不能的话，为什么投入人的视觉中的一个映象总比较虚幻些呢？他们的回答是：“啊，不过没有人说镜里的映象就是面前的客体呀。”我认为实在论正是这样说的——这映象正是所照的客体（只是这客体的一部分，但却是真实的一部分）。职业摄影家用他的行话也同样主张说，“太太，我们已经把你的表情原样照下来了”。像罗伯特·路易斯·史蒂文森所说的一样，我们都说，“正是脸上那

种奥妙的神情最易于从最巧妙的画家笔下逃脱，而画像因为缺乏它就变得死气沉沉”（《秋景的意趣》）。物理学家或天文学家绝对承认他的光谱照片完全就是他在研究的光谱。现在，实在论者辩解说，我们说这些东西就是指这些东西；论敌说，我们不是这样看。
306 然而除掉这一派刚愎的哲学家以外，对于艺术上或技术上的复制品人人都这样承认；而这一派哲学家只要一摘掉自己的职业的假发，走下讲台，也就立刻会承认的。况且，无论他们承认不承认，他们必得承认这一点：**复制**——如果只是“映象”的复制——是纯粹物理系统的常见现象，因此，作为人的感官作用看，复制的发生并不足以说明在这感觉的背后有主观性。“映象”与客体乃至与知识的关系，我们马上将要考察。

再者，散光的眼睛歪曲所见的客体；磨工粗糙的透镜也是如此，乃至有风波的水面上的无数鳞面也是一样。内耳的两囊一受刺激就把所知觉的空间的一部分移置到别样所知觉的空间中去；同样，每面镜子和其他反光的平面都能造成新的、移置的空间，这种空间从几何学上各方面说是可以存在的，而且是在原来的真空间之内的；任何空间的错觉和幻觉都是如此。

我们的论敌必须从他所援引的事例——感官能生出复多的或歪曲的映象——向后撤退，因为这种现象都和严格的物理系统中所有的现象相类似。这还不够，他必得再往后退；因为有些论敌的确作出他们的特别论点说，不是歪曲的映象作为歪曲映象看，而是歪曲的映象**断定其本身是**实在的客体或**实在论者断定它是**实在的客体，这是实在论者的困难之点。为了表示公平，我要紧接着说，不少反对实在论的人不必退到这个地步，因为这是他们的本来的岗位。我急于要在那里和他们较量一番，适当的时候我就要这样做。同时有许多论敌已经打算占领我认为我们刚才已经占有的阵地；要知道所有的敌人都得要对付呀。固然这还是对的：在似乎是不甚熟悉的，棘手的具体领域内，在唯心主义者敢于发表意见的几乎每一事例中，他对实在论者都已经加上我刚才已部分地予以驳 307
斥的罪名。我说“部分地”，不是因为我认为幻觉的物理的相似事例是不够肯定，而是因为我们以上只考虑了空间的事例。我们现在进行到下一组的事例。

2. **关于时间的错误**——我们看到一个物体的时间，不但常常而且永远是落后于当它占有它特定地位及其他状况时的时间，这地位和其他状况在我们见着它的时候它还保留着。唯心主义者最亲切地奉为神圣的例证似乎就是这样的一个事例，即太阳或其他一些天体在我们看到的时候已经在时间上晚了几百万年，或者说，是在它们可能已经实际上不存在之后几百万年了。但是，像我们大家都承认显然是物理的和显然是非心理的或非虚幻的照相底片又有什么胜过我们的地方呢？如果说我们在一个真实的物体不再成其为真实的之后许久还能看到它是荒谬的，而对于实在论来说是不详的，那么，对于物理学来说，如果必须承认每一个最小的物体仍旧受已不存在几百万年的其他物体直接的和真实的影响，岂不更为荒谬、更为不祥？在我看来，这个论据或者证明了一切，或者什么也没有证明。我想象它对于神智学家和千里眼可能打开了辉煌的远景；但是当我想到它对一个精神健全而清醒的哲学家打开了什么远景，我的想象力就停滞不前了。不过像下面所引的一段话很足以代表现在大多数屈尊来注意实在论的著作家们。“真

实的’物体总是早于被知觉的物体而存在，这个被知觉的物体我们轻率地假定它就是‘真实的’物体，然而它实际上不过是我们自己经验中一个元素，而不是能独立自存的物体，或推知体。”[①]简洁明了地说，这惊人的论据就是：心理映象不是真实世界的一部分，而显然是非物理的、非真实的，并在本质上属于另外的主观的事物境
308 界，因为它在时间上是后于真实的事物；尽管从严格地物理的世界中所能援引的每一映象的事例，完全同样地落后于它的真实的物理的原型，这个主张还是被坚持着。

像在前面的空间虚幻的事例中一样，有些论敌站在比较安全的地位说：不是延迟的映象作为延迟的映象看，而是延迟的映象**断定其本身**是真实的物体或**实在论者断定它**是真实的物体，这乃是实在论者困难之点。因此有一个批评家说：“面对着（感官知觉的）居间机构和时间的推移，实在论不能坚持说，这当前的物体硬把本身投入意识的内容之中去。”在适当的时候我们将考虑这后一论据，但是对于那些认前一论据也还有些道理的人我想要提供一个例证，这对于他们将来批判这一点时或许有用，因为这个例证比前面所说看见不存在的太阳那个老生常谈还要更新奇些，而且在他们看来，对于实在论更为不利。在心理实验室里，我们发现在注意退失的时候，感官的刺激就受到妨碍而不能达到感觉中枢或不能进入意识；然而如果这注意退失时间很短，比方说不超过半秒钟，那么在不注意时间中所与的感官刺激后来就达到意识了，于是这

① D. 德雷克：“‘自然’实在论的不充分性”，《哲学、心理学及其他》杂志，1911 年，第 8 期，第 371 页。

感官刺激就以和真实时间相反的次序而被觉知了。这对实在论自然是厉害的打击，虽然同样相反的时间次序对于一捆迟误的电报、信件、或快递的包裹也会发生。

3. 关于第二性质的错误——把第二性质和物体分开，对于历史制造者似乎是这样明显，以致这些性质一般认为存在于心灵中而不在其他地方，认为其本质就是心理的。另一方面又有一批思想家说，第二性质并不在心灵中，观念甚至感觉都不具有这些性质。在这一事例中，或者第二性质被说成好像是物体的一部分，或者就我所知根本不为第二性质指定地位或处所。我以为我们的论 309
敌用第二性质的事例来反对实在论是假定了违反事实的事例(对他来说)，先说这些性质外在于物，然后从事辩论，使其成为荒谬。

现在要研究的大部分虚幻的例子只需要简单的批判，因为它们的情况和前面已经考虑过的情况仍旧是类似的。当一个人走过一条黑暗的街道时经过一个有灯光的窗户，这街道的黑暗就似乎更深，虽然这夜晚实际并不更黑些；但是同样，把一个照相底片带过这点灯的窗户，于是它对于前面黑暗中微弱的光就不怎么敏感，因为这光对它说来是强度减低了的光。但是在这样一个改变了的物理过程的简单事实中，没有人看到实在与非实在之间，或物质的与心理的之间引起了争执。一个人望见的山林，它们的化学性质差不多是没有变化的，然而当一天一天逐渐推移过去，就看到它们的明、暗、颜色是在不断的变化之中；但是它们发光的性质虽然是不变的，却是投射的光度的不变的函数，而这些函数的特殊值是随着光度而改变的；因此所反射的光实际上是永远变化着的。因为在这事例中，可知觉的乃是反光而不是不变的函数，如果没有看到光是在不断变化中，这就把实在虚谬化了。正色活动影片就能完全相似地把这变化记录下来。当一个物体从边缘视觉带到中心视觉，“现象”的改变只不过是同一种的光不同地影响着有不同感光力的面；一个完全色盲的眼睛的“明度分布”，可以用从蛙的眼中取出视紫质溶液所装满的试管暴露于光谱的各种波长之前而立即拍成照片。

当一个较强的声调发出的时候，一个弱的声调显得更弱些；当这弱的声调和其他声音同时发生的时候（由于部分的干扰），它也发出较小的物理的声音。爆炸之后的高度寂静是以物理机
310 构的“疲乏”与它相应*在两耳复听时，一个已知音高被两耳听成两个不同的音高（两音音阶高低的差别大概少于三分之一）；但是一个声调对于许多能作共鸣的物体可以引起高低不同的泛音；正如一个人同时收听连接一个收话机的许多话筒时所能觉察到的一样。也许可以认为听觉“升沉”把物理声音的知觉虚谬化了，但是“升沉”是在每一个湿膜中发生的，在人的听觉中，“升沉”只不过是对于中耳的鼓膜所发生的事的真实知觉。同样，虽然鼓膜张力有节奏的变易妨碍鼓膜对于某些音高作适应的振动，至少在某种程度上，听觉的“注意波”，还是对于鼓膜的断断续续的作用在意识中做了真实的记录。（同样，视觉注意波至少一部分是由于晶状体有类似的节奏的变易。）

我们方位感觉的昏眩及其他特殊感受的现象，马赫—布洛伊尔学说用物体的惯性、弹性等做了非常令人满意的说明。有人制

* 即其他声音在相形之下似乎消失了。——译者

造了一个模型，它显示在真实世界中对于方向的变易的许多错误反应，和人由于两耳内的迷路而知觉方向有同样的错误。在植物身上已发现了差不多相同的器官。在这方面，我们只能遗憾我们没有一个感官有回转器，否则，就有了惊人的材料足以作出使十几种反实在论感到满意的证明了。

所有其他感官的情况完全与此相似，这里，我只愿提一提这一个用得太多的例子，即一碗水对于一只手觉得是热的，对于另外一只手则觉得是冷的；我仅仅要加上这句话：如果我们的博学的论敌发觉这个实验有意义而把一个温度计弄热，又把第二个温度计放在冰上一些时候，那么第一个将恰如人愿而客观地记录着这碗水是真冷的，而同时第二个温度计将记录这碗水是真热的。关于以
上所引的一切现象，前面所已提到的亚历山大教授和纳恩先生值 311
得钦佩的论文是极有启发性的。[①]

但是我还没有提到幻觉的第二性质的现象，在这些现象中颜色或声音极清楚地进入意识，然而在物理世界中并没有这种颜色或这种颜色的迹象。在某种意义下，正后象、负后象和补色的后象似乎是属于这一类，然而它们确有像幻觉的情况。一个正后象在物理世界中自然有千百类似物，固然它确乎依靠神经的“后流”，这是生理学已经弄明白了的。所以这映象是对于一个真实过程的真确的知觉，而这真实过程又构成一个真实物体的真实性质的一部分（详见下文）。同样，一个负后象可用照相底片作类比。补色的

① 关于这些和类似的事例，参考杜威，《哲学、心理学及其他》杂志，1911 年，第 8 期，第 393—397 页。

后象似乎纯粹是主观的幻觉。黄色烛光并不像在后象中所看到的是蓝色。在山道年中毒后视觉所显示的物体又充满着一种错觉的或幻觉的黄色。这后一事例差不多同萤光物体相类似，因为萤光物体增加投射在它身上的光的波长。受山道年中毒影响的视觉不大可能是依靠萤光的（虽然视网膜上的视紫质恰巧也是萤光的物质），但这种视觉还可用物理作用予以说明，并且可用生理学的手续——这手续应有插在物体与感觉中枢之间的一种黄光帘幕的作用——予以真实的地位，像我们的其他例子中一样。虽然这种方法还没有发现，很明显它是根据于意识的减弱（好像是一种能选择颜色的眼睑），而不能成为对我们现在的讨论有兴趣的问题。

补色后象看起来更像主观的创造。现在我们须记得亥姆霍兹
312 曾画出一个曲线图，表明配对补色的波长，①我从 G. W. 皮尔斯教授学到：当一个无线电报机构的接收杆的电容和赫兹电波某一种长度相调合了，它便因此同样地也和第二种波长调合了；每作一次新的调合，它就变成能感受相似的两个配对的波：不但如此，这些配对波的曲线表明的作用恰如配对补色的曲线图所表明的一样。所以互补色或反衬色不能和听觉的八音度相比（像有些严肃而无效的玄想所欲证明的），而只能和赫兹波的互补的配对相比。视网膜上的锥状体如何接受光波而把它们作为神经冲动传递，我们还不知道，但是它们不见得是由于有任何光化学的原质（像棒状体一样）而作这种传递的，因为尽管对锥状体做了重复的研究还没有找到这样的原质。（亥姆霍兹和赫林所提出的“视觉质”不一定牵涉

① 亥姆霍兹：《生理光学手册》，汉堡，1896 年，第 2 版，第 317 页。

在内。)但是按照迈斯林所提出的许多理由,[1]锥状体很可能与光波发生共鸣,如同亥姆霍兹的听觉学说相信辐射纤维和科蒂器(螺旋器)能对声音发生共鸣。光波和赫兹波在物理上是关系密切的,所以如果迈斯林的见解是对的话——他的见解不仅直到现在是最合理的见解,而且有许多事实证明,——视觉的互补色只不过是光共振器的互补调合这一事实在意识中的真实表象。这还不是确定的事实,但是这个见解具有很大的概然性,因此互补色不能成为实在论的特殊困难了。

纯粹的幻觉的例子而不包含任何末梢刺激的,也就是神经中枢所引生的感觉和映象,或如约翰·缪勒称之为"幻妄的视觉现 313
象",是更加明确地与我们研究的目的有关。我承认这是指定给我的、我在其中看到有充分道理的第一个论据,使我能以友好或忍耐来对待我的敌人。我真心诚意地承认我们的论敌的问题是合理的;这问题是:实在论如何能妄自断定一个人睡在比棺材大不了多少的柜子里,在他的梦中生动地出现了色、声甚至触觉和嗅觉的真实性呢?这个事例仍旧有两方面:第一,这些虚幻的第二性质,单就它们本身说,如何能有非主观的和非心理的真实性呢?第二,像在上面两次提到过的,这些性质如何能**妄自断定自己**是真实的物体,或者**实在论者**如何能**妄自断定它们**是真实的物体呢?

先谈前一个困难。即使是唯心主义者在沉思的时候也一定会想到:在我们宇宙中的那种分裂,那种通常归于洛克的在第一性与

① 迈斯林:"论视觉的化学—物理基础",《感官生理学杂志》,1907年,第42期,第229—249页。

第二性之间的崭然的区分，到底是什么样的一件怪事。不问你把我们的“宇宙”当作一个物质的体系、关系的系统、主观的境界、“绝对的”系统或者当作任何其他的东西看待，你总是面临着第二性质和第一性质之间的奇怪的分离，这种分裂只有用某些色、声等和第一性体系中一定的振动波的量之间的单纯的一对一的关联才能接连起来。因为这是单纯的一对一的关系，甚至连一秒钟也不应认为是真正的因果关系，甚至从我们这个时代的思想看来，这还是明白的、无理由的“预定的谐和”，像莱布尼茨所曾梦想的那样。我以为这种分裂，和错误的神秘性构成主要的经验的动机相反，把思想家们导致某种主观主义。然而因为主观主义决不能把这种莫名其妙的关联搞清楚，从我个人看来它仍旧是一种神秘，就我所知，对
314 于这偶然的然而又普遍而根深蒂固的谐和还没有企图予以说明。但是这固定的关联是固定的偶然吗？这个问题必须排除实在论的或反实在论的成见，完全根据经验来回答——如果我们的论敌认这个名词有任何意义的话。

从经验心理学家看来，第二性质的独特的、孤立的地位是在约翰·缪勒的神经特殊能力学说中宣布出来的，缪勒本人给它各色各样的系统的说明，其中一个是现在普遍相信的学说。这个学说的胚胎是从洛克经过休谟以至康德传下来的，因为缪勒用他的学说企图在具体作用中表明康德的认识论（他希望这样来证实康德的形而上学，虽然他的著作——缪勒自己并不意识到——显出是一个讽刺，在唯心主义者中我们仍旧看到对“第二性质的特殊地位”有真实的爱好）。不过，显然缪勒是从经验出发，他的理论以两组现象做根据：“幻妄的视觉现象”或一般的因神经中枢的受刺激

而生的心理过程，和这样一种事实——有些神经受到异乎寻常的刺激所激动的时候，产生出来的感觉仍旧像受平常或“适当的”刺激时一样。所以人们相信，把视神经用外科手术割断就产生混乱的亮光和色觉。在身体以外的世界很明显地只含有第一性质和——更恰当地说——振动率，而第二性质确乎只能在神经系统中找着并且毫无疑问地（但这纯粹是维护康德主张的假定）只在心灵中找到。只有神经纤维“或”大脑中枢的特殊能力（后者是近代的见解）才有力量在心灵中激起第二性质，虽然它本身没有类似第二性质的东西。因此特殊能力成了康德的一个范畴的生理学上的副本。

但是很明显，视神经的特殊能力必须和听神经的能力有所不 315
同，以便说明两者在心上所生的效果的差异。缪勒相当粗疏地说到，特殊的能力对每一个感官来说，在性质上[①]是不同的。后来亥姆霍兹不无理由地做了这样一个假定：不仅光、声、热等的感觉方式有特殊不同的能力，而且这些感觉方式中许多性质的差异也是如此。这样一来，第一性质和第二性质的分开以及它们互相关联的偶然谐和，就重新用心和身或心和大脑的皮层细胞这类名词说出来，而毫未说明这个稳定的、关联的偶然性（至于康德派，很难看出他们能感激缪勒如此确定地提出心用以和非**心理世界**相接触的大脑皮层纤维，纵然非心理世界是缺乏第二性质的）。

现在我们对这个学说最感兴趣之点乃是：神经生理学还未能

① 缪勒在这里用这个名词与“第二性质”无关，只不过像一个人随便说到“性质上的化学作用”一样。

发现特殊的神经能力的痕迹。[①] 所有神经冲动似乎“性质”相同，只是强度不同：知觉神经的冲动甚至和运动神经的冲动也没有什么不同。然而这问题仍旧是：心如何能（继续用缪勒关于这事例的概念）受性质上相同的神经冲动的影响而有不同的感觉方式呢？这不仅是了解中枢引起的幻觉和被反常的、“不适当的”刺激产生的正常感觉问题，而且是一个意义更广泛的问题：任何物理的刺
316 激，无论正常的或反常的，如何能产生性质不同的感觉，因为刺激间的不同，波长或振动率的不同在到达大脑途中，已经在显得完全相同的神经冲动中混合而消失了。

最容易的回答似乎应该是：所需要的不同不是冲动的不同，而是神经原纤维的不同，每个和其他不同的神经原纤维一受刺激就给心暗示着一种特殊的第二性质。但是在神经原纤维之间从没有发现这样的差异，如同在神经冲动之间没有发现这样的差异一样。[②] 那么这种差异是否可能在原纤维所终止的皮层细胞中呢？这曾经被相当地研究过，而发现大脑叶在化学成分上只有极小的差异。甚至这一点也没有得到证实，我相信没有一个研究者敢说他在一个大脑叶的同类细胞之间找到如我们的假设所需要的化学的、组织学的或其他的差异。（不同的大脑皮层细胞之间的差异对我们是没有用的，因为层与层之间的差异差不多是同样地伸展到

---

① 在这一方面没有成功的尝试——赫林所作的尤宜注意——，主要地是由感官心理学的理论需要而促成的。参看 H. 波鲁陶：“关于神经传导性质的旧的和新的观念”，《普通生理学杂志》（维渥恩），1902 年，第 1 期，评论栏，第 1 篇（特别第 10—11 页）；赫林：《神经活动的学说》，莱比锡，1809 年（特别第 8，10 页）。

② 这个区别至多也是带些学院式的，因为很难想象在神经原纤维中的任何有意义的差异不在他们的脑中带来在神经冲动的实验的研究中变成明显的现象。

全部皮层。)谢灵顿[1]和麦独孤[2]教授已经指明,不是细胞体而是神经细胞之间的突触在其他方面(如持续及疲劳现象)对意识有意义,但在突触之间也没找出有些稍微接近我们所需要的差异。剩下来的唯一说法就是闵斯特伯格的“行动学说”,[3]按照这个说法,在神经细胞的冲动和心中的第二性质之间的关联被设想为一对一的关联,在神经的基础中除了空间位置差别外没有提示其他的差 317
别。这种见解又把我们带回到未加说明的预定的谐和了;至少在实在论者看来,自然界是憎恶预定的和谐的。但是另外一个严格经验的理由使我们刚才所考虑的假设成为不可能。用已故的内格尔教授[4]的话说,“毫无疑问,一个假设如能让我们把兴奋的性质上决定的而又不变的每一方式归于个别的神经纤维(刺激方式,上下文表明他不是指刺激的形式,而是指感觉反应的性质)会更加令人满意了,而且和其他的研究也更加调合了。然而在感觉生理学中的特殊的研究现在并不有利于这样一个假定”。证据如下:缪勒以为对每种“感觉”,如视、听等来说,都有一种“特殊能力”,这说明他留下来的学说是粗疏的;实际上每一“感觉”给我们好多种性质

① C. S. 谢灵顿:《神经系统的调整活动》,纽约,1906 年,第 14 页以后。然须参考较早的作者如戈德沙伊德:《从神经学说了解刺激的意义》,莱比锡,1898 年,第 1 卷。

② W. 麦独孤:《生理心理学》,伦敦,1905 年,第 30—33 页。

③ H. 闵斯特伯格:《心理学要义》,莱比锡,1900 年,第 1 卷,第 15 页。

④ W. A. 内格尔:“特殊感觉能力的学说”,《人类生理学手册》,布劳西维格,1904 年,第3卷,第15页。的确,内格尔教授对于缪勒的学说所根据的一些号称的事实并不乐观。“就我所知,我们还没有证据足以证明‘视神经干’受力学的或电的刺激产生光的感觉”(第7页)。又说,“关于缪勒的规律的(关于神经纤维的‘不恰当的’刺激在感觉中的结果)最清晰而其实是唯一真正明白的佐证乃是已经提到的对剖开的中耳的鼓索神经的实验;这个被割断的神经的中枢末端一受力学的、化学的和电的刺激确是产生味觉”(第8页)。

(味觉有四种,听觉至少有几千种,视觉嗅觉各有无数种);可是每一种论证凡是说多种的感觉方式都有特殊的能力的,同样也就是说方式中每一性质必须也有一种特异的能力。这无疑影响了亥姆霍兹在他的听觉学说中,为第八神经(的螺旋器的枝条)的每一原纤维维指定传送每一特殊音高的听觉这样一个功能。这些原纤维和科蒂器的级差系列是成系列地联络着,这就使得这个学说极为
318 可取。亥姆霍兹在他的视觉有三个基本性质的假定中,也是同样受到这个的影响(虽然这里证据不如上述的明显)。把特殊能力的学说伸展到感觉中的性质上去——如果这学说要说明它在说明的事实的话,是需要这样做的——已经完全不成功,而新近的研究已把它弃置不顾了。[①]

第一,尽管各方面的努力,这个学说从没有以任何完善的程度扩展到感觉中的性质上去。亥姆霍兹的听觉学说算是达到了最大的成功。这个学说设想音高的系列是听觉性质上的系列(关于这一点的正确性是有争论的),指出不同的音高被不同的神经原纤维传达到大脑:尽管对于差音和合音还有些疑难,这学说大致是可信的。然而这学说仍旧碰到一些困难,一个颇严重的困难是——如何设想微细得用显微镜才能看到的辐射纤维能够"响应"这样一大系列包括在听觉程限内的音高,尤其是在这精细的纤维与那长度几乎达到 64 英尺的可听到的低声波长之间,如何有共鸣的可能。再者这些辐射纤维是横向地系结在一起,致使任何真实的共鸣必

① 内格尔,同上书,第 14 页。内格尔教授的全部论文与此有关。对缪勒学说的历史 R. 魏因曼作了很好的研究,参看他的《特殊能力的学说》,汉堡,1895 年。

定成为更加困难，至于个别的纤维对其相当的个别乐音的一种特殊的共鸣似乎更不必说了。假使不是如此，那么就得估计辐射纤维一定是多得相当于那许多可听到的不同音高，如果我们认为音高是等同于在上升的或下降的连续的乐音系列中可辨别的那些连续的音高差异。然而事实上音高感觉的系列是连续的，所以它所包括的音高，无限多于用辨别实验所得出的阶梯系列。如果我的回忆不错的话，亥姆霍兹本人承认，许多居间的音高必须用受不同 319
强度的刺激的邻近科蒂器的同时活动予以说明。这种说法用来支持所谓一根神经原纤维对应于一种感觉性质的那个一般理论，是很勉强的；可是因为在靠近的音高之间有亲密相似性，人们就总是容易把这种说法放过去了。但在视觉中情况就不是这样顺利了。色的系列也是连续的；因为在正常的视网膜的红绿区上（很大的区域），每一点都可以知觉任何一种颜色，所以一开始就不容许去寻找或假定达到每一点的神经原纤维的链索，大到能使每一原纤维相当于每一可辨别的颜色差异，至于这些差异的实际连续的系列就更不必说了。所以在这里，亥姆霍兹把我们刚才放过去的论点扯得更远（而且很远）了。实际上他假定三根原纤维达到红绿区的差不多每一点，并且假定红、绿、蓝三色中任何一色能被这三根原纤维任何一根的活动在心中激起来。像在听觉事例中所承认的可疑论点一样，居间的颜色在心中被激起来，是由于两根或甚至三根原纤维以不同的相对分量同时兴奋起来。因此黄色——很少人能认识它与红或绿有任何相似——必须了解为红绿两原纤维的同时等量的兴奋在心上所生的结果；不类似任何颜色的白色，必须了解为红、绿、蓝三种原纤维的等量的兴奋在心上所生的结果，要知道，

这样说未免把这事扯得太远了，如果黄和白不是充分明显的性质，不能给它们指定特别的原纤维，那么一种神经原纤维对应于一种感觉性质的学说就不能成立了。这情况比在听觉中更差，因为心必然是莫名其妙地被不同的原纤维激动起来去知觉不同的性质，并且依照兴奋的相对的和精确地辨别出来的量去知觉中间性质；反之，几千种不同的红、绿、蓝的原纤维的兴奋，必须使心灵觉得是
320 **相同的**性质。这一点如果扯得这么远，一根神经原纤维对应于一种性质的原则就被压缩到了等于零；它已经失效了。

再者，在许多事例中连续的性质系列把旧心理学所得意地假定存在于“五官”之间的裂口，连结了起来。有无数的感觉是由味觉和嗅觉原纤维的同时兴奋而引起的；其实，除掉四种所谓味觉外，一切味觉都是由于嗅觉兴奋的合作而生的。然而众所周知，除极少数有训练的人以外，没有人能在心中把这些感觉分解为味觉加上嗅觉。对差不多每个人来说，这些感觉是无法分析的，正如白色无法分析为红、绿、蓝一样。再者，各种各样的味觉又被触觉的（心中）所觉察不到的帮助而大大地加多。在产生各种各样“皮肤”感觉之中，触、痛、温、冷的感觉（我们知道它们各有末端器官）是固结而不可解的；而按照冯弗雷教授的意见，热觉是由于几种感官的同时活动，而这几种感官如果分别予以激动，就会生出温和冷的感觉。这样的例子可以增加很多，但是我只想再提一提一种感觉，我可以把它称为心理的安静的微声；这种感觉**没有可指名**的性质。我想每一个有训练的内省者，尤其一个善于观察的内省者无疑是熟悉它的；我们无法指定它属于哪一种熟悉的感觉，显然它不是内脏的感觉或是本受的感觉。在事例的性质容许的范围内，我曾好

几次不得不相信，产生这种经验的刺激，或者是视觉的，或者是听觉的，然而我还不能认识它在意识中所生的结果或是色，或是声；不过这感觉是适中地强烈而在内省过程中能保持它自己。作为内
省的描写，我只能说，它的性质暗示着一种原始的、朴素的东西。321
我稍微详细地提出这一点，因为我们后来还要研究它，并且也因为它很少提示一种关于特殊能力的粗疏说法。

这样看来，神经的特殊能力学说，无论把它怎样编造、提炼，还是碰到了许多困难，结果只得谦虚地自认无知，因此我们必须回到——其实，为了节约思想宁可回到——原来的事实，虽然它们是令人迷惑的。现在我所要援引的意见，在我看来，似乎击中了缪勒学说的要害，而且也可阐明这些似乎是困人的事实。

如果神经生理学家为了支持缪勒的学说不能在神经冲动中发现类似于性质的差异这种东西，又不能在皮质细胞和突触中发现适当的化学的或组织学的差异，有些新近的发现对于神经冲动已指出一点东西，它既能取消旧的概念又引进了非常新的概念。这点东西乃是：神经冲动，尤其是知觉神经的冲动，呈现一种周期的波动，其频率比一向所猜想的高得很多。用谢灵顿教授[①]的话说，“系列地重复的刺激在一根神经干中所造成的可分开的兴奋的状态（冲动），其数目在数目上和节律上是与刺激很密切地相应的。无论刺激是每秒钟一次或每秒钟 500 次相继发生，神经的反应总是追随这刺激的节律的。以骨骼肌的收缩作为反应的指数，对超过每秒钟 30 次的节律的相应就成为难于追索的了，因为超过了这

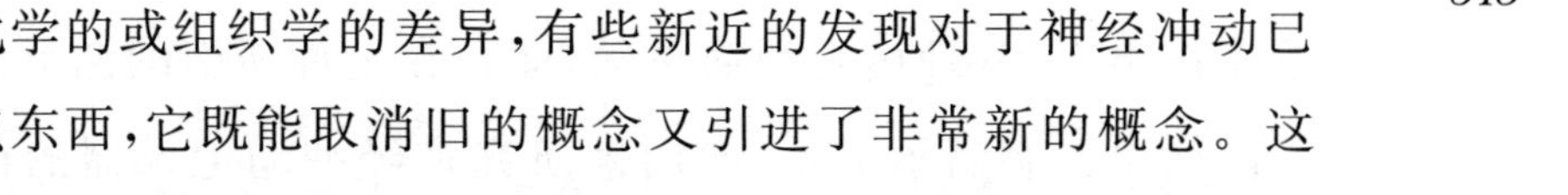

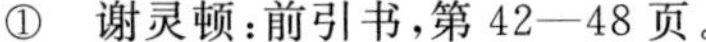

① 谢灵顿：前引书，第 42—48 页。

样的速率，节律的机械性的效应就易于混淆不清了。肌肉的电反
322 应达到比这更快的速率可以很容易地予以单独的观察，它们的节律是和刺激的节律相合：所以当刺激是每秒钟 80 次的时候，它们的反应也是每秒 80 次。如果肌肉乐音被认为是肌肉反应的指示的话，它的音高就可并行地追随神经刺激的速率到更大的限度。”“在神经干传导中的不应期似乎不超过 1σ”。这最后一句话等于说，神经冲动的周期率能高到每秒一千；这就留下这样一个问题：如不妨害其效用，这周期率是否能由进一步的研究而表现更高。差不多一切新近的关于轴索的传导、肌肉紧张、肌肉强直、阶梯现象和不应状态的著述都表明神经冲动有同样的振动，其速率之高是早期生理学家所梦想不到的。[①] 例如派珀教授发现在**随意的**收缩中（在实际等于正常的情况之下），下部膀臂的屈肌每秒钟受到 50 次神经冲动。[②] 为什么这种发现过去一直作不出来，而直到新近才作出来，其理由是很简单的，而且在上面所引的谢灵顿博士的一段话里已有暗示了：一向用来研究神经冲动记录器的机械的惯性乃是这样的：除了神经流的强度的缓慢波动以外，它把别的东西都弄得“混淆不清”。但现在手头已有的大量各色各样证据以及它的权威性，使这一点成为确定了：由于应用更精确的电的记录工具在使用上的进步（尤其是示波器，这是生理学实验室中比较新的工

---

① 我要承认，关于这方面的最早的实验，截至现在，我还找不着。对于一秒或超过一秒的“神经波动”较早的概念的一种深透的修正，如能确定它的历史的先前性，会是很有趣味的。参看赫林，前引书，第 29 页。

② H. 派珀，《生理学集刊》（普菲律格编），1907 年，第 119，301 页；又同书，1909 年，第 129，180 页。

具),关于神经冲动的高频率,我们将会知道大量的现象。

常常有这样的事,即关于这同一根本事实的证据会从别的来源——感官生理学或心理学——同时积累起来。在1907年,雷利勋爵[①]发表一篇论文得出结论说:至少比每秒振动128次还要低 323
些的低音高的声音(或许音高高到振动512次)不能用它们被听到的强度之间的差异来定它们的位置,但是当它们进入两耳的时候可以而且曾经根据它们相对的位相而予以确定。雷利勋爵又说,"似乎不再能主张:声音的振动性停止于神经的外端,沿着神经建立和脑的交通。相反,在神经中的作用本身必定也是振动性的,自然不是按照振动的粗的、机械的意义,而是保存周期和保留位相的特征——这是早在1886年卢瑟福所主张的见解而用以反对亥姆霍兹的"(前引书,第224—225页)。更早一些,西尔韦纳斯·汤普森[②]、L. T. 摩尔教授[③]和M. 格林伍德先生[④]曾做了一些工作,证明位相差在声音定位中的重要性,但是不幸这种工作或因未经公布或因未适当地予以重视,而未能引起注意;这个事实后来从雷利勋爵、[⑤]迈尔斯教授、威尔逊、[⑥]波尔克先生、[⑦]摩尔教授[⑧]所作的实验

① 雷利,《哲学杂志》,1907年,第6卷,13期,第214页。

② 被格林伍德先生引证,但未注明发行的地方。(意思是指西尔韦纳斯·汤普森教授吗?)

③ L. T. 摩尔,《哲学杂志》,1907年,第6卷,第13期,第452页。

④ M. 格林伍德,《特殊感觉的生理学》,伦敦,1910年,第83页。

⑤ 雷利,《哲学杂志》,1907年,第6卷,第13期,第316页;以及1907年,同上卷,第14期,第596页。

⑥ C. S. 迈尔斯和H. A. 威尔逊,《英国心理学学报》,1908年,第2期,第363页。

⑦ T. J. 波尔克,《哲学杂志》,1908年,第6卷,第15期,第318页。

⑧ L. T. 摩尔,同前书,1909年,同卷,第18期,第308页。

得到进一步的佐证。这位列名最后的作者发现位相差对高到邻近振动 1024 次的声音都是有效的(前引书第 314 页)。迈尔斯教授和威尔逊曾想把这些新事实从属于旧的强度比例学说,他们认为位相只有和强度关联起来才发生作用,但是,很显然,他们的说明是用一种巧妙的办法来挽救一种成见。如果已经知道神经冲动并不表示这里所包含的周期的位相,那么人们或许会让根据强度比
324 例学说所作的说明照旧存在,虽然它不见得是真实的。不过因为首先需要的那个周期率是已经分别地被证明其存在的,雷利勋爵和摩尔教授的见解就完全是一种自然的见解了。摩尔教授恰当地说,“对于这种观念——耳朵能发现一个声音的位相,或者至少能发现两个声音的位相差——唯一的反对论乃是:它很难和我们的听觉学说相调协”(前引书,第 319 页)。

但是表明位相差控制着低音的定位的实验,乃是未根据它作出“假设”和演绎的实验,而亥姆霍兹的听觉学说(摩尔教授必定主要地如果不是完全地援引了它)在其成分争论的共鸣假定之中包含了一个严重的假设;再者这一学者的形成是为了赞同缪勒的“特殊能力”[①]——缪勒这一学说我们已经看到是没有价值的。我说摩尔教授所援引的必定是亥姆霍兹的学说,因为其他三个突出的学说都与它无关:埃瓦尔德的学说在任何意义下也不依赖缪勒的传统,卢瑟福和迈耶的学说和这传统是不可调协的。关于听觉位相的新事实则是不难和这些学说相调协的。的确,卢瑟福博士的学说只不过是反对“特殊能力”的一种有趣的——在我看来是有效

① 参看艾宾浩斯:《心理学要义》,莱比锡,1905 年,第 335 页。

的——抗议，而是赞同这样的见解的：感觉的性质是由振动的神经冲动而传到感觉中枢，这些神经冲动的速率是和冲击的物质刺激的速率密切关联的。卢瑟福博士和埃瓦尔德教授所提出的意见是不够称为听觉的一种“学说”的；马克斯·迈耶教授的意见比较配得上这个称号。这位研究者所提供的学说考虑了并且很好地说明了听觉的一切重要的特性（尤其那些亥姆霍兹认为是最困难的特性），不过**除掉**音高的现象（“性质”），而这乃一般地承认是心理学说所从事说明的首要之点。我未能发现迈耶教授曾明显地提到音 325
高，也没有发现他如何了解它传达到脑中去。然而他的学说对这一点是肯定的；这个学说所需要的就是设想音高的传递不靠特殊不同的神经原纤维（像在缪勒—亥姆霍兹的说法中那样），而是靠沿着任何或全部原纤维的神经冲动，这些冲动乃是周期的振动，其速率和外界音刺激的振动是等同的。我从未了解迈耶教授对于这点的——我必须称之为神秘的——缄默；除非设想他之所以这样迟疑而不明显地说出他的学说一个特征和缪勒的传统距离甚远，是由于他没有觉察到卢瑟福博士和许多其他生理学家的论证是赞成他的。的确，迈耶和卢瑟福的见解并不冲突，而是互相补充的、完全调和的学说。合拢起来它们构成一种紧密结合的、完全的而很有希望的听觉学说；因此它在任何方面似乎不与埃瓦尔德教授的片段的、带有幻想的思辨相冲突，虽然我不认为后者有多大价值。总而言之，我毫不犹豫地肯定：我们所称为卢瑟福—迈耶学说是一种妥当的听觉学说，并且肯定：鉴于神经生理学的新近发现，它是明显地优越于亥姆霍兹的学说。我可以更详细地充实这个结

论，但是在这里我只想指明：一切的考虑都要求我们抛弃“特殊能力”，[1]神经生理学的事实无疑地指示这样的见解：感觉的性质是靠振动的神经冲动传达到脑；感觉心理学的一些事实在听觉范围内也证明了这一点；再者，在这里振动率和外界音刺激的速率是相应的；最后，这不“难和我们的听觉学说相调协”。
326

这样一种见解在视觉范围内——唯一的经过周详地研究过的另一种感官——适用不适用呢？回答是：非常适用。在已经援引过的一篇论文中，迈斯林先生对于色（锥状体）觉曾经很恳切地提出以下的考虑：热、光和赫兹波属于同类的物理现象，都是电磁的振动而只有波长或速率的不同。这些波能够而且确实以光化学的方式影响各种物质，像一向被设想为能影响视网膜的棒状体和锥状体一样；这就是说，通过所谓视觉的质。但是这样就必须有光化学的质受到影响。在棒状体的例子中，视紫质就是所发现的这样一种物质，而在意识中的结果就是白或灰的感觉。在锥状体之中没有找到光化学的物质，虽然棒状体的紫素是比较早发现的（波尔，1876 年），而且在锥状体之中也盼望能找出三四种视觉质。要知道“视觉质”在我们关于“**颜色**”的学说中一向**纯粹**是假设，而所以如此设想仅仅由于它类似原始脊椎动物的眼睛的色素细胞和脊椎动物的棒状体的视紫质。这种类推不是无理由的，但是当半世纪的研究由于没有找到所设想必要的光化学的任何一种物质而未能得到证明，还抓住这种类推不放是无理由的。锥状体无须被设想为露光计；它们可能是温度计（放射热测定器）或共鸣器。它们

① 1899 年赫林在为“性质的特殊能力”辩护（前引书，第 8 页）中甚至举出亥姆霍兹是反对这些能力者。换句话说，亥姆霍兹相信特殊能力须以某种数量的方式予以阐明，可能是根据神经振动予以解释（同前书，第 29 页）。

很可能不是温度计，因为如果这样，它们就会对红光比对黄光更加敏感，对较慢的热波比对红光更加敏感了。但是锥状体很可能是共鸣器。如果它们是共鸣器的话，这个事实就会说明它们显著的不易疲劳性，这一点赫林在他反对亥姆霍兹的论辩中曾加以强调，为了支持这一点(部分地)赫林设想有组成代谢和分解代谢两相反对的视觉过程与衰退的视觉过程：这种想法被赫林应用到温度感 327
觉，不过单独的感温点与感冷点的发现就把它推翻了。关于锥状体的构造、锥状体的几种不同的类型、网膜各层的构造、在光刺激之下锥状体的收缩以及视网膜的休止电流和活动电流，迈斯林提出了许多事实，表明它们如何与锥状体是电磁共鸣器这个见解相吻合。

这个见解最有趣的佐证或许就是收受赫兹波的器具的互补的调音；[①]这一点我已经提到过。这不可避免地就可说明颜色的互补性，就此而论，现有的关于颜色的两种学说都未能令人满意。亥姆霍兹的“判断的错误”在许多对立的现象中是完全勉强的；赫林的分解代谢与组成代谢的过程是未经证实的假说；它们遇到白黑系列方面的许多困难而与健全的生理学的类推相冲突。因为如前所提出，一种组成代谢过程要直接引起感觉是没有前例的，正如它要直接引起肌肉收缩之无前例一样。

各方面都承认亥姆霍兹和赫林的视觉学说都没有亥姆霍兹的听觉学说那样的权威，并且承认今天都不是可接受的视觉学说。

① G. W. 皮尔斯：“关于无线电报的电路的共振之实验”第 2，3，4. 部分，《物理评论》，1905 年，第 20 期，第 220 页；第 21 期，第 867 页，第 24 期，第 152 页，又“双重电路学说”，《美国艺术、科学学院汇报》，1911 年，第 46 期，第 293 页。

人们一般地相信这两种视觉学说含有根本的错误，须要淘汰补充使它转变为一种确定的学说。当迈斯林提示三个或更多的有不同调节能力的视网膜共鸣器的时候，他已对这两个学说中的**每一**学说提供了这样的转变。如我们所已见到，这同一提示包含对一向未予说明的颜色的对抗作用予以说明基础。无论对一般的颜色学
328 说有怎样的结果，我们现在的论点是：我们有令人信服的论据来相信，沿着视神经流动的视觉冲动，像听觉的情况一样，①是一种振动的冲动，它的周期和起作用的刺激的振动率是相应的。和这相反的、主张光化学的物质及“性质的特殊能力”的那种见解，是没有直接的证据来支持它的；而且有大量的据证来反驳它。我相信迈斯林的主张是保守的，比任何其他主张更稳当。

当我们来研究其他感官时，对我们问题的任何一方面都没有多少话可说。关于其余的感官的实际生理情况，我还未发现我们知道了什么恰当的东西，或者可以说几乎毫无所知。无疑地，这里刺激过程的一切细节是隐藏于神秘之中。这些其他的感觉，就它们的直接刺激说，一般认为或是力学的，或是化学的。棒状体视力仍旧是一种化学的感觉，在这一方面，关于视紫质的漂白所导生的神经冲动，未能进一步地知道它的细节。然而在嗅细胞和味细胞上的细毛，已经引起了一些想法来猜测在这里的最后的刺激是否毕竟是力学的。温度感官很可能是对热波的共振器，但这是纯粹

① 我必须提醒读者，我这样辩论不是为了理论的好看或对称，而乃是完全根据于证据，否则读者或许会以为我是怪僻的，因为我反对听觉中有共振，而又赞成视觉中有共振。听觉很可能依赖共振，但神经冲动可能仍旧是振动的，而缪勒—亥姆霍兹的假说即每一个听觉的音高就有一根神经原纤维可能仍旧是不真实的。

的假设。痛觉、触觉与关节感觉就它们的刺激方式说，差不多无疑地是力学的，但是对于要了解它们刺激中所包含的生理过程的人，这句话是没有什么特别意义的。鼓索——一根通过中耳的味神经——受了力学的刺激就产生味觉，这一事实仍旧是缪勒所提出的一系列事实中的一个无可争论的事例。它并不证明一种性质上的特殊能力的存在，但是它可能偏向那面，而在对全部情况作不偏 329
颇的考察之中，必须牢记在心里。[①] 关于这一切，我们是很可怜地愚昧的，而在科学中想象并不是对抗愚昧的对抗刺激剂。缪勒的特殊能力学说并未从流行在这个领域中的完全愚昧得着支持，而我们对于视觉和听觉所知道的许多东西就可以反驳它。如果对于神经冲动用力学的和化学的意义来作些猜测，最妥当的办法将是拿我们关于光、声的感觉所触知的东西来作类推。我个人相信无凭据的猜测（作为和有理由的演绎相反）是有害的，不问它们是赞成或反对缪勒的，我对它们都不感兴趣。然而有一种一般的考虑，在这里或许应该提一提。无论在神经纤维中、脑细胞中、或突触中，特殊能力都是被设想为彼此有性质的差异。但是科学已经常常发现：对于似乎是性质差异的东西的考察，表明它们其实是量的差异，因此没有“性质的”差异已成了科学的格言。我以为这未免跑得太远；很明显地是有性质的差异，但是这些性质的差异通常可分析成为量的差异；正如每种淀粉是一种淀粉，但是可以分析为一系列的数量相关联的碳水化合物。简单地说，这格言应该是：性质

① 对于这个现象所提供的说明我能举出好几种，特意地避免一种特殊能力的假定，而且是和神经冲动的振动学说相调合的。我不提它们，因为事实仍旧太少，不足以明白地指摘缪勒的或其他的任何说明。

不是自然科学的终极范畴，[1]除掉一小批具有某种类型的心灵的
330 人——可能是心灵糊涂的人，例如新活力论者——这个格言是被普遍承认的，照此说来，特殊能力就很难希望(或企求)保持它们特殊的、严格地“性质的”地位了。我要问相信特殊能力的人，他们除掉我们为它辩护的解释外，是否能想到其他的量的解释，足以说明这些性质的差异。如果我说的话是全面反对特殊能力，这完全因为大多数附和缪勒的人紧紧地抓着他们的不可分析的“性质”，并且以为它是他们学派的守护神。亥姆霍兹比任何其他的人更加尽力用生理学的证据来充实缪勒学说，而他主张能力只在量的方面有差异，[2]这的确是有意义的。更加公平地要说，在缪勒本人的著作里，“性质”这个名词只不过是偶然地在被运用，好像当他注意力集中于别的东西之上的时候它就溜进来了。我不认为缪勒在任何地方意图排斥把这些“性质的”差异分解为数量的差异。我所提出的论据无论说成是反对原来的特殊能力学说或是解释、扩充它，这是无关重要的。所有这些岔入生理学的烦琐的闲话的真正目的是在于表明：在神经冲动中，关于微细的周期波动的证据，是又好又多的，而在听觉和色觉事例中，关于在这些波动和冲击的物质刺激的振动率之间的密切相应的证据，也是又好又多的。

其次我们要从所谓主观的或内省的观点来考察第二性质；在

① 在这儿我是说到更具体的经验的科学，不因此而对于在哲学士“性质”是否是一个终极的范畴这个问题抱有成见。所谈到的格言是等于——“对于一切似乎是性质的差异都要怀疑。”

② 我必须根据赫林的权威说这句话，因为在亥姆霍兹的著作里我不能很容易地找到这样的陈述。

这里我们将马上看到前面的讨论对于实在论的争论是有关的。

我们高雅的论敌提出第二性质，甚至或许屈尊神圣而提到他所爱好的红、黄、蓝，好像这些东西并不包含值得细密注意的奥妙，更不包含一种奥妙能阐明他自己对于它们的“主观”性质的深透见 331 解。的确，我们的敌对者，尤其是现在一代的敌对者是这样地摆脱了效忠于任何可称为经验的东西，不向它求取指导，而是根据先验的理由作辩论，致使他们只能期待将来有一天因为疏懒和轻忽而受到责罚。神圣的绝对一定会突然以百出的新奇来打击他们；因为绝对固是眠伏而不可言说的东西的聚宝盆，也是一个火药库。要知道各种第二性质呈现出固定而可理解的交互关系，所以那些严肃地研究第二性质的人们开始看到它们构成一个系统，像在数学中所发现的系统一样；单是这个事实，如有些人所说，已足使它们有别于粹纯“主观的”、个别的和不可测度的东西了。无疑地，对于这些交互关系最突出的专论，乃是布伦塔诺博士的名著《感官心理学的研究》。[①] 他主要地详论性质之间的相似关系。例如在光谱的颜色系列中，每一种颜色由于它类似于邻近的颜色而有其固有的地位：一种特别的橙色在这系列中没有地位，除非它刚刚介乎某一种带黄的红色和某一种带红的黄色之间。指定给它任何其他的地位，就像要给 3 这个数目在介乎 528 和 529 之间的数目系列中指定一个地位一样。（我知道有些主观论者会以惯常的任性宣布这是可以做到的，但是在他们抱着很大的希望做这件事之前，我劝他们实际尝试一下而随时把他们的进展向我们报告。在空间里

① 莱比锡，1907 年。

一个人能把橙色放入许多带红的紫色中去。但是这将要打回他去，* 因为空间的秩序已经被弄成和“固有的”、逻辑的颜色秩序不符合了。）关于各种灰色、关于听觉的音高和音色、关于温觉和冷觉、在某种限度内（这将随细心的研究而有所增加）对于味觉和嗅觉，情况亦复相同；关于在感觉的任何领域内的一切强度，情况也是一样。

布伦塔诺发出这样的疑问：这种相似的关系为什么如此严格而不可动摇呢？回答常常是：这个问题不容许有回答，这就是说，
332 这种性质的相似是一个终极的、不可分析的范畴；这个回答乃是几世纪以来关于动植物种类之间的及化学元素之间的相似性所作的回答。上帝造成它们这样，别无可说。近代的回答与此相同，只不过为了迎合这个时代的特有想法，把上帝丢在一边了。但是布伦塔诺博士却还是一个经验论者，对于这个格言——性质不是科学的终极范畴——他是知道它的经验基础的。所以他去寻找而且只寻找这些性质上相似的关系分解为数量的某种方法，而不作先验的辩论。他居然找到很多。自从亥姆霍兹使一群音叉发出元音，自从他和施通普夫指明音乐的和弦不仅可以物理地而且可作为纯粹地“主观的”现象予以分析以来，在心理学上大家都承认一种性质尽管似乎单纯，然而就是将它仅仅当作一个意识的现象来看，还是一个复杂体。总之这是大家承认的，虽然有时是勉强地：甚至意识也像任何其他现象一样，需要细心的研究；一种似乎是单一的性质或许只需要有训练的考察就可分解为各别的元素。一个初学的人对于这一点就可得到暗示，如果他敲击饭桌上的音叉的尖端，轻

---

* 意谓他要失败的。——译者

轻地用指头按着它，细心地问问自己是否觉到一种单纯的粗糙性质或微细撞击的触觉的连续。其实，意识的性质的分析正像化学品的分析一样；假使细心的研究就是产生一种分析，这现象就不是简单的；假使它的成分是不分离的，这现象可能是简单的，或者借进一步的研究还可予以分析。

这个原则现在已被最保守的权威者所认可，认为它能适用于音乐和弦、音色、及其他各色各样的听觉性质，除掉音高而包括（对此有少数不同的意见）噪音。这个原则在色区内不是如此普遍地被承认，于是布伦塔诺在这里开始他的研究——“关于现象的绿 333
色”。绿色是一种单纯的性质和黄、蓝“相似”吗，或者绿色是黄和蓝两个元素构成的吗？内省的报告各不相同，于是发生这样一个问题：这是否因为判断只根据于联想（如在美学中的一些粗心的研究），因而遭受各种“判断的错觉”，或者这种分歧的产生是否因为作报告的个人对内省的分析有不同程度的技巧，就像懂音乐的和不懂音乐的人对和弦的分析一样。在布伦塔诺看来，后者乃是这里的实际情况；依我的意见看来，他用丰富的事实和无以复加的、审慎而精确的研究法完全证实了他的意见。[①] 在画家中的共同意见——他们在这里是相当于受过训练的音乐家——是说绿色是复合体，现象上是黄和蓝。这不是由于他们常常把黄蓝颜色合成绿；因为在一方面他们常常把黄黑合成绿，在另一方面他们固然也常常把橙和绿颜料合成黄，但他们在这黄现象之中从来看不到橙和

① 前引书，第 5—49 页，第 129—158 页。顺便应请提起注意的是，布伦塔诺博士似乎没有受到实在论这种异说的感染。

绿。他们也把红绿合成“淡灰色”(S. 153),把黄蓝合成另外一种灰,然而在这配成的灰色中他们从来看不到这些一对对地混合的颜色。布伦塔诺的论据触及了这问题的可想到的每一方面。在这里我必须请有怀疑的读者参考他的原著。

总之,绿色像其他更加普遍承认的事例一样,是一个有趣的事例,因为它是在争论之中。更多的人承认他们把橙看作红和黄,紫是红和蓝,带绿的蓝是绿(或黄)和蓝,而不承认绿是复合的性质。另一方面,在受过训练和未受过训练的人之中有一种显著一致的意见说,白色跟哪一色也不像,灰色除像白黑以外不像其他的东
334 西;又说,红、黄、蓝在现象上是单纯的。[①] 这样一来,尽管那些经验较少的人持有不同意见,由于在深入研究者和专家之中意见已经统一,在颜色之中有一种数学体系的基础开始出现了,[②]正如分析化学曾经如此出现一样。布伦塔诺提出许多其他的分析,把颜色性质分为它们的较单纯的成分:但是关于这些我只想提起一种。他问:红和绿真如赫林所说是对立的吗?因为赫林说,他从来没有看到它们同在一个地位上。假使如此,为什么橄榄绿在许多人看来都似乎含有红的成分呢?关于这一点,布伦塔诺说的比这更多,但是我要把这个问题留给读者去作内省;同时我自己承认,我在橄榄绿之中老是看到红色而从来不敢这么说。

① 参看艾宾浩斯论颜色四边形的“转折点”(《心理学要义》,莱比锡,1905 年,第 197—198 页),又铁钦纳:《心理学教科书》,纽约,1909 年,第 1 部分,第 60 页。

② 关于这个体系的数学的,有一篇有趣的论文是 K. 青德勒的“论颜色感觉连续系的空间形象和对它的处理”,《心理学和感官生理学杂志》,1899 年,第 20 期,第 225—293 页。

在听觉领域内，布伦塔诺教授继续研究马赫教授[①]对于音高系列的分析；马赫只把它分成两种性质——“重滞的”(Dumpf)和“响亮的”(Hell)；因此他认为各种音高不过是这两种性质以不同的比例而结合起来的。布伦塔诺不完全赞同这种说法，但是赞同有“重滞”和“响亮”的性质，并且承认高低音高的音域由于和这些性质的一种相混合老是在声音上不饱和，正如阴暗的和明亮的颜色由于各和黑或白相混合而老是不饱和一样。[②] 随后就有根据于内省的判断对此事所作的一段锐敏而细心的说明，这个说明和施通普夫在同一领域中的有价值的贡献不是完全不相合的。根据这些和许多关于性质的其他纯粹内省经验的分析，布伦塔诺建立他 335
的“复合性质”(复多性质)的原理，[③]这个原理就是：在意识中呈现的性质一般地不是单纯的，甚至不是“现象上”单纯的，而乃是两种或更多的性质所组成的，细心的内省就使我们能了解这些性质是这呈现的性质的不可分的部分。这个原理决不算是新的，只不过是把亥姆霍兹和施通普夫对于音乐和弦和音色所作的工作中已应用的而为大家赞许、接受的分析原理，扩展到意识的性质全部领域中去。我想对于布伦塔诺所提出的事实作不偏颇的考察必定会使任何人相信，把性质的分析扩展出去是正确的，而这种扩展正是复合性质的原理所提供的。

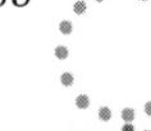

近几年来，“不同的感觉”(感觉方式)之间的传统的区别已普

① 马赫：《感觉的分析》，第2版，耶拿，1900年；“乐音感觉”一章，第169—205页。

② 布伦塔诺，前引书，第99—125页。

③ 同上书，第159—161页。

遍地打破了。这种区别至多不过根据于感官的粗疏的解剖，它的权威的分量只和我们给予通俗的“人的五官”的权威相等。“触觉”至少有四套不同的神经和感官，舌头至少有三种感官和三种不同的脑神经，除上述事实以外，我们还有无数的意识的单元；如从现象上来考虑，乍看起来似乎像颜色或音乐和弦一样单纯，但是对此我们知道，产生这些单元的生理机构是包括许多不同的感官的。[①]关于这一点，最熟悉的例子就是所谓“味觉”；除甜、咸、苦、酸外，一切味觉都包括无数嗅觉原纤维的合作，此外有时也包括触、温、冷和痛的神经纤维的合作。所以在未予分析之前，似乎像黄色一样单纯的味觉，是由五种感官中不少于三种的合作而产生的；或者用
336 近代的术语说，是由味、嗅、触或许兼由温、冷、痛的“感觉方式”的作用而产生的。差不多每种熟悉的触觉（滑、温等）都被认为是由两种或更多的皮肤感觉方式经同样的复合而产生的。这种似乎单纯而生理上复杂的感觉的数目是数不清的；如果算到像“三角性的感觉”这样的意识的东西（有些心理学家认为它是单纯的），那么种类之多就超过一切限量了。总而言之，许多初等教科书草率指教的感觉方式的界限对于已经超过了它的幼稚时期的心理学是毫无意义了（参阅内格尔前引书）。在这里，布伦塔诺有他的新颖的论证，尤其值得注意的是关于强度的论证。强度被认为是一切感觉和知觉的一种特征，而因此把不同的感觉方式结合起来。然而新近才指出，[②]甚至在一种感觉方式中，两个不同性质的强度可以很

① 这个事实被内格尔在前面所引的论文中说明得很好。

② 参看 J. 冯克里斯，载内格尔的《人类生理学手册》，布劳西维格，1904 年，第 3 卷，第 256—257 页。

精确地予以比较而断定其大小。冯克里斯说，对于颜色这无疑地是可能的，虽然它们的性质有明显的区别。布伦塔诺更进一步表明：把很微细的气味和一种很响的噪音比较一下，可能断定后者的强度比前者的大些。不过现在还没有人知道，受训练的内省在何种程度内能使我们达到这种精细的判断。在不同的感觉方式之中也有别的共同之处："一种在性质上接近于噪音的声音，我们……断定它的音觉不如另外一个较不像噪音的声音那么饱和。在味觉领域里，亚里士多德说得很对：甜与苦的关系正像明色与暗色的关系。同样地，我所问过的一些人都确切地断定：吹着手的微风比一阵暖气更使人感觉凉爽。凉爽的感觉不如甜的感觉或莲花香那么饱和，同样，白色和任何狭义的颜色，一种嘶声或其他噪音和一个 337
颤音，前者总不如后者饱和"。[①] 这位著作家用这些例子表明：不仅在感觉方式中的无数性质在现象上是许多基本性质的结合，而且这些方式本身彼此混合，并且至少部分地呈现共同的因素，如强度、饱和、明度等。最后我要提一提布伦塔诺教授的主题：本质上介乎其他二性质之间的一种性质不会是单纯的。它必定是明显地介乎二种性质之间的复合体。因为如果不是这样的话，这两面相似、这必然的居间性是什么呢？在这里布伦塔诺尽量不含糊地采取大家接受的科学主张：性质的"相似"决不是终极的范畴。

无论人们赞同或不赞同这里的一些特别事例，我想这已充分地证明：单纯作为现象看，所谓第二性质即使不是全部是、也几乎全部是复杂的；并且证明：细心的内省使我们能分析出许多更基本

① 布伦塔诺：前引书，第 80 页。

的性质；又证明：我们还看不到这种分析法的可能性的限度。这样一种心理学的“原子论”——因为这是整个这件事所指向的——已被其他作者表明是所有的事实明白地把心理学引入的途径。闵斯特伯格教授就是这样主张的一个人。[①] 他写道，“这些感觉是我们意识的基本元素，或者说我们称为蓝或热的感觉、一种甜味、一个C音调、一种肌觉、或一种痛觉，本身是一个由更基本的部分构成的复杂的东西：总之，我们心灵里有比感觉更单纯的基本元素吗？这乃是彻底的心理学的原子论所要探讨的”（第4—5页）。“首先
338 必须考虑的心理学事实是许多感觉的相似性。……从描述的观点看到的相似性是部分的相同：……用类推法所得到的逻辑结论是：当两种感觉含有各色各样的组成部分，其中有些又是二者共有的，只有这时候，这两种感觉才也彼此相似。这些部分自然不是感觉，而只是像原子一样的不可经验的因素；我们不知道有哪一种感觉不在某种方式下和另外某一种相似；因此，我们可以说，被知的感觉不是终极的元素”（第11页）。所以对于闵斯特伯格教授来说，终极的元素必定是彼此“绝对地不相似”的，因为只要有任何相似性潜在着，它就会指示还有相似的共同成分。根据布伦塔诺教授的原则，——没有一种（由于相似性）居于其他二种性质之间的性质是单纯的——似乎该有相同的结果。这两位作者一致认为：关于感觉所存在的一切传统的形态的“分界线现在都消失了。……那么，在嗅觉与味觉之间的相似性，或触觉与肌觉之间的相似性等似乎并非不同于两个音调的相似性”（第13页）。闵斯特伯格又

① H. 闵斯特伯格：“心理学的原子论”，《心理学评论》，1900年，第7期，第1—17页。

说，只有终极的元素，即“心理的原子，才能正当地和生理的单元相关联起来”（第 16 页），这明白地暗示这些心理的原子仿佛是大脑皮层细胞或突触这种东西。

这是一个很有希望的方案，但是有一点需要进一步的考察。我们似乎结局只有一堆“完全不相同的”心理元素，我们似乎没有线索借以知道我们可能找到多少这些心理的元素；很明显，它们的数目将不会少于大脑皮质元素的数目。自然这必定是像它在经验上被发现的那样；然而提出这样限度的一种分析是不同于一切其他的科学分析的，因此人们要把这论证再度予以考察。再者，科学分析是要达到相同的东西而不是要达到不同的东西。如果到最后不可简化的元素的数目不是少于而或许是大大地多于脑细胞或突触的数目，那么我们还值得从事于这种分析吗？这是人类心灵应
该努力研究的一种科学吗？我们已经看到内省的分析完全可与化 339
学的分析相比拟，闵斯特伯格教授的方案所提出的目的与化学所已达到的目的很相同，即把所有的物质简化为约 70 种不可再简化的原子。但是我们现在看到这不是化学的目的；周期律大大地溶解了*这些“原子”。同化学作进一步的比较，就表明这个心理学方案中的谬误想法。这是由于忽视了分析的一个重要方面。

如果居于其他二种性质之间的第三种性质真是必然和其他两种性质有一共同的成分，这不一定就导致这样的结论：原来的三种性质成分的总数现在是四个了（一个是共同的，三个是各有的）。这样的事例是有的，但它们完全是非典型的。典型是这样：这三种性质起初被发现只含有以不同数目的比例结合着的两个成分：最

* 指分类、系统化。——译者

后发现只含有一个原质的成分(如一种原子)而多样地组织起来的(如分子的三种大小)。科学有最好的经验证据判定某种分析是不完全的,除非这种分析把一切性质的差异简化为性质皆相同的元素之不同的排列。(在这里,我们可以马上看到,“性质”不再有什么意义了。)在物理学和化学中这些排列被认为是在时间与空间中有组织的数值。或许就是在这里闵斯特伯格碰到障碍了,因为他否认(由于那种带有一些形而上学性质的理由):心理的原子存在于时间、空间中,或者能在其中组织起来。似乎是由于这个理由,他替心理学的分析规定了这样一个奇异的目标。我们可以暂时姑且承认他的心理原子的无时间、非空间性,因为一个组织的纯粹数目的原则——或者我宁可说——一个逻辑的原则,对我们的目的已经十分足够了;——数目系统本身就是逻辑原则的一个例子。只要用这个原则就能从一种元素里找到我们所需求的多样性,因为任何人只要不惮烦去列举所有的正的整数就可以看出这一点;

340 至于负数、分数、无理数和“非实数”,则无须再提了。似乎没有概括性的理由来说明我们为什么不应该希望把一切意识的性质用分析的方法简化为一种元素的组织之不同的形式。关于理论已说了这么多,具体的事实是怎么样呢?

具体的事实是极明显的:一般的心理实有体(不仅是元素)正是在时间和空间中组成较高的单元。“完形的性质”(Gestaltquatitäten)正是这些较高的单元:几个音调安排成任何轻快的顺序就生出一种形式性质,心理学家曾屡次申说这种性质是一种新的、独特的、独立的、不可分析的性质;不过这种性质的结构仍旧是引人注目的。它可能是新的、独特的,但它既不是独立的,也不是不可分析的；除掉最盲目地崇拜先入之见的人以外，我们的确不能阻止意识的分析。毫无疑问，一种组织的新形式具有新奇性；水的确不只是氧和氢，它是这些东西加上组织。这正是分析者所说的——水是氢和氧和组织。形式性质亦复如此。在一切能够感知其有连续性的感觉领域中，形式性质的数目也是无限的；我可以大胆地说，没有人能否定：在这里心理的成分是在时间中组织而成的（正如“以太”振动一样），除非那些人遵循一种先验的、形而上学的导论，故意用来模糊这个明显的、经验的事实。

在空间中我们有形式性质，像在时间中一样。已故的詹姆斯教授曾经详论三角性、圆性、方性的“感觉”的完整性的一面；人们可以承认这点，正如他们承认水的完整性的一面一样。的确，我应该增加千千万万这样的事例，因为我发觉喜剧和悲剧，生动的、快活的、健康的、考问的和可怕的事物都同样地有完整性的一面。（假装循规蹈矩、愚痴谬误、蒙昧主义和有意欺诈的未经分析的方面乃是值得牢记在心的单元，以便当你碰到它们的时候——无论在你自身或别人的身上——就可认识、指称它们。）不过所有这些 341
也有可分割的方面；它们很明白地是在时间上、空间上、或逻辑上、或同时以这些方式中的一种以上的方式而组成的复杂体。然而纯粹时间的或空间的形式性质的美是由于这些性质比化学所指明的任何例子更明白地揭露了下面的事实：作为整体的特殊香气，并不吞没、代替部分的区别性，或者说，部分的关系性并不和整体的统一性相冲突。如果一个人觉得可以相信他所喝的水是在空间上结合起来的氧和氢，他就更应该看到格拉尔歌曲（Graal Motiv）是音调的时间连续、三角形是他觉知的在空间中安排的线和角：因为水

确实似乎代替了它的气体的成分，而在形式性质中综合与分析应该被看作是同时的而又是调和的。我要再一次肯定地说，一个人不能否认他所意识的三角形元素的组织的空间性，除非他在睡眠中闭上他的经验的眼皮。

但是这些事例似乎离开我们的第二性质题目太远了。我提到它们只是因为它们的时间的和空间的组织是毋庸怀疑的。不过从这些形式性质我们能过渡到差不多或完全无法用内省来观察的形式元素的性质，而且我们可以随处找到例子。一个不能比它更清楚的例子，就是以加速率所给予的一系列的轻微触觉刺激。一下单独的轻敲就叫作意识的(第二的)性质。缓慢继续的两次轻敲已经是一种形式性质了，它具备一切所夸张的新奇、独特等等的美妙；不过我还不相信，甚至在这些喜悦之中，任何人除掉觉察两下轻敲加上时间的组织(我承认这组织不仅仅是两个性)以外，能在任何一刹那中找到任何其他的东西。以更快的继续所给予的两下轻敲如许多教科书所说就是另外一种形式性质，和第一种“完全不同”。它不是完全不同，但它的不同只是时间的组织使它发生变化
342 所引起的不同。在这里整体的统一性并不干犯部分的区别性。当给予的轻敲继续得更快，于是就达到了发生侵扰的时候(大约在每秒钟三下轻敲的时候)。完整性的一面就逐渐接近于我们叫作粗糙性的东西(但现在还不是粗糙性)，于是注意力就时时从这方面转向到别一方面——即企图要计数这些轻敲并用舌头来清晰地说出这个数目。这两方面就开始发生这样一种作用，正如水的两方面一样——**或是** H_2O **或是**水。不过这两方面的不调合并不取决于这个新的形式性质的特征，而是取决于生理上时间感觉的特定

缺陷，因为时间感觉开始忙乱起来，求助于舌头而借以旋作旋辍地获得注意力的平衡。这正可和本论文前一部分中所提到的时间谬误相比较。即使在这里，有时完整的和可分割的方面是被合并地觉知到，而且并不被当作敌对的方面看待。现在由于轻敲的速率增加了，统一的方面接近粗糙的（形式）性质，并且愈加趋向于夺取注意力；而部分继续这一方面就变成模糊不清。清晰的发音速度被追过了，计数也来不及了，代替清晰语音的同感的、自动的、内部的节拍（声带的？）也不中用了，只留下一种无法参预的继续之感。这种觉知能持续到很高的速率，只有到每秒 600 轻敲的时候才消失。同时粗糙性本身就成为一种明显的性质，所以有些心理学家说它随连续的觉知而潜在，但“完全不依赖”于连续的觉知。这些人和那些认为水完全不依赖于氢氧的人们一样；但此中真实的情况只是这样：随着轻敲的增加速率，就带来了关系的（逻辑的和时间的）复杂性的增加；要应付这个复杂性，注意力（带着它的时间感觉与其他辅助工具）由于不再能细查这全部的奥妙，只得尽力摄取它所能摄取的部分。这又像（乞援于我的尚未消失的比喻）水的许 343
多性质都可从氧和氢的性质和它们结合方式中推演出来，而在逻辑上又和这些性质与结合方式固结而不可解；然而这个全部复杂体是如此曲折奥妙，致令科学家认为自己是很幸运的，如果在一生之中他能对氧的气压性质作精细的考察，或研究水在哺乳动物的心脏水肿病中所发生的作用。这就是在流行的半神秘的、关于整体不可滥化为部分的胡说中的一切。正是这样一些人，他们认为“独立性”这个词出之于实在论者的口中是可以谴责的，却认为整体是不同于而且不依赖于部分的。

所以在触觉粗糙性的经验之中，有分布的整体的性质在注意力中逐渐代替了分布的部分的性质，并不是因为随着轻敲速率的增加，整体渐成为和它的部分的分布的总和有所不同，而是因为更快的连续立即逃脱了时间感觉，因此让连续的其他特征（连续本身现在在每一个时间单位中——如果不也是在其他情况中——成为更加复杂的东西）来占有注意力。这只不过是说，也就是我们历来所发现的：注意的内省能力（尤其是就它依赖时间感觉而言）有它明显的限度。说得不甚具体但很富有逻辑精确性，情况乃是这样。甚至轻敲的缓慢连续（并且甚至每一轻敲在逻辑上像几何学上的点那样单纯）已经是相当复杂的逻辑体系；正如人们用包括有连续的速率的微分所发现的导数的数目中所见到的一样。所以它有明显的部分，我因尊敬一种坏的传统而把这些部分称为“方面”。这种相当缓慢轻敲的事例向我们指明：这个系列同时既是时间的分割又是一种性质即粗糙性；用这个名词我**并不**意味说：这性质是超乎轻敲的纯粹连续之上的东西或加在它身上的东西。粗糙性乃是这种连续内在的特征，和这种连续在逻辑上是固结而不可解的。
344 这性质部分和时间分割部分的关系，正如每哩的铁路枕木的算学数目和枕木之间的空间距离的关系一样：这两个数值自然是彼此的函数，然而在数学上并非等同的。的确，轻敲的实际经验强烈地提示：这性质**就是**每一时间单位中的轻敲数目（就是它们的**密度**），有别于在它们之间的（被知觉的）时间的间隙；因为随着时间知觉的减退，数的性质（当然尚未计数的，因为那是另外一回事）——如果我可以这么说的话——就增长了。要表明这并非想入非非的吹毛求疵，我可以提醒读者：在铁道建设中，人们说到路基的贵贱，就好像路基有这些“性质”。要知道这贵的性质是被认为直接随着每哩的枕木数目(作为因素之一)而变更的;而与此不同的运输安全的性质则被认为直接随枕木彼此之间的**邻接程度**(作为一个因素)而变更。甚至在一个外行的人看来,用每哩的枕木数目来说明运输的安全,或用枕木间的空间距离来说明造价,不是直截了当的,虽然二者都可以做,而会计师无疑地是这样做的。在计算运输密度、车厢载重量等等中也充满了类似的微妙情形。[①]

再者,一种运动的速率固然就是一种运动的速率,然而对时间来说,它有——不是用累加的方式而是用包含的方式,并且是不可分离地——空间的第一、第二乃至 n 的导数:这些空间导数是这个速率的部分,正如每一时间单位中的轻敲数目和分割的时间间隙是轻敲连续的部分一样。然而因为运动的速率和它的第一导数是如此紧密地联系着,以致在思想粗浅的人看来,“一个只是另外一个的不同方面”,这运动的速率可能是很大,而第一导数乃是零;这
物体动得很快,但毫没有加速度。在具体的事情中既发现了有这 345
些关系的小小的数学程式流行着,它常常决定极端相反的性质。一个人可能是很富有(无疑是一种形式性质)而快乐(另外一种很不同的形式性质),然而他的富有依靠他的收入率,而他的快乐或不快乐依靠收入率的第一导数——积累率;因为一个人虽然富有,如果他的收入率是在增加(这就是说,如果第一导数是正的),他就

① 再借用罗伊士教授的一个比喻,每隔一天刮胡子这个不变通的或吝啬的习惯和每个礼拜日刮净胡子这个虔诚的习惯是怎样无关呀;它们的不同无疑地像触觉的粗糙性和触觉的缓慢性一样。然而不变通和虔诚之间的常常被指出的不可比较性,是基于纯粹数目的末节,即 3 乘 2 是一个偶数,而 7 乘 1 是奇数。这个比较是不完全的。

看到、并感觉到他的财运亨通；但是如果他的收入率的第一导数是负的，他就看到财运递减，觉得破产只不过是时间问题。

我认为这不是学院式的搬弄逻辑的行为，如果我说，关于触觉节拍的经验表明：每一时间单位中的轻敲的时间分割和数目（“*Anzahl*”）是这一连续的明显的、虽然不可分离的部分，并且指
346 明：这后一特征正是粗糙性。在某些速率的时候，注意力可同时给予两种特征或任意地给予二种中的任何一种；在其他速率的时候，注意力（内省）就显得不中用而只有性质觉知了。这显示内省力的局限性，尤其是时间感觉的局限性，但这并不显示时间分割和轻敲频率的不可分离的特征之间有任何分裂。

随着轻敲速率变成更快，粗糙性就继续向平滑性变化（如同在光谱中红变成黄），直至最后粗糙性跑过它的全程而变成继续的触觉的稳定性；这种稳定性在别的复杂条件之下就是形式性质坚定性的一个成分。在听觉领域里可以找到完全相似的经验，在这里一连串的缓慢的、轻微的打声或嘶声逐渐变成一种音乐的音高。在这里有时也可达到这样一种速率（最好是用一种可控制其速度的发声器），使声的连续和音高一块儿被觉知是有区别的，是不可分离的。在这里细心的考察也表明：辨别出来的时间间隙是时间知觉，而重复的嘶声是音高的性质：这二者是这特定的继续的有区别的、但是不可分离的部分，正如一种运动速率的第一导数和第二导数是这速率有区别的、但是不可分离的部分一样。在知觉中它们是分得开的（如在数学中可区别的一样），正如在知觉中一个具体的物质的形式能和它的大小分开一样：——神经系统在选择一个复杂体的哪些特征令其进入意识中时，它的活动是很特殊的。

当两个乐音(差不多相似,但在音高上彼此渐渐地分开了)之间的升沉逐渐地转入(经过一个不和谐的粗糙性的不悦耳的过渡阶段)第三个音高(差音)的时候,也有同样的经验。关于这一点,我们有些有趣的玄想叫作内省,作这些玄想的人的逻辑已使他们的内省失去效用了,这些人说,因为升沉和差音在某种速率的时候能同时觉知,这二者“必定是完全独立的”实有体——这一点我们已经研究过了。在视觉中也能有类似的经验:一个忽有忽无的颜色刺激看起来是有增长的闪动率。起初它是没有闪动性质的连续,过一下就成为连续和一种闪动的形式性质,过一下成为较不明显的连续和更为显著的(形式)性质,过一下成为(粗糙的)闪动性质,过一下成为平滑的闪动性质,过一下这平滑的闪动性质也完结了。这一系列经过得很快,因为到每秒六七十次的时候,闪动完全消失了。所以这些事例明白地告诉我们的是:我们称为第二性质的东西,其实是形式性质在时间的组织(连续速率)中的单纯心理的实有体,而我们所以易于把它们当作性质而不当作形式性质看待,是因为除掉最缓慢的连续速率外,时间感觉是不适合于它的任务的。当众多的“方面”(它可能由于纯粹的累加)占有了注意力的时候,连续的“方面”就见不到了。因为时间感觉很早就放弃它的职责,难怪对于音高的较高程限及一切颜色(我们知道它们是和非常快的连续“有关联的”并且我的目的是要指明它们和非常快的连续相 347
等同的),每种形式性质的痕迹都内省不到。

现在我们就可以总结上述一系列厌烦而似乎无目的的证据了。特殊能力学说的流行形式,或者说第二性质提供了终极的、不可分解的“性质差异”这种见解(像上帝亲手安放在伊甸乐园中的

不可变的物种那样)，已经完全垮台了。它实际上就是这样的见解：性质是独立的、不可分析的、心理的**实体**；我们没有充分证据以证明约翰内斯·缪勒想把他的学说弄成这个样子。这些性质仅仅作为现象来看，对内省显示出复合结构(音乐的和弦、音色，颜色中如兰、绿、橙、紫，感觉中如粗糙性)、“相似性”(香臭)、和其他的和合与违抗，所有这些，都证明这些性质不是像所设想的那样是独立的，而是至少像不同种的东西在一类之中相联系着一样。再者，意识的领域提供无数事例，表明心理的成分是用空间的或时间的关系(形式性质)组织成的较高的单元。的确，意识的全部领域提供的**只不过**是这些用空间的、时间的或逻辑的原则组织起来的复杂体，和一类被认定是单纯的、独立的、并被号称为站在一旁的东西——“第二性质”。这些复杂体的确有统一的“方面”，——有些作者曾经偏向于只强调这个方面——，否则它们就决不是单元了；但是如我所指出的，它们每一个或任何一个明白地显示整体的统一性不被部分的关系性所驱散，而部分的分布适足构成整体的统一性，这种情况即使化学的或物理的例子也不能如此显示出来。除掉最盲目的人以外，对任何人来说，它们把新黑格尔派关于“活力的”、“有机的”、不可分析的和完全不可言传的“整体”的蠢话予以彻底摧毁、消灭了。只有第二性质还保持它们传统的特殊地位。但是在它们的墙壁上我们找到了裂缝，现在并且知道它们在这个
348 墙背后的阵地是如何不堪一击。任何以**时间**为组织原则的形式性质，像其他内容一样，是依靠知觉机构以进入意识中去的。当时间是这个形式原则的时候，这种形式如被觉知，必定借助于时间感觉而被觉知(时间感觉的生理机构直到现在还毫无了解)；当时间感

觉中所包含的时间分割是很小的时候，这个时间感觉就完全不适合于知觉形式性质了。

人们常常听说，时间感觉是最敏锐的：可能举出的合适的事例就是单纯的连续。一对听觉的刺激可以被知觉为二，即使它们以一秒的千分之二的时间彼此继续着。但是其实这并不是时间知觉；这仅仅是"二个性"的知觉，即和真正时间的辨别相对立的单纯的数的辨别。如果这些刺激以和这种相似的连续速率连续下去，意识的结果就立即变成一种单纯的模糊的感觉，和粗糙性相类似了。此中所包含的时间间隙就不能（作为时间）被觉知了。当触觉刺激频率达到每秒 600 次的时候，触觉的粗糙性仍可觉知，这也被援用作为时间感觉的奇迹。但是它不是这样的。如最随便的内省所证明，在粗糙性中所包含的时间意识并不胜于平滑性和红性中所包含的时间意识。关于粗糙性的有趣的东西乃是：它的性质是如此直接地随着每一时间单位中所给与的刺激数目而变化，致使它确定地表明：神经是能够传达这同一频率数目的冲动；并且表明：这种粗糙性质正是这种频率量，不过是把时间因素从意识中特别省去而已。我所要争论的就是：一切第二性质的情况恰是如此；它们都是形式性质，其时间的分割是如此之小，致使时间感觉不能予以辨别，而频率量或密度仍旧是可知觉的；要知密度不同于时间，因为在空间的甚至在数学的复杂体之中我们也有它。

如果第二性质都是这样的密度，纵使时间知觉不中用，神经原 349
纤维至少也一定能够把这些密度频率量传达到大脑（甚至光谱紫端的最高频率量）。现在生理学证明情况正是如此。雷利和摩尔已经证明：听觉神经传达声的频率达到每秒 512 次，如果不是

1024次的话。迈斯林举出很重要的事实和论据表明:视觉锥状体是电磁共鸣器,视觉神经必然能够传达其频率与光波频率成比例的刺激。再者,生理学,作为有别于感官生理学,处处在“阶梯现象”、不应期等等现象中发现神经流现出波动,这些波动只能在一秒钟的千分之几的时间中才能予以测量。如果生理学发现这一点很晚,这是因为这些频率——更高的频率不必说了——在工具技巧的某些新进的改良,尤其是在示波器或细线—电流计的运用以前,是不可能发现的。所以我认为这是有大量事实支持的见解:第二性质不是不可分析的心理的元素,而是时间感觉不适合于知觉其形式的形式性质,而很高频率的密度之被觉知是由于一种或许与生理上的累加有关的作用。须要注意:第二性质似乎大致随它们密度的比例而引起注意,因为从我们现在的观点看来我们必定被导致这样的预测。触觉粗糙性是很容易被适当高度的声音从注意中驱除出去(被阻断了),而这又被更高的声音驱除出去,以此类推。但是当具有差不多同等强度的一种颜色呈现的时候,就很难注意到一种声音了。[①]

350 我们的论证结局成为一种心理原子论而和斯宾塞所提出的本质上相似。[②]“虽然构成意识的个别感觉和情绪,无论是实在的或观念的,似乎是各别地单纯的、同性质的、不可分析时,或是有莫名

① 当然,只有当细心地作这种比较的时候,所有这些才是正确的。注意因素,例如“意识姿态”,被比较的性质之间的强度上的差异,疲倦以及其他的因素将会使这一点模糊。我也说到时间因素不存在的事例,因此就排除了时间的形式性质如**粗糙的**闪动,等等。在时间的组织开始被知觉的处所,它常常显著地控制注意力。

② H.斯宾塞:《心理学原理》,第3版,第1卷,第2部分,第1章(纽约,1892年,第1卷,第145—162页)。

其妙的性质的，然而它们实不如此。依通常经验看，至少有一种感觉[乐音]似乎是基本的，但结果证明不是基本的。在把它分解为近似的成分之后，我们不得不猜想，其他似乎基本的感觉也是复合的，可能有像我们在这个例子中所辨出的近似的成分”（第148—149页），随着就论述升沉转化为差音等等。“如果知其为声音的不同的感觉，是由一个共同单位造成的，那么岂不是可以合理地推论，知其为味的不同的感觉、香的不同的感觉、色的不同的感觉是同样由共同单位造成的吗？不仅如此，我们岂不应该认为所有这些强烈对比的各类的感觉很可能有共同的单位吗？如果每一类的许多感觉间的不相似可能是由于它们在共有的意识单位的集合方式之间的不相似的话，那么在每一类的感觉和另外一类的感觉之间的更大的不相似也可能是这样。意识可能有一种原始的元素，无数种类的意识可能是这个元素和它自身的复合，以及它的复合体相互之间又作为一级比一级更高的复合而产生的；这样就产生了增长的复多性、变异性和复杂性了”（第150页）。

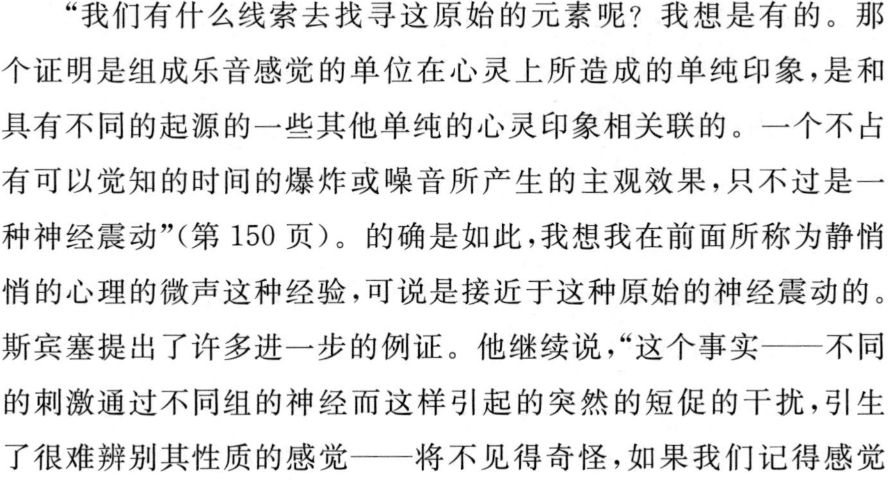

“我们有什么线索去找寻这原始的元素呢？我想是有的。那个证明是组成乐音感觉的单位在心灵上所造成的单纯印象，是和
具有不同的起源的一些其他单纯的心灵印象相关联的。一个不占 351
有可以觉知的时间的爆炸或噪音所产生的主观效果，只不过是一种神经震动”（第150页）。的确是如此，我想我在前面所称为静悄悄的心理的微声这种经验，可说是接近于这种原始的神经震动的。斯宾塞提出了许多进一步的例证。他继续说，“这个事实——不同的刺激通过不同组的神经而这样引起的突然的短促的干扰，引生了很难辨别其性质的感觉——将不见得奇怪，如果我们记得感觉

的可辨别性蕴涵可觉知的时延；如果又记得，当时延大大地缩短的时候，除掉知道有某种心理的变化发生了又消失了以外，其他则无所知。……和我们叫作神经震动相类似的东西可能是——我们甚至可以说大概是——意识的最基本的单位；我们感觉中的一切不相似可能是由这基本单位的不相似的合并方式而产生的”（第151页）。

鉴于写这文章的年代（约1855年），这种揣测似乎是令人惊异地大胆的。关于神经冲动的振动性质的一些话（第152—153页），在我看来更是如此，我很愿知道当时能做什么样的生理学的研究足以使人相信神经振动的频率与声或光的速率有任何相似之处。不过后来的研究显明地证实了斯宾塞的见解（我曾几乎说，直觉），在我看来，今天这个意识原子论——很难说把斯宾塞所给它的形式予以修正了——必定要当作是不久将能证明的事实。它已经取得经验的研究的最充实的支持了。至于我本人，我十分赞同这个见解，不过斯宾塞对于原始意识单位的性质的一些话，和他的心灵哲学的其他特征，我是不同意的。在衡量这个学说的时候，一个人决不应忘记粗糙性的现象，这个现象（不问它由哪个感官所生起的）对于内省说来确是一种性质，同时也只不过是意识震动的继续
352 的密度，而这些震动若当作个别的来看，似乎是有在感觉方式的下层的原始性。

我们的辩论到此完结。现在我可以回答反实在论者的问题了：一个人睡在或许比棺材大不了多少的柜子里，他的梦中生动地出现了色、声等等，实在论怎么敢于断言这些东西是实在的呢？我说，实在论可以这样主张，因为神经系统，即使未受外面的刺激也

能在它本身中生出具有那样频率的神经流，其密度因素和在通常身体表面刺激中的密度因素相同。要注意，我没有说神经冲动的密度因素就是第二性质：某种比较原始的感觉系列的密度才是第二性质；神经冲动或许也有这样的密度，正如赫兹波和许多其他的东西也有这密度一样。那么感觉的幻觉事例，无论是由于神经的“不适当的”刺激或由于所谓中枢的激动，是和我们在本文的前几节中所考虑的错觉的事例完全相类似的。[①] 在这个问题上，我不大赞同亚历山大教授的说法：[②]“现象的虚幻性是我们性能的缺陷。用适应于见红的器官我们只能看到红，不问这器官是怎样活动”。这个幻觉的性质需要更加精细地予以说明，我想我们是做了这一点。自然我们还可以更精细一些，提出这样的意见：像视网膜上的锥状体这样的感觉共鸣器会以它们自己的周期响应在它周围的新陈代谢过程中所放出的电力（像黄铜共鸣器对任何轻敲作反应就发出它自己的乐音一样）；我们也可以提出这样的意见：大脑触很能影响神经冲动的周期率：或者一同来到中枢神经系统的具 353
有各种周期的神经冲动必定常常产生一种新的、或许更高频率的冲动。但对于更微细的细节的揣测尚待进一步的研究。全部神经冲动是振动性的，这是确定了的；这些振动有时（无须外面的帮助）变成很快，这也不足为奇。

---

① 因此，如果一个不严肃的反对者要想知道，当这些性质在某一病人的脑壳里闪过的时候，这些性质是否可为一外来者所忽然觉察到，我就要说，在这儿正如相同的神经振动在通常被引起的时候一样。一个人研究这些振动须用适当的器具，普通的眼耳是不行的。

② 亚历山大：《亚里士多德学会汇报》，1910 年，新编号，第 10 期，第 10 页。

在这里我必须防止从前面一段话中几乎一定会作出的这样一种错误的推论:虚幻的和其他的意识是在脑壳之中。与此正相反,任何时候如果限定意识在空间中的地位(并不是总是这样)的话,它不是在脑壳中,而是随着它显现在哪里,“就在那里”。至少在我看来,这是实在论的主要原则之一,一个实在论者会同贝克莱一样说,“玫瑰花真是红的”等等,正如它所显现的那样。[①] 意识是在脑壳中这一观念之所以流行,是因为它的产生是由于在神经系统的变化之间有明显的联系。但是这种联系除用神经系统来把意识作空间的包括外,可能有别的方式。举例以明之:假设神经系统是一个探照灯,由于它照射山川,一时照着这个物体,一时又照着那个物体,于是它就圈定了一新集团的物体,所有这些物体乃是这山川的不可分割的部分(总是如此),虽然它们现在已成为另外一个复杂体中——所有被光明照耀的物体所构成的一类——的成员了。在这里,在被照耀的一类之中的成员和光的转动之间也有一种直接的联系:正如在意识内容和神经系统的变化之间有这种联系一样。从一个特定复杂体的成员中用某种选择的原则——这原则不
354 体赖于[②]组成这复杂体的原则的——所构成的类别可以叫做**横切面**。意识或心灵就是这样一种东西——神经系统所选择的宇宙横切面。所选择的宇宙的元素或部分并因此而包括心灵这一类中的,都是神经系统对它们作**特殊反应**的元素或部分。神经系统特殊地对一个空间的物体作反应,如果它使身体接触那个物体、指向

① 在这儿我不能以这一点应有的彻底性来讨论它。不过我在《意识的概念》一书中详加讨论了,这本书前些时候已写完,我希望不久即可出版。

② 参看本书佩里的论文中“独立性这个概念的重要性”一节。

它、摹仿它等等。它对在一特殊物体“上”的一种第二性质作反应，首先须通过类似于对这个特殊颜色而不是对其他颜色所作（生理上很复杂的）的反应。事实似乎表明，后面这件事之所以能够做到，是由于神经能够依照这种颜色通过居间的空间所送出的振动，以同样的频率传送一种神经的冲动。如果神经系统能够接受这些振动而予以传送，它就能对它们作特殊的反应：否则就不能。这样把颜色或性质纳入神经系统中去，恰恰等于存在于居间的空间中的同周期或同密度的以太或空气的振动把这些性质纳入于居间的空间。我们很难相信一朵花的颜色填满了花与眼之间的空间：同样，它也不填满或进入末梢神经和脑壳。对之作反应的实有体是在那儿的颜色；此中有两个因素包括两个反应的因素；但是**在那儿的那个颜色**是在意识中的东西被神经系统的特殊反应所选择出来而这样包括它的。那么意识是在对之作特殊反应的东西所在的那儿。在幻觉的事例中，对之作反应的颜色、形状和位置固然不在“真的空间”中，如我们惯常这么说的；但是它们是在一切方面像镜中的空间的空间中，而这种空间是同样地客观的。关于它们的“**真实性**”，在讨论事物性与矛盾的时候，我还有更多的话要说。

但是在这里还有一点要说一下。把原始的实有体——它的密度构成一种第二性质——叫作“感觉”，我不在任何方式下意指在脑壳中的东西，也决不意指在本质上是心理的或主观的东西。[①]
对于内省本身来说，这个单纯的实有体是像任何其他东西一样是 355

① 我认为这是反对纳恩先生说的“实在论的学说把心理的单子当作最后的素材”。《亚里士多德学会汇报》，1908 年，新编号，第 8 期，第 149 页。

客观的；它其实比一个具体的物体如贝壳或化石更单纯些，因此或许似乎更抽象些。但是它具备其他抽象的东西如点与数的（这些东西也像满布星斗的天空是非主观的一样）所有的客观性。我在别的地方①曾详细地讨论了心理的和物理的元素的基本实质，而且力求表明在这两类元素之间并不存在实质的差异。斯托特教授曾经恰当地把这些性质叫作“物质的第二属性”。② 心灵和物质是同一种质料构成的，③在各种密度的集合体之中构成第二性质的小的实有体和构成物体的小原子是相差不远的，在实质方面简直毫无区别。所以在我看来，关于第二性质怎样像第一性质同样是客观的，我们已得到一种可以理解的描述了。第一性质和第二性质是否包括在我们称为意识的这一类东西里，同样地是依靠神经系统对它们是否作特殊的反应。但是意识在任何意义之下决不是在神经系统之中。④

4. 思想的错觉——在思想错误的事件中——如矛盾的意见、
356 揭露出来的谬论、失望的期待以及突出的迷惑中——我们又遇着一个可以老实地提出来的困难以反对实在论，在这一个困难中反

---

① 《意识的概念》，“论心灵实质”和“物质实质”二章。

② G. F. 斯托特：《亚里士多德学会汇报》，1904 年，新编号，第 4 期，第 146 页。

③ 参看 S. 亚历山大，同上书，1910 年，新编号，第 10 期，第 16 页。

④ 我主张第二性质是密度，完全是由于它的经验的（不是它的实在论的）价值；但是我在这里提出这个见解是由于它对实在论具有有趣的和有利的关系。神经冲动要把刺激的任何特殊性质重制一下而传达到脑筋中去，这对实在论是无关重要。我自己的见解固然如上所述，我确能设想实在论能成功地把我的特殊反应的观念丢在一边。这也不是卫护实在论的一种理论的建设，而只是我对经验的事实的解释。如果这仅仅是前者，我觉得必须更清楚地界说“特殊反应”，这是我迄今所找到的最好的名词以指示一种经验的关系，这种关系我希望因进一步的研究可描述得更加详细。

实在论者向实在论者挑战，然而更能启发实在论者的沉思和热情。的确，这些矛盾潜在着，如果实在论只把它们搪塞过去，那么照我的意见看来，实在论就不会优于我可以指出的一些其他抹煞真理的哲学。实在论和任何哲学的任务，不是要表明恶只是变相的善、不完善的完善，等等，而是要承认错误和矛盾在经验中潜在着，并且要表明这些东西在这宇宙组织中的意义和地位。我相信实在论正是在这里取得了最鲜明的胜利。

我们已经发现一种反对实在论的责难，但仍未将它解决，现在这种责难正该予以考虑了。我们的论敌说的很对，不是错觉的或幻觉的映象当作错觉的或幻觉的映象看，而是当这样一个映象断定它自己是一个真实物体的时候；或者实在论者断定它是一个真实物体的时候，它才是对实在论的难关。这种处境的自然是：这样一种思想就会很快地发现自相矛盾。宣称它自己是真实的这种错觉会立即碰到一个更高的权威来断定它的不真实性。或者宣布这些非真实的东西是真实的实在论者，可能立即面临到矛盾经验的证据，证明它们是不真实的。毫无疑问地他会面临到。在这两个事例的任何一个之中的困难显明地是属于矛盾主张或矛盾意见的困难——思想的错误——所以我们可以在一块儿讨论这些争论点；这样做我们就不至于从我们前面的辩论中留下别的反对意见而让它们没有得到解决了。这个争论点包括一切思想的错觉并且还包括得更加广泛一些，所以它逻辑地引入新的一节。

357
二、错误

1. **映象不断定什么东西**——我们的第一个例子就是上面所提到的“难关”。说一个映象或其他内容“断定它自己”是真实的，这是不正确的，虽然我知道有些新实在论者和其他人——可以说，他们倾向于实在论——曾经宣布过这种说法。① 我看不出一个人有什么权利断言：“感觉所‘显露’的真理乃是它自己的外于心灵的存在”。毫无疑问，这是显露出来的，但不是被感觉内容本身所显露的。我也不能想象任何内容能为它自己或关于它自己断定真理、真实性、客观性、或任何其他东西；这样的内容只不过是如其本身那样而已，为它或关于它所断定的任何东西都是另外一个内容，而其性质又是**命题式**的：这另外一个内容是一个思想或意见，它可真可不真。前一个内容则只是“有”，它本身既非真又非假。正如杜威教授所说，②“真和假（我要加上实在性和非实在性）不是任何经验或任何事物，无论是在它本身内，和属于它本身，或是在它的原始内涵中的属性”：也就是说，作为赤裸裸的潜在者的性能来说，都是如此。关于心理内容的这种自我限定的观念的谬误，在于未能把作为潜在者的赤裸裸的内容和对于它的（命题式的）断定分别开来，这些断定可能明显地或下意识地和它并存于心灵中。第一个内容在逻辑上称为项，第二个内容是一个或更多的命题。混淆这

① 例如 G. F. 斯托特，见《亚里士多德学会汇报》，1904 年，新编号，第 4 期，第 159 页。纳恩，向上书，1910 年，第 10 期，第 201 页。

② J. 杜威，见《心灵》杂志，1906 年，新编号，第 15 期，第 305 页。

二者是荒谬的。但是任何时候我们听人说一个感觉或观念是“觉察到”、“参照于”、“指示到”或“意味着”它的客体，就出现了同样的混淆。内容并不以任何方式参照于它的客体；它就是这客体的一部分。关于客观性或真实性的任何这样的断定是另外的（和命题式的）内容；它也是由经验所提供的，它本身是否真实、实在，又可 358
能被另外一个命题式的内容所限定。在每一事例中，在称为内容和意旨的东西之间，或者更加精确地说，在心里的项和在心里的命题之间予以辨别是很重要的；做到这一点之后，再用亚历山大教授的话说：“为描述起见，意旨是内容的另外一个特殊部分。”[①]因此我不承认映象，无论它是真实的或虚幻的，关于它本身断定什么东西。不过这样一个映象可能和关于它的彼此互相矛盾的命题一同存在于心中；——这是思想错误的另外一个事例，我们将予以考察。

2. **实在论者断定什么**[②]——实在论者也并不断言一个不真实的东西（映象或任何其他东西）是真实的东西。在这里实在论者坚持要认真遵守一种区别，这种区别是逻辑学和数学久已知道而且谨慎地遵守了的，甚至是一些唯心主义者也许听说过的，但是似乎没有哪个反实在论者能够对它有所了解，甚至所有的实在论者也似乎并不都能对它有所了解。这就是实在和“有”或潜在之间的区别。这里是把“实在”和“有”混淆起来的一个典型例子。麦肯齐教授写道：“所以新实在论者似乎真相信事物就是像他所知觉它们的

① G. 亚历山大，见《亚里士多德学会汇报》，1910 年，新编号，第 10 期，第 2 页。

② 在这以后的题目，我在《意识的概念》一书中讨论得更加详尽。

那样。反之，唯心主义者主张：直接被知觉的东西本身决不是真实的。”[①]因此当实在论者说：事物怎样被知觉，事物也就是那个样子；唯心主义者却愚蠢地误解实在论者是主张：事物怎样被知觉，事物也就真是那个样子；也就是说，一切被知觉的东西都是真实的东西。一切被知觉的东西固然是东西，但不是一切被知觉的东西都是真实的东西。[②] 这种混淆虽是愚蠢的，却能在每一个反实在论的论辩中找到。这种滥用包含佩里所说的两个谬误，[③]虚假的
359 单纯性和词语的暗示；“实在”被当作一种简单的描述，只是涵摄着有（好像没有需要说明的非实在，因为没有非有）；再者，一提到“实在”，大多数人所经验到的令人生厌的喜悦（尤其在被唯心主义的空话和谬论激怒的时候）使它成为一个被欢迎的名词，在任何地方都能溜进来而不遭到抗议。毫不足怪，没有什么内容的唯心主义的论辩要尽量利用这一个令人喜悦的词语的暗示；因为辩论的海洋无论怎样汹涌澎湃，“实在”这个舒适的名词都会予人以安适之感。

要知道，对于实在论说来，决不是每种东西都是真实的；我承认实在论这个名字易于使那些不了解这个名词的历史的人迷糊。因为实在论的要旨决不是坚持每种东西都是真实的，而是坚持每种存在的东西都是“有”，而且就是它那个样子。这该不是一种危险的邪说；但是各种唯心主义恰好持相反的主张，用狄金逊·米勒教授的一个名词说，对于宇宙持有一种“根柢错误”的学说。唯心

① J. S. 麦肯齐，见《心灵》杂志，1906 年，新编号，第 15 期，第 318 页。

② 这就是我在前面某一页中说“它们实在是那样”这句话不是实在论者的词语的道理。

③ R. B. 佩里，见《哲学、心理学及其他》杂志，1910 年，第 7 期，第 341，350 页。

主义或者说：有些东西既证明是错误的，根据这证明的权威，这些东西就不真是正像它们自己那样（即错误的）——这是德国的说法；唯心主义或者又说：一切东西都是错误的，依据同一权威，没有什么东西真是像它自己那样——这是布拉德雷先生和他的学派的说法。导向唯心主义的方法是非常纷歧的，或者说，至少阐明这些方法的人所说的是如此；但是这些阐明者其实主要从事于研究错误这个问题：或者他们自称发现了它不是错误问题而因此觉到良心不安；或者他们觉得无处不为错误所困因而失望地袖起手来。假使我敢于自称要抓住这些人类学上的神秘，我可以说，唯心主义哲学家的特点是他们共同认定知识问题有头等重要性，而从最早的希腊时代到我们这个时代，这个问题基本上是错误问题。实在论既不像近代英国学派那样无能为力地屈服于这个问题，又不想 360
仿效德国学派煞有介事地抹煞错误。如果我敢于为实在论说话，[①]我认为实在论应付错误问题是借助于逻辑和数学在实在和"有"之间所作的极有实据的区别。这个宇宙不是全部实在的；但是宇宙全部却都是"有"的。我们前进一步，再作两个区别："有"不仅要和实在，而且要和真分别开来，又要和被知觉或被思维分别开来。实在论对知觉和思维的作用予以公平、适当的地位，但是主观论者主张"'有'总是表示这种或那种意义下（原语如此）被知觉或被思维着"，如佩里所指出的，这种主张完全出于自我中心困难的错误。[②]

3. 矛盾和"有"——关于错误问题，最早的（和很古的）"解决"

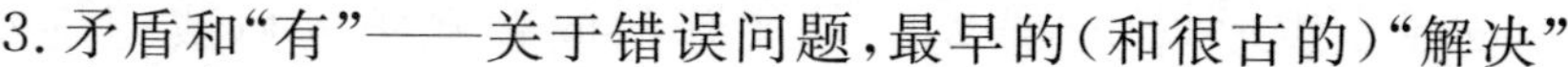

① 但是我提供这一点；像其他的辩论路线一样，自然仅仅作为我个人对实在论的解释与辩护。

② R. B. 佩里，前引书；第5—14页。

似乎是:错误都是属于意见方面的事,是纯粹主观的,只有在意识中找得到;但是客观的世界是没有错误的,所以任何人都无须忧虑这宇宙要摇动、垮台。一直到现在这还是一般人对这个问题的惬意的见解。我也看不出唯心主义的自鸣得意的进展带来了什么启迪。唯心主义主张一切东西是主观的,这样就又使我们陷入原来的困难中去,结论必然是:错误又是无处不有的。然而许多唯心主义者,尤其是卡尔·皮尔逊教授的补丁学派和他的信徒,自称得不出这样的结论,因为他们根据错误的"主观性"的理由就又惬意地把错误问题处置了。固然,黑格尔比较负责地对待错误,但是他的解决法似乎使**全部**思维和理智成为棋局中受制而无法自拔的国王,致使他的附和者没有别的办法,只能唱"绝对"这首摇篮催眠曲,用遗忘来克服错误。不过,对于那些保持清醒的人们,错误仍
361 旧是一个问题;人们可以看到:实在论这个可恶的名字甚至足以激起黑格尔派的不安;他们会说,"如果你不愿默默无言地安歇[①]在'绝对'之中,你将怎样去对待错误呢?"

自然,可以承认:"错误"都是与知识有关的,或者是在经验中的;但重要之点是:一切错误提供了矛盾或相反的例子。一个人经验了 A 是 B,又经验了 A 不是 B,他自然是碰到错误了。但是经验作用本身是无关紧要的事,一切错误都与知识有关这句话只在定义上是真的,因为只有相反或矛盾出现于一个人的意识界之中,相反或矛盾才叫作"错误"。[②] 实际的问题在于矛盾或相反本身;

---

① 参看 H. M. 谢佛尔:"不可言传的哲学",《哲学、心理学及其他》杂志,1909 年,第 6 期,第 123—129 页。

② 在这里读者必须避免前已提到的自我中心困难。

一个包含有这些东西的宇宙有什么意义呢？在这里，实际上能投合任何人的唯一解决法又是古代的解决法：两个不相容的命题中只有一个是在这个宇宙之中，另外一个“只是主观的”。正是因为这个理由，新近每个反对实在论的作家都集中攻击错误或矛盾这个问题。我将根据他们自己的假定——在一个客观的（或“真实的”）宇宙中是没有矛盾的——来进行我的论述。

最后这个命题总是被带着一种信心表达出来或默认地蕴涵着，这种信心表明这些先生们认定它有公理式的有效性；如果问他们对于这个宇宙怎么能知道这样一个有趣的事实，他们就总是会回答说这是自明的。关于这点，我要说，它不但不是自明的，而且必然是不真的。他们说，“难道你疯了，竟至认为你曾经看到一个存在的物体在同一个时刻中既向上又向下运动吗？你碰到过圆的方，或者 A 同时又是非 A 了吗？”我回答说，“没有，难道不是你们疯了吗，竟能想到这些东西？”

对于这点的一个回答是：幻想或想象一个 A 非 A 可能是不容
易，不过一个人却能容易思维一个 A 应该也是或可能也是非 A。 362
这仅是想象力的缺陷，正如一个人因为寿命短促不能数一个无限的系列，然而他能很容易地思维它。要知道这是这个问题的中心。不是“想象力的缺陷”阻碍我们想象圆的方或 A 非 A，像我们想象半马半鹫的怪物、讨论约那的鲸鱼或一个名叫库克的人在北极那么容易。对于圆的方的思维是关于一个严格地不可思维的“东西”的一个命题式内容：——它要是方的，它又要是圆的等等。甚至思维也不能超过这些；甚至心目中也抓不住圆的方。一个人能思维关于一个点，它同时要向上向下运动，但是当一个人想象这一个点的时候，它只能或是向上或是向下，或是上下继续地运动。这个“想象力的缺陷”不是心理上的事，而是依据于符号逻辑和数学在**命题**或公设（一方面）和在关系中的**项**（另一方面）之间新近所作出来的区别。在这里发现了：许多命题可共同潜在于一个集合之中，虽然它们是互相矛盾的；但是这些矛盾的命题决不能生出一个在关系之中的项的系统，或在这一系统中实现出来。的确，命题之间的矛盾常常是无害的，因而要证明命题**不是**矛盾的，其唯一可靠的检验就是要发现一个在关系之中的项的系统，而所有的命题对这一系统都有效或在这一系统中被示例了。因此，如果一个人要划定一个图形，使它是包括于三条直线之中的平面的一部分，使它要有四个（内）角，这四个角的总和要等于180度，它的外角的总和要等于180度的10倍；——他会无法发现是否已能断定其中有一个

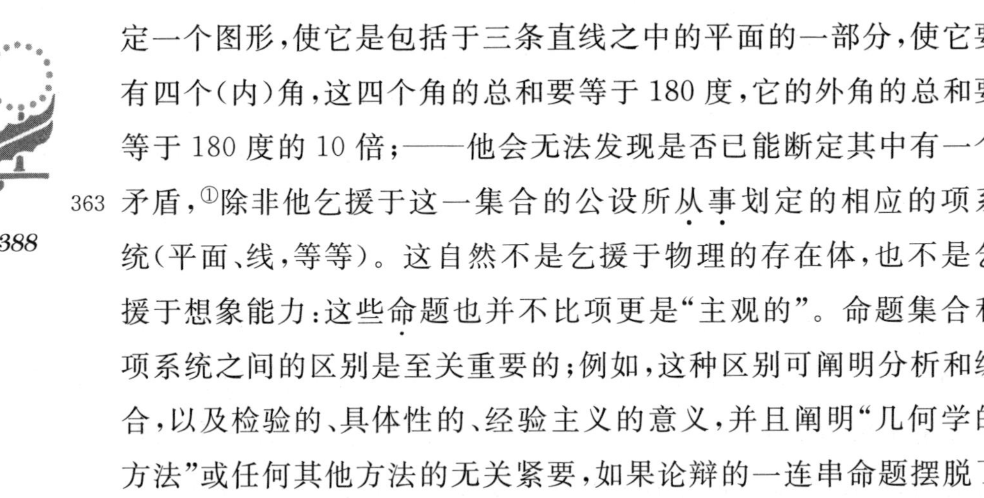

363 矛盾，[①]除非他乞援于这一集合的公设所**从事**划定的相应的项系统（平面、线，等等）。这自然不是乞援于物理的存在体，也不是乞援于想象能力：这些**命**题也并不比项更是“主观的”。命题集合和项系统之间的区别是至关重要的；例如，这种区别可阐明分析和综合，以及检验的、具体性的、经验主义的意义，并且阐明“几何学的方法”或任何其他方法的无关紧要，如果论辩的一连串命题摆脱了在关系中的项的罗列。我很乐于承认，这个事实——命题是能自由地彼此相对立的，而这种对立或矛盾绝不能在相联系的项系统中找到例证——并没有告诉我们对于矛盾和否定所要知道的一

① 在这儿我没有费力来分别“矛盾”与“相反”，因为二者都包含一个共同的而且更基本的“否定”元素，对于这个元素我们迄今还没有一个恰当的名词，但是它是命题集合和名词体系之间的这种差异的秘密之一。

切。相反，它只打开了最能刺激兴趣的研究领域，这个领域在目前这个时际我认为对逻辑学和哲学是最有前途的。但是刚才所提出的考虑在两方面都很重要：这些考虑不想要抹煞“错误”（矛盾）；但确实表明矛盾（错误）问题和知识问题或认识论毫不相干。

二分法的命题项虽是极基本的，然绝不和心—物、主体—客体二分相吻合，更不同非实在—实在二分相吻合。意识的映象，像物体一样，是在关系中的项；圆的方或 A 非 A 在物理的项体系中既然找不到，（正由于相同的理由）它在心理的项体系中也找不到；在一个事例中称为物理上是不可能的（“非实在的”）东西，在另外一个事例中也被发现在心理上是不可能的，也就是不可设想的。另一方面，**关于**项，心灵能够而且的确怀有最相矛盾的命题，正如显然带有命题性质的物理规律**惯常地**是在矛盾状态之中一样。

我说“**惯常地**”，虽然我知道说到物理世界与矛盾有任何关系是令人惊异的邪说。诚然，这个物理世界并不包括非 A 的许多 364 A。心理世界也不包括它们；A 非 A、或圆的方这些说法是毫无意义的，除非当作一小对矛盾命题的符号。但是在明白地、费劲地发现了这个有价值的事实以后，自然科学对于“矛盾”这个名词怀有这样的敌意，想出各种办法来掩饰在自然规律中的（命题式的）矛盾的真实事例，例如碰撞、干扰、加速度和减速度、成长和衰坏、平衡，等等。这种情况略如下述。一个运动规律总是陈述：一个物质的质点（或一系列的质点）现在或将来如此如此运动着。如果现在有两个波状运动是沿着同一直线而彼此相对地前进，就将会有一个时候某一质点同时受到两个运动的作用。一个运动规律说，这个质点向上动（或将向上动），而另外一个运动规律说，它在那同一

个时刻向下动（或将向下动）。每个规律反对其他一个规律，并且虽然这关系是叫作对立关系，这对立其实不只是矛盾；因为一个规律说**向上**，而其他一个规律不仅说**不向上**，并且进一步确定**向下**。逻辑不能指出比这更彻底的否定了。不可能的、不可设想的东西固然不发生，但作为一切矛盾的特征的结果却随之而来，这就是零运动；在不同的能量事例中，一个运动向零减化是由于相反的运动有相等的能量和它相矛盾。如果说，因为没有能量“消失”，这里就没有矛盾，这是文不对题。两个运动的规律在矛盾之中碰了头，这正是一种能量要转变成另外一种能量的特定标志。不能因为可以说出第三个规律（用变化、应变、弹性等词语）以描述一个矛盾出现时将会接着发生的事，我们就无视这个事实：只有当起初两个规律
365 在矛盾中碰头的时候，第三个规律才发生作用。这种情况在棋戏之中是有类似的例子的，在棋戏中规定一些棋子走动的规律常常和这个规则相矛盾——两个棋子不能同时占一方格。为了应付这个情况，又有一个规律说，后来者要“吃掉”或消灭前一个占有者；这整个游戏系于这些矛盾之上。如果以为这样就防止了矛盾，这就好像一个愚蠢的主人下命令说：“站起来；但你如不愿站起来，就躺下来；我的命令必须服从”。甚至从静止的逻辑的观点看起来矛盾也不能这样避免；而近代逻辑并不是静止的。[①] 矛盾毕竟是一种驯良无害的东西，虽然是很有趣味。许多自然科学家自称他们找不到矛盾，这是非常荒谬的，因为除矛盾以外他们实在几乎找不

① 近代逻辑可以造设一套纯粹逻辑的“应变”和“应力”，不是为了隐藏矛盾这个事实，而是为了研究互不相容的公设组的一些还不甚了解的性质。

到任何别的东西。这就是说,一切自然的运动是许多部分地矛盾的规律共同发生作用的结果,要造出一种简单的、尽量不和其他运动相矛盾的运动以让此中所包含的每一个规律(或常函数)成为确定的,这是需要神话式的奇巧技术的。自然科学家可以对此任意设想,但是如果我们唯心的论敌反对上述的意见,我要请他们记下康德的教义并且阅读他后期的《论如何把负量概念引入自然科学中》所说的话;这是我在上文敢于提出的意见所根据的许多权威中的一个——但仅仅是一个权威。

这全部讨论的主旨乃是:不可能的,不可设想的东西在任何地方从不发生,但是逻辑本身所承认的每一种矛盾、反对、抗拒、对立和否定在客观的物理世界中显现出来,其种类之多和在心灵的主观境界中所显现的是相等的。所以否定另外一个思想的思想,其意义与否定另外一个规律的物理规律正相等。错误问题,像“真 366
实”问题一样,在任何方式下是不包括知识问题中的。

意识中的映象关于它本身并不断定任何东西,在我看来,实在论者也不断言它必定是真实的,他更不会断定意识中的一切命题式的内容都是真实的。但是我设想实在论所坚持的乃是:任何内容,无论项或命题、实在或非实在,在这无所不包的万有宇宙中有它潜在的权利;它是“有”,像任何数学的或物理的项或命题是“有”一样;这个“有”的“性质”不“是主观的”(在这里我确不能承认“性质是主观”这个短语有任何意义)。我又相信没有一种内容是被一个形而上学的认知者或自我所“构成的”,因为我相信没有像形而上学所谓的认知者或自我存在着。我也相信没有任何意识的内容是认知的过程所“构成的”(按照形而上学通常附予“构成”这个词

的意义）。如果认知的过程构成它的内容，我相信它只是像水上的波纹在取得前后不同的形式的时候可以说构成这些形式（如果这对于任何人似乎有意义或兴趣的话，对于我不是如此）。但是特别无意义的乃是唯心主义的这种表述：一种心灵的内容在本性或性质上是“主观的”，或者是被一个形而上学的认知者或自我所构成的。

至于实在是什么，我不感多大的兴趣；许多其他的人也不大感兴趣，因为如果他们感兴趣的话，他们会费更大的劲来对它下明确的定义，以与同等地甚至更加流行的非实在相抗衡。但是如果受到挑战，我就要冒昧地作出这样的猜想：实在或许就是处在关系之中的项所构成的某种包括很广的体系。因为我们用实在这个名词似乎是指离开矛盾最远的东西，而这种东西必然只能在项的体系中找得到。这就会使实在和逻辑称之为“存在”的东西密切相联系了。如果这是对的话，在物理世界中所找到的一切项，乃至在心灵中所找到的一些项、也可能是一切的项，大概都是真实的了。不过
367 就我所知，所有这些都未曾细加研究。这是确定了的：非实在不比实在更主观些；因为一个东西可能是客观的，然而是非实在的，例如某些数和某些几何学的体系。

4. **矛盾和实在论**——现在让我们回到我们的论敌的一些论辩。洛夫乔伊教授在他未免过分巧妙的论文里①以极长的篇幅提叙了幻觉的事例。“当幻觉继续存在的时候，幻觉对于受迷者来

① A. O. 洛夫乔伊：“一个时相论者对于新实在论的感想”，《哲学、心理学及其他》杂志，1911 年，第 8 期，第 589—599 页。

说，是像他的其他知觉一样好的‘内容’”。但是“它当时不是被别人所知觉的对象。……其实是这么一回事：幻觉对象所似乎占据的空间，当时别的知觉者知觉到它是空无所有的或者被别的东西占据了……许多作证人的证据和经验的一般同一性的证据都是反对他的对象，因此，幻觉受迷者恢复常态时，就说他的对象好像是‘非实在’的，并且申言，真正在这所争论的空间中的‘内容’就是被别的知觉者所看见的内容。……必须要说：当幻觉的对象出现的时候，这个纠正的判断（由于作这个判断，意识的概念才能生出来）是用宾词‘非实在的’——现在解释为‘只对意识是存在’——来表述它的”（第 595 页）。洛夫乔伊教授也承认这是可能的，即：“新实在论……并不主张实在空间的同一部分能同时是空无所有而又填满了的”，但是他没有看到“一个新实在论者对于.当时的幻觉对象的状况或者对幻觉对象和与之同时存在的‘实在’物体之间的差异能够做如何一贯地说明”（第 596 页）。我不应说幻觉对象一定是“非实在的”，更不应说它“只是对意识”的一个存在体，任何人也无须匆忙地得出结论说，这个其他客体是“实在的”，因为集体的幻觉也是可能的。必须注意：一个纠正的判断（就是一个命题）和一个
或更多的先有的判断相违反，它就是带有这种困难的判断，而我看 368
待判断的冲突是正如看待任何其他命题的冲突一样的。

如果现在要问：一个人检查全局（好像无须隐含地或下意识地下一些判断而这就可能似的[①]），怎样能用实在论的精神来解释它，回答是很简单的。他解释这全局正如洛夫乔伊教授解释镜中

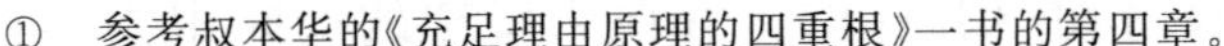

① 参考叔本华的《充足理由原理的四重根》一书的第四章。

的空间使它和镜后的空间联系起来一样。这个事例在切合我们论证的一切方面，和我们的事例是类似的；我还要倾听镜中的空间对于实在或对于“只对意识是存在的东西”所引起严重的困难。不过这个事例和幻觉，**在恰恰相同的程度上**表明：“实在空间的同一部分能同时空无所有而又是填满了的。”因为论敌对于这个神秘也许没有现成的解释，我想要提供一个。

镜中空间乃是普通空间和其中的物体的一个横切面；除掉用几何学可以确定的颠倒形式外，它有普通空间的纯粹空间性质，它并包括镜中客体（颠倒的）的表面和形状以及它们的颜色。但是镜中空间并不包括这些客体的重量和许多其他的物理性质。像在一切横切面（意识是这些横切面之一）的事例中一样，就形成了一个新的复杂体，包含着这些客体的某些部分和不可分割的部分；在这里和平常一样，这些客体的分割和分析，显示出它们是许多元素构成的，这些元素不是照普通的意义说是“物理的”，而乃是概念的或数学的，或者毋宁说是中性的——因为既非物理的又非心灵的。这些照入镜中的部分仍旧是客体，但是它们缺乏许多性质如重量等等，而这些性质只属于在自然组织状态中的原来的完全客体。所以这一切正是自然科学从它分析这些同一客体所发现的；——
369 物质完全分析成数学的东西而不留下像物质碎片的剩余。一块木头是重的，等等，但构成它的形状、体积、质量、电荷是没有重量的；重量性就是这些在完全组织中的东西的性质，而可从这些在完全组织中的东西推演出来。这种情况引起了洛夫乔伊教授和其他人所说的“实在论者所给予客体这个名词的广泛的外延”，这个外延乃是物理科学本身所加给客体的。在照入镜中的空间中固然包含

有复制，但它是一些等同体的复制，而不改变它们的“性质”；的确，关于殊相和共相复制它提供了有趣的问题，然而它对于主观的表象境界并不提供玄想的立足点。在意识包含复制（由于意识是有时，而并不总是包含它）的事例中，也不提供这样玄想的立足点：这些事例是无例外地完全和物理性的复制相似。然而它们曾经引起无了无休止的妄论；这种妄论如果应用到同等合式的镜象事例中去，可能是这样：“你说镜不改变它的客体。那么它从哪里取得客体的复制呢？它不是必得要制造这些客体吗？但是假使它要制造这些客体，它们必须从镜子本身取得它们的性质，而在本质上必定是主观的镜照的东西。被照的实在不能有别于能照的精神的性质。”[①]或者如果有两个能照的镜子的话，我们就能这样说：“性质上不同的材料在数量上就不能等同；在一个镜子中的‘这个’不能同时和另外一个镜子中的‘这个’性质上完全一样；这是不可能的，除非这两个镜子完全相像，在空间中占同一地位，也就是，用唯心主义的词语来说，除非在这两个镜子中所照出的每一现象是等同的；在这种情况下，它们就成为一个镜子了。”[②]这么一来，对唯心主义者就满意地证明了两个镜子不能照出同一客体的映象。因此我说，洛夫乔伊教授所援引的幻觉事例是和镜照的空间事例相类似的，在镜照的空间中许多所照的客体所占据的空间地位是和在 370
镜子后面的其他“实在”物体所占据的空间地位是同一的。大家承认这样的物理的事例对于“非实在性”并不引起困难，也不引起一

① 参考 H. W. 卡尔，见《亚里士多德学会汇报》，1908 年，第 8 期，第 128 页。

② 参考 D. 德雷克，见《哲学、心理学及其他》杂志，1911 年，第 8 期，第 369 页。

种单独的主观的身份。在幻觉和错觉的某些事例中，错误完全在于心中怀有互相矛盾的命题：这些命题中的一个因某种理由可能被偏好着，或被认定有较高的价值，其实没有一个命题比另外一个更主观些；也不是两个都是主观的，因为如我们所已看到，这整个宇宙是充满了这样互相矛盾的命题的。在幻觉和错觉的其他一些事例中(如两眼斜视)，是经验了处于关系中的项的一些实际的交渗互入，这正和镜照的物体与在镜子后面的物体交渗互入相似。这不是不可能、不可设想的东西得到实现的事例，而只表明：物质的中性横切面有交渗互入等性质，而这些性质是有别于完全客体的性质的。所以火虽能烧，而火的观念不能烧，正如火仍能烧，虽然焰的磁性不能烧。这样看来，对于幻觉的事例无论找到什么最便利的实用术语，这些幻觉对于主观主义并不提供论证的理由。

关于幻觉的实在论的说明是明白、简单、直截了当的，即使它承认此中包括了复制。在许多的、如果不是大多数的意识事例中，并不包括复制，而实在论的说明就更加简单了。

对于实在论者的"客体或物体这个词的广泛外延"，在这里讲一句话也许是适宜的。一种普通的反实在论的论辩是：因为火能烧而火的观念不能，因为一个客体没有透视的缩小作用而它在视觉中的映象却是有这个作用的。一个客体在空间中有确定的位置，它的记忆映象却没有，它在时间中有确定的位置，而观念总是后来才有——由于这些理由，实在论断言这个观念"在性质上"**就**
371 **是**这个客体，而在许多事例中"在数值上"就是这个客体，这就使实在论本身成为荒谬的了。我想主要地大概是这种论辩把 G. E. 摩尔先生[1]导致这样的见解：意识和它的对象是不同的存在体，甚至颜色性质也决不是感觉的内容；于是他进而相信觉知的根本不可分辨的关系。所有这些见解我决不能同意。现在对于上面所说的论辩可以这样回答：火能烧，但是焰的形状不能烧；一个客体不能缩小，但是它的几何的投影是能缩小的；这客体在空间中有位置，但是它的物理运动的 N 次导数是没有的；这客体在时间中有位置，但是它的质量是非时间的。这样看来，这个论辩完全根据于对物理客体的一种非常粗疏的碎片观念。按照这种观念，客体是一种不可分割的碎片，这客体的任何和每种性质在任何和一切情况之下都可用来作这碎片的宾词；或者如果这碎片是有部分的话，它的一切性质都可用来作它的每一部分的宾词。这种说法的荒谬是明显的，然而人们可以从德雷克博士的惊人的语言中看到这种错误可能达到什么地步[2]。德雷克博士在说到一棵树对不同的观看者呈现很多的方面之后，继续说道："那么，如果我们相信我们在经验中所有的这些'这个'中的每一个是永久的存在体[他应该说潜在体]，我们就有一个奇异地复多的世界。千千万万不同的'这个'，就作为这棵树而永久地存在着。它们既是彼此性质不同，它们就不能挤成一个单纯的客体[不可分割的碎片]，而我们就有一个无限地重复的世界。……我们['批判的实在论者']给他['自然人']一个简单的、性质一致的外在世界；'自然'实在论就没有。"我应该希望没有！我不能想象对德雷克博士所叫作的"自然"实在论

① G. E. 摩尔："对唯心论的驳斥"，《心灵》杂志，1903 年，新编号，第 12 期，第 433—453 页。

② 德雷克：前引书，第 370 页。

有比这更好的宣传广告了。但是同时，对于他的树的实际的几何投影的无限性，即使不说树的其他的无数实际的关系，他能怎样想
372 呢？这些东西都能“挤成一个单纯的客体吗”？无疑地，树，连同它的关系乃是所有这些东西的一切；而且还不止如此。因为对于一根直的棍子一部分浸在水里的时候看起来是曲的，亚历山大教授说：“只有我们否认在这两套不同的条件中，这曲的和直的现象都属于同一根棍子，这才有错觉。”[①]毫无疑问，它们是属于这棍子的，而且它的其他的投影的性质都是属于它的（这些性质不仅是空间的，并且也是时间的和逻辑的）。因为必须不要忘记：对象本身，如果是一个物理的东西，决不是单纯的，我们总是在一个复杂的关系（空间的、时间的、逻辑的）背景中知觉它，而这关系的背景是一个更复杂的东西。但是意识的横切面总是对像和它的无数关系的不可分的（中性的）组织成分的组合体。第一，因为很难说对象本身在哪里终结，它对别的实有体的关系在哪里开始（例如，运动的第一导数是运动物体的一部分呢，还是这物体的一种关系呢？）；第二，因为任何可辨别的实有体可能是意识的“对象”（在神经系统对它作特殊反应的一类实有体中的一员），实在论有很好的理由来扩充客体或物体的外延。

我的论辩到此为止，已超过了在本书中分配给我的篇幅了。我要留下的印象乃是一个普遍的“有”的宇宙，在这个宇宙中一切物理的、心理的、逻辑的东西、命题和项，存在的和非存在的，或假的和真的、善的和恶的、实在的和非实在的都**潜在**着。这个宇宙里

---

① S. 亚历山大，见《亚里士多德学会汇报》，1910 年，新编号，第 10 期，第 11 页。

的实有体没有实体，但是如果一个人的精神不能这样去了解，那么让他的肉体暂时说这宇宙是一种中性的实体吧。这些实有体是以外在关系而联系起来的，人们还没有正当的理由，怀疑经验科学的分析方法能无限地进行对这个宇宙的研究。这个宇宙的维数不只是三维空间与一维的时间；还有多少维现在还不知道。划分存在 373
的和非存在的、或假的和真的、或善的和恶的、或实在的和非实在的界线很少吻合，而且**从来不显著**地和区别心理的和非心理的、主体和客体、认知者和所知的界线相吻合。一个心或意识是在这潜在的宇宙中的一类或一组的实有体，如同物理对象是另外一类或一组一样。一个实有体或实有体的复合体能同时属于两个或更多的类或组，如同一个点能在两条或更多的直线的交叉点上一样；所以一个实有体可能同时是一个物理对象、一个数学的复杂体、真实的境界、一个或任何数目的意识的不可分割的部分。如同物理对象的类别是用科学所知道的原理在潜在的宇宙中予以定义一样，意识类别是用经验心理学现在只部分知道、而将来可更充分知道的原理在这个宇宙中予以定义。一个意识是一组（中性的）实有体，神经系统在某一时刻中乃至在它一生的过程中，对这些实有体作出的特殊反应。

377 生物学的一些实在论的含义

沃尔特·B.皮特金

下面的研究分为两个部分。第一部分对于有机体活动的几种基本类型进行形式的分析。在这儿，一些事实有力地驳斥了几种生物学、心理学和形而上学的理论。第二部分，从第四节开始，将对认识情境提供一种不完全的形式的分析和关于意识的一个假设。

在这里所要申述的五个主要点乃是：(1)关于生命和心灵的学说，一般地说是根据于对事物与关系的性质的错误的、或多或少朴素的意见。(2)在生物学中或从生物学引申出来的反实在论的假设，得力于(甲)上面所提到的错误意见，或(乙)对内省心理学的事实错误的强调。(3)自然科学家所遵循的分析和研究的普通方法，很快地对于生命和心灵作出一种一贯的、恰当的说明，而无须乞灵于直觉或超验的东西。(4)对于有机体的情况所作的一种形式的分析，揭露了三个基本因素(都是复杂体)，像投影几何中的三个因素一样，是互相联系的。(5)根据这三个因素，来对认识情况作一种解释，就大大地调协了至少四种关于意识的近代学说，并且也弄清楚了错误、错觉、幻觉怎么不是意识造成的，也不是意识特有的，而是一个投射出去的物理体系所必有的现象。

提出最后这个论题,目的不在于使读者信服,而在于提供一种可以予以批评的确切而肯定的学说。实在论的研究一向被迫是论辩式的;但是它们不应继续如此。重新建设的工作必须开始;必须建立一种关于生命和心灵的学说,这个学说要摈弃唯心的心理学的旧的、失去信用的范畴,如"心理状态"、"主观客观两极性"、"创 378
造的综合",等等。很明显,要摆脱这些观念,开始时候不仅很困难,而且充满了奇异的牵强。其勉强就等于一定要人把他的本族语的品词对调,用名词作副词或用副词作前置词。因为旧的思想方式是牢织于我们的不自觉的"言谈领域"(universes of discourse)之中。因此,现在关于意识的任何真正实在论的假设必定是含糊的;它差不多必定会包含作者本人不能清楚地感觉到的困难。因此必须以战战兢兢的心情提出这个假设来。

一、从生物学角度对实在论进行的攻击

现在反对实在论最强大的势力来自生物科学。仅仅在几年以前,使自然的世界观显得难以保持的是物理学和数学;在它们之前则是逻辑学与心理学。这些科学所提出的反对意见,本书前几篇论文已予以清除;作为这些反对意见的基础的不精确的描述和有缺陷的逻辑,现在该看得相当明白了。但是又从一个新的方面来了一大批敌对者,他们宣称,实在论所无法回答的反面证据在简单的生命过程中找到了。

至少有三条研究的路线导致这种说法。第一条路线完全在于生物科学之中;许多深知生命过程而受到尊重的人遵循着这条路线。汉斯·德里施就是这个运动的近代领袖。他的吉福德演讲集《关于有机体的科学和哲学》[①]是一种显然彻底而有系统的尝试，试图根据生物学的证据建立唯心主义的活力论。

第二条研究的路线由心理学进到生物学。意识的直接素材，如适当地予以描述，能为解释生命过程提供新的基础；而生命过
379 程，如再予以解释，就显示一个并非由不同性质所组成的宇宙，而乃是一个洪流，其中每一个东西渗入其他的东西。一切的区别都是一种"活力"的产物，而只用来作为有机的控制。亨利·柏格森在他现在很有名的三部书里[②]达到了这个假设。第三条研究路线对于基本的生物学的情境作出一种形式的分析。它不是关于生命过程的学说。它简单地描述(甲)行为发生的情境，(乙)行为的方向和性质。它对于行为的生物学的说明之关系，正如一个特定的弹道的方程式和线图对于投射这射弹的硝化甘油的化学成分的说明一样。这个运动的领袖是杜威；他的著作《伦理学研究》[③]是向未尝试过的对于行为所进行的第一次形式分析。[④]

这三条研究的路线结局成为三个反实在论的假设。德里施的结论是：经验的全部"内容"是被自我创造的；其方式和康德所持的相同。柏格森相信，有一客观的洪流构成"活力"的环境，并且相信在原始的知觉中这洪流的一些性质是直接呈现的；但是他坚持：一

---

① 两卷，伦敦，1908 年。

② 《论良心的直接所予》，巴黎，1888 年；《物质与记忆》，1908 年；和《创化论》，巴黎，1909 年。

③ 安阿堡，1897 年。

④ 要想知道对于形式的分析的更详细的描述，参看本书斯波尔丁文，第 159 页。在这里，"形式的"这个名词的意义必须细心地予以维护。

切分立性是由“活力”所产生的，因此不仅个别知觉之间的差异，而且一切概念也都是“静止的”、“浓缩体”、“方便的抽象”。杜威是比较最偏于实在论的。他承认生物学情境（即一个环境和一个“能动者”，前者作用于后者而后者反应于前者）是终极的东西；不仅如此，他认为知觉是一种“自然事件”，与雷雨相等，因为它的性质不是知觉者所创造的。不过在一些他所说的完全不同于知觉的知识事例上，他就退出实在论的路线。［他认为］理论和构成它们的观 380
念是思想家的真正的创造。离开他，这一切就不存在，正如收割机离开这机器的发明人就不存在一样。构成这机器的材料无疑是物质的，但是它的配置和效率乃是思想的结果；因此说收割机在某种方式下包含在（蕴涵于、潜在于）这材料之中是没有道理的。知觉对知识的关系，正如铁与木料对收割机一样。

实在论者除非推翻了这三个研究者的反实在论的推论，否则就不能认为他的立场获得了胜利。因此他必须把这些人的演绎予以足够的考察，以表明一切所想的东西的完全独立性。[①] 要讨论能动者对于环境的关系，我们对于在争论之中的情况的描述就必须是一致的。如果这问题显得是复杂的话，这种描述必须使我们能把这问题作一种划分。环境假使是一个含混的东西，必须予以澄清；假使是复杂的，它的简单的成分必须辨别出来，而且成分之间彼此的关系必须指明出来。对于能动者亦复如是；我们用这个名词是指整个的有机体，还是它的一部分，还是指在这有机体“背后”的某种东西，还是指其他的东西，这必须首先予以解决，然后才

① 要知道这里所用的“独立性”一词的意义，参看本书佩里的论文。

能有效地采取下一步骤。自然，所有这一切不是对于生物学上所发生的每一件事的说明。这只不过是对于发生了什么事的一种明白的知见。这不是完全的洞察，而只不过是**对尽可能描述的东西作精确的描述**而已。我们的任务首先就是作这种描述。

二、关于生物学的情境的形式分析

自然地考察动物和它们的生活境况后，我们发现：——

1. 它们生存于比自己更大的世界之中。

2. 这个世界给它们设置了一些困难。

381 3. 有些个体克服了这些困难。

4. 那些显著地克服了困难的个体，在某些可观察到的方面跟那些不能克服困难的个体不同。

5. 一个有机体的两方面（构造和机能）是很密切地关联着的，或许是绝对地关联着的（构造是有机体的部分或元素的安排和性质；机能是这些东西在生存境况下的自然操作）。

6. 除掉极低级的有机体以外，一切生物的构造和机能都是分化的。在一个特定动物的身上有许多构造，每一个构造做一些特定的事。每一个这样的构造叫作一个器官。

7. 一个特定器官做些什么事至少依靠三个因素：（甲）它自己的总性能（尤其是它的获得的性能）；（乙）它和别的器官的关系（这就是说，它和它们的联结以及在特定的时刻内它们自己的总性能）；（丙）在此时刻中那些从环境中作用于这器官的影响。

8. 一个器官的构造和机能，在或多或少可量度的方式中，随外界刺激中的一些变化而变化。

所有这一切只不过是对于这情境所观察到的特征；它们并不
说明任何东西，我们接受它们并不依靠任何关于生命过程的特殊
学说。反之，关于生命过程的一切学说仅仅是企图说明在许多具
体形式之中的这些特性。一个假设如果断言或蕴涵这些特性的任
何一个的不存在，这假设就根本不是研究这生理学的情境。当我
们硬加上一个特殊的解释的时候，这就立即成为更明显了。举例
以明之，假设请一个生物学家说明象如何长成长鼻。如果这位学
者向你断言没有象这个东西，或者向你断言你叫作象鼻的只是你
自己心灵的产物，你或许很感兴趣，或许大有启发；但是关于你所
探讨的题目你是没有得到启发的。他的断言就会是文不对题。假 382
使它是真的，它并没有取消你的问题；因为你仍旧要知道在一个虚
幻世界里，一个虚幻的象怎样能有一个虚幻的长鼻呢。这个生物
确乎长了一个长鼻，而且像从前一样正常；这长鼻具有某些确定
的、不变的特性。你是要求说明这个特殊情境。他告诉你说，这个
作用关系的项所有的性态和你可以加给这些项的性态不同，这是
没有用处的；因为你所问的不是关于项的性态，而是关于项之间的
关系的起源。

让我们首先考虑有机体和环境的交互关系。这一个以什么方式变更其他一个呢？在一个特定的情境之中，什么东西真正是被改变了呢？我们必须描述特殊的反应及其刺激，找出它们是否互相变更；如果是这样的话，这种变更的一般性质是什么；第二，我们必须问，我们可能找到的变更是否充分深透，足以保证我们作这样

的推论：人们知觉的或用思维建立的任何(或某些)实有体严格地都是知觉或思维活动所构成的。

I. 关于某些刺激和它们所引起的反应的简单描述：

A. 刺激和反应之间的可描述的区别是什么？

在辨别刺激和反应的时候，我们无权把只凭推论所得的任何特征偷运进来。这个形式分析的规则迫使我们承认：一个刺激动作的确切极限是不能指出的；反应的起源也是不能指出的。我们甚至不能自由地说，在有机体中的一切过程都是——照这名词的严格的意义说——反应的过程。有许多过程可能仅仅是传导过程，只把刺激传到更进一步的某一敏感的区域，在那里才引起反

383 应。有许多有机的事件似乎是属于这一类型。例如有些实验表明：一个单独细胞的核乃是这种敏感的部分，一切反射作用皆从此发源。假使这是对的，那么这细胞的别的区域是用作机构，把外来的某些影响传进核心，或者实现核心所创发的适应。但是如普费弗和德拉格所已指出的，这只是一个假设；它有一些严重的困难。所以在这里我们不能承认它。

然而我们能充分精确地描述刺激和反应而毫无疑虑地辨别它们。刺激包括任何一种作用于能反应者的东西，使后者对前者有所行动。这就是说，并非每一个作用于有机体的影响就是一个刺激。因此月亮对于人的心脏的引力和地磁对于他的神经流的作用就不能成为刺激。因为心脏和神经流都没有起反应，这有机体对它们也不以任何特殊方式有所行动。但是引力对半规管的作用是一种刺激，对向地性植物亦复如是。因为在这里对于引力的差异

有了反应。

另外一点要注意的乃是：刺激不是完全外在于有机体的，它们也不仅只是刺激。在疲倦中所生的毒素，就它们产生以后的时刻来说，是真正的刺激。就其和我们现在有关的来说，它们在类别上和细菌毒素没有什么不同。可能有一种特定影响的事例，它同时既是刺激又是反应的**产物**。在这种情况下，并没有什么神秘或矛盾；因为这影响不是**在同样的意义之下**既是刺激又是反应的产物。它是一个反应的刺激与另一个反应的产物，而这两个反应是同时进行的。

反应是变更有机体的某部分、元素或动作，而与刺激相关的。它并不等同于在有机体外对身体所发生的影响的每种效果。许多身体的运动和变化不是反应，虽然它们的原因是外来的力量。例如一个人脸上遭了猛烈的打击而倒在地上；他的动作不是反应，因 384
为它只是结果，不是酬答它的原因的那种特殊的动作。可是，假使他挣扎着要站稳脚跟，他因此就是在作反应了。

没有什么东西能妨碍一个特定的反应同时既是对刺激的适应又是对于在同一有机体中的其他能反应者的刺激。例如唾液腺在人见到食物时必定有视觉的反应作为它的刺激；而它本身又变为各种胃液腺的刺激。这并不表明刺激和反应是“纯粹相对的”名词，并不表明，它们之间的区别不是真实的，刺激不是“真的”刺激，而决定于人对它采取什么看法，它有时是这个东西，有时是另外一个东西。像每种其他的真实的实有体一样，刺激和反应在每一瞬间是以个别体的身份处于多种关系中而毫不丧失它们的区别性。它们显现得是这样，描述它们也必须是这样。

关于反应，我们还可以多说几句话。它的特殊的性质**在它对于有机体所生的结果中**最显得清楚；而这结果往往是明显的，可以根据刺激来予以描述。例如肺选取氧气，又把它传送到血液中去；心脏驱使血液循环；眼调节一些运动的反射等等。在每一事例中，最鲜明地区别这特殊任务的，**不是反应过程的细节**，而是**它对引起这反应的刺激的最后的关系**。

在注意到反应和刺激两者之间的这种最后的关系时，我们并不隐含着说这种关系是“有目的地达成的”。最后的关系不一定是有目的的关系。我们所限定的乃是这一个相当明显的事实：**任何过程的几种性质不能予以明白的解释**，**除非全部的过程摆在我们面前**。假使我们描述火药爆炸，我们应当注意它的最后阶段，以便了解曾经发生过什么，火药爆炸是什么。假使我们停留在描述火药的不稳定分子解体的时候，我们就不是描述爆炸。从这解体**特**
385 **别**生出来的每种东西必须予以考察、确定；例如所产生的气体的种类、体积、温度、压力、明度等等。

B. **反应的类型**——在许多事例之中这最后的关系可以很精确地指示出来，虽然达到它的方法我们还是绝对不知道。这最后的关系有许多不同的类型，下面列举七种：

(*a*) 适应；　(*i*)部分的，(*ii*)全部的

(*b*) 选择

(*c*) 传导

(*d*) 改变；　(*i*)非构造的

(甲)选择的，(乙)附加的

(*ii*)构造的

(*e*) 抵抗

(*f*) 接受

(*g*) 保持

最后这两种现在不予讨论；它们包含心理学的争辩，这些争辩暂时必须避免，等到本文的最后一节把意识问题提出后再谈。其他五类反应可以简单描述如下：

(*a*)有些反应的结果是(*i*)把有机体的一**部分**对刺激的某部分置于一种新的关系之中；其他反应的结果是(*ii*)把有机体**整体**对刺激的某部分置于一种新的关系之中。

(*i*)眼中的晶状体就是这样作出反应而把刺激的鲜明映像投在视网膜之上的。在这个动作中，有机体整体对环境的关系并不改变。这个反应只是对刺激的一种特征的反应。颜色、强度和特殊性质是不足引起这种毛细反射作用的。

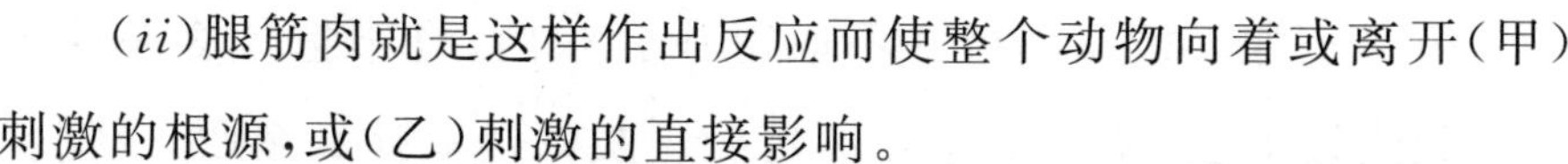

(*ii*)腿筋肉就是这样作出反应而使整个动物向着或离开(甲)刺激的根源，或(乙)刺激的直接影响。

(*b*)肺从吸入的空气中选择氧而拒绝其他各种气体。耳朵选出空气的振动而对于以太的振动则漠不关心。

(*c*)内导神经把末梢情况的一些性质传到中枢神经系统。这 386
些末梢情况是否和刺激的性质相等同，下文予以讨论。

(*d*)胃把溶液加入所吸收进来的物质中去，因而使这物质发生性质的变化，等于氢和氧相化合所起的变化一样。这种变化不是“绝对的”，因为这新化合物的成分都能区分和辨认。然而这新化合物含有真正新的性质。

这个事实立即引起一个术语问题。每种反应发展出一种性质

(特性),这个性质过去不是以同样的意义存在于、生效于复杂的刺激之中,这种反应我们能称之为改变吗?这的确是一个术语问题!但是像许多其他的术语问题一样,许多哲学和科学的重要区别是随它而转移的。在这儿对于我们正在加以研究的关系之所以造成意见的不同,大部分是由于词义的不清楚。

为了现在的目的,在刺激和反应之间划分三个可能的类别就足够了:

A 种:非构造的。

第 1 类;这种反应只解放刺激的一部分、一个元素或一方面。

第 2 类;这种反应把其他东西的一部分、一个元素或一方面加到刺激上去。

B 种:构造的。

反应和刺激只是一个统一的过程的两个方面,如同磁石的两极。正如阳极从阴极并不取得什么东西,也不把什么东西加到阴极上去,所以反应并不是从刺激中选取什么东西,或把什么东西加到刺激上去。两者之间每一个之所以有自己的性质,都是由于对其他一方的关系而取得的。

这三类代表了已经作出的区别。一旦它们被任何人应用的时候,必须认识它们的差异,并恰当地予以命名。

我觉得 A1 类不应该叫作性质的改变。这样称呼它是模糊了
387 一些极重要的差异。无可否认:当一种元素从一个复杂体中解放出来,这元素和留有的复杂体的行为与从前不同了。行为是从一种性质——如果你要这样说的话——变成另外一种性质;但是这完全不等同于能行为的实有体的性质的变易。行为的变易可能和

这实有体在**复杂体中的地位**的变易是相同的。

例如，狗在没有被拴着的时候往往是驯良的，而只是在拴着的时候才是凶恶的。不过，谁会说，把狗释放以后，**我们**就改变了狗的性情？很难这样说。因为释放本身并不变更这动物的行动的性质。这个动物在不同的环境之下改变自己的行为；但是改变环境的行动并不等于这狗改变自己的行为。而且，这个动物在不同的环境之下做不同的事情也不是性情改变的标志。在同样的条件之下有时这样有时那样行动，才表示这样一种改变。这新的环境（解去拴系**之后**）把狗置入新的关系之中；它现在的行为不同是由于对这新的关系作反应。这种区别固然很细致，但不因此而不真实。在生物学的事例中，这种区别显得更为清楚。

如果一个反应选取一个刺激复杂体的一部分，这仅仅意味着它把这部分挑选出来，正如一个人可以把狗放出窝一样。但是既把这一部分从背景中移出来以后，这个反应就必然把它放入其他的背景中去。肺不仅吸取氧，而且在吸取后把它放到血液中去。现在这氧既好像摆脱了以前的拘束，就能做以前所不能做的事。但是这种选择性反应是否就赋予氧以这些新发展的效能呢？决不如此，并且我们可以从经验中证明这种反应并未赋予氧以新发展的效能，只要在实验室里把氧分离出来并发现出所有那些性能就行了。因此决定结果的乃是这部分对各种复杂体的地位的关系，
至于这地位的关系是怎样形成的，根本与之无关。那么，关于一个 388
真正选择性反应，我们必须说，它并不把性质赋予刺激，也不把它们从刺激中取去。

*A*2 类可以合理地叫作“性质方面的改变”——按照这个词的

有限的、有些成问题的意义。拴着的时候凶恶的狗并不因释放而改变它的性质，而只因为获得自由的时候它进入了新的境况。然而如果当拴着的时候狗给喂得多了，可能就变得不甚凶恶。要知道，这增加上去的东西改变了狗的行为的性质，是无关于狗对狗窝、拴绳或所吠的人的关系的改变的。在这儿要注意的重要之点乃是：这增加的东西不是加到总的复杂体（被拴在窝里的狗）而只加到这复杂体的犬性部分；其次，这种增加不仅把这部分（狗）和这个或其他复杂体居于新的关系之中；这种增加包含这特殊部分的内部改变。狗，**作为整体看**，对于绳子、狗窝和过路人的地位不因多喂食而有所改变；因此**只要我们认为狗仅仅是这一复杂体的一部分**，它便是那个复杂体中的逻辑单纯体；因此所造成的改变**对于那个特殊复杂体说**是性质方面的。这个改变不是由于它对这复杂体的地位的或其他的关系的改变而造成的。所以胃也是真正改变它所接受的食物的，因为胃给予食物以化学品和效能，而这些化学品和效能在以前作为元素看的任何元素中或作为复杂体看的任何复杂体中，**在任何意义下**都是不存在的。

不过很明显，这样一种改变其所以叫作是“性质方面的”，只是因为我们把未予分析的一个因素当作单纯体。在这复杂体——被拴在窝里的狗——之中，狗是一个元素。要知道，就我们在这儿说到狗是一个元素这意义而言，一个元素并不等同于一个单纯体。但是为了许多目的，就我们只讨论这特殊复杂体来说，我们无须分析狗。情况既然如此，**在我们探讨的限度之内**，我们把狗算作单纯体，因此我们必须说，这个动物身上的每一改变是在一个单纯体内
389 的改变，因此就是“内部的”、“性质的”改变。只要我们明白了解这

个命题是在有限制的言谈领域中生效,这样说就无妨害了。

B 种不容置辩地是一种性质的改变,而且还不止如此。反应和刺激不仅被改变了,在某种程度内它们是由改变所构成。它们的性质正是这两极复杂体的一个极。因此这性质和 *A*1 的被抑制的性质或 *A*2 的增加的性质以及 *A*2 的假单纯的改变是根本不相类似的。

从此以后我将把改变说作 *A*1、*A*2 和 *B* 种。*A*1 类是和简单的选择反应相等同的,在列举一些根本反应类型中标名为 2 号。为了对于所谓的“改变”有历史的了解,我将容许这种交叉的分类。

(*e*)在这儿要描述的最后一类的反应是抵抗。有机体感受了某种或内或外的有害的刺激时是并不闪避的,不像通常的适应;它造成一些结构,使之能在刺激和为刺激所损伤的有机的部分之间予以干预。这种作用往往显得和受伤结构的再生作用相等(埃尔利希就是这样说明抗毒素的)。在别的事例中这一点不大明显;例如狐狸在冬天长更厚的毛,在极亮的阳光之下它的皮肤上生出色素,等等。在对于认识的实有体的注意这一事例中,这就十分含糊了,因为在这注意中对于其他要进入认识领域的元素是有某种抵抗的。

让我们更加详细地考虑这五类反应的每一类。

(*a*)简单的适应——施塔尔曾经证明,偶然的光的方向决定木贼的正在发展中的胞子第一个细胞壁的地位。[①] 普费弗的实验

① 《植物学会报告》,1885 年,第 334 页。

表明同一个因素——光的方向——是在地钱的成长中固定对称的
390 平面的东西。[1] 植物的根常规地向着引力的方向，枝干是背着这个方向的。有些种类非常敏感，地位稍有变更就引起一种反应来调整它们的生长，使之仍向着先前的方向。德里施的桧叶螅实验也很足以表明这点。

现在，让我们绝对不说明什么，而只描述已发生的事。我们注意到下列的三点：——

(i)使有机体的部分适应于特定地位的东西**不是**刺激的颜色，也不是刺激的强度，也不是刺激的时延。它只是刺激的方向。那么，如果我们说光的颜色或强度是其他类型的反应的原因，**在现在这个事例中我们必须说，方向同样是一个真实原因**。简单地说，说方向是一个原因，这并不是形而上学的假设；这是纯粹形式的分析。方向乃是必然的先行的相伴的变异者。从描述上说，它是一种效能，不亚于质量和电荷。

这个事实并不被下述另外一个人们所断定的事实所变更——对于引力方向的适应这一效果的造成，是由于在有机体之中，较重的细胞往下沉，较轻的细胞向上升，后一种细胞在根中是在中心，在枝中是在边缘。[2] 假使这事确乎发生，我们刚才用别种方式所描述的岂不就是同样的一回事吗？使细胞的运动有定向的就是引

---

① 萨克斯的文集，第 1 卷，第 92 页。

② 我举出这个假设，只因为它提供了最强有力的事例以反对上面所提出的见解。但是它只是在形式上强有力；今天它不能包括向地性的事实。普费弗和恰佩克已经证明；只有那些在根的尖端一厘米以内的细胞对于向地的影响才是敏感的。这尖端的地位决定整个根的地位，把尖端去掉，向地性就停止了，直至它完成再生的时候为止。根据这个事实，我们不能承认只是细胞紧压细胞就能完成反应。

力的方向。证明的方法像前面一样:把刺激的方向改变,相应地你就改变了运动的细胞的方向。

这种反应的含义远超出生物学的范围。它涉及物理学和力学。在这里,一种力量的效能也不能局限于此中所包含的纯粹能量;因为如果这样,那么,在合力的方向和组成它的分力的方向之 391
间就不会出现正常的关系了。然而在这里向量分析显示出一种简单而不变的关系。在一个纯粹力学体系中,一个物体被两个或更多的力量所作用时,决定这物体的路径的乃是方向而不完全是速度、质量、加速度或减速度;在一个物理的体系中,这同一方向值引起由动能转为潜能的变易。这就是说,在变换一个物体的方向时,"能量是耗费了";或者换个说法,朝向着一个方向的力在改换方向之后在效能上是等于(减化为)一个较小的力量。在这一点上,就像在发展的孢子这个事例中,相伴的变异证明了方向至少是这个原因的部分。用"原因"这个名词,我们是指一个特定事件的这种必然的先前的相伴者。

(*ii*)反应在类属上是和刺激相似的。这就是说,后者是一种方向(或者更精确地说,是一种力,其指导方向的性质在这特殊例子中是决定性的),而前者也是一种方向。这是这个情况中的一个最重要的特征,因为在这个事例中,它对于我们解释刺激和反应之间的关系确定了一个很窄狭的限度。我们只能说,这个特殊的刺激在能反应者之中引起运动的变换方向;它不能引起任何新的性质——照"性质"这个名词的本义说。此中自然有一种真正的改变,但它是从一个方向到另外一个方向,不是从一种性质到另外一种性质。

现在我们就可以说出至少一种限制，这种限制是必须加到三种生物学的反实在论的说法上去的。它们不能主张，**每种**反应都包含它的刺激的性质的改变，除非它们如此界说“性质”，使它绝对成为每种能造出任何差异的东西。这样一种界说就把“性质”和“差异”化为可以互换的名词了。它是违犯良好的习惯用法而没有提供新的哲学上的便利以作补偿的。它的许多维护者怎样替它辩
392 护，这是难以了解的。但是如果他们用这个名词，他们仍必须承认：反应并不必然包含性质的**类属的**变易，而只包含从这一个别的性质到另一同类性质的变易。

(*iii*)反应的差异之彼此互相关联，就和刺激的差异之彼此互相关联一样。举例以明之，如果一个桧叶螅的样品从垂直向东移斜 10 度，在引力刺激 A(移斜之前的)和刺激 B(新的一个)之间的差异刚刚是这 10 度的角。就是这个角构成在对刺激 A 的反应和对刺激 B 的反应之间的差异。这虽然是很明显，但就我所知，它的含义从未被那些生物哲学家们所感觉到；他们说，反应的“性质”是不同于刺激的性质，或者说，反应在性质上改变了刺激。不单是在刺激和适应的反应(两个在性质上异类的体系)之间有一对一的相应；**在每一体系中的差异之间也有性质上的等同**。在 A 刺激和 B 刺激之间的差异不仅被 A 反应和 B 反应之间的差异所对应，而且前一种差异在类别和量度上是和后一种差异相等同。当人们一想要解释这两个体系是异类的时候——我们就要让反实在论者这样做——这个事实的含义就出现了。[①]

---

① 参看第 428 页以下。

让我们考虑人类生活中的一个适应的事例。一个最不含糊的事例就是睫状体的反射作用。这儿究竟是怎么一回事呢？眼中的晶状体或加厚或变平，以便映象以明显的轮廓投在视网膜之上。要知道，这种适应无论是怎样造成的，它不是被视野中的颜色、亮度、形状、大小或元素的组合所决定，而是被所注意到的元素对晶状体的距离所决定（或者被这距离的某种函数所决定）。这还是同样地真实即使这适应是借尝试和错误完成的；这就是说，借很快地越过适应的全部限程，最后碰着的一个适应恰恰能给予一个明白的视网膜映象。设使所发生的事是如此，那末，适应是被视网膜上 393
互相重叠的映象的边缘之间的距离所决定的；在晶状体的每一个别的适应之中，这些距离乃是外界物体的距离的函数，这可用光学中的简单实验来证明。因此睫状体的收缩或扩大是这物体的距离的函数的函数；易言之，即是第二导数。像在前面的事例中一样，这里也是如此；距离是一种真正的效能，对于它的反应一般是类似于它的，即一种**关于**距离的适应（也是**对**距离的适应）。最后须要说，刺激之间的差异和反应之间的差异是同类的，二者都是“距离复杂体”(distance－complexes)。

(*b*)**简单的选择**——这表现为两方面：第一是客观的复杂体（刺激）的解体，因此所要选取的元素是从这复杂体中解放出来的；第二是拒绝这复杂体的那些不被选取的其他元素。前一种活动有时包括增加一点东西到刺激的复杂体上去，作为达到这复杂体的解体的手段；在一个事例中，这增加的东西可能是加到所要选取的元素上去；在另外一个事例中，是加到总的复杂体上去。不过在一

切例子中，其**结果**在类属上是一样的；一个元素被选择了，其他的元素被抛弃了。

简单的选择是大家所熟悉的，无须详细地描述它的事例。举出几个显著的例子就够了。眼从对它起作用的全部媒介物中选取光波；耳从全部媒介物中只选取空气波。肺选取氧，消化系统选取碳水化合物，等等。要知道这种关系只有用“选择”这个术语才说得精确。反应**就是**挑出引起反应的东西的一部分。要问反应是否
394 和刺激**相似**，这是愚蠢的；反应就是选择的过程。这种过程不类似于选出来的东西，正如一个检选草莓的妇女臂膀的动作不类似于果子一样。不过她所挑选出来的不仅类似于她从中挑出的那一堆的一部分；它实际上就是那一堆的一部分转移到一个新的情况中，并且除去了许多不好的因素，即除去茎叶和软烂的部分。

所以，不问一个人怎样精密地考察选择过程，他在这过程中决找不到任何东西会类似于它所选择的东西。但是假使一个人检视一下这个过程借以进行操作的材料，在这操作的每一步骤中，他一定会发现这材料的一些因素是在某种安排之中。不过这些因素可以是如此安排着，致使在这过程的某一时刻，它们的指认是不可能的。然而这种困难甚至不能算是最浅薄的证据以反对在这过程中实有这材料的存在。它的存在的真实的检验是极其简单的；这种检验如下：**如果你能把这材料放入这过程中去，后来又能把它拿出来，你就知道它在这过程中，以这种方式或另外的方式曾经存在过**。

在较显著的反应中这个试验很容易做。把一个人放入一间屋子里，把氧灌进去；到适当的时候他的血液就带有更多的氧。把氧

取去，于是他的空气供应就被切断；他的血液里的氧量立即降落到危险点。他从食物中所选取的化学品也是如此；经过消化之后，这些化学品在血液里重新出现，它们的全部进程从饭桌到生命的组织都可以精确地追溯出来。能反应的有机体的更细微的、更难捉摸的过程也能同样得到证明吗？同样的事情也发生于色觉、声觉、嗅觉等等中间吗？或者所有这些反应完全是另一类的吗？下文我们将碰到这个问题。现在我只想指出：在选择和适应之间有一种深刻的差异，这个差异大到足以对关于**一般的**反应的任何假设提出严重的怀疑。**在适应之中，反应在类属上常常和刺激是同一类；在选择之中，反应和刺激毫无相似之处**。在挑选出氧的过程中，没 395
有类似氧的东西；但是在睫状体的反射作用和类似的事例中，反应就包含在位置和方向的复杂体中，刺激也是如此。再者，在适应之中，刺激的复杂体中没有一个元素是被等同地接纳的；反之，在选择之中，操作——无论全部的或部分的——都不是氧的操作。在适应之中，没有刺激的改变，而只对它采取一种态度或姿势。

很明显，我们所描述的这种适应，不是生物哲学家们把生活本身叫作对环境的适应时所涉及的。按照他们用这个名词的意义，适应是非常含糊的，并且包括各色各样的操作、变易和外物的改造。由于这种不精确的用法，加强了这样的观念——即适应本来就是改变的作用——这岂不是十分可能的吗？

现在应该明白：我们在这儿所要关涉到的不仅是两种异类的反应，同时也关涉到两种不同势态的刺激。在选择中，刺激是进入有机体的东西；在适应中，刺激普通是在有机体以外的一种“**势态**”，它并不进入——照这动词通常的意义说——有机体，而只带着它的特征对这有机体发生作用。这种差异不因这一事实而被消除:即有机体常常在适应中选择刺激,从它自己的各种可能的适应中挑选,而又为某种选择作出适应。这样混杂的过程并不剥夺它们的正常特征的组成方面,如同水不取消氧和氢一样。

在适应的事例中,刺激和反应之间的关系更有一种特性。适应的反应不是针对着进入有机体中的刺激的效果,而是针对着刺激“本身”(用通常的话说,针对着“外界的物体”或性质)。因此,虽然睫状体的反射作用可能被视网膜上互相重叠的映象的边缘之间的距离**所调节**,在毛状肌中的筋肉纤维的运动的方向和距离也调
396 节这些互相重叠的映象的**原因**的方向和距离。请抓住这个区别。它是非常重要的,它不是理论而是简单的描述。在适应的顷刻中,这些原因还不是一个真正的刺激;在紧接的下一顷刻中它们**就成为**刺激了。晶状体变动了,以便改变映象的原因,即是晶状体以外的还未感觉到的以太波动。所要达到的变化并不在有机体之外发生;**但它确实是在被如此改变的东西所刺激以前发生的**。这就是说,光波改变是在晶状体中,而不是直接在光波后来在其上产生映象的视网膜上。这种操作类似于胃的操作:为了在食物到达胃之前胃可能改造它,就发展一个特别的器官担负这个任务。自然,牙齿和唾腺可能就是这样一种适应的结果;毫无疑问,它们对于消化过程的关系很像睫状体的反射作用对于视觉过程的关系。但是这样的揣测使我们超越了形式的分析。在纯描述中,我们所能说的是:适应的反应不像纯粹选择性的反应,而是由直接的刺激而**向后地**针对着刺激的原因的。或者用一般的方式说,**适应的**反应(有更

强的理由说，它们的机构的结构的发展)**是应付因果关系的**。[①]

(*c*)**传导**——在刺激和反应之间的这种关系过去一直是存疑的，近来才释去这疑惑，其理由是：它不像适应、选择、改变能直接观察。随着记录工具的改良，这种关系很快地弄明白了；正如霍尔特所已指出，[②]现在我们能够说，至少在有些事例中，反应就是传
送刺激的周期率。霍尔特所举出的雷利勋爵的实验证明：每秒振 397
动少于 128 次的较低的音高的声音——可能有些较高的——不能用所听到的强度之间的差异来给它们定位，但是当它们进入耳中，就可以根据它们相对的相状给它们定位。这自然意味着这相状的差异是感觉到的。[③] 谢灵顿已经表明：神经冲动跟随刺激的节奏至少能达到每秒 500 次震动；我们有很好的理由相信：随着记录方法的改良，将会发现神经冲动和刺激节奏之间的对称在更高的速率中也是有效的。

不过我相信，我们无须等待这样的技术的改良以描述传导的可能性。在鳊鱼适应它的背景中，我们有许多最显著的例子直接

① 要接受这个描述，我们无须知道因果关系是什么。说“结果是在一个实在体系中的任何先前变数的函数”就适当地把它表明了。这并不把原因和结果局限于纯粹力学的关系。任何一对性质，A、B，构成因果配对，如果 A 是在 t(或在 t 中)，B 是在 t'(或在 t'中)，而 $B=(f)A$。

② 参看本书霍尔特文，第 321 页以下。

③ 孤立地看，应用形式分析的任何方法，这个事实都不表明刺激的纯一的传播，因为就直接的观察看来，相状差异的感觉可能发生于外围器官。雷利的申述，因此是推论，而不是纯粹描述。然而它却是很健全的推论。因为在许多其他的实验中，尤其是在运动神经的实验中，恰恰是这种的对称的传导被观察到了，而不是推想的。上面我已援引了这些，我再度请读者参看霍尔特文。

表明在刺激和传导的反应之间的接近于等同的关系。鳊鱼的行为很值得注意，我将详细地予以描述。因为它很好地说明了选择和空间的改变，我将打乱我的题目的逻辑的次序而在这儿也描述这些其他的过程，这些过程是这个奇异动物的一种三重反应的相状。

新近有一篇专文讨论这个题目，[①]作者是位于马萨诸塞州伍兹霍尔的美国鱼类实验室的弗兰西斯·B. 萨姆纳。它特别使我感到兴趣，因为它用实验的方法证实了我以前所发表的关于视网膜映象和模仿的反射作用的假设。[②] 我自己的推论是由分析一些
398 模糊的心理事件而达到的。要想了解这个分析，读者必须以严格的精确性观察这些事件；但这似乎很不容易。在萨姆纳的资料里却并不出现这样的困难。

鳊鱼改变肤色以迎合它所伏处的背景的颜色。有一个时期，生物学家以为这种适应是皮肤的某种直接光化作用所造成的。但是二十五年前，波彻特证明这适应是眼的作用所引起的。他发现瞎眼鱼并不因为适应环境而改变肤色。这个发现虽有趣味与意义，然而关于鳊鱼的最令人惊异的行为——就是以自己的几何画式的皮肤花样来模仿它所栖息的海底的几何画式花样的这种适应——它并没有说出什么。由于这是一切科学园地里太常有的怪现象之一，没有人认真地注意过这个现象，直到去年才有萨姆纳研究它，先是在那不勒斯水族馆，后来在伍兹霍尔。萨姆纳说，“在观察比目鱼时，在皮肤的标志和这鱼栖止着的石子的形态之间的完

① “鳊鱼对于各种背景的适应”，《实验动物学学报》，第 10 卷，第 4 期。

② 《哲学、心理学及其他》杂志，第 7 期，第 92、204 页，这些论文的第二篇一部分是 1909 年 12 月在美国哲学协会宣读的。

全相似给了我深刻的印象。……于是立即出现这样一个问题：是纯粹的巧合，还是这鱼有能力控制身体的一般的**色调**以及身体的颜色**花样**呢？”

为了解答这个问题，萨姆纳预备了各色各样的背景，有些复制了各种类型的天然的海底（各种颜色的细沙、粗沙、细石子、粗石子），有些是非常不合乎自然的几何画式的花样（棋盘、圆点、条纹、网格等等）。鳊鱼被放进哪一种水箱中去，就在**背上**开始模仿哪一种花样。（就这个字在这儿的简单用法来说，“模仿”，并没有“意识”或“努力”的含义。）完成这模仿所需要的时间是长短不同的。

> 这时间少则几秒，多则几天。要叫一只黑色的供实验用 399
> 的鱼把皮肤色素差不多褪尽，这种改变所需时间大概最长。一般地说来……最大的效果通常至多一两天就可以达到。……练习得多了，或习惯了这些改变之后，所需的时间就大大减少了。这个事实表现得很明白。……经过几次改变背景之后，有些鱼不到一分钟的时间就能几乎整个儿适应于这些改变中的一种。

有些适应是如此完善，以致无法从背景中辨别出鱼来；当背景上的斑点直径缩到比一公分还小些的时候，鱼背上的斑点就变小了。自然，这种模仿并不是对一切背景同等地成功。“固定的形体状况”妨碍它复制完全的方、三角、圆等等。不过，它非常富有可塑性和敏感性，因此，“说这种鱼只限于几种刻板的反应，只能模拟居处的最熟悉的类型，这个看法必须立即予以放弃”。

最有兴趣的发现有两个：**第一，模仿是由鳊鱼的眼睛完成的；第二，这鱼的视野只有一部分被包含入这个过程之中**——**这个生**

物并不模仿它所见的一切东西。第一个发现或许是由纯粹分析而作出的。因为假设眼睛不是模仿工具，那么我们就须假定：从背景所反射的光直接作用于皮肤。不过对于这点有两个反对的意见：第一，当这鱼不是在海底而是在其上游泳，腹部直接接受反射的光，但腹部是不敏感的。只有不向着反射光的背才模仿这些花样；第二，如萨姆纳所指出，“除了眼睛以外，要了解对于一个花样的反应如何通过其他的感官而造成，这是不可能的，因为只有眼睛才具备产生映象所必需的晶状体”。不过怀疑这种分析方法的读者可
400 以不管这些证明。[①] 因为萨姆纳曾用硝酸银烤炙鳊鱼的眼，把眼遮蔽起来，或把它完全弄瞎以证明这回事。这样处理之后，这个动物就完全不模仿背景的花样，它的颜色就回复为一种平铺的黑影，“接近于代表着色素的静止状态了”。

第二种发现是由一系列的实验中得出来的，在这些实验中，水瓶壁是有各种颜色和花样的。

> 在木叶鲽的事例中……瓶底直接围绕鱼的部分最为有效……垂直的瓶壁的影响似乎是次要的，即使鱼很大，遮盖了瓶底的一大部分，眼睛常常接近于水瓶的这一壁或那一壁。……鱼直接看见的头顶上的东西……对于它的颜色花样似乎是不发生多大的影响。

主要事实已说了这么多了。首先要注意：这模仿的反应过程，鳊鱼并不一定看得见。萨姆纳已经证明：当动物全身（除眼睛之

---

① 触觉的刺激产生这种效果的可能性，不能被形式分析绝对地排除掉。不过萨姆纳用一个简单的实验——把鱼放在玻璃底上，玻璃底下面画上各种花样——就把这可能性取消了。模仿的反应完全像从前一样地迅速和确定。

外)埋在沙里,或完全给布包裹起来或深深地染上颜色以后,还是能够适应。这就可见,“要说鱼在看着自己身体表面和周围背景时能进行一种直接的视觉的比较,这种比较对于引起改变是一个重要的因素,这个说法显然是很不可能成立的”。换句话说,“**意识**”**(无论以哪一种意义来用这个名词)不是使一种空间花样和另外一种花样相配合的工具**。

既然它不是,一个人怎能继续坚持旧的心理学说,而认为把空间元素(或非空间元素)安排成形式,花样或远景的秩序在任何程度上都是由认识过程或由“观念联合”造成的呢?像人类的模仿性的反射作用一样,这儿也是如此。这过程是由一个物理刺激所引起的。它的结果不能或者无须被有机体所知觉。**因此这种相应不是在鳊鱼的 A 知觉和同一鳊鱼的 B 知觉之间**;它是在一个刺激(就我们所知的说,这刺激可能被觉知,也可能不被觉知)和一个化学的花样之间;而**这种化学的花样乃是局外观察者的知觉的原因**。换句话说,鳊鱼不仅只是模仿它的 A 知觉,而且照这种方式来模 401
仿而使**其他的生物将要看到这鳊鱼的皮肤不仅有它的 A 知觉的特征,而且也有知觉 A 的外界原因的特征**。要把这最后一点弄明白,须要考虑这全部过程的第二相状,即空间的改变。

鳊鱼的眼睛很接近海底,有时在海底以上仅约一厘米,即当它把身体埋起来的时候。只有当它在这样的位置的时候,它的眼睛才感觉到沙和石子的形状、大小、颜色和分布。因此这些物体是以极端倾斜的透视角度投射在视网膜上的。你把你的眼睛靠近书桌,再看全桌面,就可得到大致相同的效果。缩景作用将达到最大限度;在前景中的几件东西将现得庞大,而视野中其他东西的凑拢会很快。但是这不是鳊鱼在它皮肤上所复制的景象。它用着色素描绘海底上的物体的颜色、形状、大小和花样,正如这物体呈现于这样的眼睛一样——即这眼睛的直的视线和海底的平面是垂直的,又和海底有充分大的距离致使花样的单位都能被看到而没有任何显著的透视上的歪曲。粗疏地说,皮肤花样很像海底的花样,正如假使你离开这海底花样六七吋而直接地向下看它时它对你所呈现的一样。

不论这奇怪的事迹怎样完成,毫无疑问它结局是把一种透视翻译成另一种透视;而这种翻版正是可从欧几里得空间演绎出来的。在第一种透视中的相对的大小的减缩比例乃是眼睛与平面之间的距离的一个函数(数学的);而就是这一种关系控制了色素的
402 化学作用和这色素的重新分布。[①] 这翻版的完成是无须鱼看到这翻版对它的皮肤起了什么作用的,就这点说,我们至少必须得出这样的结论;在鱼所见到的周围的空间之“中”,透视的关系不知怎么竟如此完全,使得它们能真实引起其他的透视的关系,正如一种化学的关系引起另外一种化学的关系一样。正如一种化学的关系引起另外一种化学的关系而无须任何心理行动的帮助一样,透视的关系也是如此;它们不是被“观念联合”所引起,也不是被“先验的综合”所引起的。它们是物理的,如同重量是物理的一样,它们绝对是非心理的,这意思是说它们不是任何心理过程所构成的。关

① 萨姆纳已经发现:有时,一个平面的特定表面对于鳊鱼处于怎样的关系,就可以决定是否有效地引起一个特定的改变。他又说,不能断定这种影响是被“视野内的纯粹数量的关系”所决定的。如果后来的实验充分证实这关系的非数量的性质,我们就必得承认我在上面所提出的意见,即方向是正和物质的东西同样客观而有效能的。

于这特殊的事件的全面解释是超乎形式分析的范围以外的。但是作这样的提示不是不妥当的：如果在一个低等动物的适应中，透视纯是一种物理的关系，在人的知觉中，透视大概也是如此。无论怎样，没有纯粹的内省的困难现在能迫使我们假定：某种神秘的心理的观念联合或"部位记号"能从非物理的元素中制造出我们所看到的空间关系。如果充分认真地看待这种说法，全部英国的和康德派的心理学以及它的所有近代改头换面的变种就得要抛弃掉了。

现在再研究这个过程的第三个相状，即选择。在正常生活中，編鱼只把它的皮肤花样对海底作适应。这个动物注意海底上的和甚至直接在头顶上的物体；它用眼睛盯住它们而向它们移动或离开它们。但是这同一个花样，当它在这鱼下面的时候，能够引起色素反应；而当它在鱼上面的时候，就绝对没有效用了。

> 一块和水箱底同样大小的不透明的白玻璃，被涂上不规则的黑色小斑点。……当这块带有斑点的玻璃被放在实验中所用的三个实验品底下的时候，这些实验品都毫无谬误地被这玻璃片所影响，外貌斑驳异常。把玻璃片从它们下面移开，它们就回到几乎无斑点的状况。这斑驳的玻璃片……再插在 403
> 鱼的上面(自然在水面之下)。玻璃片……被下面的镜子照得明亮。鱼能看见这斑驳的平面，这是无疑问的。然而甚至几天以后也没有一个实验品显出任何显著的影响。把斑驳的玻璃片放回到水箱底上，鱼的下面，结果在每一个例子中，至多在几点钟之内就恢复了斑驳的状况。[①]

---

① 重点是我加上的。

因此，从描述上看，知觉的作用不是构造性的或变易性的，而只是选择性的。在作皮肤花样的适应成为问题的时候，并且只在这个时候，在环境中才注意到某些**重要的**元素，而排除其他的元素。其他的元素是看到了的，但是为了这个特别的反应，它们被忽视了。毫无疑问，鳊鱼有一个完全有别于视野的真正的“注意域”。但是进入注意域的项目**并不**都予以翻印；因为它们都掠过去而不在鱼的皮肤中留下变易。我觉得无法逃避这种结论：心理反应的原始功能至少有一个是参照于一些**其他的**功能（如营养、保护、动作等）而进行选择、拒绝和指导某些环境的性质。这似乎是同等确定的：选择和对这被选的性质的反应不一定改变这被选的性质。换句话说，能动者对于环境的适应不必包含两个**相关者**的性质的变化。在选择注意的这个特殊事例中，这种作用并不改变被选出来而对其作反应的刺激的重要性质。①

428

404 我们还要考虑一个传导的事例，它比通过对鳊鱼的刺激而未予以改变的传导甚至更能说明问题。在鳊鱼身上，我们发现鱼身周围的情况通过机体而表现出来；我们有理由推想：这个动物的知

---

① 萨姆纳所发现的明显的事实或许不会引起这位发现者所害怕的困难。我不像他一样感觉到有什么困难“来想象一个神经机构有能力造成这样的改变”。在这儿，我们必须和一种**非常简单的**而并非神秘复杂的结构和机能打交道，这岂不是很可能吗？构成花样作用的是否可能不是繁复的光化过程，不是开始于视网膜，在到色素细胞的路径上遭受许多莫名其妙的改变，而是由未改变的以太波的直接传导到载色体而造成的呢？今天，这个假设并不是浮夸的，因为已经有谢灵顿等人用实验证明了神经冲动的周期率相应于系列地重复的刺激的周期率（至少可以达到每秒 500 的速率）。如果我们设想这种相应对一切事例甚至以太波振动的事例都有效的话，那么我们在色素细胞那儿就有一种神经冲动，这种冲动在花样上和光化效能上是与刺激花样相等同的。

觉神经系统无论完成了什么，它并不改变所有的刺激性质。然而我们不能确定：周围的感觉器官并不加上某种心理的性质到这所接受的刺激上去；而这至少仍是可能想象的：这加上去的情调改变了在这动物的意识中可能出现的东西，而且或许是后来调整模仿性适应的能动复杂体之中的必要的成分。换句话说，当知觉神经传导某些性质时，就以在讨论中的事例所证明的来说，它们可能把某种独特的特殊性加到这些性质上去；这种东西或许就是被那些反对实在论的思想家描述为“物理的”或“心理的”或“非物理的”东西。

但是有另外一个已成立的事实证明：即或感觉神经（或结构）确实把某种东西加到刺激上去，这加上的东西乃是可以通过无机的空间而传达的一种性能，正像光或电一样；因此在某种意义下，它是空间的或物理的。我现在援引内麦克的实验以证明：在植物中，被叶子和茎的尖端所接受的刺激能通过死的组织，而在这有机体中引起同样的反应，如同这刺激是通过活的组织而被传达一样。[①] 下面内麦克的研究总结是 D. T. 麦克杜加尔对此所作的叙述的节略。[②]

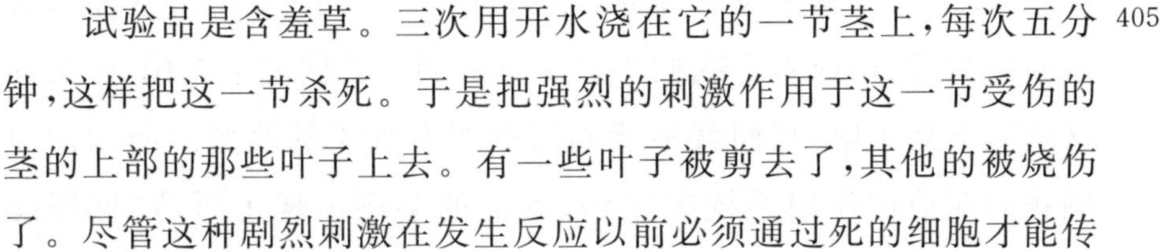

试验品是含羞草。三次用开水浇在它的一节茎上，每次五分 405
钟，这样把这一节杀死。于是把强烈的刺激作用于这一节受伤的茎的上部的那些叶子上去。有一些叶子被剪去了，其他的被烧伤了。尽管这种剧烈刺激在发生反应以前必须通过死的细胞才能传

① B. 内麦克：《植物的感觉作用及其感觉结构》，耶拿，1901 年。

② 见 D. T. 麦克杜加尔：《植物生理学实用教科书》，第 16—17 页，纽约，1901 年。

达，反应还是照常。

人们或许说，刺激是由管形的细胞中的水通过死的一节而传达的，他们以为这些管形细跑能传导它们所含有的液体的静力的扰动所构成的冲动。但是当茎用火炙坏的时候，受伤的含羞草既然同样发生反应，这就不见得是对的了。但是即使假设在后一个事例中有极微分量的液体存在于损伤区，并且假设这反应是由这液体调节的。这岂不仍旧迫使我们推论：这刺激和反应的特殊性不是在细胞之内，而仍是这液体的某种性能；且是一种能流动地通过死的物质的性能，像电流一样的吗？

固然，这个实验并不能证明：这刺激的特殊性不是靠这液体中的某种还不知道的微生物通过死的组织而传达的；也不证明：这些微生物把某种神秘的、心理的、非物理的性能注入到这接受的刺激中去。不过对这种可以设想的事态究竟应该赋予多么大的重要性，我让读者自由去考虑。至于照我自己看来，由于我们对于内导过程知道许多其他的事实，这种事态似乎根本不值得考虑。

(*d*)**改变**——A1 类。这已经在鳊鱼的事例中描述过了。

A2 类——这种反应是最难描述的，因为它或者和一种选择过程同时进行，或者和我们不甚了解的刺激共同发生作用；因为对
406 这刺激不甚了解，我们就不能确定是否有真正的改变。前面的事例我们在消化作用系统中找到；后面的事例出现于所谓“低级感觉”。如触觉、味觉、嗅觉。尤其在触觉中似乎有一种极奥妙的性质的改变。我的意思是说，这刺激是单纯的压力——用压力这个名词的纯粹物理的意义——但是从这压力所生出的特性却不容易

思议，也不容易在知觉上分析为物理学家用压力这一名词所指的精确意义。因此在这儿似乎有对于刺激的反应所作出的某种内部变化。纯粹的描述不能使我越过这种见解而前进一寸。我从不知道有什么例子证明压力是均匀地通过神经系统而传播，像光波和空气波动所显现的那样。[①] 这种作用会是怎么样一回事，我实在不了解。所以我要说，就描述所能到达的限度而言，味觉、嗅觉和其他“低级”感官的刺激是被对它们的反应所改变了。这自然并不是说：作为感受的感受改变了它们；这只是说：关于感觉的反应，有 407
某种过程改变了刺激。这个改变刺激的过程对于感觉过程的一般的关系，是和食物的咀嚼作用对于食物元素的消化的选择相同。固然，从纯粹的描述稍微放松一下，就有许多理由来设想：正是这

① 我的意思是说，作为纯粹的描述，这是困难的。关于这个困难我有一个假设，而这个假设包括关于触觉的、嗅觉的和味觉的性质与“高级感觉”的性质之间的差异的说明。简单地说，它假定：“低级”感官作用是“内在于”每个刺激单位的，而“高级”感官作用是“外在于”它们的刺激单位的。用“内在于”这个词，在这儿我的意思是说，“原来的”刺激实际上侵袭感官；用“外在于”，我的意思是说它并不如此。当刺激真侵袭感官时，这**整个**的感官是专注于它对这单独一个刺激的反应，而因为它不感觉其他的东西，所以它不感觉这个瞬间的刺激和其他东西的**不同**。既然缺少这种差异者，这个刺激是特殊的，但没有显著的相状。用逻辑的语言说，这性质是一个剥去关系的项。因此我们不能把“低级”性质予以分类、排列；因此它们不能把自己组成类似音阶或空—色花样形式。

然而所有这一切和它的广泛的预先假定不是形式分析。我稍微提一下，只是为了防止批评者这样设想：当我承认纯粹描述不能说明在“低级”感觉中刺激和反应之间的关系时，我是自认实在论的见解垮台了。后者并不依靠形式分析的普遍的可能性。如果说它依靠，就会预先假定在经验中没有真正的单纯体是所予的了，而且每个特定的复杂体的项也必定像在关系中的复杂体同样明白了。形式分析只是辨别实在体的许多方法之一。形式分析或许不能应付某些问题，正如演绎法对于一个人力求断定两幅画中哪一幅更美是无用的一样。

种关系确乎存在着;并且有些理由来猜测:大多数的——如果不是所有的——改变事例是在选择过程之前,而只为便利选择服务,无疑地,一切改变的明显例子——我们马上就要谈到——是要这样予以描述的。

改变的两个大的、毋庸置疑的类型乃是呼吸和消化。在这儿,刺激实际上是被抓住了而全部予以改变了。我要再说一遍,是全部而不是部分。这就是说,这个被接受的复杂体,作为复杂体看,由于增加了足以改变它的构造的新元素(如唾液、胆汁等)而增长了。这新的复杂体是这样形成的,致使它的某些元素现在能更快地从它中间抽出来;而它们就这样被抽出来了。(让我再警告读者:这种说法并不蕴涵或预先假定目的的过程。)这些元素既被抽出而为有机体所吸收之后,这个复杂体的剩余物(包括一些原有的和后得的成分混在一块)就从这有机体排出去。这被排拒的部分,在**以后**有机体对复杂体的被选部分的反应中,就不再刺激和调节这有机体了。

这种大概的描述就足以弄明白消化的和呼吸的改变的明显性质了。如果我们要进行一种生物学的检查,我们现在就应该问:在哪些其他的作用中也发生这同一类型的改变呢?这不是我们现在的职责;但是我想指出一个特殊的例子。就纯粹的描述做我的向导而言,我发现快乐和痛苦正是这些附加的改变,为便利后来选择
408 某种元素而服务。这个描述并没有说明关于这情况的全部真理,但是就它所能及的来说,它似乎是恰当的。

在许多苦乐的反应中我直接觉察到两种情况:第一,“外界的”刺激是染着或充满着情调的,我感觉这情调并不是像这刺激的特

定的性质同样地属于这个刺激；第二，在对这复杂体的继续反应中，这情调就脱落了，而这有机体就专和“外界”性打交道了。例如我听到一个很悦耳的声音；它的悦耳性“使得”我专心注意它。我从听觉刺激的一个大复杂体选择了这个声音；但是在我选择了它之后，我就完全（或者至少是主要地）对它的客观性作反应。我的运动神经的适应是针对它的节奏，而不是针对它的悦耳性；我的“联想”（幻想）是关于它的特殊性质，它和别的曲调的关系、我听到其他曲调的地方、它的意义等。换句话说，引起改变这音乐的是快乐；但是快乐这样做的结果就便利了音乐的选择，既选择以后，就不再对这快乐的情调作反应了，而至多这快乐的情调是伴随着这被选的音乐或和它同时存在。就纯粹的描述而言，那么，快乐情调对于心灵反应的关系恰如唾液对于消化的反应的关系，是一种借附加而成的改变者，是为便利后来选择其他的东西而服务的。

所以，快乐和痛苦是有机体内的附加物。像唾液一样，它们不是进入的刺激所原有的一部分，也不纯是同化过程的产物，而是对一种选择和以后的适应的初步帮助。它们和被接受的东西混在一块，而且如此真正地改变了它以加强对这东西的有机反应。因此快乐和痛苦很像血液的调理素，其作用是给细菌“调味”使白血球能吸收它。我承认这种相似性可能很偶然而无多大意义，但是它是值得探讨的，因为如果我们找着血液反应和苦乐的反应是在种 409
类上相关，这就会不是无关重要的发现了。

B 类——我没有能够指出这类改变的事例。起初看来似乎能满足这一类型的条件的例子，一经考察，往往只是 A1 类或 A2 类的复杂的、含糊的例子。

(*e*)抵抗——抵抗有属于构造的，有属于机能的，有兼备二者的。然而为了我们的目的，无须作这样的区别。在这儿只要指出刺激和抵抗反应之间的一类关系。在这类关系里至少有两种、差不多一定有三种或更多的根本不同的附类：(i)毁坏刺激(或刺激的一个元素)的抵抗；(ii)由于在能反应者和刺激之间插入不敏感的东西而造成的抵抗；(iii)由于停止旁支的机能而造成的抵抗。严格的精确性或许要使我们增加第四个附类，即由于简单地拒绝刺激而造成的抵抗；例如抵抗一个野兽的攻击。但是为了明显的理由，我们在这里无须涉及这个例子。

(*i*)毁坏刺激的抵抗——这一类的范例是很多的。我只提一下血液的抵抗，因为它表明这一类的重要特征。

甲、血液的抗毒素——血液的特殊抗毒的反应并不作用于已产生毒素的细菌。它只是使毒素中和的过程。白喉杆菌、破伤风杆菌和其他各色各样的病菌生出毒物足以损害它们所居住的有机体。这些毒物在这有机体之中引起一种反作用，因此生出一种化学品，它和毒物化合就把它中和了。这种抗毒素对于细菌本身绝对无害，它们能在抗毒素中得意地繁殖着。因此细菌不是这抗毒
410 反应的刺激，这是很明显了。抗毒反应之生起是针对细菌的一种特别影响。总而言之，有机体在这儿只对“整个情境”的一个特征作反应。

乙、溶菌素和杀菌素——这是被传染的有机体所生出的另外两种有机化学品。它们具有和抗毒素相反的力量。抗毒素只中和细菌所产生的毒素，但不损害细菌。相反，溶菌素和杀菌素毫不中和毒素，但它们真的杀死、伤害细菌。所以在这儿我们又看到一种

反应，它针对着“整个情境”的一种特征起反应而且只影响那个特征。

这样的化学反应的数目是很多的；不仅每一反应针对着一个刺激复杂体的某一元素，而且它只对那一个元素有效。破伤风抗毒素只中和破伤风菌的毒素，而不能中和白喉或其他传染病的毒素。伤寒杀菌素对于疟疾菌是毫不生效的。其他以此类推。

我们将提出另外一种和哲学争辩有关的观察。在传染病事例中，同时产生至少五种血液的反应：上面所说的三种以及黏合素和调理素。但是它们虽然好像由一个反应而产生出来，它们并不构成一个“有机整体”（照这个易于引起误会的黑格尔术语的意义）。这就是说，它们的性能不是由于它们的交互关系而构成的。在这样一个事实中，我们对于这一点有完全的、经验的证明：生理化学家能把它们分开而毫不丧失它们的特殊效能。抗毒的血清能从马的血液里抽出来，并且——离开了血液的其他化学品——仍能中和与它自己相适应的毒素。

这些抵抗的化学品是否依靠一个天然的能反应者这一问题——这就是说，它们是否完全被一种有机的过程所引生——还没有得到结论式的答案。不过证据的趋势是强烈地倾向于否定的回答。有机的分泌液在构造成分上没有什么独特的或神秘的东西。当它们的化学道理一旦了解得更加清楚，毫无疑问，在任何实 411
验室里就能制造。当第一次的分泌液这样制造出来之后，生物学家将更明白地看到：生命的奇异的“统一性”不能在有机化学中去找，而只能在刺激和对刺激的特殊性的反应之间的作用关系中去找。

(*ii*)**借插入作用而造成的抵抗**——这里要包括皮肤硬结(callousing)、皮毛变厚、在阳光下的色素沉着(pigmontation)等等。设使用我的柔嫩的手来操持粗糙的木板,起初皮肤划破、磨坏起泡。但是不要好久皮肤就长厚很多,从前的刺激的重复不再以同样剧烈的程度达到知觉神经和皮下组织。在这里,直接的刺激是一系列的撞击,而这些撞击现在失去势用了。但是这种失去势用并不构成我们现在所讲的反应。皮肤硬结是一种完全不同的作用。它是在吸收直接的撞击相当长的一个时期之后才发生的。更重要的是:**皮肤硬结作用并不针对着引生它的刺激**(**因为那个刺激久已过去了**),**而是针对刺激的路线**,因此就是间接针对着**将来的刺激**。这种反应的效果不是阻止引生它的刺激伤害有机体,而是阻止后来的刺激造成这样的伤害。因此我敢断言:作为纯粹描述的题材,我们不应该把皮肤硬结作用叫作"**对于**"引生它的刺激的反应,除非我们特别限制"对于"(to)这一前置词的意义。如果"对于"指示反应的方向,这个前置词在上文中确乎是不妥当的。

现在我们可以更精确地说明这类反应中的**关系者**互相改变和不互相改变的情形。直接的刺激不是被反应所吸收,而是被拦阻这刺激的有机物体所吸收。反应以某种方式从这物体中生出来,它的作用不是改变环境(例如正被操持的木板,或木板的操持),而只把撞击和敏感的有机体切断联系。这并不改变撞击,这意思是说,撞击作为客观的、外在的事看待,并不因此而有所不同。例如
412 一块木板在引起皮肤硬结的反应以前和以后是同等粗糙的。不问伐木工人的手掌是软的或硬的,它还是那么重。当木板滑下木料车的时候,它的惯性和动量不因反应而有所变更。

那么，怎么会有任何事情被这反应所完成呢？这个答案就把我们带回到本文开端所提到的困难；即有机体和环境的分界线。如果我们界说有机体是对刺激发动反应的东西，那么，就这个名词的狭义说，身体的很大部分都不是有机的。例如皮肤的硬结就不是有机的。它们是反应的产物，不是发动者。如果我们用这个界说，我们应该描述皮肤的硬结是有机体插进环境中作为绝缘体的元素。作为物体看，皮肤的硬结对于生物的"情境"的关系，等于电话线的玻璃绝缘体对于打电话的关系。关于后一过程，绝缘体是环境中一个真实的部分；它们不是打电话过程的一种相状，而只是阻止大地干扰过程的手段。它们既不改变电话串联中的元素，也不改变大地，而只防止这样的改变。

(*iii*)借停止旁支的机能而造成的抵抗——这种过程出现于那种极重要但了解得不够的心理注意作用，这种作用艾宾浩斯很恰当地描述为"心理学的真正困难"。如果读者记住我现在不是在这儿提出一个关于注意的学说，而只是描述容许作形式分析的东西，他就不必被这样一句话所触犯：注意不仅包括某种助长，使观察者借此为所选择的一类刺激铺平道路，它并且也包括割断一切其他的刺激——或者至少给它们以高度的抗拒。

关于这种双重作用的确切性质，心理学家们知道得很少或毫无所知。他们猜想：这种助长或许是由神经的能量从特别适应于所注意的刺激的筋肉灌注于一些适当的感觉中枢而完成的。但是 413
我觉得这个看法无所阐明；因为这适应本身一定就是注意行动的一部分，的确，它可能是注意的助长而不是它的原因。无论怎样，对于这种灌注很少有甚至没有生理学的证据，甚至大可怀疑这些感觉中枢的存在，尤其是要怀疑这样高度区分的中枢，以致这一中枢只接受音高，另一中枢只接受音色，这一个只接受可见的物体的形状，另一个只接受它的颜色。由于有这些不确定的情况，我们必须避免关于注意的任何精确学说，而只满足于指出注意的特殊抵抗——不管它是什么——和上面所描述的类型不相同的方面。

我们可以稳妥地说，被抑制的刺激不是被消灭了，像细菌被杀菌素的反应所消灭那样。因为我们常常事后觉察到一些事，在先前正发生这些事的时候，因为我们专注于其他事而没有发觉。例如深夜读完小说的动人的一章，我们忽然发觉几分钟前时钟已敲十二点了。假使原来的刺激在内导的通路上某处已被消灭，这种事自然不会发生了。

再者，这儿不能有无感觉的构造的插入作用，像在皮肤硬结或保护的色素沉着中一样。不仅这种过程的一切证据都没有；而且是不可思议的。我们不能想象任何屏障系统会拒绝或强烈地阻挡一切继续不断地袭击感官的、无数的刺激，而只容许某一种进来。举例来说，怎样能设置一个物质的过滤器使它只让词义而不让词形（这种划分在注意中很容易做到）进入大脑皮层，或者反过来只让词形而不让词的前后文的意义进入大脑皮层呢？[①] 提出这个问
414 题也就等于是回答了它。这个过滤器必须有无限的复杂性和刹那的可塑性以处理日常生活中注意的迅速变动。

如果刺激不被消灭，如果它不被插入的机构从注意域内排斥

① 这个现象是比较不熟悉的；就我所知，还未予以研究。它有时在极专门的校对员身上出现，他们会训练自己如此善于只注意排印的字体，以致他们甚至不能笼统地说出他们刚才所读的内容。

出去，那么，这生物学的三支中只留下一个来完成这件巧妙的事了；这就是能反应者本身。它必须停止某些作用。它必须干脆地停止感觉在某些联络体中的某些材料。这是怎样做的，我们不知道；我们也无须知道，只要我们是根据所观察到的关于它们的差异来单纯地分析所观察的事件。然而我们可以预先肯定这一点：被停止的机能不仅仅是空间—时间的运动，因为这些机能并不造成被抑制的刺激在时空中的排除，而只造成它们从认识的领域内的排除。毫无疑问，这些机能包括空时的作用，但是空时作用本身并不构成这特殊的抵抗。如果这里所说的有些含糊，读者可以暂时不管它。

三、这种形式分析的结果

从上面的描述中至少出现了四个有高度意义的事实。

1. 反应不是一种单一的类型，除非是就这一个意义来说，即：每一个反应的事例包括同样类型的复杂体作为它的项，即"能动者"和环境。关涉到这些项之间的关系，有许多性质不同的反应，那是不能简化为任何一种样式的。

2. 在任何所观察的事例中，生物学的"情境"的项之间的关系不是"内在的"。看来似乎产生了新的、独特的性质的改变，只有在这样的意义之下才造成这样的改变：它们建立了新的复杂体，而这些复杂体只有关涉到它们的复杂性才是新的。我们所能观察的任何有机的改变，似乎不能创造原始的性质。

3. 反应不是对着"整个情境"，而只对着"整个情境"的相状、部分或元素。活动的这种窄狭化并不总是在环境中引起变化，也不总是在有机体中引起综合产物的制造。

4. 几何学的、数学的和其他的关系都是真正的刺激，正像物质的复杂体是刺激一样。因此对形式分析说来，它们不是认识的反应的产品，而是认识反应和许多其他种类的东西的产生者。

关于这四点的每一点，让我作些注释。

1. 对于唯心的生物学家以及一些生物学的实用主义者，这一点必须竭力予以提出。这些研究者倾向于把一切反应解释为根本相似，不仅对于其中所包含的项，而且对于项之间的关系类型也是如此。这种关系被称为改变的关系，而这个形容词未曾予以严格的分析。

举例来说，生物学的实用主义者根据这样的理由来反对彻底实在论：适应包括那刺激有机体而有机体又对它作反应的环境的性质的改变。他承认有一个外在的、独立的环境，就这点说，他和实在论者是一致的。但是他否认在作为已知的环境和作为未知的环境之间有什么类似于相应的东西。因为他说，认知是对于一个境况的反应；任何地方有这样的过程发生，那里就有刺激和接受这刺激的有机体的改变。因此世界作为已知的世界看，是许多“内容”的特殊体系，这些“内容”并不作为外在秩序的性质而存在，然而是两个变项，即刺激和反应过程的真正函项。生物学的实用主义者就以这种方式避免了附加现象论和主观论；他似乎在彻底唯心主义者和彻底实在论者之间作出了一种如意的调和。和唯心主义者一样，他主张经验中包含某种综合，并且主张这种综合最后就

成为既非纯客体又非纯主体的"内容"。另一方面,他又和实在论 416
者一样,相信客体的体系(即是生物学家叫作环境的)在任何意义下都不是由它之被知而构成的。所以,实在论者攻击唯心主义的存在就是被感知的学说时,它毫不感觉遭受伤害。他也不必像实在论者一样,必得澄清意识学说和外在关系的假定中的困难。总而言之,他今天的命运似乎是最如意的。

不过假使我们考察一下他的关于刺激和反应的假设,我们就发现他在事实之上加上许多不为我们前面列叙的描述所容许的限制。在杜威说明这件事时,这一点显得最明白。谈到知觉,杜威相信自己是一个实在论者。[①] 但是他发现有理由主张:知觉的反应是能改变的、有构成能力的。

> 所见的光不是对于有机体有关系。如果我们要说或者如果我们必须说的话,我们可以说以太的振动对于眼的活动有关系;但是我们不能说知觉的光对于眼或眼的活动有关系而不使这句话成为毫无意义。因为眼的活动和以太的振动的联合功效是产生所见的光的条件。[②]

就我的了解而言,这段话的意思是说,这"联合的功效"构成 $A2$ 类型或 B 类型的刺激的改变。[③] 如果眼的活动只选出并传导某种的光到中枢去,如果光的看见也只不过是光和一些其他的物理实有体发生关系(或许像在有些过程的横切面中的元素一样),

① 特别参看他的"实在论略论"。《哲学、心理学及其他》杂志,第 8 期,第 393 页以下。

② 同上,第 396 页注释。重点是我加上的。

③ 参看本书第 386 页。

那么，说被知觉的光对于眼或眼的活动有关系就不荒谬了。眼的活动对于知觉的光的关系，就仿佛是照相机对于它所重新调配的
417 光的关系一样。这种关系可以说得很精确；以后，我将敢于说：这关系的一般的类型显著地类似于一种常见的几何学上的关系。

只有根据这样一个假定，即眼和以太合起来才能以某种方式依照 B 类型的改变构成所见的光，才有理由否认上述那样一种关系的存在。如果这个假定是真的话，要在眼对以太的关系和眼之间寻找一种关系就会是徒劳无功的。这就会是布拉德雷式的办法，恰如在这复杂体 ArB 之中寻找 A 和 r 之间的隐蔽的关系那个办法一样。要知道，责难我们描述所见的光是和有机体有关系，就先已假定了所见的光不是在关系中的实有体，而是两个实有体的联系。杜威明显主张的就是这种见解，他不是根据一般的形而上学的理由，而是根据纯粹经验的理由。

我相信不能拿这样的主张来反对生物学的证据。假使不能摆出更好的事实的话，鳊鱼的模仿性适应就足以决定地证明：至少在有些事例中，眼的活动并不构成以太振动的特殊的光性质的条件，而只构成这些振动的分布和应用的条件。固然，一个人仍旧可以说：有机体构成所见的光的条件；但是精确的描述很快地揭露出这种说法中的危险；因为受条件限制的不是作为光亮看待的光亮，而是一些其他的特性（特别是几何学上的特性）。

不过在这儿所要引用的最有效的事实，乃是我们直接知道的和久已研究的事实，即关于最小的觉知差异的事实。在这些事实中，我们能证明：眼的活动和以太振动的联合功效并不构成所见的光的条件。不像从低等动物的行为中所取来的例子一样，要予以

考虑的心理学的资料预先阻止了内在论者的一个共同的、很难对付的回驳。他常常说，“如果你能知道 A 的一切内在性，你就会发现在 r 中的每一个变易就包含在 A（和 B）中的一个变易。一棵树被知觉了似乎没有什么变化；但这只因为我们不知道对它所发生的一切”。当我们考虑一般物体的时候，无论这话是多么强有力， 418
可是当我们辩论知觉的**直接**性质——这性质被认为受有机的和物理的项（知觉是这两种项的关系）所制约——的时候，这话就完全无力了。因为现在我们知道讨论的题目的全貌了；我们是讨论作为知觉看待的知觉。

我注视着一块不透明的玻璃，它后面有光照着。一个实验者慢慢地增加标准烛光的数目，他让这些烛光从某种距离来照耀这玻璃。如果这距离是充分地大，他要点上 20 支烛我才能在不透明的玻璃上看到亮度的增加。从关系和**关系者**的角度来说，发生了什么事呢？一个刺激曾经改变了 20 次，每一次有一个新样子（由于又一次的增加），但是知觉却没有改变。那么，如果承认在刺激和知觉之间有**任何**关系，必得也承认**知觉至少不是这关系所构成的**。

乍一想，一个人或许要用这样的辩论以逃避这个结论：刺激的改变在包括于这知觉过程中的生理的路径上某处被“吸收了”或“被克制了”。但是只要一个人一贯地坚持内在关系的学说，这个说法是没有用处的。因为让我们首先假定在刺激改变以前，这些生理的因素是 $m, n, o, p, q, r \ldots$。那么，这个复杂体 $S-m-n-o-p-q-r-\ldots C$ 构成了 C（所见到的亮度）。这就是说，C 对 r，r 对 q，q 对 p，p 对 o 等乃至 m 对 S 的全部关系造成 C 之所以为 C。

但是如果 S 改变它对 m 的关系(如果 S 增加到 20 支烛光,它必定要改),那么,m 是改变了;因为 m 像其他的东西一样,被它对别的东西的关系而改变本质了。如果 m 改变了,那么,它对 n 的关系也改变了;因此 n 内部也改变了。这种改变是沿着这全部链锁而继续下去的;因此这复杂体的最后而在 C 之前的一环无论是什么,它必定是不同了;因此它对 C 的关系不同了,因此 C 本身也不同了。因为抵抗、吸收、适应既然包含对于变化的**克制**,同时又包
419 含保持在受影响的体系之中的某种实有体(性质、机能等)不变,它们就不可能发生了。

我们无须在上面所说的一系列的关系中,指出一系列的改变,以证明在这里内在关系学说是谬误的。指出当 20 个增加的烛光一个一个地被熄灭的时候发生什么现象,我们一定会取得同等的胜利。在第 19 个烛光灭去之后,这原来的刺激就不再以和内在关系的假设相容的任何意义而存在了。过去是有 n 单位量的光;现在是 $n-19$ 单位量的光了。19 个关系者已失去存在了;每一个曾对知觉有关系;因此知觉是丧失了 19 个关系。但是甚至 19 个关系的丧失并不内在地改变它。[①]

这个事实无法逃避。要说当刺激改变时在知觉中或许有极微细的、未注意到的变化,这也于事无补。姑且承认有这样的变化,对于内在论者的困难并不因此而稍减。因为在一个复杂体的一个相状或一个元素中的微细变化必定改变**作为整体**的复杂体。但是

① 我把每一个这样的烛光当作一个单位关系者,只是为了便利起见。说每个以太波动是一个单位关系者也未始不可。

如果作为整体的知觉不就是我们所看到的某种亮度，那么它又是什么？不过这个整体毫无改变。如果我们不认为作为知觉看待的知觉是整体，那么，只有天晓得我们说**看见的**光、**听到的**声音、**觉着的**平滑等是什么意思啊！在这个特定的辩论中，乞援于“下意识的”性能只会是逃避争辩。

鉴于这一切，我得出这样的结论：当刺激继续（或者差不多继续）变化的时候，知觉值的不继续变化在经验上证明了：眼的活动和物质二者的联合功效并不在构造的意义上制约知觉；这就是说，所见的光或所闻的声不是以刺激和反应为其元素的新的复杂总体（$A2$ 类的改变），也不是刺激和能反应者之间的作用关系，因而也不是被关系中的项所构成，有如正负电荷之间的关系是由正负电 420
荷所构成的那样。（前述的 B 类型的改变。）

我相信，美国生物学的实用主义者对于改变和构成过程的概念所发现的困难可以直接地追溯到这个事实：追随着杜威的领导，他们一向试图把形式分析首先应用到伦理情境中去。像杜威一样，他们的最感兴趣的是人的行为；在描述行为过程中，它们对哲学作出了值得称赞的贡献。但是这种题材提供了特殊的障碍。首先，它是异常复杂的；其次，它是大部分不可捉摸的；最后，它是深深地被传统、成见、可疑的说话和行动的习惯所掩盖的。不可免的结果就是：在很长的时期中，分析者只能研究广泛的复杂体。他必得把许多东西当作一个东西来处理，或者把一个东西当作许多东西来处理。他所处的困境和数学家相反；数学家很快地就达到他的题材的比较简单的实有体的关系，但是从事分析最高的真实复杂体，速度就一直在减小了。

杜威在他早期对道德情境所作的形式分析中，[①]应用了“改变”(transformation)这个概念，不过他应用的方式在当时虽是必要，然而充满了危险。这个概念是值得在这里予以批判的，因为它无疑地影响了许多实用主义者对于生物学的事实的解释，即使他们也许久已自觉地修改了它。

拿杜威分析“冲动的媒介作用”的一段话作例。他把这种作用描述为“一个经验的回指那个引生它的冲动”。他主张：“每一冲动的表现都刺激别的经验，而这些别的经验反作用于原来的冲动而且改变它。这反作用……是道德行为的心理基础。”“这样的媒介作用构成冲动的意义——它们就是冲动的意义、含意。”再隔 4 页，

421 他又说：“在这媒介作用中我们可以看出圆满性的三种程度。在最圆满的反应中，原来的或自然的冲动是完全**改变了**；它不再以它的最初状态而存在了。例如我们倾向于走动的冲动。当别的经验对它的反作用已完成的时候——即当我们学习走路的时候……是完全改造过了。”

要知道冲动是一种活动，**而不是其他的东西**。它的性质并不来自碰巧在它活动的路径上限制它或便利它的特殊元素。在通过媒介作用的走动的冲动的“圆满改变”中，在我看来，冲动本身似乎不受到那些管制腿筋肉的因素多大的改变。所改变的只是宣泄的途径和肌肉紧张的节奏。只要我们不明白地把活动本身和元素(活动所直接影响的元素，影响活动的元素)分开，我们就会把这全部复杂体叫作“**这个**冲动”。既称它为冲动，我们就必须说：任何时

① 《伦理学研究》，安阿堡，1897 年，第 14 页等。

候只要它的节奏、方向、或宣泄的速率改变了，它的性质也就改变了。但是因为包括在这冲动的宣泄区中的许多元素既对造成这冲动无所贡献，这样来看待这复杂体，是可以证明为不妥当的。这些元素不是这活动的成分，而只是行动的场所。它们对冲动的关系像磁场中的铁屑对于那里的磁力的关系一样。它们的式样不等同于纯力的式样，它们可以被抽去而在任何方面都不改变纯力。如果我们现在有时间来追究这种分析，我们定会发现“媒介作用”只改变几个元素；而这些元素主要地只是这场所的部分，而不是活动的部分。不过以上所提供的已经足以表明，关于 A2 假设在这儿的危险了。

如果当我们分析冲动的时候，这危险是严重的，当我们转到知
觉的时候，这危险就变得巨大了。在一个人的思想里，不难把冲动
和冲动场所分开，而同时看到，后者并不构成前者，前者也不构成
后者。但是对于知觉的反应，事情是何等地不同啊！在这儿，什么 422
是活动，什么是活动场所？它们是怎样相关联的？什么东西改变
这一个，什么东西改变那一个？这些问题，生物学的实用主义者并
不是已经回答错了；就我所知，他还没有面对它们。

2. 如果前面的分析是可靠的话，“内在”关系学说在生物学中就绝对找不到佐证。这是命运的嘲弄；因为那些接受这个学说的人把它构成他们所谓的“有机的”形而上学。他们这样称呼它，以为它和生命相类似，因为他们相信：生命提供了最令人信服的例子，证明许多实有体是由它们的关系构成的，许多部分依赖它们所构成的整体。

在这种实有体信念之中，内在论者遵循了含糊的通俗意见。

人们知道：一个人的心脏，把它从它的天然住所扯开，马上就停止跳动；并且知道，它的先前的主人就失去了日常事情中的一切兴趣。这样的说法也是满可以成立的：你不能损坏一个人的胃而不损坏他的脾气，如此等等。不过，像多数容易形成的意见一样，这个意见对于大多数实用的目的是有充分的道理，但是在哲学家的全面估计之下就不够分量了。因为近代探讨的证据是全部倾向于相反的方向。的确，实验动物学和外科手术正在作出的巨大贡献足以使人怀疑：照形而上学用“有机的”这个形容词的意义说，是否有一个单独的关系叫作“有机的”。请注意下面两个发现：

甲、**有机的部分并不依赖它们天然在其中出现的整体，除非按照“依赖”这个动词的空洞意义。**——R. G. 哈里逊曾把一种田鸡(*Virescens*)的前半身接在另外一种田鸡(*Palustris*)的后半身上而能从这结合体成功地生出小田鸡。每一半保持它自己种类的特征：**而在这两半之间没有互相影响的痕迹。**[1]

E. 乔斯特做了一个更有启发的实验，他把两种不同的蚯蚓的半截接在一块。在这样结合的两半截之间没有互相影响的标志；为了确定这不是由于在接合之前这两个品种是已充分长好了，因此在构造和机能上已固定了，乔斯特截去其中一个构成体的一部分。于是就发生再生的作用。现在这新的部分从来自两个构成体的血液里取得营养；然而它长成本有的部分。从另一部分来的新养料毫不改变它。

423

这类例子很多，我们无须多举。把任何一个例子分析一下，于

① T. H. 莫根作的报告，《实验动物学》，纽约，1907 年，第 299 页以下。

是形而上学家的两难就立即出现。要辩护内在论的学说，他就必须说，接合的田鸡的每半截是以某种未知的方式而改变着——那么，证明的沉重负担就落在他的身上——或者他必须说，一个田鸡的半截只有当它是那个田鸡的半截时，才正是那个田鸡的半截；当它一经割开，它就不再是**那个**田鸡的半截了。如果他选择这后一种替代的说法，他就用部分之参加整体来界说部分了；正如佩里在上面所指出的，这或者是同语反复或者是预期理由的谬论。[①]

乙、**有机整体并不依赖它的个别部分以维持它总的、特殊的、有机的性质**。——如佩里所指出，一个特定事件被几个其他事件或条件中的任何一个所引起或维持，这样就说前者依赖后者的任何一个，那是不妥当的。把这点记在心里。我们看到，在广泛的限度之内，一个有机体并不依赖于构成它的特殊部分。可是，如果你承认它是如此，甚至在一个窄狭的限度之内，那你就已排除了内在论学说。

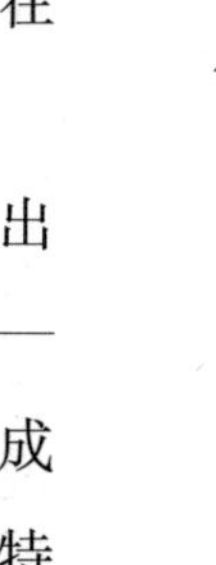

许多动物具有惊人的再生能力。割去一条鱼的尾巴，就长出一个新的；更稀奇的是：你去掉的一块愈大，新的长得也愈快——自然，在某种限度内。在这儿，我们无须关心这奇事是怎样完成的。它的重要特点是：**按照任何内在关系论看来，有机体的这些特征是最完全地依赖于全复杂体的绝对完整性的，而正是这些特征** 424
却最少受这样的部分削减的影响的。这就是说，一个特殊的鱼的独特性主要存在于我们含糊地叫作“个别生命”者之中。这包括——除了许多其他的未知的元素以外——那些行为的积累，我

① 参看本书第 107 页。

们称之为“习惯”或“经验”。这个生物本性的其他东西可以揣测为有其共同性,可是至少这么些东西是独特的、私有的——照这些形容词的一切正当的意义说。由于丧失了尾巴,鱼不但没有丧失它的同一性和特殊的生活,它还能造出一个新的器官,其构造和机能完全相同于从前所有的。无疑地,这似乎在每种方式下——除掉前面所提到的空洞方式——证明:这个有机体所具有的任何真正的“统一性”不是依靠它的所有的部分,或许也不是依靠任何一部分,而是依靠这一团堆(congeries)。这统一性是典型地和它的生理的部分相关联,像在田鸡身上——刘易斯曾证明在它身上存在一种“造形的刺激”①——外胚层和眼囊相关联一样。这位研究者证明:在胚胎中的外胚层将会长成一个眼睛的晶状体,如果一小块的眼囊移植在它的底下。用逻辑的术语说,眼囊和外胚层的关系是非对称的;用物理学的术语说,形成的过程是不可逆过程;就形而上学说,此中所包括的主动项和作用关系都不真正地依靠这复杂体的被动项。

3. 坚持有机的反应包含有机体在其中生存的“整个情境”这种说法的人,不仅是新黑格尔派。不少的实用主义者也持有这样的主张,至少对于心理反应如思维和知觉是如此。我相信有些生物学家也持有非常类似于此的主张,尤其是那些把重点放在“从经验中学习”这一有机的过程的人。像许多其他不正确的假设一样,这一个也含有一定的真理;在一个易于把有机的活动过分简单化的

① H. W. 刘易斯,“关于两栖动物眼的发展的实验研究”,《实验动物学报》,1905年,第2期。

时代，坚持这个真理是重要的。但是尽管这个假设有许多好处，它 425
还免不了粗疏浅陋。泛泛地看，它包罗许多事实；但是一经严格的推求，它就一无所包了。

在较原始的反应中，只有单独刺激的一个特征是有效果的。在光刺激木贼的细胞壁中，在向地性中，在其他常见的例子中，都是如此。我们发现同样的行为一直达到最高的、所知的反应；例如成熟的、选择性的注意的反应和人的有意向的行动。固然，这种行为不是在一切类型的反应中同等地显著；特别是正常的知觉，它是对于许多同时的影响的适应。但是这种反应是最不典型的；不过无论典型不典型，它不是唯一的一种。为了现在的目的，我要指出的就是这些。只对情境的一部分作反应的一个例子，就足证明某种有机的多元论。要决定只有什么样的、什么程度的有机多元论能够成立，这一个问题是太大了，不为本论篇幅所容许。

4. 我非常清楚：在断言平面、角、数、比例和数学—几何学上其他这样一些特有项是外围感觉器官的刺激，恰如以太波动一样，我是在贻人笑柄。然而，关于这个屈辱，我要责备事实本身；我看不到有别的方法来描述它们。这样一个事实——即除新实在论者外，差不多每个人都觉得容易把它们（事实）描述为“理知的抽象”、“心构体”、“速写的符号”等等——毫不能减轻或除去我的困难。在本文前面一节里曾经指出：如果我们应该说以太波长是所感的光的颜色的原因，那么我们也必须宣称，这波的方向乃是向日性和因此而有的细胞分裂的特别方式等现象的原因。对待这个描述，我们必须严肃。当我们说长度是颜色的原因时，我们必须使“长度”这个名词所表的意义和几何学家用它的意义一样。其他的意

义纯是模棱的胡说。

接受这些纯粹描述的结果的生物学家能够驳斥几乎每个近代
426 哲学家的知识论，现在岂不是明显了吗？无须关于“自我”的秘密智慧的帮助，他能抛弃皮尔逊和其他实证论者的这种学说，即：几何学的实有体是用以代表感觉的特性的“纯粹速写的符号”；他能抛弃杜里舒的学说，即：空间是现象的（即是经验的一种形式，而不是不依赖于经验的物理世界的一种形式）；他也能抛弃柏格森的学说，即：数学—几何学的特有项是“活力”所创造的静止的人为事实。抛弃所有这些混乱的意见，生物学家就铲去了这些堂皇的学说的基础，因为它们都是建立在这样的信念之上：空间时间引起许多似是而非的说法，只有判定这整个情境在某种方式下是“非实在的”才能予以解决。这种信念和它所根据的证据是不相容的。如果应用形式分析以取得生物学原理的证据，那么，这些原理在其中生效的体系就只能是确有证据的体系。那些思想家应用从一个存在的境界中所取的事实，以证明有另外一个完全不同的境界，不可避免地犯了辨别不可辨别的东西的谬误。[①] 这种谬误现在我要指出来。

皮尔逊、德里施、柏格森和其他许多人都应用了形式分析，而且接受由此分析而发现的事实作为证据，尽管他们的广泛的结论是反对知觉和思维的有效性。尤其是杜里舒和柏格森观察了在时空中的动物的行为，而从它们自己身体上或外界物体上的方向、运

① 刚才描述的情况乃是引起一个自我驳斥的体系的情况。斯波尔丁已详加剖析了；此后的篇幅将研究这个问题的完全不同的方面。

动速率、节奏和空间结构的安排，他们推想有一个“心识”或“活力”发生作用，它力求完成某些事，而以某种方式和一个超验的环境相关联。这种办法中的矛盾是显而易见的。但是它虽然明显，还应 427
细加分析，因为德里施(也可能柏格森)明白地相信：这矛盾的坏结果已被这样一个形而上学的假定所预防：在现象界中的所有**特殊**的项和关系虽是这个界所特有，然而它们是代表实体界中的项和关系的**典型**。

举例以明之，在这一假定中是有某种二元论，其中之一是我们在现象界用“心识”、“自我”或“活力”这些名词所意指的东西，另外一元相当于(数学地)在现象中我们称之为“环境”的这个体系。再者，实体界的“心识”或“有机体”是面对着在它环境中的困难的，这些困难是它所要努力克服的，而它克服成功的方式是**典型地**类似生物学家在现象界中所观察到的方式。因此鳊鱼有一个实体的生命，在这个超验的生命中它发展了各种各样的活动，其**类型**等于我们叫作“食欲”、“生存奋斗”、“性欲冲动”等等。这些活动中有一种活动包含把它的有机体的一部分和环境的某一部分发生这样一种的关系，其**类型**等于我们在经验上指称为对于海底的颜色和花样的适应关系。这种关系不仅一般地存在着，而且在每一片刻中、在每一种适应中存在着。这就是说，鳊鱼由于栖止在蓝灰色的棋盘式的海底上而在它的背上有了某种蓝灰色的棋盘式的花样，当它移动到灰棕色的、图形不规则的海底的时候，马上在它的背上就发展了灰棕色的、图形不规则的花样，在前一种和后一种**实体**的情境之间的差异，其类型等于海底的蓝灰色的棋盘和不规则的、灰棕色的花样之间的差异。然而实体的差异不是各种颜色和各种空间形

式之间的差异，因为这些只是现象的。

依照唯心的生物学家，你可以选取任何一个反应的事例而照这样描述它。那儿有一个实体的什么东西，实体的有机体把它从一个实体的复杂体中选择出来；它是类似于我们叫作氧的东西，而
428 这选择的过程是类似于我们所描述为呼吸的。不仅如此，这被选的东西和它从其中选出来的复杂体相关联，如同氧和空气相关联一样。或再举一个事例：当一种植物的根转向着大地中心的时候，这些根是在实体上对一个刺激作反应，这个刺激虽然本身不占空间，却是和这反应相关联的，如同引力的向心拖拉和根的向下相关联一样。或再举一个事例：有一个实体的刺激相当于（数学地）光，和一个反应（适应和选择）相当于见；前者是这样的性质致使实体的有机体必须发展一个能见的器官（自然是不占空间的）和许多构造的分化，相当于我们所看到的晶状体、视网膜、角膜、水状液、睫状体的反射、双眼调节和许多其他的东西的分化。

这种平行论的假设的优点是很显著的。它避免了排他特殊性的谬误，[1]由于它承认现象系列的**式样**至少在有些广泛的特征方面不是“单纯的经验”。由于这个让步，它就摆脱了自我中心的困难；因为它承认某些过程在它们的**式样**方面不是由认识过程构成的（虽然在它们的**元素**方面是由它构成的）。[2]

但是另有一个困难它没有避免，这就是不可辨别之物的等同。就我所知，无论唯心主义者及其论敌都没有看到：解释有机体和环

① 参看上文第 14 页。

② 请注意这和康德的原来假设恰恰相反，康德认为这些式样是由一种先验的综合作用所创造的，但认为这原始的元素是以某种方式和“物自体”有关。

境的一般情境为一个实体的情境的企图，结果就在现象的和实体的体系之间建立一对一的相应；而这种相应，只有使它成为不仅是 429
数目的相应，并且也是性质的和结构的相应，才能有意义。

以鳊鱼的适应活动作例。我们在现象界和实体界之间就建立了一对一的相应，如果我们只申说：在鳊鱼的适应反应之中，每个可辨别的特征是从实体的环境中某种特征产生的。用略图表明它，这种关系就是：——

$S \quad 1\,2\,3\,4\,5\,6\,7\,8\,9\ldots$

$S' \quad a\,b\,c\,d\,e\,f\,g\,h\,i\ldots$

此中 S 是实体特征的体系，S' 是现象特征的体系。这里相应的范围和程度是可以这样界说的：对于 S 中的每一元素，在 S' 中有一个而且只有一个相应的元素；对于在 S' 中的每一元素，在 S 中有一个而且只有一个元素和它相应。

现在假定我们不再作进一步的假设。我们对于说明生物学的情境的特性丝毫没有任何进展。我们没有指明“心识”或“自我”对于实体的环境所作的反应的特殊性质。我们甚至没有说出足够的话以表明：在各类反应之间有差异；例如闪避和吃之间、呼吸和知觉之间、咳嗽和猜测之间的差异。上面所说的只是：在每个反应中，它的每个特性相应于客观的境况中的某一特性。但是我们不能断定实体的作用是“活力的”——照这个形容词的生物学的意义，除非它的活动的相状典型地和这些活动所应付的环境因素相关联，而其关联的一般方式与我们所看到的动物所作的活动和我们看到它们所应付的环境相关联一样。简单地说，只要我们仅仅断言：对于一个包含——比方说——九个分别的行动的反射作用，就有九

个不同的、有效用的特征的环境复杂体与之相应，我们就没有说出
430 什么东西能给任何人以丝毫理由去推知有一个“心识”，或者那儿有一种作用类似于我们所见到的活力作用，或者这些活力作用是彼此不同的（是专职化的），或者它们是和无机的事件不同的。

因此，为了确定由反应、适应、进化、突变、遗传等所引起的问题是真正的问题，守旧的唯心主义的生物学家就被迫而肯定在实体的和现象的分化之间有一种式样的类似。用略图来说明它，这种类似可以这样表示：——

$$S \qquad 1\left\{\begin{matrix} E: m\ n\ o\ p \\ R: w\ x\ y\ z \end{matrix}\right\}\cdots$$

$$S' \qquad 2\left\{\begin{matrix} E': m'\ n'\ o'\ p' \\ R': w'\ x'\ y'\ z' \end{matrix}\right\}\cdots$$

此表中 S 又是实体的特性的体系，S' 是现象的特性的体系；E 和 R 是实体的体系的环境和反应相状，E' 和 R' 是现象的体系的环境和反应相状；小写字母是象征相状中的各别特征。再者，在每个体系之内，必须表示出 E 和 R 之间的关系；这种关系必须和在另外一个体系中的以数表示的相应者在种类上相应。例如这种关系有时是选择性的关系：例如 E 的一个或多个元素被 $R: w\ x\ y\ z$ 所选出了。又或这种关系可以是体系 $R: w\ x\ y\ z$ 避免 E 的一个元素的关系。如此等等。如果这种关系的性质的相应不被假定，那么，毫无疑问，“心识”和活力作用也只能假定（或推知）为认识活动的产物；因为证明有有机体这样的东西和无机体不同，正是全从空间上划分出来的复杂体（生命的物体）和它们的环境之间的这些特殊关系而得来的。这里有一个生物学的问题，正是因为这些物体选择

一些环境中的元素、向其他的元素移动、知觉其他的元素、同化其他的元素、不顾其他的元素。因为这些有机的活动不仅是认识的 431
辨别——简言之,用“行为”这个名词的通常意义说,它们是真实的“**行为**”,所以这个生物学的问题不仅是认识论的问题。

但是这种让步把唯心的生物学家导致什么地步呢?**它导致他扫除了 S 和 S' 之间的一切可以指名的差异**。只要他稍一尝试解释一个特殊的事例,这抹杀一切差异的情况就出现了。再拿鳊鱼的适应作用为例。这个生物对之作反应的那些环境中的元素,根据知觉来说(我们的知觉或鱼的知觉,这听你的便),是一些大小、形状、颜色不同的石子,以某种不规则样式分布着。对于这个环境的适应,再根据现象来说,在于在鳊鱼背上复制和石子相同的花样(为了保护自己,或为了从想要捕吃它的动物躲藏起来,或为了其他的目的,在这儿都完全不相干)。为了使这事态更加明确,让我们说:那儿有许多灰色的石卵子散播在棕色的沙上;这适应就将会接近这样的结果:终于在棕色的背景上有圆的、灰色的斑点(在形态学的精确性限度之内)。这种情况的简略图说乃是

$$S \qquad 1\begin{cases} E: m \neq n \neq o \neq p \ldots \\ R: w \neq x \neq y \neq z \ldots \end{cases}$$

$$S' \qquad a\begin{cases} E': m' \neq n' \neq o' \neq p' \ldots \\ R': w' \neq x' \neq y' \neq z' \ldots \end{cases}$$

此表中≠在每个事例中代表邻近地标志出来的东西之间的一种**特殊的**区别。例如在 $E': m' \neq n'$ 中,它代表一个圆的、灰色的石子和棕色的沙之间的特殊差异。在 $R': w' \neq x'$ 中,它代表由鳊鱼的色素体所造成的一个圆的、灰色的斑点和由邻近的色素体所造

成的棕色背景之间的差异。请注意：它并不仅仅表示它所关联的项在逻辑上不同。它代表它们之间的具体的差异，因此就总是它
432 们的特殊性质。

生物学家的困难现在就出现了。他必得说，在 E 和 R 之间的关系是典型地类似于 E' 和 R' 之间的关系，即由 R 对 E 作模仿的适应关系。因为如果它不是模仿性的适应，那么，E' 对 R' 的关系对于真实情境就毫无所指示了。其次，$m \neq n$ 是典型地类似于 $m' \neq n'$；这就是说，一个圆的、灰色的石子和棕色的沙之间的差异，在某种基本方面，是等同于引起实体的反应的两个实体的东西之间的差异。在这位生物学家的设想之下，情况必定是如此，这是跟随着这样的假设（包括在他的设想之中）而来的，即：现象的体系是“物自体”和“心识”或“自我”之间的作用关系的**结果**；因此它不是实体的体系中的一个因素。这就是说，鳊鱼并不对圆的、灰色的石子和棕色的沙之间的**所知觉**的差异作适应；它是对实体的环境中的一种特性作适应。但是为了运用当鳊鱼模仿海底的颜色时我们所看到发生的东西作为真实适应作用的证据，我们就不得不说：实体的情境含有一种差异，他的一部分恰和这特殊的颜色差异相等同；让我再加一句，我们不得不这样说，正因为灰色和棕色之间的差异是由鳊鱼的反应所产生的差异，而且又是我们对所发生的事所有的唯一线索。

因为这既对于这个反应中和我们可能考察的每种其他反应中的每个可区别的特征是真实的，那么，实体的体系就是这样一些实有体，其彼此的关系——至少在某些基本方面——是等同于被一个视察者所知觉的关系；而对于这些关系的实体的反应——在有

些基本方面——也是等同于被知觉的反应；最后，在每个特定的事例中，在 E 对 R 的关系和 E' 对 R' 的关系之间同样的基本部分的等同。但是如果依照假设，我们不知道此中所包含的实体的东西，433 那么，除掉这些关系之外，我们就无法区别实体界与现象界。**但是这些关系并不区别这两个体系；相反，就它们所能证明的来说，它们把这一配对等同起来，把它简化成了一个体系**。设想在我们所知觉的体系之外还另有一个体系，这似乎是毫无所据的。

读者或许会这样猜想：由于我们选择了模仿性的适应这一个极端事例作为我们的例证，这个结论得到了似乎是真的力量。读者要使自己相信事情并不如此，可以自己选择他种反应；比方说，一个根本谈不上是模仿的事例。他可以细心地分析他向它投掷石头的狗的反应。这个动物不但不模仿他的行动，反而把它的注意力集中于闪避投掷物。这狗瞧着扔来的石头的轨道移动身体，时而向右、时而向左、时而向前、时而向后。如果这些有机的活动是真实的；如果这些活动不从知觉它们者取得它们的特性，那么，这狗确是力图避免被石头打。如果这些活动被认为既是现象的又是实体的，那么，它们动作的方式在性质上相当于一块被知觉的石头的被知觉的运动；它们的动作含有一些特征，部分地（如果不是完全地）等同于这些被知觉的特征，如“两度向右”、“十五度向左”、“向上”、“向下”、“抛物线运动”等等。但是在我们的心中，除掉通常所知觉的运动外，把握到了这种实体的活动的什么差别性呢？一无所有。设使我们假定有机的反应的真实性，对于我们来说，实体的和现象的是不可辨别的东西，因此就是等同的。没有理由可推断，在我们直接熟悉的“情境”以外，还有任何其他的“情境”。只

是在我们所应付的情境中有未经辨别的项目和复杂体。对于这最后的一句话，必须谨防一种易于堕入的误解。这句话听起来好像是认识论的实证主义，但并不是。我并非说只有“现象”，如同实证
434 论者了解这个名词那样。我乃是说没有现象，没有实体，而只有东西、事件、条件、情况，这些都在一个宇宙中，而这个宇宙没有一个心灵曾把它分裂为两个境界。实证论者把现象和显现的形象等同起来，然后描述后者为“心理状态”，其结果就把人类的知识局限于“直接体”或“纯粹经验”而否认它能认识“物自体”。这儿不是批判这种学说的地方；只武断地说我们拒绝它就够了。

四、近代意识学说的一些缺陷

1. **形态学的谬误**——如果像上面所主张，事物只在一个情境

中发生，如果知识本身因而只是这个情境中的一个因素，那么，任何关于认识作用和被认识的实有体（作为被认识的东西）的内部特征的分析本身决不能说明认识作用的地位，这似乎是很明白了。在这儿我们必须期待我们在物理学、政治和日常生活事情中总发现是生效的同样的情形；事物不是在它们自己的赤裸裸状态之中最赤裸裸地显露它自己，而是当它们拥带着它们的力量、活动和对其他事物的关系的时候，最赤裸裸地显露它们自己。

当自然科学家对于意识，像对于电或关税一样，无条件地接受这个观点时，描述的生物学和思辨的哲学之间的差异就出现了。生物学家从在本文中第一部分的开端所描述的情况出发；他承认有机体出现于一个环境中和有机体与环境之间的各种动作，从事

于确定这个极为复杂的情境的成分彼此之间的关系。在他看来，认识过程在其中发展的境界是比任何时刻所认识的境界大得多。435
如果他对意识感到兴趣，他就要寻求它对神经系统、对作用于它的许多物理的影响、对它所引起的或所改变的行为的关系。因此在他看来，对于在认识领域中可能出现的任何特征的描述都是有用的，因为它提供了迹象可以帮助他诊断那叫作"认知"的奇怪热病。但是他心里从未想到要承认那些身体结构的特性是心灵的性能的确实显露。这样想法的愚蠢就不亚于设想一个神经细胞的横切面会一般地显露神经生活的内部秘密和神经的效用。

他所知道的一切是极端反对这样一种错误的。心理的作用一般地不是终止于知觉或任何其他种的认识，而是终止于身体的各种重新适应；奇怪的是：对于任何特定的事物，这些作用之所以发生作用似乎是为了以后要取消自己。正如思维的目的是要离开思维而行动，所以意识的目标似乎是：随着个人发展出应付特殊的被认识的事物的习惯，它就继续不断地丢掉知觉的元素和反省思维的系列中的成分。简单地说，它们明显地是一个过程中的步骤，我们必须照这样来了解。

假定认识论是一切其他科学的基础的哲学家的程序，和这一切是怎样的不同啊！他一贯地相信：分析"意识的内容"就能揭露意识的性质；所以许多代以来，他这一类人一直描述他们的情感和他们的直接经验之流，坚信这种内省足以深入真实的奥秘。从混乱到混乱，由洛克到柏格森，一直是这样进行的，——任何自然科学家可以猜想得到。从内省论者的耳朵听起来，这也许是很奇怪：这个方法的基本错误可以说是形态学的谬误，它的过失是把一个

有机的横切面的构造和作为整体的有机体的构造和机能等同起来。当然感觉性能之流“看起来”并不像一个通常的横切面；它是
436 很灵活的运动，充满了许多事物的闪电式的闪光和曲折的交织。但是尽管如此，它只是更大的、包括得更广的有机过程的一个相状，它和后者的关系可能很像化学作用的某一面对于全部化学作用的关系。设想一个人用一架有超绝力量的显微镜来看一大群血球。从任何特定的观点，他会在那儿看到一大堆的运动纠缠在一块，然而并不能发现什么东西会显示此中化学作用的特别性质；因为一切重要的运动可能发生在和观察者的视线相平行的平面中，它们的状况可能更在显微镜的视域之外。在每个内省活动中所予的情境正是如此。无数不出现的元素在总的有机过程中极关重要，而一个时刻的感觉只是这总过程的一个相状；在内省的领域中，绝对没有什么东西能指出那些外在的因素是什么，或者现前的因素和它们是如何关联的。忽视这个颇为明显的事实，把内省的领域解释为通达到最后真实的大道上的清楚的路标，乃是犯了最大的抽象毛病。

在这个情况之中却未免犯自相嘲弄之讥。因为那些最注意意识原始之流的构造和活动的思想家，就正是指责概念（甚至知觉）的“抽象性”和“人为性”的人。和柏格森一样，他们坚持：事物的真实性在于它们的活动的总体中。[①] 但是在下一瞬间他们却断言：在直接经验之流中出现了真实的最深奥的性质，如“统一性”、“均匀性”、“不可分割性”、“纯粹活动”。在这儿我不想提出材料充实

① 参看《物质与记忆》，第25页等。

的论据来反对这些宾词的真实性；我只是说：如果一个人真正坚持生物学的观点，他不能这样抬高这个流的显示力量。判定它是唯一的实在，又把它所导致的理智的和其他的情况标名为“纯粹实用的”或“抽象的”，这样做之所以可能，不是由于形式分析，而只由于 437
对要分析的情况的某种预先的假定。如本文第一部分所指出，任何事件的分析必须毫无成见地包括这事件的一切特殊阶段。研究者不能在它的任何两个明显不同的相状中画一条界线，于是把在这一边的叫作真事，把在另外一边的叫作它的后果或后来的情况。只有当他已经发现后来的相状不完全依赖于前面的相状之后，他才有理由这样做。如果它们是这样依赖着，那么，前后相状同等地是这一个单一的过程的真实成分。然而内省论者所没有遵守的正是这种审慎。

假使把这种责难用一个比方的探讨表达出来，它可能更清楚些。设想在我们四周的世界中的光都是混杂起来的；除非当它们通过某些硬的结晶体、液体和动物的视觉构造一切波长混到一块，融合在无数的焦点中。一个物理学家有理由这样说吗？——光的最奥妙的性质只有在交互渗透的方式中才显示出来；当它在光谱中分布出来，它的真实性就遭受了严重的减少吗？毫无疑问，没有理由这么说；因为那会成为形态学的谬误，即把属于同一个复杂体东西的许多形式中的一种形式选择出来，赋予它形而上学的优越性，而没有证明所有其他的形式是真正地（不是在词语上）依赖于它。

2. 实用主义的观点居于形态学的和生物学的观点之间——打破了内省主义和认识论的魔力而坚持哲学家回到自然的、明朗的生物学的观点的人正是杜威。他依照生物学家的方式遵循着这个极好的劝告以重新解释反省思维的性质。这种改革虽是健康，然而推行得并不够彻底。改革的方向已被人们锐敏地感觉到，而遵循这方向的办法则未能与之相称。所有的实用主义者和其他一些
438 迄今一直力求用生物学的观点描述心灵作用的人仍旧在用敌人的武器来作战。他们研究认识领域的形态。就这样，杜威很精确地描述了认识作用在其中生起的广泛的情况和认识过程的一般趋势；但是所反应的材料和进入认识领域中的材料的特殊构造，他认为无关重要。再者，他描述反应主要地是用在反应本身中成为自觉的观念、意义、冲动等词语；他并不注意这反应和这有机体的其他反应的关系，除掉指出这些其他反应都是为了解决一个困难，为了一个重新适应。他表明了一个观念怎样导致另外一个观念，一个知觉如何被另一个知觉所检验，根据于信念的顺利的行动如何赋予信念以一种价值等等。他并不要求指出这些运动和认识以外的条件的关系，如血的温度、传导流、胶质以及许多物质的因素，而这些因素在认识自然环境和对它作反应的自然作用中从来不分别地出现。

要知道，这个认识和反应的情况的分析是必要的，正如内省的分析是必要的一样。但是它一定不能包括一切能形成和显示在认识领域中所发生的东西的因素。它使我们更接近于这生物学的情境，但还够不上真是生物学的情境，因为它没有考虑认识作用和其他有机的机能之间的特殊关系，以及在意识“中”的东西和在意识“外”的东西之间的特殊关系。这个探讨结局是有这样一个无可争辩的说法：认识作用便利了实际的行为，促成成功，帮助能动者去

适应环境。因此这全部的生物学的争论问题仍旧留在我们的手头:认识作用便利了**什么种类**的适应,使这种适应和呼吸、出汗、闪避以及所有其他的身体活动有所不同呢?一个被认识的东西在哪一方面不同于——如果不同的话——这同一个未经认识的东西呢?

3. **新实在论者所作的分析的主要缺点是不完全性**——许多美 439
国实在论者说,他们的英国同行没有钻研意识问题。他们成功地把实有体问题和认识问题分开来,他们花了许多岁月比任何哲学家更加彻底地研究前一个问题。但后一个问题是被忽视了,所以当讨论这问题的时候,回答很含糊。当亚历山大谈到意识作为"心理活动"的时候,情况就是如此。这一描述的困难是值得检视一下的。

> 我发现一个思想过程和另外一个思想过程的不同只不过是心灵的方向的不同。……我毫不怀疑叫作我的意识的这个东西是存在的,也不怀疑它是心理的活动。但是在性质上它并非不同于我所意识的蓝、绿、或太阳。……我的意识只是一个东西,仅仅是在不同的方向活动。……在活动本身、活动意识和对于活动的意识之间,我不作区别。①

在这里是描述了一点真实的东西,而且描述得很精确。有机体是意向着一些东西,它是这样对待它们,使它们都堕入认识的领域。我要毫不迟疑地说:有机体把这些被选的对象投入认识的领域,和把它们投到视网膜上是同样的物理作用。要知道,意向和选择的活动既不构成所意向的或所选择的东西,也不是这些东西所

① S.亚历山大,"心理活动的性质",《亚里士多德学会汇报》,1907—1908年,第220、225页。

构成的。在这儿是如此，在消化和呼吸的事例中也是一样。肺选取氧，但是作为器官，肺并不随空气的每一变换而改变肺的“性能”。它决定什么东西进入呼吸的领域，它拒绝袭击它的有害的气，排出二氧化碳。在亚历山大叫作的“心理活动”中也是如此。

虽然接受这种描述，我必须仍要怀疑把意识叫作“心理活动”是否有所启发。界说意识为向不同的方向活动的东西，是把它和每一别种的有机的活动放在一类。这并不把它和血液的抗毒反应
440 区别开来。我们说，进入血液里的白喉杆菌所引起的抗毒化学作用是针对这些杆状菌的，这毫无疑问地不是虚构，而是严肃的描述。毫无疑问，杀菌素能达到它们，“固定它们”，毫无疑问，它们不起别的作用。杀菌素的制造不是受指导的活动吗？这种意向作用本身和近代化学家所判定的化学作用不是大不相同吗？由于我们的无知，我们用“有机的反应”这个名词所遮盖的不就是这奇异的、不甚了解的事情吗？因为我们既然不知道这意向作用是什么，这个名词不就显得较为确切吗？

假使是如此，对于“心理活动”这个名词也可说同样的话。为了要认识事物而意向着它们，那并不等于认识它们。这也不等于思维它们以求得到更多的知识。意向作用之不同于认识作用，正如注意活动之不同于观看活动一样。的确，如果人们能把“注意”这个名词的一个不幸的、心理学的掩饰剥去，我倒愿意称意向作用是注意的一个事例。注意作用是一种向某某东西的伸出；它不是情感作用，也不是认识作用，也不是思维作用，正如它不是消化作用、呼吸作用一样。它乃是去迎合或寻找某种环境的性质。它不能根据着所寻求的性质来予以描述，因为这性质随事例而变更，而

注意作用是不变的。如果注意被认为是一般的有机的态度,而不像认识作用是一种专职化的机能,这在生物学和心理学上将会导致明白的思想。于是我们就可说白血球注意细菌而不至堕入荒谬的泛心论或唯心论。但是这种澄清的希望很小。心理学家将会继续莽撞地前进而且坚信:和心灵活动相关联的所出现的任何东西必定是心理的,正如物理学家认为在物质界所发生的一切完全是物理的一样。

美国实在论者已经认识到:意识问题是寻找认识活动的差异点和认识领域的差异点的问题。所以他们一向试图辨别认识作用对于生命和对于生命特别组合在一块的实有体所作的独特的贡 441
献。至少有三个人——伍德布里奇、霍尔特、蒙塔古——曾列举了一些真能启发思考的特征;就这些特征中,在这儿我只想提出伍德布里奇所提出的一个特征,因为其他的特征在本书内其他地方已经讨论了。

在一篇值得注意的论文里,[①]伍德布里奇提出这样的主张:意识包含着实有体之间的一种在其他处所所不存在的关系,即彼此蕴涵的关系。我毫不怀疑这里所提到的关系是真有的而且是有意义的。但是它需要广泛的说明,甚至像霍尔特、蒙塔古所指出的关系一样。我们对于它必须知道得更多,它才能启发我们。例如,它是逻辑家所意指的蕴涵吗?它是由心灵的反应而成立的,或由心灵反应而显露的,或者它就是这反应本身呢?它如果和心理学家叫作"简单的联想"有关联的话,是怎样相关联的呢?当伍德布里

① "意识的性质",《哲学、心理学及其他》杂志,第2期,第119页。

奇说，面包蕴涵养料，又说，蕴涵作用比命题间的推论关系更深透些，他在读者的心里就引起这些疑问。但是我不相信这些疑问是可以回答的，除非等到整个的生物学的情境已重新考察了，环境和有机体之间的关系说明得更精确了。如果我没有误解的话，这是伍德布里奇自己的信心。这同一个限制性的判断必得加于每一其他实在论的假设之上。意识没有依据总的有机的情境来加以描述，而它是从这总的情境中发展出来的，又是它的不可分割的一个相状。一个假设仅仅根据知觉和对象去研究知觉和对象的关系。另外一个假设仅仅分析逻辑实有体的结构。第三个单纯地考虑在有机的适应中的知觉的运用。第四个集中于心理物理的过程。因此，正因为每个假设注意不同的东西，所有这些假设总的说来可以
442 同等地有效，这不是可能的吗？一经把意识作为大情境——即不仅包括情感、感觉之流、思维，而且也包括一个有机体（血、筋肉、神经、冲动和欲望）和物理的东西（电、光、物质）——的一个特征而予以研究，这些假设的调和岂不就可能出现了吗？无论如何，这种可能性就足以成为试图实现它的充分理由。

4. **生物学的观点**——任何一种对于意识的研究不能称为真正是生物学的，除非它首先用刺激、能反应者和有机的工具（构造—机能）这三个基本因素来描述意识，这一点现在一定是明白了。这个问题可以用三个相应的方式表述出来。

首先，意识包含一个特殊的环境。我们必须发现、描述这个环境。认识的机能是应付别的机能所不处理的环境中的某种特性。如同胃做些别的器官所不做的事一样，中枢神经系统，特别是认识的能反应者，也是如此。

其次，意识包含有**导向的**活动。这就是说，它不仅是被某一刺激所引起；而且既引起之后，它就趋向某某处所。或许它不是有目的的；但是无疑地它真有一个方向，正如磁的吸力或引力作用的个别事例真有一个方向一样。（它的方向是纯粹空间的或空时的，或是另外一种的，乃是专门的问题。）它“达到某某处所”。它完成某种东西。但是完成什么呢？这也要予以发现、描述。

最后，意识包含一个有机构造的操作；依照我们对于构造和机能所知道的一切，构造能够以某种方式改变由于影响了意识、结局成为认识的那个东西。那么，意识的任何特性是由于构造吗？如果不是，构造又完成什么呢？再一次我们必得发现、描述。

从生物学的观点看，这三个问题是不可转化的，而是同等重要的。设使它们中的任何一个被忽视了，那么，可以推测，任何人要毫不合糊地回答这两个中心问题是不可能的：一个在意识之内的 443
实有体和一个在意识之外的实有体在什么方面有所不同呢？意识完成什么呢？

五、意识在生物学上的地位

读者请注意这一节的意图只在于讨论意识在生命界中的地位。它将不提出完全的假设，而只描述意识产生的条件。这个描述所能自信的至多是：它把可能的解释纳入很窄狭的范围之内。

1. **环境的一般结构**——近代哲学家和思辨的生物学家没有一个曾正式分析个别有机体在其中生存的世界的较广泛的特征，这却是一个奇异的事实。没有别的事实像这个事实那样显著地表明：人类中心的世界观是怎样统制着当代的思想。试取任何一本心理学教科书，你将找到对于感觉的性质、神经的构造有广泛的描述，但是对于外界刺激东西这一领域却一字不提，除掉像这样的套语："发光体用以太波动影响视网膜"、"空气的振动就是声音"，等等。固然，实验心理学家常常被迫去分析和他的专门问题有关的特殊的物理现象。假使他研究味觉、嗅觉，他就想懂得关于酸、盐、碱的知识；当他研究视觉的时候，他就想懂得关于光的知识。但是他一向注意它们的微细的特性，从不注意它们对于有机体的共同的、集合的性质和活动的条件。这些性质和条件，我或者是用来指贯穿有机体所应付的一切或大多数实有体的东西，或者是指包含在那些实有体的共同存在和共同活动中的东西。

这一类的三种性质或条件乃是(a)空间，(b)时间，(c)因果关系。可能还有许多其他的东西，不过这些是明显的；因此它们的生
444 物学的重要性也是明显的。每个生物发现它所居住的世界充满了在空间、时间上和它分离而又彼此互相分离的东西。有些东西是它所追求的，另外一些东西是它要避开的；有些特殊的东西在空间上、时间上对它的身体的确切关系是有关生死的事。不问一个人对于空间、时间的形而上学的学说是怎样，无论如何，他必须承认：不在胃里而在肺里的马铃薯之影响一个人的幸福，比起曾经写出的最崇高的哲学要来得更切实些；他又必须承认：物种史和文化史可能大部分是用"在前"、"在后"等词语而写成的。那些侥幸缔造帝国和创造理想的人们之所以存在，是因为他们的祖先曾当机立断，胸怀大志，实现了行动的计划，得到帮助，比别人稍快一些到达安全地带。至于掌握因果的价值，自罗杰·培根以来已大加宣扬

了；普通人从未予以怀疑。

正如有机的形态和机能的特别分化是和环境中的元素的特别性质相关联的，所以它们的较广泛的分化是和整个环境的较普通的现象相关联的，这岂不是很可能的吗？因为除掉中枢神经系统以外，每个器官既特别应付随时碰着它的某种特别的事物，又因为中枢神经系统既特别对一切种类事物作反应，甚至那些在空间、时间上很远的事物，那么，认识作用的最深刻的效用和最深刻的特征只有通过分析自然的整个空时秩序的最深刻的特征才能了解，这岂不是很可能的吗？

这些问题以前从没有提出，至少没有以应有的恳切态度提出过。作为例子，让我们考虑一下哲学家考察空间所采取的态度。除掉亚里士多德派和唯物主义者——他们至少承认空间的充分真实性，即使他们研究得还不够——哲学家处理环境的这一形态，总是按照下列三种方式中的一种或一种以上的方式：(a)他们描述所 445 471
设想的空间的自相矛盾——从芝诺到柏格森是如此；或者(b)他们认为空间或是观念、或仅是知解的一种形式，并且追溯它的起源和它的心理成分的安排——从洛克经过康德到近代心理学和形而上学是如此；或者最后(c)他们和数学家联合起来，分析外在性的纯粹形式，如在几何学中所设想的，但是不认为他们的结果对生物学的情境有任何关系。当罗素先生说，投影几何“完全是先验的”，不从经验中取材，并且“像算学一样，以纯理智的所造物作它的对象”，他是持有这种信念的。[1]

[1] 《几何学基础》，剑桥，1897 年，第 118 页。现在罗素先生或许要修改这句话了。

在这三种态度中，只有最后一种走上了正确的方向。毫无疑问，几何学家曾以非常的努力分析了空间。但是当他们不相信他们的题材是纯粹理智的时候，他们关于它对生物学可能有的关系是没有充分的兴趣以使他们根据空间来描述环境的。的确，他们中的大多数是如此相信几何学是“纯理智的所造物”，以致他们怜悯那愚笨的实在论者，因为实在论者怀疑理智有它自己的所造物，而在世界秩序中寻找几何学的事实。

2. **环境作为空间的复合体**——假使我们看一看动物必须在其中寻求饮、食、住所和配偶的世界的空间对它的影响。让我们试去寻找那样一些关系，即对于要在空间中居住的生物明显地“造成一种差异”或“生起一个问题”的关系。首先会注意到的是这些：

(a)对于生命是重要的物体大部分是发出各种能量的大量物质。(这儿用“能量”这个名词是用它的无色彩的意思，并不蕴含任何物理学假设。)一切食物和饮料都是如此；每一种都是仅仅处于空间中某处。大多数的居住处所也是如此；别的动物、仇敌、被攫取的动物、同族的伙伴、异性的生物也是如此。生命依靠其光的太
446 阳也是如此。帮助一个动物找它的向位和帮助它在大地上跑来跑去的大多数物体也是如此。似乎只有一种普遍的东西，不是有一定处所，而是充满四方的，那就是空气。

(b)大多数这些物体是影响的中心，这些影响之所及远远地超出人们通常叫作“物自体”的物质以外。例如太阳发出以太振动；各种物体依照它们自己的化学结构而反射这些振动，因此发出特别的光的位形(色形复杂体)。火射出热，山上的湖使人在远处也觉着它的凉气。花发出气味，大多数动物也是如此。

(c)在大多数事例中，这些影响是向空间的一切方向发出的。照“放射性”这个名词的广义说，这些物体是放射性的。

(d)由于能量的这些放射的路线，一个动物实际上是和环境中的一切元素相关联的。不是这样和它相关联的仅有的元素，乃是它用身体吸入它的有机体的那些东西。甚至它和这些东西还是放射地相关联着，直至吸取它们的时候为止。

(e)在一切所观察的例子中，一个特定能量半径的任何一部分的性质是距这能量中心的距离的一种(连续的)函数。(它同时也可能是某某其他变数的函数。)热、光、引力、气味和任何其他被放射出来的性质是沿着每个能量半径而逐点地变化，而和每一特殊点距能量中心的距离成反比例。

(f)每个能量半径，就它的几何形式说，是实在的直线。这就是说，单独就它的空间特征来看，它是一个连续的系列，即是满足狄德金的密度假设和亨廷顿的直线性假设的系列。[1] 可是，不像一条纯粹几何学的直线，它最多只在一个方向是无限的，也是能在两个方向都是有限的。严格地说，那么，它是一条几何直线的一个 447
线段。但是因为任何特定动物的环境既完全在这样的线段之内，而由空间所生出的问题既是从线段的直线性出来的(将予以说明)，这个情况在我们现在的探讨中不造成什么重要的差异。

(g)每个能量半径不仅是上述意义所谓的空间直线，而且也是异于空间的、物理性质的连续体。可以说，在我的眼睛和太阳之

① 参看亨廷顿(E. V. Huntington):《连续体作为一种秩序的类型》,《数学年刊》,第 2 卷,第 6 期,第 15 页。

间的点的系列上，安放上了以太情况的系列。这安放在上面的连续体的结构固可不与点的体系相同，但它总是某种连续体或是连续体的系列，而这些连续体是通过“临界点”（它包含某种性质的变易）由这一个转到另外一个。

(h)从无数能量中心所发出的能量半径互相交叉，有时没有互相的改变，有时有这种改变。在一个焦点互相交叉的光线不仅仅因此交叉动作而有所改变。但是当通过玻璃的时候，它们就受改变了，因为玻璃能折光、反光、吸收它们的一些性能。

这个情况产生了两种问题：第一，一个能量中心的定位；第二，发现一个能量中心的特殊性质，以别于那些和从别的中心所发出的半径相交叉而生出的性质。

严格地说，刚才所说的这两个问题不是完全由环境的性质生出来的；而是由它和动物的特殊需要相结合而生出来的。需要虽不属于我们现在所列举的东西之中，我要举出它，因为它一部分是从物理性质中的一个重要性质生出的。动物有时需要得着一个物体的自身（就是能量中心），有时它只需要在一定距离受到这个物体的影响。试考虑一下在严寒冬夜中的人和炉火。只要他仅仅想把手和背脊烤暖，他的问题就不是要取得燃烧着的木柴，像他要取得食物那样，而是对炉火保持最适当的距离。然而如果有一个火花射出来落在地毯上，那么，他的问题是把它拾起来或用脚踏熄
448 它；现在他必须作的适应就不是对一种影响，而是对能量中心本身了。关于火的（有别于空间的）其他性质可以此类推。有的时候他必须知道正在烧着的是木柴还是煤炭。

(i)在一个能量半径上没有单独一点能决定、包含或指示它自

己距能量中心的距离。因为介乎点之间的距离——照这个名词的纯粹逻辑的和几何学的意义说——是一种外在关系。点作为点看待，并不构成距离，点也不是距离所构成的；距离是多点的外在性，不是它们的位置。

(j)在一个能量半径上没有单独一点能决定、包含或指示它自己离开能量中心的方向。这可以用几何学的常用语言很简单地说出来。决定一条直线需要两个点，因为照罗素先生的说法，一条线“可认为是两个点的关系，或认为是二者共向形成的体系的形容词”。[①] 因此，如果所予的只有一点，通过它的所有的线在性质上是不可区别的。

在(i)和(j)两项中所说的话的精确性是无须依靠几何学的证明的。任何人可以用经验证实它们。贝克莱在他的《视觉新论》中说：“距离就是其一端向着眼的一直线，它只把一点投射在眼底上——无论距离的长短，这一点是一直保持不变的。”[②]虽然贝克莱在这里所下的距离定义是不正确的，他的话的主旨却是对的。其实，这话不仅对单独的点有效，而且对许多(虽非一切)点的复杂体也有效。因此孤立地看，一条线可能是近在手边的一条短线，或可能是较远的一条较长的线，或可能是很远的一条极大的伸展。只有在某种关系中的真实点的某种结合才能决定它们的能量中心的方向与距离。因此，

(k)方向和距离是某些类复杂体的函数(数学的)——至少就 449

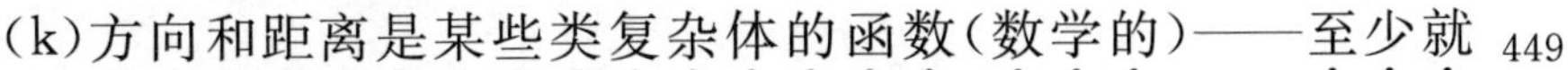

① 《几何学基础》，第120页。

② 他从此所得到的推论——距离是看不到的——是没有根据的；其理由即将指出。

上面所描述的这种体系说是如此。这样说出来，这个事实将使许多人惊讶而认为乖谬。然而它是——在物理世界中——投影几何学建立于其上的例证。简单地说，这些事实显得等同于那些描述环境对于有机体处于作用关系的事实。的确，这后一种关系可以完全用投影几何学表述出来；当它既这样表述出来的时候，它就恰恰显示出那个包含意识的奇异事态。

(1)投射的关系存在于不包含量度数值的外在性的体系中[①]——几何学家已经认识到数量在逻辑上是后于性质，至少在空间的关系中是如此。性质的等同是先已被每一数量的等同假定了。引用罗素的话说，“因此一切图形，其差异可用数量彻底描述者……必定有等同的性质，并且这必定可以无须求助于数量而予以认识。随此而有的推论是：在几何学的题材中，由于界说‘性质’这个名词，我们就可发现哪一群的图形是不能以投影辨别的。”看来，空间的纯粹性质是(a)许多点和(b)许多点的差别的关系，也就是线。两点间的关系就是点位于其上的直线。罗素说：“这就把所需要的等同的性质给了同一直线上的任何一对点了。……如果所予的只有两点，它们是无法不用数量而和同一直线上任何其他两点区别开来的；因为任何这样的两点之间的性质的关系是和原来两点的关系一样，只有借关系的差异才能把许多点彼此区别开来。”[②]反转过来说，“直”也只是它的两点间的关系，只有用这两点

① 在这儿我不想论证投影几何学是非数量的。我只想稍微提一下，让读者参看一些论著，如维勃伦和杨格合著的“对投影几何学的一套假定”，《美国数学学报》，1908年，第347页等；罗素，前引书，第3章，第1节等。后一本是介绍给一般读者的。

② 前引书，第130页。

才能把这一直和别一直区别开来。因此所予的如果只有一点，那 450
么，任何两个直在性质上不能和任何其他两个直区别开来。

我要立即强调说：这个事实里没有什么神秘，而且它也不是几何学的深奥部门所特有的。它对一切种类的东西都是真的。**一种性质它确定一个实有体是某一类的成员，并不能够在这一类中把这个成员区别出来**。设使我们知道什么东西使马所以成为马；这就是说，它是一些性质的复杂体，能区别马的性质不同于驴的性质、牛的性质等。[①] 我们并不具有必要的知识把一匹法国佩尔什马和一匹克莱兹代尔马区别开来，或者把一匹美国产莫根驿车马和法国哥奇驿车马区别开来。在性质上——这儿是意指“关于马性”——一切的马，作为马看待，是不可区别的。在这上下文之中，我们的话是基本逻辑的常谈；当它一指到空间类别的时候，这些话对许多思想家就变成极端困难、含糊了。他们没有看出：使一个位置所以成为一个位置的、使一条线所以成为一条线的东西不就是使一点离另一点十呎或在另一点的左边的那个东西。没有抓住这一点，他们简直被我们前面的话——方向和距离（空间的数量）是点线**复杂体**的函数，而不是点—性质和直线性的函数——所迷惑了。

（m）在纯粹几何的投影和物理的投射中，有一些复杂的关系在性质上是不变的，不管相关联的元素离开投射中心的距离和方向是怎样的。在纯粹几何学中，这一类的基本关系是非调和比例。

① 对于现在的论辩，如果有人说，有机的类型并不如过去所设想的那样是明确的、稳定的，那是与此毫不相干的。

如果四直通过一直上的四点在任何一点相遇，又如果另外一直遇着这四直，那么，这新的四个相交点有相同的非调和比例，像原来
451 的四点一样。[①] 或者反转过来说，所有的线，横切任何遇于一点的四条线，就有相同的非调和比例。在物理的投射中，放射体系的完全不同的性质显出逻辑上相似的不变性。例如，从一个特定发光点所射出的一锥光线在任何点可以被一曲线——它的发射中心就是这发光点——所割切，而在所有这些割切处的热量之和或光的能量是一个不变数。

有多少这样的投射的不变数，没有人知道；但是几何学、物理学、心理学提出许多事实表明这些种类是非常多的。当我们将来讨论认识领域的特性的时候，我们就会碰到一些显著的种类。把它们比较一下，我们就辨别出一个大有意义的事实；这个事实，经过更细的考察之后，显出来不是所投射的东西的偶有的特征，而是投射关系的本有的特征。它是这样的：

(n)**在任何特定的投射中，不变的、决定的关系，依逻辑的意义说，对于投射线是横切的**——要把这一点弄清楚，让我们看一看投射的类型性质，就如这最简单的范例——点在平面上的投射——所显示的性质。因为它的性质已彻底研究出来了，我们可以依据它而不怕引起混乱。我将用特别的名词作类名；当这些类名应用到较高级次的投射事例中时，将不会染有几何学的特殊意义了。

(*i*)假使从一个固定点 S 画线到不同的点，A、B、C，. . . 假使这

① 要证明这个比例并不包含距离和角度，请参看罗素，前引书，第 122，125 页。

些线被一个平面在 A'、B'、C',... 点上所切,…… 这 A'、B'、C',... 就被称为这些特定点在这个平面上的投射。

(ii)包含这三个部分的总复杂体我将命名为“投射体系”:(a)固定点 S,(b)A、B、C、... 点的集合;(c)A'、B'、C'... 点所构成的平面。我将命名 A、B、C、... 点的集合为被投射的复杂体;A'、B'、C'... 点的集合为投射复杂体;A'、B'、C'... 点的平面为投射场。S 点我将叫作投射的参照者。

(iii)“级次”这个名词将指示一个复杂体的维次。例如欧几 452
里得的空间是属于第三级次的;空时体系是属于第四级次的(至少);等等。

我相信这些乃是了解投射的(作为有别于特殊地空间的投射)类型性质所需要的基本定义。这些类型的性质是什么呢?它们有四个:

(i)假使被投射的复杂体是属于 n 级次的,那么,投射场可能是($n+a$)级次。

这是直接从这样一个事实而得的推论,即:投射场是外在于被投射的复杂体,也外在于投射的参照者。这种外在性可能构成一个维凌驾于被投射的复杂体的、或投射的参照者的维次之上。在平面上、在点的投射的特殊事例中,这是很容易看出的。

这种投射体系属于第三级次,因为这平面(A'、B'、C'、D')是外在于 S 和 A、B、C、D 点。因此 AS 这条线和那个平面形成一个三维的复杂体。

(ii)在这个结构中,投射场必定(a)对于被投射的复杂体和投射的参照者之间的关系是横切的,和(b)外在于二者。在上面所予的特殊事例中，这是可以明白看出的。在那里，被投射的复杂体的元素是点，但是投射复杂体的元素之间的关系是线。其次，在被投射的复杂体的任何特定元素和投射的参照者之间的关系是线，但不是投射场的平面上的线，因此是属于另外一个维的。第三，也值得注意的是：被投射的复杂体的元素（点）之间的关系是异于投射场的平面的其他平面的线。

（iii）投射复杂体的元素之间的关系属于另外一个维，它不同于（a）被投射的复杂体的元素之内的关系，也不同于（b）被投射的复杂体和投射的参照者之间的关系。

453 （iv）在投射复杂体内的元素彼此之间的关系是下列四项的函数：（a）投射场的性质，（b）投射的参照者对于这个场的关系，（c）投射的参照者对于被投射的复杂体的关系，（d）被投射的复杂体的元素彼此之间的关系。因此在上面的图形里，A'对B'的关系依靠投射场的结构——例如它是一个平面，或是某种弯曲面，或是其他的类型。它同样地也依靠 S 距投射场和距被投射的复杂体的距离与方向，并且也依靠 A 对 B 的关系。

我相信投射体系的这些性质，严格地说，是类型的。任何地方，只要有任何种的投射场典型地和投射的参照者、和被投射的复杂体相关联着，就可以找到这些性质。这个复杂体的特定的维，不论它们是熟悉的空间和时间的维，或者其他种的，例如颜色的维；不论是什么样的，都无关紧要。这些性质似乎是“纯粹投射”的性质，正如换算性是纯数的一种性质，自由运动性是纯空间的一种性质一样。如果这是一个正确的意见，自然就会揣测一些投射的范例是否能在纯粹几何学以外找得着了。在我看来，在意识作为它的一个相状的有机情境中给予了一个最显著的范例。

3. **生物学的情境的三个因素相当于投射体系的三个因素**——能反应者是投射的参照者，环境是被投射的复杂体，认识领域是投射场。我们大多数人之所以难于了解这点，是由于两种情况：第一，由于对投射的关系的一种朴素的见解，把这关系当作像把映象投在幕上；第二，由于那几乎不可免的趋势而去想象真的投射关系是发生于三维空间**之内**，而不想象它是空时秩序和一个更高秩序之间的关系。第一个困难我在前面许多段落中已试予以澄清了；我相信，第二个困难借下面关于能反应者和它的投射场的说明至 454
少可以减少些。

(a)能反应者有别于(i)它对之作反应的东西，和(ii)它自己的反应。在本文的前面部分中已经指出，通常的反应不能只根据它们的刺激而予以适当的说明，并且指出，必须限定某种实有体(不一定是心理的)，它对于刺激的态度或参照能确定这反应的关系。关于意识，指出有相同的事实，现在是适当的时候了。

刺激的式样和反应的式样之间的差异是不值得多谈的，因为它是太明显了。如果我看见一个箱子三呎长、两呎深，我并不就变成三呎长、两呎深的箱子。尽管我听说一个人昨天在百老汇街上倒毙了，我昨天并没有在百老汇街上倒毙。简单地说，反应不是引起它的物理情况的简单的重复。它是走它自己的特殊方向的。最明显的事例是时间反应。过去和现在的刺激引起的反应是被将来的条件所调节的；反应的时间式样含有将来的因素，这些因素自然完全不在物理的刺激之中。

在我们试图说明这种式样差异是怎样形成之前，让我们观察一下第二个特征，即任何能建立前面所提到的差异的东西的外在性。在这儿我又只说出一个摆脱去预先假定的老生常谈。我要援引这样一个熟悉的事实：一个人所做的事，作为认识某一情境的结果看，不是**单从**那个情境的内部结构可以推演出来的；更不是**单从**结果行动的内部结构可以推演出来的。他的行为根本是被某种东西（哲学家叫作“冲动”、“欲望”、“活力”、“心识”、或“自我”）所决定的。①

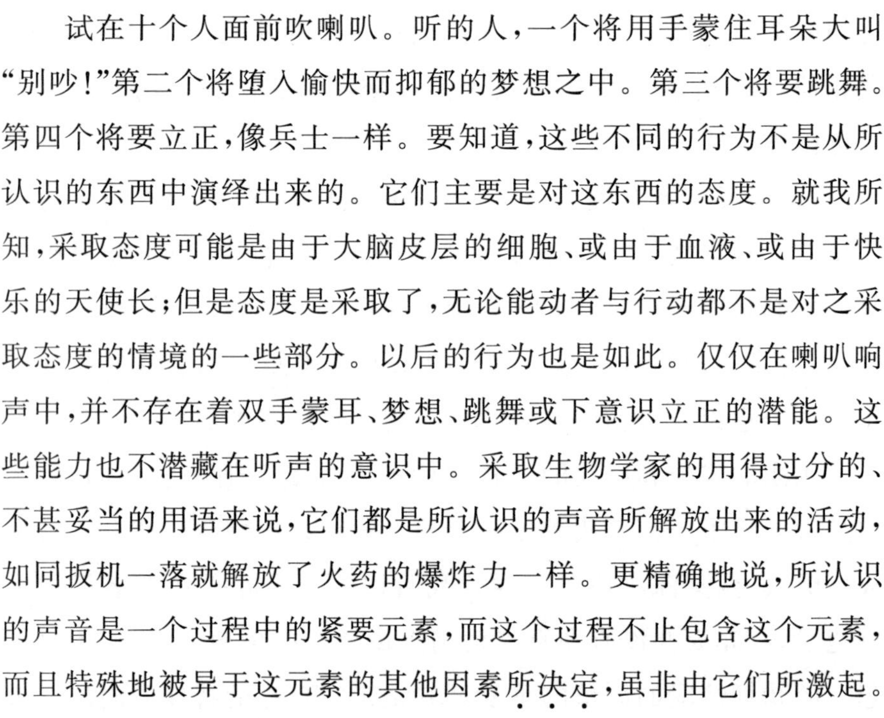

455 试在十个人面前吹喇叭。听的人，一个将用手蒙住耳朵大叫“别吵！”第二个将堕入愉快而抑郁的梦想之中。第三个将要跳舞。第四个将要立正，像兵士一样。要知道，这些不同的行为不是从所认识的东西中演绎出来的。它们主要是对这东西的态度。就我所知，采取态度可能是由于大脑皮层的细胞、或由于血液、或由于快乐的天使长；但是态度是采取了，无论能动者与行动都不是对之采

482 取态度的情境的一些部分。以后的行为也是如此。仅仅在喇叭响声中，并不存在着双手蒙耳、梦想、跳舞或下意识立正的潜能。这些能力也不潜藏在听声的意识中。采取生物学家的用得过分的、不甚妥当的用语来说，它们都是所认识的声音所解放出来的活动，如同扳机一落就解放了火药的爆炸力一样。更精确地说，所认识的声音是一个过程中的紧要元素，而这个过程不止包含这个元素，而且特殊地被异于这元素的其他因素**所决定**，虽非由它们所激起。

(*b*)能反应者借意识的帮助而对之作反应的关系乃是空时的

① 这最后三个名称是浸沉于坏的形而上学之中，引用它们，几乎不可避免地将导对这整个情境的误解。我在这儿引用它们，只不过表示用它们的那些思想家是指生命过程中的一个真实因素。

东西中的关系，但是它们不是最严格意义上的空时关系。这就是说，它们不是距离、方向、量值、时延。在认识领域中，这些东西和其他类似的东西只是一些项，在这些项之中，存在着与此完全不同类的关系。这些特殊的认识关系是什么，这个问题太大，在分配给我的篇幅中无法讨论；不过至少我要说：伍德布里奇早已指出最重要的一类，即是蕴涵。毫无疑问地，这些不是空时的关系，——照这些关系作为功能看在物理和化学作用中所发展的或存在的这个恰当意义说；然而它们不是由于被知而创造的，它们不是心灵的巧妙的制作，而是真实的实有体之间的真实关系。或者用避免主观主义的嫌疑的用语来说：作为物理—化学的作用看，刺激是和许多别的事件（实有体）真实地蕴涵在这宇宙中的，但是**这蕴涵不在化** 456
学作用中，正如一点距另外一点的方向和距离不在这一点之中一样。蕴涵是许多实有体之间的关系，不是内在于任何一个实有体之中；因此只有当包含许多实有体的复杂体出现时，关系才能出现，正如只有当点的复杂体出现时，直线性、直性、曲度等才能出现一样。

那么，蕴涵的关系是在什么复杂体中出现的呢？对于这个问题的答案，就指出了意识在这个世界中的独特地位。这个复杂体包括整个的物理宇宙，过去、现在、未来，以及各色各样的关系。

(*c*)**能反应者是这样和投射场、和被投射的复杂体相关联，致使在某些维次中，投射场居于能反应者和被投射的复杂体之间**。——这只是一种精确的方式，用以说明：我们对物理的东西的有机的适应是“通过”意识领域的。

投射场或“意识的领域”——照这个形容词的严格的逻辑意义

说——对于投射在它上面的物体是横切的。“横切的”意思是说，对于任何一个特定的维是各不相同的。认识领域对于其中的元素的关系正是如此。这些元素是空时的，但是在认识领域中，它们彼此间的关系不是空时的。它们没有一个能够简化为长、宽、厚、时延或任何这些东西的复杂体。正如长是不同于宽的维的理由相同，一个认识的关系的维是不同于任何空时的维的。认识关系的领域就是在这个不同的维之中，它是横切于空时四维的，因此它是属于(4 + a)级次的。如果我们赞同界说物理世界为“纯全的”空
457 时体系，那么，意识不是物理的。[①] 但这并不蕴涵意识的对象不是物理的。这甚至也不蕴涵认识的关系不是物理的东西之间的关系。

这全部过程的广泛特征现在可予以总结了：意识使有机体能以各种方式在有特殊意识状态的片刻中适应外在于它的空间和时间中的实有体。我并不是说意识就是特殊的适应；适应主要是冲动与运动神经的动作。但是意识是倾向这种适应的决定性的推进。它在此时此地使我有可能对已不存在的物理的东西、对其他还没有成为存在的东西以及对在空间上现在不影响我的东西调节我的行为。这种能力的偶然特征乃是认识幻想的，不可能的物体，并对它们有所行动。有时我把它们真当作一回事，那么，就它们的直接功效是一个准绳而言，它们是和物理的东西同样真实的；在这种情况下，我是被我自己的意识所愚弄了。但是通常我只对它们表示好奇，或向它们笑，就像我对海象和木匠 * 一样。

---

① 最好附带说，我要拒绝这个定义。我看不出有任何有力的证据以设想物理的东西仅是广袤和时延的复杂体。

* 神话中人物。——译者

在这过程之中必定包含些什么呢？首先请注意：进入认识领域的环境是四维的。对它作各样适应的有机体也是四维的。我是真正意识到空间的所有三维，也意识到时间；在进入认识领域中，这些维没有一个是失去了。我也是在这四个维中作反应；我的肌肉不仅在空间的三个维中运动，而且在时间中延缓或加速它的运动。从所认识的复杂体过渡到适应，其中包括前者的投射在$(4+a)$级次的场上。在这投射中的特殊关系乃是被投射的四维的复杂体的性质的函数。但是它们虽是这些性质的函数，在投射中的特殊关系是属于另外一类的。关于投射性质和它们所引起的有机的适应正有同样的情况。

用稍欠精确的话来说：从关于意识的方向看来，意识的作用是 458
使一些关系的类型，使在四维的有机体中为$(4+a)$级次的场所特有的那些关系的类型发生效用。

或者，再用深染旧哲学的错误的话来说，意识是那种效能即我们用以遵照“超乎”空间、时间的原理来调节我们的行为的那种效能。尽管这话很熟悉，这样说明情况是不明朗的。它把我们导致认识论的陈旧的迷雾中去。因为它只描述意识的结果，而不描述所包含的因素彼此之间的特殊关系。因此要抛弃它，而采取上面所给的较复杂的、描述得更好的概要的说明。

4. 如果生物学的情境构成一个投射复杂体，如上面所主张的那样，那么，所有那些在心理学上叫作错觉、错误的事件就不是意识的产物，而是整个投射体系的特殊的、不可免的特征。它们对于“总的情境”的关系等于一个被投射的点对于一个纯粹几何学的投射体系。这里的篇幅不容许对这一件事作适当的说明；但是我不能丢开它而不予以简单的申述。因为如霍尔特和蒙塔古所已表明，对于新实在论有决定意义的问题，像对每个其他的认识论学说一样，是关于（各种形式的）错误的问题。新实在论的最尖锐的批评者说：它的致命的错误是承认错觉、错误的全面“客观”性，同时拒绝把错觉的对象以及其颜色、形状、行为同等地放在它们直接出现的空间和时间中去。如果这个责难是正确的，它的确是致命的。但是我相信它：所以有力，完全是由于误解了意识在其中发展的“有机的情境”的关系的性质，并误解了进入这个情境中的实有体。**这个情境含有在投射上不可辨别的许多实有体，因此这些实有体在任何特定的投射场中，必定具有复多的值**。这些实有体不仅是

459 被错误地**解释了**；而且，参照它们是其中的真实部分或相状的空时体系，它们真正是不确定的。

在任何投射体系中，任何特定的投射复杂体乃是无数真实的或仅是可能被投射的复杂体的投射。因此，如果从 S 点画 SP、SQ、SR 三条线，在 A'、B'、C' 点切割另外一条线，那么，A' 是 SP 线上每一点的投射，B' 是 SQ 线上每一点的投射，C' 是 SR 线上每一点的投射。因此，如果只特定了 S、投射平面和 A'、B'、C' 三个值，后者的每一个就是真正不可辨别者的不定体系的真实投射，因而就有复多的值。

要决定在一个特定片刻是有哪一个真实被投射的体系，我们必须用别的点 M、N、Q 的体系来试验它，这些别的体系必须变换，而 S、投射平面和 A'、B'、C' 不变。那么，如果 A'、B'、C' 不随 M、N、O 的更换而变化，后一复杂体就不是真实的被投射的复杂体。

如此等等。请注意这种淘汰法包括一系列的作用，不仅是单纯的投射而已。它包括一种指导的活动、投射复杂体的比较和在这些复杂体中的选择。

这些投射的不可辨别者正是我们在更高级次的、认识领域中的投射中所发现的更加复杂的关系。试用第四或更高级次的极端复杂的实有体来代替点。试用一个未知的、更高级次的场来代替投射平面。试用一个投射的参照者——它不但不是属于零维次，还可能属于高级次的——来代替 S。于是你就有(*i*)一个远的复杂体与它相关联的中心；(*ii*)这个关系是空间、时间或许其他的维的函数；(*iii*)投射体之中的投射关系是横切于这样的维——在这些维中，被投射的复杂体是和有机的中心相关联的。试举一例：当我想昨天的日落意味着今天下午下雨的时候，我是外在于在空间、时间中的落日和雨；我对它们的关系是空间和时间(或许更多的变数)的函数，

487

但是关于落日我**所想的**东西本身不是空时关系的复杂体，而乃是暗 460
示、蕴涵、辨别等的复杂体，不过它们有些项可能是空时的。

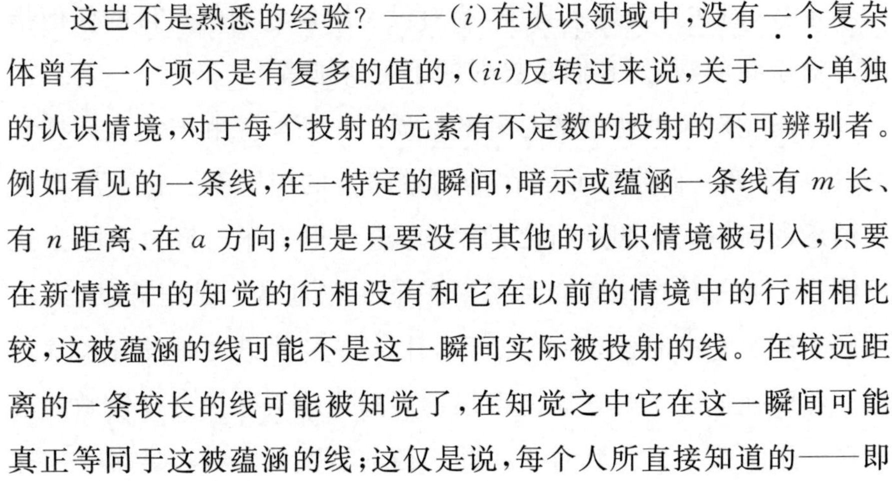

这岂不是熟悉的经验？——(*i*)在认识领域中，没有**一个**复杂体曾有一个项不是有复多的值的，(*ii*)反转过来说，关于一个单独的认识情境，对于每个投射的元素有不定数的投射的不可辨别者。例如看见的一条线，在一特定的瞬间，暗示或蕴涵一条线有 m 长、有 n 距离、在 a 方向；但是只要没有其他的认识情境被引入，只要在新情境中的知觉的行相没有和它在以前的情境中的行相相比较，这被蕴涵的线可能不是这一瞬间实际被投射的线。在较远距离的一条较长的线可能被知觉了，在知觉之中它在这一瞬间可能真正等同于这被蕴涵的线；这仅是说，每个人所直接知道的——即

许多在别的联络体中不同的东西在这一个知觉中被等同起来——在这儿就成为不可辨别者,因为它们只有一个知觉的投射,正如在 SP 线上的一切点在特定的情况之下,在特定的平面上有一个共同的投射一样。

对于概念,跟对知觉一样,情况亦复相同,这岂不也是常见的事吗?这不是视觉空间的偶然的特征,而是任何地方有一种纯粹投射的(非量度的)关系,就含有这样的征象,例如我所怀想的特殊的、刹那的“观念”就**是**未指明的、许多实有体的投射,这许多实有体中的每一个,当它被投射到特殊认识领域中,蕴涵着与前相同的其他实有体,而又被这些相同的其他实有体所蕴涵。在一个特定的认识情境中,我想到“一匹性情温和而又训练驯熟的棕色母马”。这个复杂名词的特殊内涵是由我所定的;我这个有机体选择了一个确定的投射复杂体,体现确定的、蕴涵的、可辨别的关系(例如:“我的男孩子能骑的马”、“不害怕电车的马”,等等)。那么,这可能是它的投射的、外在于认识复杂体的东西是什么呢?它们可以多
461 到不定数,**而在这投射本身中,绝对没有限制它们的数目的任何指示**。对于我的观念,它们是投射的不可辨别者。

5. **幻觉对象的所谓的心理的性质**——哲学家和普通人同样认为:这些东西一向是彻底实在论的道路上的绊脚石。在亚历山大和纳恩的新近的大胆分析之前,实在论者很少作出努力来除去这种障碍。我相信这些研究者所辩护的主张基本上是正确的;人们彻底了解了它的时候,将会惊讶为什么许多世纪之前没有人发现它。然而他们距了解它还差得很远。即像洛夫乔伊这样锐敏的读者在这个主张中只找到对于颠扑不破的事实的一种巧妙玩弄。这

是由两种情况促成的:第一,在这儿朴素实在论者的困难可以追溯到他的预先假定,而他对这些假定并未明白地觉察到;第二,亚历山大和纳恩截至目前没有说明、解释幻觉的对象能在其中生起的那个宇宙的结构,因此他们的假设似乎仅仅是一种“掩饰”。把这种现象弄得更糟的乃是因为他们只把幻觉对象的**素材**当作真实的,而把错误的**意义**多多少少归属于能解释的心灵。这类似于旧式的二元论,太危险了。不能满足任何实在论者。它必得用这样一种解释来代替它,**使每种含糊的值和“谬误解释”,像真实的命题一样,同样地不依靠于认识作用**。现在在这个方向的第一步是澄清我所说到的两个情况。为了尽力做到这一点,我要考察常识对于幻觉的判断和这种判断的基本假定。洛夫乔伊很可钦佩地总结这个判断如下:

“至少在有些事例中,空间的对象可以真实存在于异于实在空间的某种境界或媒介体之中。就我所能了解,这样一种境界或媒介体正是人们通常用‘意识’这个名词所意指的东西;在这里潜在的对象乃是他们通常用‘映象’或‘表象’这些名词所意指的东西。但是在这媒介体中一个对象的存在显然不应描述为是一个实在而 462
持久的空间的东西对其他东西暂时进入一种新的关系;因为在幻觉事例中,‘在意识中’的特殊东西并不持久,而且虽被知觉为空间的,并不存在于那同一实在空间,即别的对象仍旧被新实在论者和常识所设想存在于其中的空间。”[①]

① 洛夫乔伊:“一个时相论者对于新实在论的感想”,《哲学、心理学及其他》杂志,第 8 期,第 596 页。

只要认识情境不被当作一个投射体系的投射场看待，洛夫乔伊在这儿所辩护的乃是一个不可避免的见解。然而从这个新的观点看来，他的意见就可看出是基于下面两个隐含的谬误：

1.“A 这个实有体进入了一种新的关系 r；因此 A 的每种性质同等地进入这同一关系。”这是下述这样一句话的必然的预先假定：幻觉的对象不能是进入新的关系中去的真实的东西，**因为**前者并不具有后者的一切性质。因为很明显，如果一个东西只有一个单独特性能进入一种特定的关系中去，如果在这个关系中，这个东西只能显示它的一个性质，那么，洛夫乔伊的推论就有理由了。

这个预先假定是怎样呢？可以替它辩护吗？我看不出能怎样替它辩护，因为它是我们老仇敌——内在关系学说——的极端的一种。实质上它把在关系中的东西等同于物自体。它认为：一个东西的一切性质和关系是如此“有机地”（自然是照这个副词的形而上学的、非生物学的意义）紧密地结合在一块，以致它们全体必定同等地分享这东西所进入的每种新关系。如果有些性质不这样，那么，这“实在的”东西不是在这特定关系中，这儿就有“现象”，“心理状态”来代替它。然而你一检验这样一个假设，它的不可能成立性就立即出现了。它的意想是说：一只栗色的马不能在物理上和拍它照片的摄影机有关联，因为这个动物，就它对摄影机的关
463 系说，只是几吋长，只现出一个眼，只是灰色，等等。或者说：如果一个物体进入磁场，所有它的性质必定是在磁性的关系之中，因此它的颜色、香味、形状、重量、结构、市场价值和成千的其他特性全都磁性化了。如果物理学家用微妙的记录仪器不能在这种关系中

发现它们，那么，这个物自体就不在那儿。[①]

2.“一个幻觉复杂体不存在于空间中它显得是存在的地方；因此它不存在于实在空间中*任何地方*。”这个谬误是基于这个未予注意的预先假定：意识是纯粹地认识物理的东西像它们“本身”那样的。自然，如果一个人紧紧抓住这个朴素的学说，错误和幻觉的事实必然会导致二元论。但是一经认定物理的东西和它们的被认识的相状是关系的复杂体，这全部迷乱就消失了，这仅仅由于你认识了：一个空间复杂体的性质——例如在幻觉中所见的人——物理上是被它对许多其他东西的关系所决定的。在这一方面，空间性质和颜色性质毫无不同之处。

一片山坡在某种光线下从近处看去是绿色的，稍微远一点就是蓝绿色的，再远一点成为蓝灰色的，从更远的优越地点看，就是蓝色的。这些是它的真实的、物理的颜色，分光镜可以证明。从这个事实我们现在很容易推断：颜色不是在这山内的一种神秘的本质，而是许多东西（如以太、空气、角度、距离等）的作用所构成的性质。被这样一个复杂体所构成的性质不能*完全*局限于这个复杂体的任何一部分，这岂不是很明白的吗？你可以照样地把一个圆的圆性放进圆周上任何一点中去。自然，你所能做的是要在这一点对其他点的关系中辨别这样一种特性，即：*如果给予了一个有充分长的连续线体*，就会构成圆周的特性。对于远山的颜色你必得同样对待。颜色不是在一点之中，好像点是一种“本质”，其“现象”是 464

① 柏格森的认识论基本上有这个谬误，在他的认识论中他主张：因为知识既只能给予我们一个真实东西的被选出来的一些性质，它从来不能给予我们“这真实的东西”。

从那儿发出来的。颜色是以某种方式振动的、大量的以太的性质。像一切其他物理的性质一样，它是随以太单位和其他东西的数、排列、性质而变异；照佩里对“依存性”所下的定义说，这个颜色依赖这总的复杂体，如像一个果依赖它的唯一的因，或像整体依赖它的部分。有些相当纯朴的人能抓住这道理而予以赞同。但是当他们以同样的方式去思维空间性质时，旧的本质——实体观念就把他们闹昏了。这山的大小和形状是怎样呀？它不是比一个人大几千倍吗？它的形状不像塔糖吗？它不是在一特定时刻中正在宇宙中这个地方吗？我承认一个人必定是诡辩的，如果他用彻底的关系性理论的方式来回答这些疑问。我们是这样惯于根据量度来解释空间，致令每一其他的空间的解释听起来似乎是荒谬的。自然，我们对于空间的实用的应付都是量度的。日常生活中的重要问题是：多么远？多么近？离右边多少？离左边几度？这些问题大部分都由我们的肌肉予以回答，因为肌肉使我们的肢体越过适当的距离。无可否认：一个位置而且只有一个位置对于另外一个位置居于特定的距离和方向。因此，如果两个位置之间的关系仅仅是距离和方向的关系——照真正数量的意义说——我们就应该赞同通俗的见解说：一个“似乎”占了不是它的“实在的”位置的物体——根据量度来说——“不是实在”的物体，而只是脑中的幻影。仅仅由于运动神经的本能，再加上不了解近代几何学和较为深奥的空间关系类型，这个意见在哲学家中之流行不亚于在门外汉中间流行着。

我们一经把认识领域中的元素解释为投射复杂体，在这样一个推论中——因为被认识的一个空间物体不如它所意指的物体有同样的量度值，因此它(a)不在实在空间中，(b)不是实在的物体——我们就发现错误了。这个谬误是基于这样一个预先假定：两个实有体在一种关系中是不可辨别之物，在另外一个关系中是可辨别之物，它们不能共同属于其中一个无疑地所隶属的连续体。这个假定不仅用形式逻辑可以证明它是错误的，而诉诸它在其中不能成立的具体事例更足以取信。用形式逻辑说：A 是 M 类中的一个成员，在这个关系中(单独地)它和 B 是不可区别的，因为 B 也是 M 的一个成员；除在作为在 M 中的成员以外，如果 A 在某一别的关系中是和 B 可以区别的，我们不能推知：A 不是(a)M 的成员，也不是(b)B 的一部分，如果 B 是一个复杂体的话。这样一个推论就会是通常的偶有性的谬误。这在投影几何中这可以具体地表明出来，在这儿，在一条特定线上的所有成对的两点本身是不可区别的；这就是说，如果别的点和线没有确切地特定，某些操作没有完成。换句话说，它们的距离是不可辨别的，因此每一点的“绝对轨迹”也是不可辨别的。但是从这个事实，几何学家能这样推论吗：M 线上的 A 点不能“实在地”在 M 上，因为 A 在投射上和 M 线上的 B 不能区别？或者推论 A 是某一另外类别 N 的成员？决不如此，他承认这明显的事：**在某些关系中的实有体是真实的不可辨别之物；在仅被这些关系所决定的复杂体之中，它们的等同性是真实的，正如在别样决定的复杂体之中，它们的差异性是真实的一样。** 465

如果哲学家同样地审慎，他必得说：视觉的和其他感觉的错觉、幻觉和幻象不是在它们在其中“直接”存在的连续体的以外的其他连续体中的实有体，而是和这个连续体中的其他实有体这样

地关联的实有体，致使它们在这个特别关系中在性质、功效、及其他方面都相等同。因此在空间与时间中有一类复杂的实有体在一方面（我愿叫作“方向”，但嫌这个名词的通常的用义太狭）是这样相关联的，致使 A、B、C…成员的复杂体等同于 M、N、O…成员的复杂体。如果用其他的、包括范围更广的关系予以描述，就可比方
466 说前面的复杂体是一个特定地方的石墙，后面的复杂体是一个人，他在特定的时候离开这石墙一百哩正在吃早饭。我因有一个幻觉，在石墙“实在”所在地，看到这个人；但是这个事实并不证明这个人或这个墙不在实在空间中；它只说明这样一个事实：两个空间中的东西可以在认识领域中在投射上相关联着，不亚于在较低级次的场合中相关联，所以它们在这儿是等同的（不可辨别的）。

6. **结论**——我们对于生物学的情境的形式分析就止于此，因为没有更多的篇幅来描述其他因素，如认识的能反应者，对于在认识领域中的关系的运动神经的反应，以及作此反应所用的机构。我们的旅程虽短，然已遇到不少重要事实了。普通生物学所描述的实在论的蕴涵大大地澄清了关于谬误的问题，这是每个关于意识的学说中的中心争执。几乎是每一种赞同意识或精神有另外一个境界的论据，最后是基于这个似乎确定的事实：在心“内”的许多东西并不存在于外界，虽然它们似乎如此。在直接经验的领域里，“似有”和“实有”之不可辨别性几乎不变地被解释为足以证明：在直接经验中，我们所应付的不是“物自体”，而是另外某种独特的实有体。现在我们已经看到：(*a*)“似有”和“实有”之不可辨别性自然可以不归之于项，而只归之于它们所居的关系；(*b*)这种关系是近代几何学家所熟悉的一类；(*c*)这种关系存在于空间秩序中；(*d*)

它不局限于空间，而是“外在性的形式”或维次的结构所共有的。

从这些事实中，生物学家可以自由地得出有极高度概然性的推论：有机体在中枢神经系统中发展了细致的投射体系，正因为物理世界充满了这类的性质——这些性质对于在任何特定时刻被一特定有机体所占据的地方是不可辨别者，然而在别的关系中是彼 467
此不同的。在每一瞬间中，环境的一个因素必须是在许多投射作用中特定，或者（等于同样的一回事）充分数目的不同的元素必须特定，以使得作为整体的性质可以辨别出来。这个猜测——我们在这儿不能详谈——使我们对于谬误有与传统所拥护的恰恰相反的见解。**谬误不是神经系统的产物，但是神经系统是一种巧妙的机构以应付物理的事态，错误只是这事态的一个很复杂的例子。**

471 附录

六位实在论者的方案与初步纲领[1]

哲学以分歧著称，这种分歧在很大程度上使它获得了不科学的、主观的、或以个人好恶为依归的等等恶名。无疑的，这些分歧一部分是由于哲学的题材，但主要是由于用词缺乏精确性和一致性，以及在研究中缺乏审慎主动的合作。因为有了这些缺陷，哲学在今天仍然与物理学、化学之类的科学有着巨大的区别。这些缺陷使哲学显得只是一种见解；因为各别理论家的著作中出现了许多借喻或措辞暧昧，人们就得了一种印象，认为哲学问题及其解决基本上是个人的，而因为哲学涉及情绪、气质和好尚，就又增强了这种印象。这种缺乏合作、缺乏共同术语以及在一些根本假定的应用上的缺乏共同意见，就产生一个显著的结果：真正的哲学问题被蒙蔽住了，而真正的哲学上的进步严重地受到了阻碍。

通过合作，真正的问题会得到揭露，哲学思想会得到澄清，于是一条真正进步的道路将能开辟出来，我们署名者就是怀着这样

---

[1] 转载自《哲学、心理学及其他》杂志，1910年，第7期，第393页。

的希望集合在一起，互相商讨，并努力设法取得了一种同意。这种合作有三个相当明白地区别开来的、虽然不一定是连接的阶段：首先，这种合作力求对基本原则和学说进行阐述；其次，致力于根据建立于这些原则和学说之上的方法，定出一个建设性的工作纲领；最后，努力建立一个体系，它的公理、方法、假设和事实至少必须使参加合作的研究者能够把它们当作一个整体来加以接受。

经过了几次的商谈，我们署名者发现我们主张的某些学说有共同之处。这些学说的一部分构成了实在论的纲领。在这里我们把这部分学说发表出来，希望能够进一步实现上述方案。每一个 472
表的作者都不同，但都曾经详细地讨论过，修订过，并为其他参与商谈者所同意。所以，这里的六个表，虽然是分别制定出来的，却都被认为代表同一的学说。

我们希望通过商谈其他论题，通过交换看法，通过相互系统地批判各人的用语、方法和假说，发展出一套共同的技术方法，一套共同的术语，这样最后发展出一个共同的学说，这个学说在某种程度上将享有相当于自然科学所拥有的权威。如果我们发表这份材料而能够推动其他哲学家也以同样的目的建立小型的合作团体，我们就算是达到我们许多目的中的一个目的了。

埃德温·B. 霍尔特，哈佛大学。

沃尔特·T. 马文，拉特格斯学院。

W. P. 蒙塔古，哥伦比亚大学。

拉尔夫·巴尔顿·佩里，哈佛大学。

沃尔特·B. 皮特金，哥伦比亚大学。

E. G. 斯波尔丁，普林斯顿大学。

（一）

（1）逻辑学、数学和物理科学中所研究的实有体（对象、事实等等）并不是心理的，在这里“心理的”一词是就任何通常的或专门的意义而言的。

（2）这些实有体的存在和性质，在任何意义下都不以它们是否被认识为条件。

（3）潜在于实有体间的统一、一致或联系的程度是需要在经验上被确定的东西。

（4）在我们的知识的目前阶段中，有一种偏向于多元论的推断。

（5）一个和其他实有体潜在于某些关系中的实有体在进入新的关系时，并不一定要否定或改变它已经潜在的关系。

（6）到目前为止所创立的任何自相一致或良好的逻辑（或逻辑系统）都不支持认识的“有机”论或是关系的“内在”观点。

（7）主张这个（反实在论）观点的人们，在他们的说明中用了一种和他们的学说相矛盾的逻辑。

埃德温·B.霍尔特

473 ## （二）

（1）认识论在逻辑上并不是根本的。[①]

---

① 有一些逻辑原则在逻辑上是先于任何从其他命题中推演出来的命题的。基于这个理由，关于认识性质的理论、关于认识与其对象的关系的理论，在逻辑上是后于逻辑原则的。简要地说，逻辑在逻辑上是先于任何认识论方面的理论的。再者，各种关于

(2)有许多存在以及非存在的命题在逻辑上是先于认识论的。[①]

(3)有某些逻辑原则在逻辑上说是先于一切科学的和形而上学的体系的。

其中之一就是通常所谓关系的外在观点。

(4)这个观点可以这样陈述：在“a 项和 b 项具有 R 关系”这个命题中，aR 在任何程度上都不构成 b，Rb 也不构成 a，R 也决不构成或 a 或 b。

(5)可以把一些新命题加入到某些知识总体中去，而并不因此需要变更那些知识总体。

(6)没有任何(精确地说)部分真而部分假的命题。因为这些例子在逻辑上至少都可以分析成两个命题，一个真，另一个假。因此，当知识进展时，较旧的知识的任何命题在逻辑上只有两种变更

实在的理论是推演而得的，并且要服从逻辑规律的，因此它们在逻辑上也是后于逻辑的；而就逻辑在逻辑上说是存在于它们之中而言，逻辑本身就是一个关于实在的理论或是这个理论的一部分。

① 常识和心理学所谓的“知识”、“意识”和“经验”等项在逻辑上不是根本的，而是逻辑上后于关于实在的理论，至少是后于它的一些部分的，这个关于实在的理论断定有一些不是意识或经验的项或关系是存在的。例如：心理的东西是有别于物理的和生理的东西的。

但唯心主义却没有证明它的认识论或它关于实在的理论中的“知识”、“意识”和“经验”等项在逻辑上是根本的或是不可下定义的，它也未能不用逻辑上先在的项来给它们下定义，这些逻辑上先在的项在其他地方却又明白地被排除于它关于实在的理论之外。简要地说，唯心主义的认识论者从心理学中借来了“知识”、“意识”和“经验”这些项，但是忽略或否认了心理学中那些在逻辑上先在的命题。换句话说，认识论到目前为止既没有能够使自己在逻辑上离开心理学而独立，也没有能够使自己在逻辑上解脱心理学的常识上的二元论。相反，从洛克到今天为止，认识论一向是心理学的一个部门，至少部分地是如此。

是可能的；或者这个命题被证明为假的而被抛弃掉，或者它至少被分析成两个命题，其中一个被抛弃掉。

474 上述原则的推论就是：

(7)实在的性质不能仅仅从认识的性质中推定。

(8)逻辑学、数学、物理学以及其他许多科学所研究的实有体，并不是在“心理的”一词任何专门的或通常的意义下是心理的。

(9)“这个或那个对象是被认识的”这个命题，并不蕴涵着说这个对象是以认识为条件的。换句话说，这个命题并不强迫我们推断说这种对象是精神的，说它只是作为某个心的经验内容而存在，或者说它不可能正像它被认识的那样始终是实在的。

沃尔特·T.马文

(三)

(Ⅰ)**实在论的意义**

(1)实在论主张：被认识的事物在不被认识时可以继续存在而不变；或者，事物可以不损及自己的实在性而进入和脱出认识关系，或者一个事物的存在并不关联于或依存于任何人之经验它、感觉它、想象它或以任何方式知觉它。

(2)实在论反对主观论，反对认识论的唯心主义，后者否认事物可以离开对它们的经验而存在，或是离开认识关系而独立存在。

(3)实在论和唯心主义之间争论的焦点，不应该与唯物主义和心灵主义之间、自动论和心物相制论之间、经验主义和理性主义之间或多元论和绝对论之间的各种争论的焦点相混淆。

(Ⅱ)**对于实在论的反对**　对实在论的各种古典的反驳中，下列一些谬误的假定和推论最为突出：

(1)心理学的论据：心只能以它自己的观念或状态作为它的直接对象，而外界事物如果真是存在的话，只能通过一个推理过程间接地被认识，这个推理过程的正确性是不可靠的，它的功用也是可疑的。显然，这条原则是错误的，因为一个认识过程决不是它自己的对象，而是通过它去认识某种其他对象的手段，这样被认识的或所指的对象，可能是另一种心理状态或是一个物理事物或仅仅是一个逻辑实有体。

(2)直观论的论据：这个论据在贝克莱的哲学中最为显著。它有两种形式。第一种形式在于把一个自明真理和一个谬论混同地 475
合而为一。自明真理是：**我们只能在认识了事物的时候才知道事物是存在的**。谬论是：**我们知道，事物只是在被认识了的时候才是存在的**。论据的第二种形式从利用“观念”这一词取得它的力量，办法如下：**每一个“观念”(指一个心理过程或状态)都不能离开一个心而存在；每一个被认识了的实有体都是一个“观念”(指思想的一个对象)；因此，每一个被认识了的实有体都不能够离开一个心而存在**。就是由于未能看穿这些谬论，唯心主义才有它那种假冒是公理的性质。

(3)生理学的论据：因为我们接受到的感觉决定我们要认识的事物，因此被认识的事物是由我们的感觉经验构成或产生的。这里的谬误在于从感觉是对外在世界的**认识根据**这个正确的前提，论证出感觉就是外在世界的**实在或存在的**根据这个错误的结论。

(Ⅲ)**实在论的含义**

(1)认识是关系的一个特殊类型，它可以潜在于一个生物和任何实有体之间。

(2)认识和它的对象一样,属于这同一世界。它在自然界的秩序中占有它的地位。它并没有任何超越的或神奇的性质。

(3)意识在自然界分布的范围,意识得以产生和持续的条件,这些问题如果真是能够解决的话,只能通过经验主义和自然主义的方法来加以解决。

W. P. 蒙塔古

(四)

(1)意识的对象或内容是为另一个实有体以反射神经系统所显示的一种特定方式所反应的任何一个实有体。因此,举例来说,物理性质在某种情况下是直接呈现于意识中的。

应用到历史上的时候,这条原则的意思就是说,表象说和笛卡尔学派的二元论是谬误的;企图克服这些理论的缺陷,于是把心和自然界互相归纳或把两者都归纳到某种第三类实体,这是没有理由的。

(2)决定一个实有体成为意识内容的特定反应,除去以这种内
476 容的地位赋予这类实有体以外,并不直接改变这些实有体。换句
话说,意识是在并非它所创造的诸实有体的一个领域中进行选
择的。

应用到历史上的时候,这条原则的含义指出了贝克莱派和贝克莱以后的唯心主义的谬误,这是指它主张意识是一个普遍的**存在根据**。

(3)决定一个实有体成为内容的这种反应,本身也可以被反应

而以同样方式被作为内容。换句话说,意识的主体与对象的区别,不是性质上或实体上的一种区别,而只是在一个配合中职务上或地位上的一种区别。

应用到历史上的时候,这条原则的含义不但指出笛卡尔派二元论的谬误,而且指出一项唯心主义二元论的谬误,因为这些理论认为主体和对象是不能对换的,并推出结论说,主体或者不可知或者只有通过某种独特的方式才可知,例如直觉的方式或反思的方式。

(4)一个实有体既具有内在性,因为它是一个类中的一个成员,又具有超越性,因为它也可以属于无限多的其他类。换句话说,内在性和超越性是相容的,而不是矛盾的属性。

应用到历史上的时候,这条原则的含义指出了根据自我中心的困难而作的主观论论断的错误,这个论断是:诸实有体既是意识的内容,它们就不能同时又超越意识:这条原则的含义同时又指出,就其根据于这种主观论的前提而言,唯心主义关于超越的主观性的理论,是不能成立的。

(5)一个实有体具有若干互相不依赖而独立的关系;不知道或者发现了这个实有体的更多关系,并不使对于关系的一种有限知识因此失效。

应用到历史上的时候,这条原则的含义指出了绝对唯心主义论点的谬误,这个论点说,要知道一个实有体诸关系的任何一个关系,必须知道这个实有体的全部关系,或者说完整的真理才是全部真实的。

(6)逻辑的统一性范畴,例如同性、一致性、一贯性、相互关系等等，在任何情况下都不蕴涵一个确定程度的统一。因此，世界所具有的统一的程度，不能逻辑地决定，只有收集各种专门知识的成果才能加以决定。根据这种证据，目前有一个推断支持着下述的
477 假设，这个假设是：世界作为一个整体来说，是不及它的某些部分那样统一的。

应用到历史上的时候，这条原则的含义指出了那些伟大的思辨的一元论，例如柏拉图、斯宾诺莎和若干近代唯心主义者的一元论，它们既是独断的，又是违反上述证据的。

拉尔夫·巴尔顿·佩里

（五）

实在论者主张：被认识的事物并不是认识关系的产物，它们的存在或行为也并不是本质上依赖于那个关系的。这个学说有三个权利要求你们接受：首先，这是人人都有的自然的、本能的信念，因此，如果不是为了任何其他理由的话，应该由要攻破它的人来证明它；其次，本文作者所知道的一切对它的反驳，都是预先假定了或甚至是实际上应用了它的一些专有的含义；最后，它是一切自然科学（包括心理学在内）的所有观察和假设在逻辑上所要求的。

下列各条原则或多或少密切地包含在一个实在论的观点之内：

（1）同一个项可以处于许多关系之中。

（2）一个项可以改变它对某些其他项的某些关系、而并不因此改变它对上述项或其他项的其他一切关系。

（3）一个特定的关系的改变会改变哪些关系，不能总是仅仅从

有关项的性质或者仅仅从这些项的关系的性质中推知的。

(4)"没有主体就不可能有客体"这个假设纯粹是同语反复。它显然只是对认识的情境的一个叙述;事实上它只是说每一个被经验了的事物是被经验了的。它的意义只在于一个完全没有根据的假定,武断地假定上面所列的(1)(2)(3)那几条原则是谬误的。可是,这个假定对于唯心主义者所设想的发现是致命的,因为它的意思不过是说不可能有任何真实的命题。承认这个假定,唯心主义者也就驳斥了他自己。

(5)在认识的任何部分,甚至在有关认识关系的性质的任何证据中,我们都不能发现人类可能得到的知识会有限度,都不能找到知识的界限。

(6)实有体超越于所谓"认知的心"或"意识",只是像一个项超越于它所可能处的关系一样,就是说在两种根本不同的方式上超越:首先,正像项并不等同于它所处的特殊关系,一个处于认识关 478
系中的事物也不就是关系本身;其次,正像项可以进入或脱出一个特殊关系,并不因而在本质上受到改变或被毁灭,一个认识的对象的存在,也可以先于和后于它的进入或脱离认识关系。这样,超越的意义首先是差异,其次是功能上的独立。

(7)可能有自明的真理或直观的真理。某个真理属于这两类中的任何一类,这在认识论方面并不是根本的或重要的,在关于实在的理论方面尤其如此。正像其他一切真理一样,这种真理也必须依据其他有关的真理来加以说明。

(8)虽然项不因为被放置入新的关系中而被改变,但这并不就蕴涵着说一个存在体不能被另一个存在体所改变。

沃特尔·B.皮特金

(六)

(1)每一个被认识的实有体都是处于对认识或经验或意识的关系中的。实在论虽然承认这个同语反复,但它断定这种认识等等是可以除去的,从而断定实有体是正像认识作用不曾发生时那样地被认识的。简括地说,实有体在它的存在、行为和性质等方面都是独立于认识的。这个论点是和常识、科学相一致的,因为它主张:1.不是所有实有体都是心理的、意识的或精神的,2.即使不被认识,实有体也是可知的。

(2)诸项处于认识关系中这个事实,并不就蕴涵这些项是互相依赖的或和这种关系互相依赖的,或者是能够互相改变或改变
479 这种关系的,正像这种依赖等等并不为任何其他关系中的任何两个项所蕴涵一样。肯定有这种依赖等等的命题构成了关系的"内在观点"。[①] 大部分和实在论相敌对的体系,都预先假定了这个"内在观点",但这个观点是自相矛盾的,而且预先假定了"外在观点"。

(3)一个论点若是部分地根据于那些逻辑原理的含义的接受、前后一致的应用和发展,这些逻辑原理是被预先假定为任何论点之被陈述、被论证和被断定为真实所必需的一个条件,这个论点因

① 根据我的见解,主张"内在观点",意思就是主张:一个关系为了要可以起关系的作用,这个关系必须或者1.透入它的项目,或者2.由一个基层的(超越的)实在居间做媒介。从这种透入,就推演出(甲)改变,或(乙)相似,或(丙)一个矛盾的产生。参看我的论文:"自我驳斥的体系的逻辑结构",见《哲学评论》,第19期,第277—282页。

此就会导致一个支持它的真实性的有力的推断。[①]

(4)任何被认为真实的体系最后都少不得要预先假定一个逻辑原理和一个原则。这个原理就是关系的"外在观点",而这个原则则是:证明不是独立于真理的,但是真理却是独立于证明的。这两者中的第一个的意义,简括地说,是:

(5)1.一个项和一个关系,两者都是(不变的)元素或实有体;2.一个项可以对一个或多个其他项处于一个或多个关系中;3.这些其他项中的任何一个以及这些关系中的任何一些关系可以消失或是更有另外一些项和关系可以出现,而对于留存的或已经出现的一些项和关系并不因此而产生任何改变等等。

(6)根据这个"外在观点",认识过程和它的对象应该是性质上相异的这条原则就成为在逻辑上是可能的。〔参阅(1)条〕

(7)前面所述的那个原则〔参阅(4)条〕的意义是:虽然在一方面说,任何命题都不可能达到这样的确定程度,以致可以认为它不必探究、批判,不需要证明;但在另一方面,任何命题,如果毫不自相矛盾,可能是真命题(在某种体系内)。在这个意义下,每一个命题都是试验性的,即使是本纲领中的那些命题。

推论——我们不可能为"绝对"这个概念找到一个标准、定义、理论或内容,并根据这个"绝对"概念可以绝对地知道或证明任何

① 这样一个体系我断定是实在论,它的主要特征是根据"外在观点"去说明认识关系。这个"外在观点"可以被断定为完全和它本身相一致地是真的,而直在这个意义下,我也断定它是自相一致的,因而,在我看来,实在论也是自相一致的。因此我更断定,实在论不仅仅是一个独断的体系,而且,由于它是自相一致的,它不仅是反对而且也反驳了某些反对它的体系,这些体系是建立于"内在观点"之上,所以是自相反驳的。

一个标准、定义、理论或内容是绝对地真的，也就是超过试验性的。对于这样一个标准等等所能作的最大限度的断定就是它可能是绝对地真的，虽然没有被证明是如此。

480 (8)任何实有体都可以在它的某些方面如实地被认识，尽管它的一切方面并没有被认识，尽管和它有关系的其他一些实有体并没有被认识，因此知识可以通过累积而增加。

(9)认识、意识等等事实，是只能以对其他事实进行探究的方式来探究的事实，它们并不一定比其他事实更为重要。

(10)本纲领中所申述的论点是关涉认识以及其他事物的一个论点；作为知识的一个特例；它也能把自己所有关于知识的命题应用到它自身。[①]

E. G. 斯波尔丁

略论霍尔特教授的论文

为了使读者更清楚地了解霍尔特和我所申述的关于错误和意识的理论，我在这里把就我看来是我们两人间的主要争论点总结一下：

(Ⅰ)霍尔特说特殊性质只是原始的和性质单纯的“波动”的时间浓缩体，我不同意这个理论，我的理由是这种时间浓缩构成强度的属性。在一系列的刺激作用于感觉中枢，并在刺激效果与刺激

① 为了这个理由，我确认这里所陈述的论点是自我批判性的，这一点就使它区别于一大类历史上的体系，尤其是现象论、主观唯心主义和客观唯心主义以及绝对论。

效果之间出现了空隙时间的确定间歇时，我们就感觉到这个系列是分离对象的一个连续。如果这个刺激系列增加了速度，直至作用于感觉中枢的刺激效果与刺激效果之间的间歇降到零的时候，我们就感觉到这个系列是一个单一的继续地持存的性质。当这种刺激的连续变得非常迅速，以至作用于感觉中枢的诸刺激的效果实际上是交互重叠或互相渗透时，我们得到的并不是一个新的性质，而是旧的性质的原有强度的增加——这种增加是和重叠或时间浓缩的程度成正比例的。简要地说，霍尔特的时间浓缩概念对强度这个范畴提供了一个很好的分析性的定义，而就是由于这个原因，它不能被用来表示性质上的差别。

（Ⅱ）霍尔特说矛盾是客观的，并且是按照对抗力量的方式相互发生关系的，我不同意这个学说；因此我也不同意他的结论，即：这些客观的矛盾构成一个错误经验的内容，并且是这种错误经验所由产生的原因。一个错误所具的非实在的对象或内容是**潜在**于 481
心外的，但它并不以任何作为原因的方式使它被感知。非实在的或仅仅是潜在的事物的本性是不产生结果的。它能被认识，但它不能作为原因使它被认识，而且除了被认识之外，它是没有任何效能的。非存在的曲棒不能作为原因使我们感知它，但一根存在的直棒，部分浸入水中以后，由于水和空气的折射力不同，能够对眼睛和大脑产生一种作用，完全等于一根真的曲棒所能产生的作用，于是一根非存在的曲棒成为一种（错误的）感知的对象。

（Ⅲ）霍尔特的结论和我的结论之间最严重的分歧是关于意识的性质。我们两人都认为有机体外的事物能够在脑中引起反应，这种反应或多或少和它们的原因相似，而且它们是那些原因被知觉时所凭借的工具。但我们两人对于脑的反应如何成为知觉的工具却抱着不同的看法。在霍尔特的论文第一部分，我觉得他似乎在援引证据来支持他的一个观点：我们意识到的对象是在脑中。他讲到(1)产生于神经系统的反应是引起这些反应的有机体外事物的真正部分，讲到对象是存在于它所引起的反应中的，正像一个人的表情真实地存在于他的肖像中一样；讲到(2)神经振动的浓缩体是第二性质的经验的根据；讲到(3)虚幻对象的非心理性质，认为这是可以由它们与照相底片上错乱的映象的相似而推知的。

据我看来，这些论断，如果是正确的话，显然就蕴涵着说，我们所意识到的对象就构成投射于脑上的反应体系；而如果这个结论被推翻的话，那么前面所引的证据就失去了它所有的确切性。根据我的理解，把意识看作是有机体外的事物在有机体内的投射所构成的，这是皮特金在他的论文中所辩护的。但是，虽然这种投射论听来很像是真的，我相信它是要遭到某些不可克服的反驳的，但这些反驳不必在这里提出，因为据我看来，霍尔特终于像我一样明白地摈斥了它。在他论文的最后部分，我认为他是申述了完全不同的关于意识的概念，把意识看作是对有机体外的事物的一种“特殊反应”，这些事物因此而成为意识中对象的领域。

482 这样，意识性质的整个问题似乎决定于“特殊反应”的意义。但这种反应究是什么，我找不到一个恰当的说明。虽然意识具有所谓“特殊”性质，但据我看来，它还是尽可以和未知物 x 相等同的。如果霍尔特的意思是把这种反应作为任何物理的事物，例如是一种有机的运动，或是一种外导的神经流，我的反驳就是在反对意识即行为论的我那篇论文中所申述的那些。另一方面，如果构

成意识的特殊的反应不是行为或运动，那么，据我看来，唯一的可能就是把它和自我超越蕴涵关系等同起来，这就是脑的状态对它们的有机体外的原因所保持着的关系。但这是一个为我所拥护而为霍尔特所摈斥的看法。

W. P. 蒙塔古

略论蒙塔古教授的论文

我们这两篇论文的读者一定会很容易地看出，我对意识的看法和蒙塔古的看法大不相同。这种分歧的一个根本要点就在于自我超越参照的概念，蒙塔古的理论就依赖于这个概念；因为，按照他的说法，“这些脑的状态的自我超越蕴涵性体，就构成了我们对我们生活于其中的时空世界的意识”。而这种自我超越的根源似乎是可在因果关系中找到：“每一个事件元素，除了具有它自己的许多性质和它在空间与时间中的地位以外，还具有蕴涵或参照其他事件的某种性体。它对自身以外的事物而言，既是一个主动者，也是一个感受者”。可是，不管一个自我超越参照的例子是否可以在任何一个地方找得到，我认为这个例子是不能在脑的状态和与它们相关联的意识内容两者间的关系中找到的。我相信，脑的状态并不是通过自我超越而参照于当时是意识内容的对象，而是对于那个对象的一个特殊的反应。同时，我也不能在因果关系的例子中找到这种自我超越，因为在这里我只能找到一个自变数（通常是时间）的常函数。

再有，蒙塔古和我在关于错误问题的理解上也是有分歧的。

我不认为，错误首先或甚至一般地应归之于知觉作用和思维作用在生理机构方面那种可称为是“错乱的”影响的东西。据我看来，
483 心外的世界中充斥着矛盾和非实在的事物，这些尽可以通过一个并不提供任何“错误”因素的心理过程进入意识。

把蒙塔古的观点和我的观点应用于心理学和近代逻辑学的实验事实材料以后，必然可以决定出哪一个观点是较好的描述和范明的原则。

E. B. 霍尔特

484

略论霍尔特和蒙塔古教授的两篇论文

这两篇论文中有许多东西是我很想讨论的，如果篇幅允许的话。霍尔特的时间密度论和认识的横切面论，以及蒙塔古对投射假说的排斥，都使我发生极大兴趣。我基本上同意霍尔特的两个学说，虽然我很怀疑时间密度能产生性质上的特质。也可能时间密度只产生强度的系列，正像蒙塔古所提示的那样。这是一件应该彻底探究的事情。我希望我们很快能够着手进行研究。自然霍尔特所根据的论点还是健全的。那些称为单纯的性质和独有的特性是一些“形式性质”，而它们的单纯的成分是一些细微的物理事件。这些事件有时在空间中、有时在时间中、有时也许同时在这两种连续体中被集合了起来。如果说时间密度产生强度，那么空间密度很可能产生出性质来；但关于这点，我承认自己完全不知道。

至于蒙塔古排斥投射假说，我相信这是由于他假定投射是单纯地把一些映象投到一个幕上去。这是一个很自然的误解，因为

一切空间投射的例子都包含着和被投射的形象具有确定关系的新形象的产生。但这些新形象却不是投射关系。它们只是这个关系的项。而也就是这个它们对其他项的关系，构成了所谓错误这个特性，或者更精确一些说，所谓复多的值或不可辨别性。

我想，蒙塔古反对投射假说主要是因为这个假说认为感觉机体除了它自己的脑的状态以外什么都不具有，也就是只有一些投射于神经系统某些部分的映象。的确，事实上是有这种映象的，至少在结构比较精密的感觉系统中是如此；但它们是投射关系的附带的产物，而不是它的重要性质。有效的投射关系，可以这样说，并不在各个感觉元素之内；这种关系是在各个感觉元素之间，或者在其他例子中，在有机体（它的地位或状态）和被反应的外界实有体之间成立的。简括地说，它们不仅仅是大脑皮层上的一些附有的化学性质；它们也根本不是物理性质。因此，把心归结到只认识 485
它的脑的状态是没有什么危险的，因为脑的状态只是投射关系中的项，而不是投射关系本身。

蒙塔古、霍尔特和我三个人都一致认为，不管意识是什么，它总是和“超越时间和空间”的主动性有某种联系的；这种主动性是以各种方式去适应有机体身外的事件和不仅是物质的外界状况。但对于确定这种适应得以实现的机制，我和蒙塔古却有分歧。我认为蕴涵关系是横切于它的项的物理领域的。项是在空间和时间中的；它们的物理关系都是空时性的。但蕴涵关系却不是如此。它横切物理领域，但它并不是在任何空时的维次中横切（这也是霍尔特的见解，如果我没有误解的话）。与这个观点相反，蒙塔古认为蕴涵关系是纵贯于物理领域，实际存在于这个领域内，并且穿过

这个领域,通过原因而到达于结果,因此具有一个真正的历史的流。它藏在事物的素质中,就像电荷一样,就像速度、应力、应变和拉力一样。的确,它成了因果作用的一个相状。

但是据我看来,这个假设产生了许多困难,这里我只提出其中的三个困难来:

(1)蕴涵不可能仅仅是相当于因果作用的一个相状,因为在并无因果关系的任何系列中的项与项之间我们也能找到蕴涵关系。举例来说,一个非实在的事物可以蕴涵另一个非实在的事物:美国皇帝之死就蕴涵美国统治家族的首领之死。我知道蒙塔古会否认这是一个真正的蕴涵,因为他否认一切非实在事物间的蕴涵。但是讨论这个问题就得涉及整个近代逻辑学。因此我把这个问题留给读者,另外提出一个非因果关系蕴涵的更为明显的例子,就是非时间性实有体间的蕴涵。三角形蕴涵它的内角的不变的总和;但这些内角既不是三角形的因,也不是它的果,只是三角形的部分;而这个几何命题是一个关于全体蕴涵部分的某一方面的命题。再者,一个事件可以蕴涵另一个和它同时发生但并没有因果联系的事件。例如,纽约城的白昼蕴涵香港的黑夜;这里,这两个事件都是相同的许多复因的果,它们互相之间并不是果或因。

(2)如果因和果互相蕴涵,那么近因就蕴涵它的果,反过来也
486 是如此。因此,在认识一个对象之前的最后一个脑的状态,至少应该是在意识的那一时刻中所有被蕴涵体之一。但事实上却并不是如此。

(3)在另一方面,如果这个蕴涵关系是传递的,那么知觉者就会直接认识他自己脑的状态以外的蕴涵系列中的某一项。但为什么他认识，比方说，那个在空间的一个特定点上的东西呢？为什么他感觉一个太阳，而不感觉一个离开他视网膜两时或一万八千哩的以太波呢？蕴涵作用为什么要在任何某一地方停下来呢？因果的系列无疑是非常长，而蕴涵关系又确实是传递的；因此，脑的状态尽可以蕴涵所有它的蕴涵体，而因此单纯的知觉作用就应该给与我们关于墙缝中的花的我们所渴望的全部知识了*对于这个困难的回答，不能单是说一个果只蕴涵它的最单纯的因；因为近因总是最单纯的因，但它却是决不被蕴涵的。

我提出这些诘问是因为我相信只要我们放弃纵贯性的假说而接受横切性的假说，这些诘问的困难就会消失去了。如果我没有误会的话，我和蒙塔古的分歧几乎可以全部归结到这个争论点。

W. B. 皮特金

* 喻言一个单纯知觉作用就可以给予我们关于任何一个事物的全部知识。——译者

索　　引

本索引所标页码为原书页码,参见中文本边码

图书在版编目(CIP)数据

新实在论：哲学研究合作论文集/(美)霍尔特等著；伍仁益译.—北京：商务印书馆，2017
(汉译世界学术名著丛书：120年纪念版：珍藏本)
ISBN 978-7-100-14874-0

Ⅰ.①新… Ⅱ.①霍… ②伍… Ⅲ.①新实在论 Ⅳ.①B085

中国版本图书馆 CIP 数据核字(2017)第160096号

汉译世界学术名著丛书
(120年纪念版·珍藏本)
新 实 在 论
哲学研究合作论文集
〔美〕霍尔特 等著
伍仁益 译
郑之骧 校

商 务 印 书 馆 出 版
(北京王府井大街36号 邮政编码100710)
商 务 印 书 馆 发 行
北京市松源印刷有限公司印刷
ISBN 978-7-100-14874-0

2017年12月第1版 开本 710×1000 1/16
2017年12月北京第1次印刷 印张 33¼
定价：168.00元